Deutsches Literaturarchiv
Verzeichnisse · Berichte · Informationen 19

EVA DAMBACHER

Literatur- und Kulturpreise 1859–1949

EINE DOKUMENTATION

Vorwort von Reinhard Tgahrt

DEUTSCHE SCHILLERGESELLSCHAFT
MARBACH AM NECKAR

Gesamtherstellung:
Gulde-Druck GmbH, Tübingen
ISBN 3-929-146-43-6

Vorwort

Mit Preisen ausgezeichnet werden auch Waren und brave Schüler, nicht nur, wie in den deutschsprachigen Ländern nun schon fast anderthalb Jahrhunderte, Schriftsteller und, seltener, Schriftstellerinnen, lebende, die es nötig hatten oder auch nicht, auf indirekte Weise die toten – von Lessing bis Stifter –, die oft genug ihren Namen für einen Preis hergeben mußten. So Verschiedenartiges zu verknüpfen, könnte man bloß für einen Kalauer nehmen, gäbe es in der Zeit, in welche das folgende Verzeichnis Einblicke erlaubt, nicht eben schon einen entwickelten literarischen Markt und mancherlei politische (nicht nur literaturpolitische) Absichten oder Rücksichten.

Literaturpreise werden gegenwärtig massenhaft verliehen; dicke Kompendien geben darüber Auskunft. Ansehen und Dotation unterscheiden sich beträchtlich, weniger dagegen die Modalitäten und die Begründungen des Zwecks: junge oder verkannte Talente zu ermutigen und zu fördern, literarische Verdienste zu ehren und, schon verschämter vermerkt, Unterstützungsbedürftige zu unterstützen. Die Kritik richtet sich vornehmlich auf gewisse Verfahren, gegen einzelne Entscheidungen; die Einrichtung selber ist, wie die öffentliche Dichterlesung gegen Honorar, eingebürgert und so selbstverständlich geworden wie der literarische Markt überhaupt. Dessen Konkurrenzen kann man in den Preisverleihungen wiedererkennen, noch da, wo die Preise als Korrektiv der Marktverhältnisse gedacht sind. Anderes – der Preis als Mittel staatlicher Lenkung, der Propagierung oder Verhinderung literarischer Tendenzen, erfolgreicher oder vergeblicher Kanonisierungsversuche – wird erst durch einläßliche Untersuchung deutlich.

Das gilt für die weiter zurückliegende Vergangenheit in noch stärkerem Maße. Eine Sammlung der Namen und Daten, soweit sie der gedruckten Überlieferung zu entnehmen sind, kann also nur als ein Hilfsmittel erste und vorläufige Auskünfte liefern. Sie wurde 1980 auf dem Bibliographischen Kolloquium der Deutschen Forschungsgemeinschaft in Marbach angeregt. Wolfgang Sowa hat unterdessen für den ›Preußischen Schillerpreis‹ 1859–1908 eine detaillierte Darstellung vorgelegt, Hanna Leitgeb drei Städtische Literaturpreise in den Jahren 1926–1971 untersucht, den ›Goethe-Preis der Stadt Frankfurt a.M.‹, den Hamburger ›Lessing-Preis‹, den Braunschweiger ›Wilhelm-Raabe-Preis‹. Die 1994 erschienene Dokumentation der ›NS-Literaturpreise für österreichische Autoren‹ von Helga Strallhofer-Mitterbauer hat Eva Dambacher sogar für einen Moment zögern lassen, ob sie ihre Bestandsaufnahme fortsetzen solle. Als sie ihre Aufgabe beherzt (und einigermaßen arglos, was die Arbeitslast anging, die sie sich da neben den Dienstgeschäften auflud) begann, hatte sie, hatten wir – trotz einiger älterer Arbeiten, darunter Helmut Sembdners Dokumentation des ›Kleist-Preises‹ – zunächst keine deutliche Vorstellung von der Anzahl der zu verzeichnenden Preise und von der Preis-Dichte in einzelnen Zeitabschnitten, d.h. geradeheraus von ihrer zwischen 1933 und 1945 bereits inflationären Vermehrung. Die Kriterien für die Aufnahme und ein praktikables Aufnahmeschema zu entwickeln, gehörte zu den ersten Aufgaben, zu den letzten die Entscheidung über schließlich doch besser Auszulassendes: zweifelhaft Gebliebenes und allzu schlecht Belegtes. Auch das alles ist indessen festgehalten worden; es steht in Marbach für Auskünfte zur Verfügung.

Was im folgenden Verzeichnis zu finden ist, erscheint gleichwohl recht disparat, auch wenn man die chronologische Übersicht zu Rate zieht; es versammelt neben den angesehenen und ansehnlichen Preisen, an denen der Literaturhistoriker nicht vorbeisehen kann, eine Menge ephemerer, bloß lokaler oder regionaler, schließlich – seit den 30er Jahren – unter dem Namen »Kulturpreis« Auszeichnungen unterschiedlichster Verdienste, zu denen von Fall zu Fall auch literarische gezählt wurden, dotiert zwar, aber so allgemeiner Art wie Ordensverleihungen, Ehrendoktorate, Benennungen von Straßen und Plätzen oder die Aufnahme ins Lexikon. Da heute Preise regelmäßig in allen künstlerischen »Sparten« verliehen werden, könnte darüber leicht die besondere Lage des »freien« Schriftstellers seit dem 18. und, spürbarer, seit dem 19. Jahrhundert aus dem Blick geraten und damit auch seine anders begründete Preiswürdigkeit und Preisbedürftigkeit. Auch Malern, Bildhauern, Architekten und Musikern mögen Preise willkommen gewesen sein – maßgeblicher für ihre Laufbahn waren und sind Aufträge und Ankäufe, Professuren und andere Lehrämter. Für solche öffentlichen Aufgaben und solche Bestallungen gibt es in der Literatur erst in jüngster Zeit wieder Beispiele wie das Leipziger Institut, das früher nach Johannes R. Becher benannt war. (Die späte und umstrittene Gründung einer »Sektion für Dichtkunst« an der Preußischen Akademie der Künste 1926 ist symptomatisch für diese ungünstigere Lage, auch ihres Mitglieds Alfred Döblin nicht aufgegriffener Vorschlag, eine »Lehranstalt« zu installieren.) Vergleichbar indessen sind die Reisestipendien hier wie dort und – schon in der Vorgeschichte der Literaturpreise und bis in die Gegenwart – Wettbewerbe und Preisausschreiben.

An die frühen Preisaufgaben also, und nicht mehr an den Titel eines »poeta laureatus«, an die vom 16. bis 18. Jahrhundert praktizierte Dichterkrönung (aus der Hand des Kaisers in die Zuständigkeit der Universitäten übergegangen und zuletzt

ganz obsolet geworden), ist zu erinnern. Es ging dabei durchweg um Dramen, manchmal spezieller um Lustspiele; Theater oder einzelne Theaterleiter stellten gewöhnlich die Aufgaben: das Hamburger Theater (unter Friedrich Ludwig Schröders Leitung) 1775, das Weimarer 1800, das Berliner Hoftheater 1842, das Burgtheater 1851; seltener Verleger, wie Nicolai 1756 oder Cotta 1836.
Ein Jahr nach dem Dramenwettbewerb, den Maximilian II. 1858 in München ausschrieb, wurde der ›Schillerpreis‹ gestiftet, eine monarchische Reaktion auf die demokratischen und nationalen Bürgerinitiativen, die zwischen 1855 und 1859 die Deutsche Schillerstiftung in Weimar mit vielen »Zweigvereinen« von Dresden und Stuttgart bis Wien zuwege brachten. (Ihre Aufgabe war von vornherein, nach britischem Muster, anders definiert: die Unterstützung notleidender Autoren und ihrer Angehörigen, wobei Pensionen und einzelne Zuwendungen zwar als Ehrengaben deklariert, aber diskret verteilt und später, nach mancherlei Streit, nur in Rechenschaftsberichten verbucht wurden.) Auch der ›Schillerpreis‹ war zuallererst als Preis für das beste Drama bestimmt; diese Beschränkung aufzugeben (und Fontane wie Klaus Groth auszuzeichnen) erlaubte dann aber ein Nebenpassus im Statut. Zwar war die Zustimmung des Monarchen nötig, aber die Auszeichnung wurde auf Vorschlag einer als Jury fungierenden Kommission vergeben und gab damit für spätere rechtsförmige Preis-Einrichtungen ein Modell ab, auch wenn der Dissens zwischer Stifter und Jury zunächst viele »Nichtverleihungen« zur Folge hatte, so daß man darüber spotten durfte. Anders als die jährlichen Pensionen, die Friedrich Wilhelm IV. Anfang der 40er Jahre den Dichtern Geibel und Freiligrath, den Übersetzern Gries und Regis bewilligte, oder die bayerischen Staatspensionen für Geibel und Heyse nach der Jahrhundertmitte (die wieder entzogen werden konnten oder auf die ein Autor später manchmal verzichtete), verpflichtete die Annahme des Preises nicht mehr zu bestimmter Loyalität: dank der Jury als einer ästhetisch urteilenden Zwischeninstanz, mochten deren Urteile blamabel ausfallen oder akklamiert werden. Das Muster ist in der Folgezeit nur selten stärker modifiziert worden. Die Abhängigkeit der Jury vom Stifter blieb ein Problem, zumal dann, wenn dieser in jener vertreten war (oder keines mehr, wenn er sie – wie nach 1933 – beherrschte). Die Zusammensetzung des Gremiums war den Zeitgenossen nur selten bekannt; bei den Preisausschreiben allerdings wich man von der Regel ab, sie nicht publik zu machen. Einzelne in der Satzung formulierte Bedingungen konnten lästig werden. Die Borniertheit Wilhelms II., die C.F. Meyer als Schweizer Bürger ausschloß, fand in der liberalen Praxis der österreichischen Literaturpreise, des ›Grillparzer‹- und des ›Bauernfeld-Preises‹, glücklicherweise kein Gegenstück: auch viele Reichsdeutsche haben sie erhalten.

Bis zum Ersten Weltkrieg (während dessen Preise vergeben, aber nicht – wie dann im Zweiten Weltkrieg bis 1944 – neu gegründet wurden) gaben nichtstaatliche Institutionen, die Stiftungen den Ton an, gewöhnlich einen leisen; es gab keinen Grund, sich selbst in einem Actus zu feiern. Wem ein ›Kleist-Preis‹ zuerkannt wurde, der erhielt Nachricht und Geld, wie die Presse eine knappe Mitteilung (oft die Preisbegründung), die Stiftung selber dann einen Dankbrief des Geehrten. So war es schon beim ›Schillerpreis‹ Brauch, gegen den der ›Volks-Schillerpreis‹ der Goethebünde seit 1902 mit mäßigem Erfolg in Opposition trat. In viel wirksamere seit 1912 der ›Kleist-Preis‹, der dann, nachträglich betrachtet, zum bedeutendsten Literaturpreis der Weimarer Republik wurde, wohl nicht zuletzt durch seine Vergabemodalitäten: ihn vergab nicht ein Gremium, sondern ein einziger, jährlich wechselnder Vertrauensmann der Stiftung, ein Literaturkritiker oder ein Schriftsteller, manchmal ein früherer Preisträger; ihn erhielten nun nicht nur Dramatiker – und ihm konnte, der Inflation zum Trotz, die für das Ansehen eines Preises nötige Kontinuität gesichert werden. Das gelang nicht für den ›Fontane-Preis‹ oder für den ›Preis des Frauenbunds zur Ehrung rheinländischer Dichter‹ (dessen Praxis, auch für Veröffentlichung eines preisgekrönten Werks zu sorgen, später durch den ›Jugendpreis deutscher Erzähler‹ wiederaufgenommen wurde).
Den Krieg überstanden zwar viele Stiftungen, doch die Geldentwertung danach reduzierte ihr Vermögen oder zehrte es auf. Die dann in den 20er Jahren von Verbänden und Vereinen, Zeitschriftenredaktionen und Verlagen neu gestifteten Preise erlangten nicht die Bedeutung etwa der französischen Literaturpreise (wie sie seit 1903 die Académie Goncourt, seit 1912 die Académie Française vergab), so verdienstlich es war, nun auch eigens Übersetzer auszeichnen zu wollen oder Schriftstellerinnen auszuzeichnen (wie es die Ebner-Eschenbach-Stiftung schon seit 1910, der Deutsche Staatsbürgerinnenverband seit 1930 tat). Man kann bereits eine Regionalisierung, manchmal ideologisch gefärbt, bemerken; das, was als staatliche Kulturaufgabe nun gefordert oder diskutiert wurde und in Preußen sich nur klatrig anließ, machten sich einzelne Länder (Hessen oder Sachsen) und Provinzen, aber vor allem die großen Städte (Frankfurt, Hamburg, München) zu eigen. Der Frankfurter ›Goethe-Preis‹ vertritt bereits einen neuen Preis-Typus: die Auszeichnung nicht einzelner Werke, sondern einer repräsentativen Lebensleistung, und damit wird's feierlich, im Doppelsinn: die Verleihung als Actus mit Laudatio, Dankrede und Musik etabliert sich, und sie wird ein Anlaß für den Stifter, sich durch würdige Wahl selbst zu feiern.
Solche Selbstinszenierungen des Staates und der Partei, der »Gaue« reihum und vieler, jetzt sogar kleinerer Städte täuschten nach 1933 und bis gegen Ende des

Zweiten Weltkriegs Kultur vor, wo Barbarei herrschte, Vielfalt des literarischen Lebens, wo Reglementierung und Aufsicht des Propagandaministers das Verfahren und die Auswahl der Preisträger bestimmten. Unter ihnen kehrten dieselben Namen wieder, hatten obskure Provinzgrößen bald ihren Ruhm dahin, und mußten junge Autoren sich später die Frage stellen (oder stellen lassen), warum sie einen Preis angenommen hätten. Wurden ›Kleist-Preis‹ und ›Büchner-Preis‹ nicht weiterverliehen – Namengeber unter den wehrlosen Toten fand man genug, scheute sich nun aber auch nicht, Preise nach Lebenden zu benennen (welche Ehre vor 1933 nur Gerhart Hauptmann zuteil geworden ist). Gegen den gewaltigen Aufwand an Organisation und Propaganda im Deutschen Reich und dann auch in den besetzten Gebieten verschlug ein ›Heine-Preis‹ im Exil nicht viel. Bescheidene Förderung, die nicht sogleich als Forderung daherkam, konnten Autoren durch die Preisausschreiben einiger Zeitschriften, wie z.B. der ›Dame‹, erfahren. Man wird vor 1945 allerdings schon Schienen gelegt finden, die man nach 1945 weiter befuhr und, nicht ohne Beklemmung, mancherlei Kontinuitäten entdecken, in Strukturen und Gewohnheiten und der selbstverständlich gewordenen Verbreitung von Literaturpreisen in Städten und Bundesländern, aber etwa auch in den Aktivitäten der Stiftung F.V.S.
Wer die Abbildungen dieses Bandes aufmerksam durchsieht, wird von wechselnden Gesichtspunkten erläutert finden, was sich in diesen wenigen Vorbemerkungen nur sehr verkürzt fassen ließ. Beide wollen dazu einladen, ein Verzeichnis in Gebrauch zu nehmen, das zwar zuerst zum Nachschlagen da ist, aber hoffentlich auch zum Nachforschen anregen wird und eines Tages zur nötigen historischen Darstellung. Wer sich auch nur ein wenig auf diesem Feld voller Fußangeln auskennt, wird die Arbeit daran abschätzen können. Der Vorwortschreiber jedenfalls hat Grund, Eva Dambacher seine Reverenz zu erweisen, deren Energie, Beharrlichkeit und Sorgfalt wir dieses gut in der Hand liegende Instrument verdanken.

Reinhard Tgahrt

Hinweise und Dank

Aufgenommen wurden in diese Dokumentation öffentlich und regelmäßig verliehene Auszeichnungen: Literaturpreise und allgemeine Kulturpreise, sofern deutsche Schriftsteller(innen) damit bedacht wurden, nicht nur in den deutschsprachigen Ländern (also im Deutschen Reich, in Österreich und der Schweiz), sondern auch in den Nachbarländern mit deutschen Minoritäten, und unter Einschluß, wenn auch nur kursorisch, weniger internationaler Preise. Einbezogen wurden die nur Projekt gebliebenen oder ausgeschriebenen, aber nicht verliehenen Auszeichnungen, ausgeschlossen blieben akademische Ehrungen und Preise für Wissenschaftler (mit Ausnahmen), einmalige Preise und Wettbewerbe, für die eine Fortsetzung nie vorgesehen war und schließlich die meist von Stiftungen besorgten, aber gewöhnlich nicht bekanntgegebenen Unterstützungen notleidender Autoren und Autorinnen oder die nicht öffentliche Vergabe von Stipendien. In Grenz- und Zweifelsfällen wurde meist für eine Aufnahme entschieden.

Der Zeitraum war vorgegeben: der Anfang mit der Stiftung des ›Schillerpreises‹ 1859 (da die Zeit davor eine andere Arbeits- und Darstellungsweise erfordert hätte), der Beschluß mit den ersten Neu- und Wiederbegründungen nach 1945 als Zeugnissen der Kontinuität (da es für die folgende Nachkriegszeit nicht an Dokumentationen fehlt).

Schon die offiziellen Namen der Preise festzustellen machte Mühe, vor allem durch eine Vielzahl von Varianten und »Zitiertiteln«, gelang auch nicht immer; Verweisungen erleichtern nun die Suche. Bei Namenswechsel ist der Preis unter seinem ersten Namen angesetzt, von späteren wird verwiesen. Die Namen der Preisträger(innen) sind oft nur entstellt überliefert, waren also nach Möglichkeit zu überprüfen und zu korrigieren, die der Juroren sind nur ausnahmsweise bekannt gemacht worden. Sie wurden, wenn sie überliefert sind, durch einen knappen Hinweis auf Beruf oder Position erläutert. So wurde auch bei Preisträgern verfahren, die nicht der Literatur zuzurechnen sind.

Diskrepanzen zwischen angekündigtem und tatsächlichem Vergabeturnus fallen nicht selten auf; die »beunruhigenden Lücken« in der Folge der Preisvergaben ließen sich längst nicht immer durch den Nachweis publizierter Mitteilungen über eine »Nichtverleihung« schließen.

Literatur- und Quellenangaben könnten leicht falsche Erwartungen wecken. In der Regel handelt es sich um die Mitteilung bloßer »Fundstellen« in den Nachrichtenrubriken von Zeitschriften oder Zeitungen, seltener um Aufsätze, aus denen man mehr erfährt, oder um die wenigen Monographien und die von den Stiftungen herausgegebenen Selbstdarstellungen.

Der Grundbestand an Daten und Namen ergab sich aus der systematischen Durchsicht des ›Börsenblatts für den Deutschen Buchhandels‹ für die Jahre 1834 bis 1900 und der Zeitschriften: ›Das litterarische Echo/Die Literatur‹ (1898/99–1941/42), ›Der Autor‹ (1926–1944), ›Der deutsche Schriftsteller‹ (1936–1944), ›Die neue Literatur‹ (1938–1943) und ›Der Autor‹ (1947/48–1949/50), auch der einschlägigen Jahrgänge von Kürschners ›Deutschem Literatur-Kalender‹. Dieser Fundus wurde von Fall zu Fall ergänzt, zunächst anhand der gedruckten Quellen, ausnahmsweise dann aber auch durch Anfragen in Archiven und bei den noch fortbestehenden Stiftungen, vor allem um widersprüchliche Angaben zu klären, zweifelhafte zu korrigieren, lückenhafte zu ergänzen.

Zur Orientierung sei das Studium der ›Chronologischen Übersicht‹ (S. 251-257) empfohlen. Korrekturen und Ergänzungen sind willkommen.

Für Auskünfte danke ich den Stadtarchiven in Augsburg, Babenhausen, Bern, Bonn, Braunschweig, Dortmund, Kassel, Köln, Lahr, Leipzig, Magdeburg, Mainz, Soest, Wuppertal, Zürich und den Staatsarchiven in Basel und Gotha. Außerdem den folgenden Institutionen: Akademie der Künste, Berlin/Stiftung Archiv; Beethoven-Archiv Bonn; Hoesch-Museum der Stadt Düren; Institut für Stadtgeschichte, Frankfurt a.M.; Landratsamt Gotha; Gleimhaus in Halberstadt; Stiftung F.V.S. in Hamburg; Literarische Gesellschaft (Scheffelbund) in Karlsruhe (Prof. Dr. Hansgeorg Schmidt-Bergmann); Brüder Grimm-Museum in Kassel; Literaturbüro Westniedersachsen in Osnabrück; Goethe- und Schillerarchiv, Weimar; Stadt- und Landesbibliothek Wien; Martin Bodmer-Stiftung für einen Gottfried Keller-Preis in Zürich (Thomas Bodmer); C.F. Meyer-Stiftung in Zürich; Schweizerische Schillerstiftung in Zumikon (Estelle Schiltknecht). Dank für Hinweise und Anregungen schulde ich Manfred Bosch (Rheinfelden), Dr. Bernd Kortländer (Düsseldorf), Dr. Ulrike Leuschner (München), Dr. Brigitte Schillbach (Weimar), Sebastian Schnack (München), Susanne Schwabach-Albrecht (Düsseldorf-Benrath), Prof. Richard Sheppard (Oxford), Dr. Wolfgang von Ungern-Sternberg (Regensburg), Jan Zimmermann (Hamburg) – und Dank nicht zuletzt den Kolleginnen und Kollegen im Hause für Ermutigung, Geduld, tätigen Beistand.

Eva Dambacher

Abkürzungsverzeichnis

J: Gründungsjahr
S: Stifter/Träger
Ju: Jury
VT: Angekündigter Vergabeturnus
Z: Zielsetzung
B: Bedingungen
VF: Vergabeformen
LP: Quellen/Literatur zum Preis allgemein, chronologisch. Für die Dokumentation ergiebigere Literatur wird zuerst genannt.
T: Preisträger(innen). – LT/LTT: Quellen/ Literatur zur Verleihung an einen/eine Preisträger(in) oder an mehrere. – Ju: Jury für diese Verleihung. – LJu: Quellen/Literatur zur Jury für diese Verleihung

L: Quellen/Literatur (in jeder Rubrik verwendet)

Die Titel von öfter (d.h. bei mehr als einem Preis) zitierten Büchern, Periodica und Beiträgen werden durch Kürzel ersetzt. Ihre genaue bibliographische Beschreibung kann im Literaturverzeichnis (s. S. 247–250) nachgeschlagen werden. – Abkürzungen von Literatur, die sich nur auf einen Preis bezieht, erklären sich dort jeweils in der Rubrik »LP«.

Aley = Aley, Peter: Jugendliteratur im Dritten Reich
Aspetsberger = Aspetsberger, Friedbert: Literarisches Leben im Austrofaschismus
Aut = Der Autor. Mitteilungen ...
Autor = Der Autor. Zeitschrift ...
Barbian = Barbian, Jan-Pieter: Literaturpolitik im »Dritten Reich«
Bbl = Börsenblatt für den Deutschen Buchhandel
Buergel-Goodwin = Buergel-Goodwin, Ulrike: Die Reorganisation der westdeutschen Schriftstellerverbände 1945–1952
Bufkin = Bufkin, E.C., Ed.: Foreign Literary Prizes
DA = Der deutsche Almanach für Kunst und Wissenschaft
DiO = Der Deutsche im Osten
DS = Der deutsche Schriftsteller
Elster = Elster, Hanns Martin: Reformiert die Dichterpreise!
Erckmann = Erckmann, Rudolf: Deutsche Literaturpreise
Fohrbeck = Fohrbeck, Karla / Wiesand, Andreas J.: Handbuch der Kulturpreise
Fröhlich = Fröhlich, Lothar: Literaturpreise der Deutschen Demokratischen Republik
FZ = Frankfurter Zeitung
JKB = Jahrbuch der Kölner Blumenspiele
JSS = Jahresbericht der Schweizerischen Schillerstiftung
Kosch 3 = Deutsches Literatur-Lexikon
Kü = Kürschner, Joseph: Deutscher Litteratur-Kalender
Kulturpreise = Die Kulturpreise. Die erste Bibliographie ...
Lahn = Lahn, Wilhelm: Deutsche Literaturpreise
LE = Das litterarische Echo / Die Literatur
Leitgeb = Leitgeb, Hanna: Der ausgezeichnete Autor
Literarische Preise = Literarische Preise und Stiftungen
Literaturpreis-Ztg = Literaturpreis-Zeitung
Memorandum = Memorandum über die Stiftungen des Alfred C. Toepfer
Michael = Michael, Friedrich: Dichterpreise
NL = Die Neue Literatur

NZZ = Neue Zürcher Zeitung
Remy = Remy, Ewald W.: Die deutschen Kulturpreise
Sowa = Sowa, Wolfgang: Der Staat und das Drama
Stimpfig = Stimpfig, Alexandra: Literaturpreise
Strallhofer = Strallhofer-Mitterbauer, Helga: NS-Literaturpreise für österreichische Autoren
Strothmann = Strothmann, Dietrich: Die Regie des Autoreneinsatzes
SuM = Sudetendeutsche Monatshefte
Vinz/Olzog = Die deutschsprachigen Literaturpreise
Wulf = Wulf, Joseph: Literatur und Dichtung im Dritten Reich
Zimmermann = Zimmermann, Jan: Die Kulturpreise der Stiftung F.V.S. bis 1945

Literatur- und Kulturpreise
1859–1949

Adlerschild des Deutschen Reiches

J: 1922
S: Deutsches Reich; verliehen durch den Reichspräsidenten Friedrich Ebert und seine Nachfolger
Z: »Ehrengabe des Deutschen Reichs [...] an Persönlichkeiten, deren geistiges Verdienst Gemeingut der Nation ist.« L: Der Große Brockhaus. 15. Aufl. Bd 1. Leipzig 1928. S. 114.
VF: Bronzene Adlerplakette
LP: Der Große Brockhaus. 15. Aufl. Bd 1. Leipzig 1928. S. 114; Meyers Enzyklopädisches Lexikon. 9. Aufl. Bd 1. Mannheim [usw.] 1971. S. 288f.; Bbl 93 (1926), S. 635.
T: Bis 1944 etwa 70mal verliehen, u.a. an die folgenden Schriftsteller:

1922 *Gerhart Hauptmann* (1. Verleihung des Adlerschildes). LT: Bbl 93 (1926), S. 635.
1934 *Hermann Stehr.* LT: Waldemar Oehlke: Deutsche Literatur der Gegenwart. Berlin 1942. S. 411.
1937 *Adolf Bartels.* LT: NL 38 (1937), S. 317.
1938 *Erwin Guido Kolbenheyer.* LT: Erich Stockhorst: Fünftausend Köpfe. Wer war was im Dritten Reich. Velbert, Kettwig 1967. S. 245.
1939 *Heinrich Sohnrey.* LT: DS 4 (1939), S. 184.

Hermann Allmers-Preis

J: 1941
S: Hermann Allmers-Gesellschaft, Wesermünde
Z: 1942: Auszeichnung von Arbeiten über Hermann Allmers (Schriftsteller, 1821–1902), eingereicht bei einem Wettbewerb. L: Aut 17 (1942), Nr. 6, S. 93.
T: 1942 *Robert Wiebalck* (Amtsgerichtsrat; Preisschrift: ›Hermann Allmers' Beitrag zur Erforschung der Marschen und ihrer Bewohner‹). LT: Aut 18 (1943), Nr. 8, S. 146; Bbl 111 (1944), S. 2; DS 9 (1944), H. 2, S. 23.

Anerkennungspreise für Leipziger Dichter und Schriftsteller

J: [1939]
S: Stadt Leipzig
VT: Jährlich, zumindest 1939 und 1940 (Verleihung vor Weihnachten). L: Leipziger Jahrbuch (1942), S. 37.
T: 1940 *Rudolf Habetin. – Hans Otto Henel. – Friedrich Norfolk. – Alfred Richter. – Heinz Rusch. – Raymund Schmidt. – Elly Schmidt Graubner.* – LTT. Aut 16 (1941), Nr. 3, S. 55.

Ernst-Moritz-Arndt-Preis der Provinz Pommern (einer der ›Pommerschen Kulturpreise‹)

J: 1937
S: Reichsschrifttumskammer, Landesleitung Pommern, Stettin. – Gauleiter und Oberpräsident Franz Schwede-Coburg, Stettin
Ju: 1937: »Das Preisgericht setzt sich aus einem Vertreter der Reichsschrifttumskammer, dem Landesleiter Pommern der Reichsschrifttumskammer, einem Vertreter der

Provinzialverwaltung und dem Feuilleton-Redakteur der ›Pommerschen Zeitung‹ zusammen.« L: DS 2 (1937), S. 261.
VT: Jährlich
Z: »[...] gestiftet [...] für den besten pommerschen Roman, die beste Erzählung und die beste Ballade«, eingereicht bei einem Preisausschreiben. L: Bbl 105 (1938), S. 138.
LP: Kü (1939), Sp. 245. – Aut 12 (1937), Nr. 10, S. 48; DS 2 (1937), S. 260f.; LE 40 (1937/38), S. 192; Aut 13 (1938), Nr. 1/2, S. 20f.; Aut 13 (1938), Nr. 9, S. 35; Strothmann (1963), S. 102.
T: 1939 *Max Dreyer*. – *Ulrich Sander*. – LTT: NL 40 (1939), S. 321.
1944 *Ehm Welk*. LT: Bbl 112 (1945), S. 7; Konrad Reich: Ehm Welk. Stationen eines Lebens. Rostock 1976. S. 319.

Auslandsdeutscher Schrifttumspreis
s. Volksdeutscher Schrifttumspreis

Badischer Gaukulturpreis
s. Gaukulturpreis Baden

Bauernfeldpreis

J: 1896
S: Eduard von Bauernfeld'sche Prämienstiftung (gegründet 1894), Wien. – Der Preis ist benannt nach seinem Stifter, dem Dramatiker Eduard von Bauernfeld (1802–1890).
Ju: Preiskuratorium, bestehend aus fünf, seit 1921 aus sieben Mitgliedern; hier verzeichnet nach Rauscher (1937), s. u. – 1894: Alfred Frhr von Berger. – Wilhelm von Hartel. – Josef Lewinsky. – Jakob Minor. – Edmund Weißel (Verwalter der Stiftung). – 1907: Karl Ferdinand Gregori. – Max Kalbeck. – Jakob Minor. – Friedrich Stadler. – Edmund Weißel. – Kuratoriumsmitglied seit 1914 (in der Nachfolge des verstorbenen Jakob Minor): Walther Brecht (Literarhistoriker). – Kuratoriumsmitglied seit 1917 (in der Nachfolge des verstorbenen Edmund Weißel): Berthold Lippschütz. – Kuratoriumsmitglied seit 1921 (in der Nachfolge des verstorbenen Max Kalbeck): Adam Müller-Guttenbrunn. – Seit 1921 zusätzliche Kuratoriumsmitglieder: Karl Hans Strobl. – Anton Wildgans
VT: Jährlich
Z: Auszeichnung von »gute[n] literarischen Arbeiten mit besonderer Berücksichtigung von Bühnenwerken«. L: [Aus dem Testament von E. v. Bauernfeld]. Zitiert nach: Rauscher (1937), s. u., S. 80. – Die preiswürdigen Werke können über Wettbewerbe ermittelt werden. – Die erste Ausschreibung eines Preiswettbewerbs 1894: »2000 fl. für das beste Drama in deutscher Sprache, das in der Zeit vom 13. Januar dieses Jahres bis 9. August 1895 auf der deutschen Bühne erscheint und literarischen Wert besitzt (wobei ein Lustspiel vor einem Trauerspiel bei sonst gleichem Wert den Vorzug hat), und 1000 fl. auf die beste literarhistorische Arbeit, welche die Bedeutung Bauernfelds für die Entwicklung der deutschen Lustspiel-Dichtung und speziell für die Repertoire des Hofburgtheaters behandelt.« L: Euphorion 1 (1894), S. 233. – Seit der Satzungsänderung 1900 sind Wettbewerbe ausdrücklich nicht mehr nötig. Ziel ist die Verteilung von »Ehrengaben an lebende Schriftsteller mit besonderer Berücksichtigung von Dramatikern, sei es im Hinblick auf ein bestimmtes Werk, sei es in Würdigung ihrer Gesamtleistung.« L: Rauscher (1937), s. u., S. 84.
LP: Otto Rauscher: Der Bauernfeld-Preis. In: Jahrbuch der Grillparzer-Gesellschaft 34 (1937), S. 79–101. – M. Kent: Eduard Bauernfeld. In: Die Nation 7 (1889/90), S. 693f.; Karl Kraus. In: Die Fackel 4 (1902/

03), Nr. 133, S. 4–6; Camill Hoffmann: Der Dichterpreis. In: Vossische Zeitung Nr. 75 vom 10. 2. 1917; Alois Essigmann. In: Das Gewissen 1 (1919), H. 2, S. 45.

VF: Stark variierend

T: Die Preisträger(innen) sind nach Rauscher (1937) verzeichnet.

1896 *Leo Ebermann* (1000 Gulden, für das Drama ›Die Athenerin‹). – *Georg Hirschfeld* (1000 Gulden, für das Drama ›Die Mütter‹). – *Johanna Ambrosius* (500 Gulden). – *Emil Marriot*, d. i. Emilie Mataja (500 Gulden). – LTT: Kü (1898), Sp. 51f.

1898 *Philipp Langmann* (›Bartel Turaser‹, Drama)

1899 *Ferdinand von Saar* (1000 Gulden, für die ›Novellen aus Österreich‹). – *Arthur Schnitzler* (1000 Gulden, für seine Novellen und Dramen). – *Leo Hirschfeld* (»Ermunterungspreis« von 500 Gulden, für die Komödie ›Die Lumpen‹). – *Karl Karlweis* (»Ermunterungspreis« von 500 Gulden, für die Komödie ›Das liebe Ich‹). – LTT: LE 1 (1898/99), Sp. 928; Bbl 66 (1899), S. 2590.

1900 *Emil Horner* (1000 Gulden, für die Monographie über ›Bauernfeld‹). LT: Bbl 67 (1900), S. 9447, 9574; LE 3 (1900/01), S. 430.

1901 *Ferdinand von Saar* (2000 Kronen, für die Gesamtleistung). – *Antonie Baumberg* (1000 Kronen, für ihre österreichischen Volksstücke). – *Otto Julius Bierbaum* (1000 Kronen, für seine Gedichte). – *Marie Eugenie Delle Grazie* (1000 Kronen, für ihre Gesamtleistung). – *Felix Dörmann* (1000 Kronen, für das Drama ›Der Herr von Abadessa‹). LT: Karl Kraus: Das Buch-Manuscript. In: Die Fackel 3 (1901/02), Nr. 87, S. 22–25. – *Rudolf Hawel* (1000 Kronen, für seine österreichischen Volksstücke). – *Rudolf Lothar* (1000 Kronen, für das Spiel ›König Harlekin‹). – LTT: Karl Kraus. In: Die Fackel 3 (1901/02), Nr. 85, S. 16–18; Karl Kraus. In: Die Fackel 3 (1901/02), Nr. 86, S. 26f.; LE 4 (1901/02), Sp. 288f.; Kü (1902), Sp. 51f.

1902 *Gustav Frenssen* (2000 Kronen, für den Roman ›Jörn Uhl‹). – *Richard Nordmann*, d. i. Margarete Langkammer (2000 Kronen, für den ›Komtessen-Roman‹). – *Viktor Leon* (2000 Kronen, für das Schauspiel ›Gebildete Menschen‹). – *Jakob Julius David* (1000 Kronen, für die Gesamtleistung). – *Stephan Milow*, d. i. Stephan von Millenkovich (1000 Kronen, für die Gesamtleistung). – LTT: LE 5 (1902/03), Sp. 287.

1903 *Arthur Schnitzler* (4000 Kronen, für die vier Einakter ›Lebendige Stunden‹). LT: Karl Kraus. In: Die Fackel 4 (1902/03), Nr. 133, S. 4–6; LE 5 (1902/03), Sp. 1012: »Gegen diese Verleihung haben die Christlich-Sozialen Wiens Protest erhoben. Der christlich-soziale Abgeordnete Dr. Pattai brachte im Abgeordnetenhause eine Interpellation an den Unterrichtsminister Hartel ein, worin Beschwerde darüber erhoben wird, daß der Bauernfeld-Preis in den letzten Jahren schon fünfmal an Juden verliehen worden sei. In seiner Antwort wies der Minister darauf hin, daß unter den bisherigen 26 Preisempfängern der Bauernfeld-Stiftung sich 8 jüdische und 18 christliche Schriftsteller befanden. Im übrigen habe Bauernfeld nicht den Taufschein, sondern die literarischen Qualitäten als ausschlaggebend für die Preisverleihung angesehen.«

1904 *Hermann Bahr* (›Der Meister‹, Komödie). – *Wilhelm Hegeler* (›Pastor Klinghammer‹, Roman). – *Marie Herzfeld* (für die Gesamtleistung). – *Hermann Hesse* (›Peter Camenzind‹, Roman). – *Thomas Mann* (›Buddenbrooks‹, Roman). – *Carl Spitteler* (›Olympischer Frühling‹, Epos). – *Josef Werkmann* (›Liebessünden‹, Drama). – LTT: LE 7 (1904/05), Sp. 377f.

1905 *Alexander von Weilen* (2000 Kronen, für die ›Geschichte des Burgtheaters‹). – *Josef Viktor Widmann* (2000 Kronen, für den

Roman ›Der Heilige und die Tiere‹). – *Jakob Julius David* (1000 Kronen, für die Gesamtleistung). – LTT: LE 8 (1905/06), Sp. 458.
1906 *Franz Karl Ginzkey* (für seine Lyrik). – *Enrica Freiin von Handel-Mazzetti* (›Jesse und Maria‹, Roman). – *Friedrich Werner van Oestéren* (›Christus, nicht Jesus. Ein Jesuitenroman‹). – *Karl Rößler* (›Ein reicher Jüngling‹, Drama). – *Hugo Salus* (für seine Lyrik). – *Traugott Tamm* (›Im Lande der Jugend‹, ›Im Lande der Leidenschaft‹, Doppelroman). – *Paul Wilhelm* (›La Vallière‹, Drama). – *Stefan Zweig* (für seine Lyrik). – LTT: LE 9 (1906/07), Sp. 485.
1907 *Kurd Laßwitz* (2000 Kronen). – *Wilhelm Raabe* (2000 Kronen). – LTT: LE 10 (1907/08), Sp. 369.
1908 *Karl Schönherr* (›Erde‹, Komödie). – LT: LE 10 (1907/08), Sp. 964.
1909 *Rudolf Hans Bartsch* (1500 Kronen). – *Rainer Maria Rilke* (1500 Kronen). – *Karl Adolph* (1000 Kronen). – *Emil Ertl* (1000 Kronen). – *Karl Hans Strobl* (1000 Kronen). – LTT: LE 11 (1908/09), Sp. 1117.
1910 *Hermann Stehr* (2000 Kronen). – *Vinzenz Chiavacci* (1000 Kronen). – *Eduard Pötzl* (1000 Kronen). – *Fritz Stüber-Gunther* (1000 Kronen). – LTT: LE 12 (1909/10), Sp. 1196.
1911 Ehrengaben von je 1000 Kronen: *Ottomar Enking*. – *Erwin Guido Kolbenheyer*. – *Hans Müller*. – *Adam Müller-Guttenbrunn*. – LTT: LE 13 (1911/12), Sp. 920.
1912 *Friedrich Adler*. – *Paul Apel* (›Hans Sonnenstößers Himmelfahrt‹, Drama). – *Felix Salten*. – *Siegfried Trebitsch* (›Des Feldherrn erster Traum‹, Novelle). LT: Karl Kraus: Ein Preisgekrönter. In: Die Fackel 14 (1912/13), Nr. 354/355/356, S. 58–61; Arthur Trebitsch: Der Fall Ferdinand Gregori und Siegfried Trebitsch. Ein Beitrag zur deutschen Literaturgeschichte unserer Zeit. München 1914. S. 52f., 60–62. – *Jakob Wassermann*. – LTT: LE 14 (1911/12), Sp. 879.
1913 nicht verliehen
1914 *Paul Ernst* (2000 Kronen). – *Arno Holz* (2000 Kronen). – *Ricarda Huch* (2000 Kronen). – *Max Mell* (1500 Kronen). – *Alfons Petzold* (1500 Kronen). – LTT: LE 16 (1913/14), Sp. 1376,1449.
1915 nicht verliehen
1916 Ehrengaben von je 6000 Kronen: *Franz Theodor Csokor*. – *Ernst Decsey*. – *Wladimir von Hartlieb*. – *Otto Hauser*. – *Otto Stoeßl*. – *Anton Wildgans*. – LTT: LE 18 (1915/16), Sp. 1164.
1917 *Rudolf Alexander Schröder* (1000 Kronen). – *Hans Fraungruber* (800 Kronen). – *Anton Matosch* (800 Kronen). – *Heinrich von Schullern* (800 Kronen). – *Erika Spann-Rheinsch* (800 Kronen). – *Arthur von Wallpach* (800 Kronen). – LTT: LE 19 (1916/17), Sp. 779.
1918 (Verteilung im November 1917). – *Felix Braun* (1500 Kronen bar). – *Emil Lukka* (500 Kronen bar, 1000 Kronen in österreichischer Kriegsanleihe). – *Thaddäus Rittner* (500 Kronen bar, 1000 Kronen in österreichischer Kriegsanleihe). – *Franz Werfel* (500 Kronen bar, 1000 Kronen in österreichischer Kriegsanleihe). – *Rolf Lauckner* (1000 Kronen in Kriegsanleihe). – LTT: LE 20 (1917/18), Sp. 432.
1919 Ehrengaben von je 1500 Kronen: *Julius Bittner*. – *Rudolf Holzer*. – *Richard von Schaukal*. – *Otto Stoeßl*. – *Paul Wertheimer*. – LTT: Das Gewissen 1 (1919), H. 2, S. 45; LE 21 (1918/19), Sp. 956.
1920 Ehrengaben von je 2000 Kronen: *Walther Eidlitz*. – *Viktor Fleischer*. – *Leopold Hörmann*. – *Ernst Lothar*. – LTT: LE 22 (1919/20), Sp. 1149.
1921 Ehrengaben von je 2000 Kronen: *Robert Hohlbaum*. – *Julius von Ludassy*. – *Franz Nabl*. – LTT: LE 23 (1920/21), Sp. 1023.

1922 *Franz Karl Ginzkey*. LT: Bbl 89 (1922), S. 99; Rauscher (1937), S. 93: »Die Geldentwertung ging so rasch vor sich, daß Franz Karl Ginzkey, der im Jahre 1922 5000 Kronen bekam, mit dem Geld wohl nicht mehr viel anzufangen vermochte. Er war der letzte Ausgezeichnete. Verleihungen wurden nicht mehr vorgenommen.«
1923 *Uriel Birnbaum* (›In Gottes Krieg‹, Sonette). LT: Bei Rauscher (1937) nicht mehr genannt, jedoch in: LE 26 (1923/24), S. 252.

Beethoven-Medaille der Stadt Bonn

J: 1943. Gestiftet aus Anlaß der 700-Jahrfeier der Stadt Bonn
S: Oberbürgermeister der Stadt Bonn
Z: »Die Medaille ist dazu bestimmt, den Personen Dank und Anerkennung auszudrücken, die in besonderem Maße für die Stadt Bonn gewirkt haben oder wirken oder die durch ihre Lebensarbeit dazu beitragen, der Stadt zu Ruhm und Ansehen zu verhelfen. In ganz besonderen Fällen kann daneben der Kulturpreis (s. S. 100) verliehen werden, der in einer Geldgabe von 5000 RM oder einem Teil dieses Betrages besteht.« L: Protokoll der Bonner Ratssitzung vom 5. 10. 1943.
LP: Unterlagen im Stadtarchiv Bonn
T: 1943 *Karl F. Chudoba* (Rektor der Universität Bonn). – *Albert Fischer* (ehemaliger Intendant des Stadttheaters Bonn). – *Elly Ney* (Pianistin). LT: Aut 18 (1943), Nr. 11, S. 202; DS 9 (1944), H. 2, S. 23. – *Heinrich Sauer* (Dirigent). – *Ludwig Schiedermair* (Gründer des Beethoven-Archivs). – *Wilhelm Schmidtbonn*. LT: Aut 18 (1943), Nr. 11, S. 202; DS 9 (1944), H. 2, S. 23. – *Heinrich Zerkaulen*. LT: Aut 18 (1943), Nr. 11, S. 202. – LTT: General-Anzeiger (Bonn) vom 9. 1. 1959.

Bergischer Literaturpreis
auch: Preis der Stadt Wuppertal

J: 1935
S: Stadt Wuppertal
Ju: Preisgericht unter dem Vorsitz von Oberbürgermeister Julius Friedrich
VT: Jährlich
Z: Auszeichnung eines Schriftstellers, »dessen Arbeit, sei sie erzählender, sei sie dramatischer oder dichterischer Art, innerhalb eines Wettbewerbs als beste Leistung bewertet wird. [...] Das eingereichte Werk muß aus dem Wesen und Leben der Bergischen Landschaft und seiner Menschen geschöpft sein«. L: LE 39 (1936/37), S. 192.
B: »Zu diesem Wettbewerb werden nur solche Bewerber zugelassen, die dem Bergischen Land entstammen oder seit mindestens zehn Jahren im Bergischen Land ihre Wahlheimat gefunden haben.« L: LE 39 (1936/37), S. 192.
VF: 1000 RM
LP: Kü (1937/38), Sp. 253; Kü (1939), Sp. 254. – Friedrich Michael: Dichterpreise. In: Deutsche Zukunft 4 (1936), Nr. 9, S. 14; LE 39 (1936/37), S. 192.
T: 1935 *Ernst Schmidt* (200 RM, für die Erzählung ›Sturm auf dem Hahner Berg‹). LT: Aut 10 (1935), Nr. 12, S. 31; LE 38 (1935/36), S. 251. – *Martin Schaefer* (100 RM, für die historische Szene ›Gericht‹). – *Friedrich Kerst* (100 RM, für die Goethe-Novelle ›Dr. Werther, auch aus Frankfurt!‹). – LTT: Die Zuerteilung des Bergischen Literaturpreises. In: Bergisch-märkische Zeitung vom 21. 12. 1935: »Wenn sich unter den Einsendungen auch recht ansprechende und beachtliche Arbeiten befanden, so war das Preisgericht sich doch darin einig, daß keine Arbeit von so überragendem Wert sei, daß sie die Zuerteilung des Gesamtpreises oder eines ersten Preises gerechtfertigt hätte.«

1936 (1937 verliehen) *Emil Uellenberg*. LT: LE 39 (1936/37), S. 384; Aut 12 (1937), Nr. 1, S. 24; Kbg: Emil Uellenberg, Träger des Bergischen Literaturpreises. In: Bergisch-märkische Zeitung vom 28.1.1937; DS 2 (1937), S. 70; Bbl 105 (1938), S. 139; Kü (1939), Sp. 254 (hier: Verleihung für 1937).

Berliner Kunstpreis »Jubiläumsstiftung 1848/1948« (für Literatur, Musik, Bildhauerei, Malerei, Graphik)

s. Fontane-Preis [2]

Berner Dramenpreis

s. Preis der ›Festspielstiftung der Stadt Bern‹

Hermann Billung-Preis der Stadt Lüneburg

J: 1937. – Benannt nach Hermann Billung, Herzog in Sachsen († 973 in Quedlinburg)
S: Oberbürgermeister der Stadt Lüneburg
VT: Jährlich. Verteilung auf dem Gautag des Gaues Osthannover oder dem Kreistreffen des Kreises Lüneburg
Z: Auszeichnung der besten »vorgeschichtlichen, volkskundlichen, geschichtlichen oder kunstgeschichtlichen Arbeit, die dem Gau Osthannover oder Teilen desselben gewidmet [ist]«. L: LE 39 (1936/37), S. 704.
VF: 2000 RM; teilbar
LP: Kü (1939), Sp. 246. – LE 39 (1936/37), S. 704; Bbl 105 (1938), S. 138.
T: 1938 *Gerhard Körner* (Historiker). – *Karl Theodor Weigel* (Runenforscher). – LTT: Kü (1939), Sp. 246.

Bodmer-Stiftung

s. Ehrengabe der Bodmer-Stiftung

Hermann Boßdorf-Preis

s.a. Richard Ohnsorg-Preis

J: 1938. – Benannt nach dem plattdeutschen Dramatiker Hermann Boßdorf (1877–1921). »Einer Anordnung des Reichsstatthalters [Karl] Kaufmann entsprechend, nach der Preise nicht nach lebenden Personen – mit Ausnahme der führenden Persönlichkeiten in Partei und Staat – benannt werden sollen, ist der Richard Ohnsorg-Preis in Hermann Boßdorf-Preis umbenannt worden.« L: Mitteilungen aus dem Quickborn 31 (1938), S. 120.
S: Stadt Hamburg. Verwaltung durch die Vereinigung Niederdeutsches Hamburg. – »Nach der Eingliederung Wandsbeks in die Hansestadt Hamburg hat die ›Vereinigung Niederdeutsches Hamburg‹ als die Betreuerin der niederdeutschen Kulturarbeit in Hamburg den [Richard Ohnsorg-]Preis in ihre Obhut genommen und wird ihn in weiterem Rahmen [...] alljährlich verteilen.« L: Mitteilungen aus dem Quickborn 31 (1938), S. 120.
VT: Jährlich
Z: »Der Boßdorf-Preis [...] wird alljährlich am 29. Oktober [dem Geburtstag Boßdorfs] der besten plattdeutschen Bühnendichtung zuerkannt, die in der jeweils vergangenen Spielzeit (September bis Mai) uraufgeführt wurde.« L: NL 40 (1939), S. 217.
VF: 500 RM
LP: Aut 13 (1938), Nr. 3, S. 46; Aut 13 (1938), Nr. 7/8, S. 49; NL 40 (1939), S. 217.
T: 1939 *Heinrich Behnken* (›Dat Düwelsbook‹, Komödie). LT: Aut 16 (1941), Nr. 11, S. 195; NL 42 (1941), S. 310; LE 44 (1941/42), S. 136.

1940 *Hans Heitmann* (›Fockenstedt‹, Komödie). LT: Aut 16 (1941), Nr. 11, S. 195; NL 42 (1941), S. 310; LE 44 (1941/42), S. 136.

Bremer Bühnenpreis auch: Bremer Schauspielpreis, Bremischer Literaturpreis, Literaturpreis des Goethebundes in Bremen

J: 1925
S: Meldung 1925: Goethebund, Bremen. – Bremer Schauspielhaus. – Vertriebsstelle des Verbandes Deutscher Bühnenschriftsteller, Berlin. L: FZ Nr. 882 vom 26. 11. 1925, S. 1. – Meldung 1926: Goethebund, Bremen. – Bremer Schauspielhaus. L: FZ Nr. 463 vom 24. 6. 1926, S. 2. – Meldung 1933: Goethebund, Bremen. L: Aut 8 (1933), Nr. 6, S. 10.
Ju: Meldung 1925: Gerhard Hellmers (Vorsitzender des Goethebundes in Bremen). – Walter Harlan (Schriftsteller). – Johannes Wiegand (Direktor des Bremer Schauspielhauses). – Johannes Muellershausen (Verwalter der Stiftung). – L: FZ Nr. 882 vom 26. 11. 1925, S. 1. – Meldung 1926: Gerhard Heile (Hauptschriftleiter). – Gerhard Hellmers. – Eduard Ichon (Direktor des Bremer Schauspielhauses). – Anton Koernig. – Hermann August Korff (Literarhistoriker). – Hans-Detlef Sierck (Oberspielleiter am Bremer Schauspielhaus). – Karl Viëtor (Literarhistoriker). – Otto Wellmann. – L: FZ Nr. 463 vom 24. 6. 1926, S. 2; FZ Nr. 561 vom 30. 7. 1926, S. 2.
VT: Meldung 1925: Alle drei Jahre. – Meldung 1928: »[...] in unbestimmten Abständen.« – Meldung 1933: Jährlich
Z: 1925: Stiftung des Preises, um »der Dichterjugend den Weg des Schaffens zu erleichtern. Das Bremer Schauspielhaus hat sich verpflichtet, bei jedem Wettbewerb 1 bis 4 der besten Stücke zur Uraufführung zu bringen.« L: LE 28 (1925/26), S. 187. – Die preisgekrönten Werke »werden von der genannten Vertriebsstelle mit dem dort üblichen Normalvertrag in Vertrieb genommen, falls nicht ein anderer Verlag ausdrücklich gewünscht wird.« L: FZ Nr. 882 vom 26. 11. 1925, S. 1. – 1933: Vergabe des Preises »in der Absicht, echter, im deutschen Volkstum verwurzelter Dichtung zu einer Volk und Menschheit bereichernden Wirkung zu verhelfen.« L: Aut 8 (1933), Nr. 6, S. 10.
B: Meldung 1926: »Die eingereichten Stükke dürfen noch nicht aufgeführt sein.« L: FZ Nr. 463 vom 24. 6. 1926, S. 2. – Meldung 1928: »[...] bei völlig freier Stoffwahl für die Stücke wird lediglich verlangt, daß sie noch nicht aufgeführt sind.« L: Literarische Preise (1928), S. 362.
VF: Meldung 1925: 5000 RM. – Meldung 1933: 1000 RM
LP: Literarische Preise (1928), S. 362. – FZ Nr. 882 vom 26. 11. 1925, S. 1; LE 28 (1925/26), S. 187; FZ Nr. 463 vom 24. 6. 1926, S. 2; Aut 8 (1933), Nr. 6, S. 10.
T: 1926: »[...] keinem der eingereichten Stücke [konnte] der volle Preis zuerkannt werden.« – *Alexander Lernet-Holenia* (1000 RM, für die Einakter ›Saul‹ und ›Alkestis‹). – *M. Lewadin* (1000 RM, für ›Dornenweg‹). – *Peter Baum* (500 RM, für die Komödie ›Quintett‹). – *Gina Kaus* (500 RM, für das Drama ›Toni‹). – *Herbert Scheffler* (500 RM, für das Kammerspiel ›Das Land im Rücken‹). – LTT: FZ Nr. 974 vom 31. 12. 1926.
1933 *Erwin Guido Kolbenheyer*. LT: LE 35 (1932/33), S. 672; Aut 8 (1933), Nr. 6, S. 10; DA (1933), S. 127f.

John Brinckman-Preis

J: 1923. – Benannt nach dem plattdeutschen Erzähler John Brinckman (1814–1870)
S: Meldung 1926: Stadt Rostock. L: W. A.: Der »plattdeutsche« Preis. In: FZ Nr. 493 vom 6. 7. 1926, S. 2. – Meldung 1928: Plattdeutsche Arbeitsgemeinschaft Rostock. – Meldung 1937: Universität Rostock. L: Kü (1937/38), Sp. 253. – Meldung 1939: NSG. »Kraft durch Freude« und Heimatvereine des Gaues Mecklenburg. Verteilung durch Reichsstatthalter und Gauleiter Friedrich Hildebrandt. L: Kü (1939), Sp. 246.
VT: Jährlich
Z: »Ehrung plattdeutscher Dichter und Schriftsteller, auch Forscher, die durch ihre Arbeit für plattdeutsche Sprache und niederdeutsches Volkstum die plattdeutsche Sache wirklich gefördert haben, und Bühnenkünstler.« L: Literarische Preise (1928), S. 221.
VF: Meldung 1928: Zwischen 500 und 1000 RM
LP: Literarische Preise (1928), S. 221; Kü (1937/38) Sp. 253; Kü (1939), Sp. 246. – LE 28 (1925/26), S. 43; Aut 13 (1938), Nr. 1/2, S. 20.
T: 1923 *Richard Wossidlo* (Forscher und Sammler auf dem Gebiet der Volkskunde Mecklenburgs). LT: W. A.: Der »plattdeutsche« Preis. In: FZ Nr. 493 vom 6. 7. 1926, S. 2; De Professor wier wat in Woren – Erinnerungen an Richard Wossidlo. Waren 1995. S. 52.
1924 *Karl Wagenfeld*. LT: LE 26 (1923/24), S. 700.
1925 nicht verliehen. L: Literarische Preise (1928), S. 221.
1926 *Wilhelm Wisser* (für seine Sammlung von Volksmärchen). LT: LE 28 (1925/26), S. 743.
1927 *Richard Ohnsorg*. LT: Literarische Preise (1928), S. 221; Mitteilungen aus dem Quickborn 24 (1931), S. 19.
1931 *Karl Seemann*. LT: Mitteilungen aus dem Quickborn 24 (1931), S. 19f.
1934 *Richard Wossidlo*. LT: De Professor wier wat in Woren – Erinnerungen an Richard Wossidlo. Waren 1995. S. 52.
1935 *Wilhelm Schmidt*. – *Wilhelm Zierow*. – LTT: LE 37 (1934/35), S. 574.
1936 *Friedrich Griese*. LT: LE 39 (1936/37), S. 128; Bbl 105 (1938), S. 138.
1937 *Erich Hagemeister* (Dramaturg am Staatstheater Schwerin). LT: DS 2 (1937), S. 212; Bbl 105 (1938), S. 138.
1938 *Willy Bastian* (Museumsrat; Preis für seine »Verdienste um die Frühgeschichte Mecklenburgs«). – *Hans Ehrke* (Preis für seine »Verdienste um das niederdeutsche Volkstum«). – LTT: LE 41 (1938/39), S. 128; NL 39 (1938), S. 591.
1940 *Karl Krickeberg*. LT: Aut 15 (1940), Nr. 9, S. 144.
1941 *Max Dreyer*. LT: Aut 16 (1941), Nr. 10, S. 176f.; DS 6 (1941), S. 132; LE 44 (1941/42), S. 48.
1942 *Richard Spethmann* (Kammerschauspieler, Leiter der Niederdeutschen Bühne Schwerin). LT: Aut 18 (1943), S. 12.
1943 *Carl Schmidt* (Tischlermeister; Auszeichnung für künstlerisch-handwerkliche Gestaltung). LT: Bbl 111 (1944), S. 106.
1944 *Karl Hennemann* (Maler, Graphiker). LT: Bbl 112 (1945), S. 6.

Bruckner-Preis

J: 1940
S: Gau Wien, Gauleiter Josef Bürckel
VT: Jährlich
Z: Auszeichnung »schöpferischer Leistungen der Tonkunst, der Dichtkunst, der bildenden Kunst« in abwechselnder Reihenfolge. Verleihung als Staatspreis

B: Die Preise [...] werden nur an solche verliehen, die entweder im Gebiet des Reichsgaues Wien geboren oder doch so lange Zeit hier leben und wirken, daß sie in der Oeffentlichkeit als Wiener Gelehrte oder Künstler gelten und anerkannt sind.«
VF: 5000 RM
LP: Aut 15 (1940), Nr. 2, S. 39.

Georg-Büchner-Preis

J: 1923. – Neubegründung 1945, als Staatspreis 1951
S: 1923: Volksstaat Hessen. – 1945–1950: Verleihung durch den Regierungspräsidenten, Darmstadt, und den Magistrat der Stadt Darmstadt. – 1951ff: Verleihung durch die Deutsche Akademie für Sprache und Dichtung in Verbindung mit dem Hessischen Staatsministerium und dem Magistrat der Stadt Darmstadt
Ju: 1923: Hessisches Landesamt für das Bildungswesen unter Mitwirkung der Künstlerverbände. – 1945: Preisgericht: Persönlichkeiten des öffentlichen und künstlerischen Lebens, bestimmt vom Regierungspräsidenten und vom Oberbürgermeister der Stadt Darmstadt
VT: Jährlich
Z: 1923: Förderung der Künste in Hessen (Literatur, bildende Kunst, Architektur, darstellende Kunst). – 1945: »Würdigung des Werkes einer Persönlichkeit und Förderung ihres Schaffens«. L: Kulturpreise (1948).
B: 1923: Vergabe an hessische oder in Hessen lebende Künstler. – 1945: »Die als Preisträger in Aussicht genommene Persönlichkeit muß trotz ihrer hervorragenden Bedeutung und großen Begabung materieller und ideeller Hilfe bedürfen, aus dem hessischen Raum kommen oder geistig (ausgedrückt in den Werken) mit ihm verbunden sein.« L: Kulturpreise (1948).
VF: 1923: 100000 Mark, verteilbar auf bis zu fünf Preise; in der Praxis Auszeichnung zweier Künstler pro Jahr. – Nach der Neubegründung 1945: 1000 RM
LP: Literarische Preise (1928), S. 222; Kulturpreise (1948); Remy (1956), S. 389f.; Träger des Georg-Büchner-Preises 1923 bis 1963. In: Jahrbuch Deutsche Akademie für Sprache und Dichtung Darmstadt (1963), S. 137f.; Fohrbeck (1978), S. 445; Ernst Johann: Der Georg-Büchner-Preis 1923–1951. In: Der Georg-Büchner-Preis 1951–1978. Eine Ausstellung des Deutschen Literaturarchivs Marbach und der Deutschen Akademie für Sprache und Dichtung Darmstadt. Marbach a.N. 1978. S. 13–38; Bufkin (1980), S. 116f.; W. Christian Schmitt, Hrsg.: Deutsche Prosa. Die Büchner-Preisträger. München, Wien 1984.
T: Die Preisträger(innen) sind nach der Liste ›Träger des Georg-Büchner-Preises‹ (1963) verzeichnet.
1923 *Adam Karillon.* LT: LE 26 (1923/24), S. 59: »Der Preis besteht in einer Geldsumme von drei Millionen Mark und einer künstlerischen Urkunde.« – *Arnold Mendelssohn* (Komponist)
1924 *Alfred Bock.* LT: LE 27 (1924/25), S. 56. – *Paul Thesing* (Maler)
1925 *Rudolf Koch* (Schriftkünstler). – *Wilhelm Michel.* LT: LE 28 (1925/26), S. 60.
1926 *Christian H. Kleukens* (Drucker). – *Wilhelm Petersen* (Komponist). LTT: FZ Nr. 596 vom 12. 8. 1926, S. 2.
1927 *Johannes Bischoff* (Kammersänger). – *Kasimir Edschmid.* LT: LE 30 (1927/28), S. 57.
1928 *Well Habicht* (Bildhauer). – *Richard Hoelscher* (Maler)
1929 *Adam Antes* (Bildhauer). – *Carl Zuckmayer.* LT: LE 32 (1929/30), S. 61: »Zuckmayer erklärte, daß er den materiellen Teil der Auszeichnung im Sinne des Preises einem ringenden Talent zukommen las-

Das Hessische Volk verleiht dem Dichter

KASIMIR EDSCHMID

als ein Zeichen der Anerkennung für sein vom Geiste
neuer Zeit und neuer Sprachform geprägtes Schaffen
den

GEORG-BÜCHNER-PREIS 1927

Darmstadt/ am Tage der Deutschen Reichsverfassung
Hessisches Landesamt für das Bildungswesen

Staatspräsident: gez. Ulrich

Ministerialdirektor: gez. Urstadt

Neu ausgefertigt/
da bei der Zerstörung Darmstadts 1944 die Urschrift
verlorenging.

Darmstadt/ den 17. Oktober 1949

DER REGIERUNGSPRÄSIDENT
Wagner

DER OBERBÜRGERMEISTER

1949

sen wolle und die mit der Ehrung verbundene Geldsumme von 5000 Mark an den in Hessen lebenden jungen Dichter Anton Betzner weitergeleitet habe.«

1930 *Johannes Lippmann* (Maler). – *Nikolaus Schwarzkopf*. LT: FZ Nr. 596 vom 12. 8. 1930, S. 1; LE 33 (1930/31), S. 58.
1931 *Alexander Posch* (Maler). – *Hans Simon* (Komponist und Kapellmeister). LT: FZ Nr. 593 vom 11. 8. 1931, S. 2.
1932 *Adolf Bode* (Maler). – *Albert H. Rausch*. LT: FZ Nr. 597/598 vom 12. 8. 1932, S. 2; LE 35 (1932/33), S. 59.
1933–1944 nicht verliehen
1945 *Hans Schiebelhuth*
1946 *Fritz Usinger*
1947 *Anna Seghers*
1948 *Hermann Heiss* (Komponist)
1949 *Carl Gunschmann* (Maler)

Fortsetzung 1950ff

Emil Bührle-Stiftung für das Schweizerische Schrifttum

s. Ehrengabe der Emil Bührle-Stiftung für das Schweizerische Schrifttum

Burgtheater-Ring

J: 1926. Verkündet aus Anlaß der 150-Jahrfeier des Wiener Burgtheaters am 11. April 1926
S: Journalisten- und Schriftstellerverein ›Concordia‹, Wien. – Grundkapital von 30 000 Schillingen: Spende des Herausgebers des ›Neuen Wiener Journals‹, Jakob Lippowitz
VT: Jährlich
Z: Verleihung »an Persönlichkeiten, deren literarisches oder künstlerisches Wirken in innigem Zusammenhange mit dem Burgtheater« steht. »Diesen Ring soll abwechselnd in dem einen Jahr ein hervorragender Darsteller, im folgenden Jahre ein bedeutender dramatischer Dichter erhalten.« L: [Aus dem Rechenschaftsbericht der ›Concordia‹]. Zitiert nach: Eppel (1984), s. u., S. 200f.
VF: »Der [von Künstlerhand gefertigte] Preisring bleibt dauerndes Eigentum des Preisträgers und geht nach dessen Ableben in den Besitz der gesetzlichen Erben über, denen es anheimgestellt wird, den Ring zum dauernden Andenken an den Preisträger dem Museum der Stadt Wien zu überweisen.« L: Bbl 93 (1926), S. 621.
LP: Peter Eppel: »Concordia soll ihr Name sein…«. 125 Jahre Journalisten- und Schriftstellerverein ›Concordia‹. Eine Dokumentation zur Presse- und Zeitgeschichte Österreichs. Wien, Köln, Graz 1984. S. 200f. – F.W.: Österreichische Ehrenpreise für Schriftsteller. In: Bbl 93 (1926), S. 621.
T: 1926 *Arthur Schnitzler*. – *Auguste Wilbrandt-Baudius* (Schauspielerin). – LTT: Bbl 93 (1926), S. 621.
1929 *Gerhart Hauptmann*. LT: Eppel (1984), S. 201.
1935 *Max Mell*. LT: LE 37 (1934/35), S. 426; NL 36 (1935), S. 369.
1937 *Franz Theodor Csokor*. LT: Viktor Suchy, Hrsg.: Hoffnung und Erfüllung. Eine Anthologie österreichischer Gegenwartsdichtung. Graz, Wien 1960. S. 60.

Weitere Preisträger: *Hermann Bahr*. – *Max Devrient* (Schauspieler). – LTT: Eppel (1984), S. 201.

Chemnitzer Dichterpreis auch: Ehrengabe der Chemnitzer Bücherfreunde, Ehrengabe der Gesellschaft der Bücherfreunde zu Chemnitz

J: 1921
S: Gesellschaft der Bücherfreunde zu Chemnitz e.V., Chemnitz. Verteilt werden 10% der Jahreseinnahmen aus den Mitgliedsbeiträgen.
VT: Jährlich. Vergabe zu Weihnachten
Z: Ehrung und Unterstützung von Schriftstellern
VF: Stark variierende Geldbeträge
LP: Literarische Preise (1928), S. 221; Kü (1937/38), Sp. 253; Bufkin (1980), S. 115f. – LE 34 (1931/32), S. 299; Aut 13 (1938), Nr. 1/2, S. 20; Bbl 105 (1938), S. 138.
T: 1921 *Arno Holz* (1000 M). – *Otto Zur Linde* (1000 M). – LTT: LE 23 (1920/21), Sp. 1278.
1922 *Alfred Brust* (4000 M). LT: LE 24 (1921/22), Sp. 1466.
1923 *Karl Söhle*. LT: LE 34 (1931/32). S. 299.
1924 *Ludwig Strauß* (500 RM). LT: LE 27 (1924/25), S. 509.
1925 *Rudolf Pannwitz*. – *Wilhelm Schmidtbonn*. – LTT: LE 34 (1931/32), S. 299.
1926 *Hanns Meinke*. LT: LE 34 (1931/32), S. 299; Kosch 3, Bd 10 (1986), S. 735.
1927 *Agnes Miegel* (750 RM). LT: LE 30 (1927/28), S. 373.
1928 *Felix Braun* (750 RM). LT: LE 31 (1928/29), S. 305.
1929 *Theodor Däubler* (1000 RM). LT: LE 32 (1929/30), S. 373.
1930 *Karl Röttger* (1000 RM). LT: LE 33 (1930/31), S. 358.
1931 *Hans Brandenburg*. LT: LE 34 (1931/32), S. 299.
1932 *Karl Heinrich Waggerl*. LT: LE 35 (1932/33), S. 304.
1933 *Rudolf Paulsen* (1000 RM). LT: DA (1933), S. 132; LE 36 (1933/34), S. 364; Aut 9 (1934), Nr. 1, S. 16; Aut 13 (1938), Nr. 1/2, S. 20; Bbl 105 (1938), S. 138.
1934 *Werner Deubel* (500 RM). LT: Aut 9 (1934), Nr. 12, S. 21; LE 37 (1934/35), S. 278; Aut 13 (1938), Nr. 1/2, S. 20; Bbl 105 (1938), S. 138.
1935 *Paul Gurk*. LT: Aut 13 (1938), Nr. 1/2, S. 20; Bbl 105 (1938), S. 138.
1936 *Otto Frhr von Taube*. LT: Aut 11 (1936), Nr. 11/12, S. 26; NL 38 (1937), S. 51; Aut 13 (1938), Nr. 1/2, S. 20; Bbl 105 (1938), S. 138.
1937 *Hermann Claudius*. LT: Aut 12 (1937), Nr. 12, S. 53; LE 40 (1937/38), S. 320; Bbl 105 (1938), S. 9; Aut 13 (1938), Nr. 1/2, S. 20; Bbl 105 (1938), S. 138; DS 3 (1938), S. 21; NL 39 (1938), S. 46.
1938 *Herbert von Hoerner* (500 RM). LT: Bbl 105 (1938), S. 995; DS 4 (1939), S. 20; Kü (1939), Sp. 246; NL 40 (1939), S. 161.

Clausewitzpreis

J: [1941]. – Benannt nach Carl von Clausewitz, preußischer General und Militärschriftsteller (1780–1831)
S: Reichsstiftung für deutsche Ostforschung. – Gauleiter und Reichsstatthalter im Reichsgau Wartheland, Arthur Greiser, Posen
VT: Jährlich. Verleihung »am ›Tag der Freiheit‹ des Reichsgaues Wartheland«. L: NL 42 (1941), S. 310.
Z: Der Preis wird »an deutsche Männer verliehen [...], die durch ihr Wirken die Wehrkraft und den Wehrwillen des deutschen Volkes zugunsten des deutschen Ostraumes hervorragend gefördert oder entscheidend beeinflußt haben«. L: NL 42 (1941), S. 310.
VF: Meldung 1941: 20000 RM
LP: NL 42 (1941), S. 310; LE 44 (1941/42),

S. 136; Bbl 111 (1944), S. 1; Strothmann (1963), S. 104.
T: 1941 *Fritz Christen* (Soldat der Waffen-SS; »Auszeichnung für persönlichen Einsatz für Volk und Staat«). – *Erhard Wittek* (Schriftsteller; »Auszeichnung für persönlichen Einsatz für Volk und Staat«). – LTT: DS 6 (1941), S. 144; NL 42 (1941), S. 310; LE 44 (1941/42), S. 136.
1943 *Kurt Lück* (gefallen; Auszeichnung für »wertvolle Arbeit als Wissenschaftler, Schriftsteller und Organisator« und für »persönlichen Einsatz unter den Deutschen Wolhyniens, Galiziens und seiner engeren Heimat Posen«). – *Wolfgang Lüth* (U-Bootkommandeur, Korvettenkapitän). – LTT: Bbl 111 (1944), S. 2; DS 9 (1944), H. 2, S. 23.
1944 *Adolf Eichler* (»Vorkämpfer des Deutschtums im Litzmannstädtischen Raum«). – *Alfred Lattermann* (Direktor der Staats- und Universitätsbibliothek Posen; Arbeiten zur »Sippenkunde«). – *Hans Jakob Schmitz* (»Volkstumskämpfer und Forscher der ehemaligen Provinz Grenzmark Posen-Westpreußen«). – LTT: Bbl 112 (1945), S. 6.

Coppernicus-Preis

s. Nikolaus Kopernikus-Preis

Deutscher Nationalpreis für Kunst und Wissenschaft
auch: Nationalpreis für Kunst und Wissenschaft

J: 1937
S: »Führer und Reichskanzler« Adolf Hitler. – Reichsministerium für Volksaufklärung und Propaganda
Ju: Aus den ›Ausführungsbestimmungen zum Erlaß des Führers und Reichskanzlers über die Stiftung eines Deutschen Nationalpreises für Kunst und Wissenschaft‹: »Die Vorschläge für die Verleihung [...] werden auf dem Gebiet der Kunst von den Präsidenten der Einzelkammern innerhalb der Reichskulturkammer und auf dem Gebiet der Wissenschaft vom Reichs- und Preußischen Minister für Wissenschaft, Erziehung und Volksbildung gemacht. [...] Unabhängig davon sind für beide Gebiete vorschlagsberechtigt: Der Beauftragte des Führers für die gesamte geistige und weltanschauliche Erziehung in der NSDAP., der Reichsorganisationsleiter, der Reichsjugendführer, der Reichsführer der SS., der Stabschef der SA., der Chef der Kanzlei des Führers, der Reichsarbeitsführer, der Leiter des Hauptamts für Technik der NSDAP. [...] Die Vorschläge werden vom Reichsminister für Volksaufklärung und Propaganda dem Führer und Reichskanzler eingereicht. Dieser entscheidet über die Verteilung.« L: DS 2 (1937), S. 89.
VT: Jährlich. Verteilung auf dem Reichsparteitag der NSDAP
Z: Preis für »verdiente Deutsche«. Aus dem ›Erlaß des Führers und Reichskanzlers über die Stiftung eines Deutschen Nationalpreises für Kunst und Wissenschaft‹ vom 30. 1. 1937: »Um für alle Zukunft beschämenden Vorgängen vorzubeugen, verfüge ich mit dem heutigen Tage die Stiftung eines Deutschen Nationalpreises für Kunst und Wissenschaft. [...] Die Annahme des Nobelpreises wird damit für alle Zukunft Deutschen untersagt.« L: DS 2 (1937), S. 89. – »Dieser Preis war eine Gegengründung zum Nobelpreis, der 1937 dem in ein KZ verschleppten Schriftsteller Carl von Ossietzky zuerkannt worden war. Gleichzeitig wurde jedem Deutschen die Annahme des Nobelpreises untersagt.« L: Strothmann (1963), S. 102.
VF: Drei mal 100 000 RM
LP: Kü (1939), Sp. 245. – Aut 12 (1937),

Nr. 2/3, S. 2; DS 2 (1937), S. 89: ›Erlaß des Führers und Reichskanzlers über die Stiftung eines Deutschen Nationalpreises für Kunst und Wissenschaft. Vom 30. Januar 1937‹ und ›Ausführungsbestimmungen zum Erlaß des Führers und Reichskanzlers über die Stiftung eines Deutschen Nationalpreises für Kunst und Wissenschaft. Vom 10. März 1937‹; NL 38 (1937), S. 263; Aut 13 (1938), Nr. 1/2, S. 20f.; Wulf (1963), S. 259–263; Stimpfig (1983), S. 136.
T: 1937 *August Bier* (Chirurg). – *Wilhelm Filchner* (Asienforscher). LT: Bbl 105 (1938), S. 46, 138. – *Alfred Rosenberg* (Publizist, Reichsleiter der NSDAP). – *Ferdinand Sauerbruch* (Chirurg). – *Paul Ludwig Troost* (Architekt). – LTT: NL 38 (1937), S. 532; Aut 13 (1938), Nr. 1/2, S. 20; Die Träger des Nationalpreises für Kunst und Wissenschaft beim Führer. In: Bbl 105 (1938), S. 89; NL 39 (1938), S. 157.
1938 *Ernst Heinkel* (Flugzeugbauer; halber Preis). – *Willi Messerschmidt* (Flugzeugbauer; halber Preis). – *Ferdinand Porsche* (KFZ-Konstrukteur). LT: Ein Sudetendeutscher, Ing. Ferdinand Porsche, Träger des Deutschen Nationalpreises. In: SuM (1938), S. 548f. – *Fritz Todt* (Generalinspektor für das deutsche Straßenwesen). – LTT: Große Techniker Träger des Nationalpreises für Kunst und Wissenschaft. In: Bbl 105 (1938), S. 697; NL 39 (1938), S. 531f.; Hilf mit! 6 (1938/39), Nr. 1, S. 15.

Deutscher Übersee-Preis

J: 1935. Gestiftet aus Anlaß des 80. Jahrgangs von ›Westermanns Monatsheften‹. – Wiederholung 1938 aus Anlaß des 100jährigen Bestehens des Verlages Georg Westermann, Braunschweig
S: Verlag und Schriftleitung von ›Westermanns Monatsheften‹, Braunschweig
Ju: Richard Csaki (Leiter des Deutschen Ausland-Instituts, Stuttgart). – Otto August Ehlers (Hauptschriftleiter von ›Westermanns Monatsheften‹, Berlin). – Werner Jansen (Hochschulabteilung des Reichserziehungsministeriums, Berlin). – Karl Klingenfuß (Kulturamt der Auslands-Organisation der NSDAP, Berlin). – L: Westermanns Monatshefte 80 (1935/36), S. 4; Westermanns Monatshefte 82 (1937/38), S. 229.
Z: Auszeichnung einer »im Druck noch nicht veröffentlichten Niederschrift, die als Roman, Erzählung oder Tatsachenbericht ein deutsches Schicksal, Erlebnis oder Lebensbild in Übersee gestaltet. Die Arbeit soll mit innerer Wahrhaftigkeit Leistung und Einsatz deutscher Kraft jenseits der europäischen Meere schildern und dazu angetan sein, bei uns und bei den andern Nationen Verständnis und Anerkennung für Wesen, Art und Lebensrecht des deutschen Volkstums in fremden Erdteilen zu wecken und zu fördern.« L: Westermanns Monatshefte 80 (1935/36), S. 4; Westermanns Monatshefte 82 (1937/38), S. 229.
B: »Die Preisarbeiten sollen buchmäßigen Umfang haben [...] und zum Vorabdruck in Westermanns Monatsheften wie möglichst auch zur Buchveröffentlichung im Verlage Georg Westermann, Braunschweig, frei und geeignet sein.« L: Westermanns Monatshefte 80 (1935/36), S. 4; Westermanns Monatshefte 82 (1937/38), S. 229.
VF: 3000 RM
LP: Beiträge in ›Westermanns Monatsheften‹ zu den Preisausschreiben: 80 (1935/36), S. 4; 81 (1936/37), S. 11, 297; 82 (1937/38), S. 229; 84 (1939/40), S. 76. – Kü (1939), Sp. 247. – Aut 10 (1935), Nr. 9, S. 20; LE 38 (1935/36), S. 300; LE 40 (1937/38), S. 704; Aut 13 (1938), Nr. 4, S. 49; Bbl 105 (1938), S. 458; DS 3 (1938), S. 159; NL 39 (1938), S. 373; Aut 14 (1939), Nr. 3, S. 42.
T: 1936 *Adolf Kaempffer* (›Farm Trutzber-

ge‹). – *Georg Schwarz* (›Der schwarze Prinz‹). – LTT: Westermanns Monatshefte 81 (1936/37), S. 297. – Aut 11 (1936), Nr. 11/12, S. 26; LE 39 (1936/37), S. 256.
1939 *Hubert Coerver* (›Kalunga‹). LT: LE 42 (1939/40), S. 216; Aut 15 (1940), Nr. 1, S. 17; NL 41 (1940), S. 27f. – *Paul Robert Skawran* (Lobende Erwähnung von ›Wir reiten mit de la Rey‹). – *Ralph Wood* (Lobende Erwähnung von ›Der Amerikaner‹). – LTT: Westermanns Monatshefte 84 (1939/40), S. 212.

Deutscher Übersetzerpreis

J: 1930
S: Literarische Gesellschaft Frankfurt a. M.
Z: Auszeichnung einer dichterischen Übertragung aus einer fremden Sprache, um »auf Niveau und Geist der deutschen Übersetzungsliteratur einzuwirken«. L: LE 33 (1930/31), S. 299.
VT: Jährlich
LP: Aut 5 (1930), Nr. 12, S. 10.
T: 1930 *Alfred Wolfenstein* (›Rimbaud, Leben, Werk, Briefe‹). LT: Aut 5 (1930), Nr. 12, S. 10; LE 33 (1930/31), S. 299.

Deutscher Volkstheaterpreis

s. Volkstheaterpreis

Deutsch-österreichischer Schriftsteller-Preis

s. Ehrenpreise der deutsch-österreichischen Schriftsteller-Genossenschaft

Dichterpreis der Stadt Braunschweig 1941ff: Wilhelm-Raabe-Preis der Stadt Braunschweig

s.a. Raabe-Preis

J: 1936. Gekoppelt mit dem 1932 als ›Raabe-Preis‹ gegründeten ›Volkspreis für deutsche Dichtung‹ (s. S. 200): 1936–1941 jeweils für dasselbe Werk verliehen. – 1941: Umbenennung in ›Wilhelm-Raabe-Preis der Stadt Braunschweig‹. – Neubegründung 1946
S: Stadt Braunschweig / NS-Kulturgemeinschaft. – Seit 1939: Stadt Braunschweig / Deutscher Gemeindetag. – Seit 1946: Stadt Braunschweig
Ju: 1939–1941: Jury des ›Volkspreises ...‹ unter der Leitung des Vorsitzenden des Deutschen Gemeindetags, Reichsleiter Oberbürgermeister (der Stadt München) Karl Fiehler; »literarischer Obmann«: Werner Jansen (SS-Sturmbannführer). – Kuratoriumsmitglieder: Wilhelm Baur (Börsenverein Deutscher Buchhändler). – Beaucamp (Landrat, Düren). – Alfred-Ingemar Berndt (Reichsministerium für Volksaufklärung und Propaganda). – Karl Cerff (Reichsfuhrung SS). – Cors (Oberkommando der Wehrmacht). – Dähnhardt (Reichsministerium für Wissenschaft, Erziehung und Volksbildung). – Alfred Freyberg (Oberbürgermeister von Leipzig, später Staatsminister). – Hans Hagemeyer (Amt Schrifttumspflege der NSDAP). – Fritz Heiligenstaedt (Reichsstelle für das Volksbüchereiwesen). – Richard Hengst (Oberbürgermeister von Köthen/Anhalt). – Wilhelm Hessen (Oberbürgermeister von Braunschweig). – Kurt Jeserich (Geschäftsführender Präsident des Deutschen Gemeindetags). – Hanns Johst (Präsident der Reichsschrifttumskammer). – Karl Friedrich Kolbow (Landeshauptmann der Provinz Westfalen). – Fritz Leutloff (Amt Deutsches

Volksbildungswerk). – Patutschnik (Hauptamt für Kommunalpolitik). – Franz Schattenfroh (Reichsministerium des Innern). – Karl Strölin (Oberbürgermeister von Stuttgart). – Stünke (Reichsjugendführung). – Zeitler (Oberste SA-Führung). – Später als Ersatz hinzugekommen: Otto Benecke (Deutscher Gemeindetag). – Wilhelm Haegert (Reichsministerium für Volksaufklärung und Propaganda). – Erich Hilgenfeldt (Leiter der Nationalsozialistischen Volkswohlfahrt). – Kreissl (Reichsministerium des Innern). – Bernhard Payr (Amt Schrifttumspflege der NSDAP). – Neue Vertreter des Oberkommandos der Wehrmacht und der Reichsjugendführung. – L: Bundesarchiv Koblenz, Bestand R 36/2414. Zitiert nach: Strallhofer (1994), S. 100f. – Satzung 1946: Vorsitzender: Oberbürgermeister der Stadt Braunschweig. – Rektor der Technischen Hochschule Braunschweig oder in dessen Vertretung der Inhaber des Lehrstuhls für Literaturgeschichte an dieser Hochschule. – Kulturdezernent der Stadt Braunschweig. – Vorsitzender der Literarischen Gesellschaft e.V. – Direktor des Kulturamtes. – Ein deutscher Dichter. – Ein Vertreter des deutschen Verlagswesens. – Der Geschäftsführer der Literarischen Gesellschaft e.V. (ohne Stimme). – L: Die Tabulatur der Wilhelm-Raabe-Runde (1947), s. u., S. 7f.

VT: Jährlich

Z: 1936: Preis für ein bestimmtes Buch, dessen Verbreitung gefördert werden soll. – Satzung 1946: Auszeichnung eines Schriftstellers, der »auf der Mittagshöhe seines Schaffens steht, in seinem Werk das Denken und Empfinden des deutschen Volkes wiedergibt und gleichzeitig in seiner künstlerischen Gestaltung kommenden Geschlechtern die Probleme seiner Zeit übermittelt und deutet«. L: Die Tabulatur der Wilhelm-Raabe-Runde (1947), s. u., S. 7f.

VF: 1936: 2000 RM; widersprüchliche Meldungen über Anhebung der Preissumme schon vor 1946. – 1946: 10000 RM. – 1949: 3000 DM

LP: Die Tabulatur der Wilhelm-Raabe-Runde. In: Hanns Bernhard Lauffer, Hrsg.: Die Wilhelm-Raabe-Runde. Anthologie der Raabe-Preisträger. Braunschweig 1947. S. 7f.; Hans Gransow: [Der Wilhelm-Raabe-Preis]. In: Wilhelm-Raabe-Preisträger. Vier Ansprachen. Braunschweig 1981. S. 64-68; Hans Gransow: Zur Geschichte des Wilhelm-Raabe-Preises der Stadt Braunschweig. In: H.G.: Literaturwürdigung in Braunschweig. Braunschweig 1984. S. 29–43; Wolf-Dieter Schuegraf: Der Friedrich Gerstäcker-Preis und der Wilhelm-Raabe-Preis der Stadt Braunschweig. In: Braunschweiger Kalender (1986), S. 63–68; Hanna Leitgeb: Der ausgezeichnete Autor. Städtische Literaturpreise und Kulturpolitik in Deutschland 1926–1971. [Goethe-Preis der Stadt Frankfurt a. M., Lessing-Preis der Freien und Hansestadt Hamburg, Wilhelm-Raabe-Preis der Stadt Braunschweig]. Berlin, New York 1994. – Kü (1937/38), Sp. 253; Kü (1939), Sp. 246; Remy (1956), S. 407f.; Bufkin (1980), S. 138; Strallhofer (1994), S. 99-104. – Aut 13 (1938), Nr. 1/2, S. 20; Bbl 105 (1938), S. 827; Lahn (1951), S. 7f.

T: Die Preisträger(innen) sind nach Leitgeb (1994) verzeichnet.

1936 *Hans Künkel* (›Schicksal und Liebe des Niklas von Cues‹, Roman). – Laudatio: Georg Stammler: Der Dichter und die deutsche Gegenwart. – LT: Aut 11 (1936), Nr. 11/12, S. 26; DS 1 (1936), S. 287; LE 39 (1936/37), S. 255; Bbl 105 (1938), S. 138; Die kulturpolitische Tagung [1941], S. 138.

1937 *Heinrich Eckmann* (›Der Stein im Acker‹, Roman). – Laudatio: Heinz Kindermann: Die Dichtung im Lebensraum der Nation. – LT: LE 40 (1937/38), S. 192; Bbl 105 (1938), S. 138; Die kulturpolitische Tagung [1941], S. 138.

1938 *Ottfried Graf Finckenstein* (›Die Mutter‹, Roman). – Laudatio: Herbert Cysarz: Führender oder dienender Geist. – LT: Bbl 105 (1938), S. 910; DS 3 (1938), S. 286; NL 39 (1938), S. 662; LE 41 (1938/39), S. 194; Die kulturpolitische Tagung [1941], S. 139.
1939 *Friedrich Griese* (›Die Wagenburg‹, Roman). – *Joseph Georg Oberkofler* (›Der Bannwald‹, Roman). – LTT: Aut 14 (1939), Nr. 10/11, S. 17; DS 4 (1939), S. 223; NL 41 (1940), S. 27.
1940 *Hans Venatier* (›Vogt Bartold, der Zug nach dem Osten‹, Roman) – *Ulrich Sander* (Nebenpreis für den Roman ›Der Mann vom See‹). – LTT: Aut 15 (1940), Nr. 12, S. 183; LE 43 (1940/41), S. 206; DS 6 (1941), H. 1, Umschlag; Erika Kupfer: Hans Venatier – Ulrich Sander und ihre preisgekrönten Werke. In: Die kulturpolitische Tagung [1941], S. 49–56; NL 42 (1941), S. 31.
1941 *Berchtold Gierer*, d.i. Walter Scheidt (›Geschlechter am See‹, Roman). – *Karl Götz* (›Die große Heimkehr‹, Roman). – LTT: NL 43 (1942), S. 24.
1942 nicht verliehen
1943 nicht verliehen
1944 *Ricarda Huch* (aus Anlaß des 80. Geburtstages; Preisverleihung ohne Anbindung an den ›Volkspreis‹). LT: Bbl 111 (1944), S. 151.
1945 nicht verliehen
1946 *Fritz von Unruh* (für das Gesamtwerk). LT: Wilhelm-Raabe-Preisträger (1981), S. 65.
1947 (1949 verliehen) *Werner Bergengruen* (für das Gesamtwerk). LT: W. Bergengruen: [Ansprache bei der Verleihung des Wilhelm-Raabe-Preises]. In: Wilhelm-Raabe-Preisträger (1981), S. 7–14. – Lukian: Im Zeichen Wilhelm Raabes. In: Aufbau 4 (1948), S. 905f.
1948 (1949 verliehen) *Ina Seidel* (für das Gesamtwerk). LT: Lukian: Im Zeichen Wilhelm Raabes. In: Aufbau 4 (1948), S. 905f.

Fortsetzung 1950ff

Dichterpreis der Stadt Halberstadt auch: Preis der »Spiegelfeiern«

J: 1803
S: Magistrat der Stadt Halberstadt. – Der Preis geht auf eine Stiftung des Halberstadter Schriftstellers Johann Wilhelm Ludwig Gleim (1719–1803) zum Andenken an seinen Freund Ernst Ludwig Frhr von Spiegel zum Desenberge († 1785) zurück.
Ju: Stadtrat
VT: Jährlich. Verleihung bei den sogenannten »Spiegelfeiern« am 22. Mai, dem Todestag Spiegels
Z: Gleim »bestimmte in seinem Testament, daß in jedem Frühjahr auf den Spiegelsbergen ein ländliches Fest [...] veranstaltet und die deutschen Dichter zu dieser Feier geeignete Lieder einsenden sollten, deren bestes den genannten Preis erhielt.« L: LE 9 (1906/07), Sp. 1060.
B: »[...] die Gedichte müssen jeweils bis 30. April an den Magistrat von Halberstadt eingeschickt werden.« L: LE 9 (1906/07), Sp. 1060.
VF: Zwei Friedrichdor (etwa 33 Mark)
LP: Gemeinnützige Unterhaltungen 21. Stück (1803), S. 321f.; Allgemeine deutsche Biographie. Bd 35. Leipzig 1893. S. 149; LE 9 (1906/07), Sp. 1060.
T: Preisverleihungen in der frühen Zeit der »Spiegelfeiern« u.a. an: *Nathanael Fischer*. – *August Hesse*. – *Ludwig Jung*. – *Klamer Eberhard Karl Schmidt*. – LTT: Allgemeine deutsche Biographie. Bd 35. Leipzig 1893. S. 149. – Nach Auskünften aus dem Gleimhaus in Halberstadt wurden bis in die vierziger Jahre Wettbewerbe durchgeführt; Preise gingen u.a. an:

1935 *Käthe Erdmann*
1937 *Fritz Körber*
1940 *Käthe Erdmann*
1941 *Theodor Lorenz*
1942 *Helene Knoke*
1944 *Theodor Lorenz*

Dichterpreis der Stadt Heidelberg

s. Heidelberger Festspielpreis

Dichterpreis der Stadt Leipzig
auch: Leipziger Dichterpreis

s. a. Kantate-Dichterpreis der Reichsmessestadt Leipzig

J: [1930]. – In der Nachfolge (1941 ff): Kantate-Dichterpreis [...]
S: Stadt Leipzig
VT: Jährlich. Verteilung zur ›Woche des Buches‹
Z: Förderung des Leipziger Schrifttums
VF: Meldung 1939: Voraussichtlich 2000 RM
LP: Kü (1939), Sp. 250. – [Zitat aus den ›Leipziger Neuesten Nachrichten‹: Anregung eines ›Leipziger Literaturpreises‹ durch Julius Zeitler]. In: LE 15 (1912/13), Sp. 511f.; Aut 13 (1938), Nr. 1/2, S. 20f.; Leipziger Jahrbuch (1942), S. 37.
T: 1930 *Friedrich Michael.* LT: LE 32 (1929/30), S. 554.
1931 *Hans Natonek* (1000 RM). – *Hans Otto Henel* (1000 RM). – *Josephine Sieber* (1000 RM). – LTT: LE 33 (1930/31), S. 543.
1932 *Andreas Zeitler.* LT: Aut 7 (1932), Nr. 3, S. 10.
1934 *Wolfram Brockmeier.* – *Felix Lützkendorf.* – LTT: Bbl 105 (1938), S. 139.
1936 *Herbert Vetter* (›Wendelin Steiger‹, Drama). LT: Aut 11 (1936), Nr. 10, S. 27; Bbl 105 (1938), S. 139.
1938 *Helmut Bartuschek* (›Erde‹, Balladen und Gedichte). – *Wolfgang Schreckenbach* (›Die Stedinger‹, Roman). – LTT: Aut 13 (1938), Nr. 10, S. 41; Bbl 105 (1938), S. 862; DS 3 (1938), S. 286; NL 39 (1938), S. 662; LE 41 (1938/39), S. 258; Leipziger Jahrbuch (1940), S. 212.
1939 nicht verliehen, jedoch Überreichung einer Ehrengabe von 1500 RM an: *Wolfgang Zenker.* LT: LE 42 (1939/40), S. 216; Aut 15 (1940), Nr. 1, S. 18; NL 41 (1940), S. 55; Leipziger Jahrbuch (1941), S. 192.

Dichterpreis der Stadt München
auch: Literaturpreis der Stadt München

J: 1927. – 1947: Neubegründung als ›Preis der Landeshauptstadt München zur Förderung der Literatur‹
S: Stadt München
Ju: »[...] Beschluß einer zu diesem Zwecke gewählten Kommission.« L: Literarische Preise (1928), S. 363. – Nach der Neubegründung 1947: Literaturbeirat (durch den Stadtrat berufen). L: Remy (1956), S. 402.
VT: Jährlich
Z: »Ehrung eines deutschsprachigen Dichters, ›der seit mindestens 5 Jahren in München tätig ist u. durch seine bisherigen Leistungen die Gewähr für ein fortschreitendes dichterisches Schaffen bietet‹.« L: Literarische Preise (1928), S. 363. – »Da es sich bei der Preiszuteilung nicht um die Beurteilung von einzelnen Bewerbungen oder einzelnen Werken handelt, kommt nur ein Dichter in Betracht, dessen Ruf bereits in der zeitgenössischen Literatur begründet ist.« L: [Verleihungs-Richtlinien]. In: Münchner Neueste Nachrichten Nr. 24 vom 25. 1. 1928.
B: Der Preis soll »im wesentlichen in München ansässigen und jungen bayerischen Schriftstellern zugute kommen«. L: LE 29 (1926/27), S. 558.
VF: 1927–1933: 3000 RM. – 1934–1937:

Hans Carossa

Zum 50. Geburtstage
des mit dem Dichterpreis der Stadt
München 1928 ausgezeichneten
Dichters
am 15. Dezember 1928

Hans Sochaczewer
schrieb im Berliner Tageblatt:

„Hans Carossas unvergeßliche Gedichte: sie sind vielleicht dreitausend Menschen unter sechzig Millionen Deutschen bekannt. Hans Carossas Prosabücher: „Eine Kindheit", eine der schönsten Schilderungen des ersten Lebensjahrzehntes: das „Rumänische Tagebuch", das dichterische Erlebnis des Krieges und dem Krieg dabei so meilenfern, weil überlegen, wie dennoch von ihm ergriffen: wer kennt diese Werke? Man scheut sich, die Trommel zu rühren für einen Künstler, der unter allen deutschen Zeitgenossen heute vielleicht allein noch den Typus eines Dichters repräsentiert (weshalb ihn die Akademie nicht kennt); aber es ist so kläglich, zu

2000 RM. – 1938: 3 mal 1000 RM. – 1941–1945: 5000 RM. – Neubegründung 1947: 2500 RM. L: Kulturpreise (1948).
LP: Literarische Preise (1928), S. 363; [Verleihungs-Richtlinien]. In: Münchner Neueste Nachrichten Nr. 24 vom 25. 1. 1928; Kulturpreise (1948); Remy (1956), S. 402–404; Fohrbeck (1978), S. 497; Strallhofer (1994), S. 89f.; Reinhard Wittmann: Auf geflickten Straßen. Literarischer Neubeginn in München 1945–1949. München 1995. S. 75f. – LE 29 (1926/27), S. 558; Aut 13 (1938), Nr. 1/2, S. 20f.; Siegfried Wagner: Ränkespiel gegen Ina Seidel. Aus der Geschichte des Münchner Literaturpreises. In: Literatur in Bayern (1990), Nr. 21, S. 15–18.
T: 1927 (1928 verliehen) *Hans Carossa.* LT: LE 30 (1927/28), S. 373; [Anzeige des Insel-Verlags, Leipzig]. In: Bbl 95 (1928), Anzeigenteil, S. 765. – Ju: Peter Dörfler. – Catherina Godwin. – Hanns von Gumppenberg. – Hans Ludwig Held. – Thomas Mann. – Emil Preetorius. – Wilhelm Weigand. – Vertreter der Stadt München. – LT/LJu: Münchner Neueste Nachrichten Nr. 22 vom 23. 1. 1928; Münchner Neueste Nachrichten Nr. 24 vom 25. 1. 1928.
1928 *Willy Seidel.* LT: LE 31 (1928/29), S. 366; Die neue Bücherschau 7 (1929), S. 174.
1929 *Josef Magnus Wehner.* LT: LE 32 (1929/30), S. 432.
1930 *Hans Brandenburg.* LT: Aut 5 (1930), Nr. 12, S. 10; Florian Seidl: Hans Brandenburg Dichterpreisträger! In: Flugblatt der ›Gegenwart‹ 1 (1930), Beiblatt; Der Träger des Münchner Dichterpreises 1930. Hans Brandenburg preisgekrönt. / Will Vesper: Gespräch über Hans Brandenburg. In: Münchner Neueste Nachrichten Nr. 343 vom 17. 12. 1930, S. 1; LE 33 (1930/31), S. 299.
1931 nicht verliehen. L: Aut 7 (1932), Nr. 1, S. 11.
1932 *Ruth Schaumann.* LT: LE 34 (1931/32), S. 539; Aut 7 (1932), Nr. 4, S. 15.
1933 *Hans Zöberlein* (›Der Glaube an Deutschland‹). LT: DA (1933), S. 131; Bbl 105 (1938), S. 139; Kü (1939), Sp. 251.
1934 *Franziska-Luise Dresler-Schember.* LT: LE 38 (1935/36), S. 400; Bbl 105 (1938), S. 139; Kü (1939), Sp. 251.
1935 *Georg Britting.* LT: LE 38 (1935/36), S. 400; Bbl 105 (1938), S. 139; Kü (1939), Sp. 251.
1936 *Erwin Guido Kolbenheyer.* LT: LE 38 (1935/36), S. 400; Aut 11 (1936), Nr. 4/5, S. 26; SuM (1936), S. 379; Bbl 105 (1938), S. 139; Kü (1939), Sp. 251.
1937 *Josef Ponten* (›Volk auf dem Wege‹, Roman). LT: LE 40 (1937/38), S. 192; Bbl 105 (1938), S. 139; Kü (1939), Sp. 251.
1938 *Franz Buchner* (›Kamerad, halt aus!‹). – *Alfons Czibulka* (›Würfelspiel‹, Novellen). – *Hannes Kremer* (›Gottes Rune‹). – LTT: Bbl 105 (1938), S. 876; DS 3 (1938), S. 286; NL 39 (1938), S. 662; LE 41 (1938/39), S. 258; Kü (1939), Sp. 251.
1939 nicht verliehen. L: Siegfried Wagner: Ränkespiel gegen Ina Seidel. Aus der Geschichte des Münchener Literaturpreises. In: Literatur in Bayern (1990), Nr. 21, S. 15–18.
1940 nicht verliehen. L: Remy (1956), S. 403.
1941 *Ludwig Friedrich Barthel.* LT: Aut 17 (1942), Nr. 11, S. 167; DS 7 (1942), H. 12, S. 142; NL 43 (1942), S. 272.
1942 *Richard Billinger* (›Das Spiel vom Erasmus Grasser‹, Drama). LT: Aut 17 (1942), Nr. 11, S. 167; DS 7 (1942), H. 12, S. 142; NL 43 (1942), S. 272.
1943 *Wilhelm Weigand.* LT: Bbl 111 (1944), S. 16; DS 9 (1944), H. 3, S. 35.
1944 nicht verliehen. L: Remy (1956), S. 403.
1945 *Peter Dörfler.* LT: Kulturpreise (1948); Vinz/Olzog (1965), S. 66.

1947 *Gertrud von Le Fort*. LT: Kulturpreise (1948); Vinz/Olzog (1965), S. 66.
1948 *Ernst Penzoldt*. LT: Vinz/Olzog (1965), S. 66; Bufkin (1980), S. 132.
1949 *Georg Schwarz*. LT: Vinz/Olzog (1965), S. 66; Bufkin (1980), S. 132.

Fortsetzung 1950ff

Dichterpreis der theologischen Fakultät der Universität Würzburg auch: Dr. L'scher Dichterpreis, Würzburger Dichterpreis

J: 1901 zum ersten Mal verliehen
S: Theologische Fakultät der Universität Würzburg
VT: Alle sechs Jahre
Z: Auszeichnung des besten Werks »auf dem Gebiete der christlich-religiösen Dichtung«. L: LE 3 (1900/01), Sp. 1225.
LP: LE 3 (1900/01), Sp. 1225.
T: 1901 *Friedrich Wilhelm Helle* (›Jesus Messias. Katholische Epopöe‹). LT: LE 3 (1900/01), Sp. 1225.
1906 *Eduard Hlatky* (›Weltenmorgen. Dramatisches Gedicht‹). LT: LE 8 (1905/06), Sp. 1336.
1924 möglicherweise ein von der Stadt, nicht von der Universität Würzburg verliehener Preis für *Richard Ledermann*. LT: LE 26 (1923/24), S. 700: »Der ›Würzburger Dichterpreis‹ für ein Legendenspiel, bei dem 50 Flaschen edlen Frankenweins als Preis ausgesetzt waren, ist Richard Ledermann für sein Festspiel in drei Akten ›Kilians-Legende‹ zuerkannt worden, doch unter der Bedingung, den Preis mit dem bremer Spielleiter *Hans Nikolaus Mang* zu teilen.«

Dichterpreis der Westmark

s. Kurt-Faber-Preis

Dichterpreis des Gohliser Schlößchens

J: 1943
S: Förderer des Gohliser Schlößchens
Z: Verleihung von Preisen an »hervorragende Leipziger Vertreter aus allen Gebieten des Kunstlebens«. L: Bbl 111 (1944), S. 6.
T: 1943 *Heinz Rusch*. LT: Bbl 111 (1944), S. 6; DS 9 (1944), H. 3, S. 34.

Dichterpreis des Harzbundes

J: 1943
S: Landrat E. Kämpfert, Leiter des Harzbundes, Blankenburg/Harz
VT: Jährlich
Z: Auszeichnung der »besten mundartlichen Arbeiten« aus dem Harz. L: DS 9 (1944), H. 2, S. 24.
LP: Bbl 111 (1944), S. 6; DS 9 (1944), H. 2, S. 24.

Dichterpreisausschreiben des Riesengebirgsvereins

J: 1944
S: Riesengebirgsverein, Landesgruppe Sudetengau, Sitz Hohenelbe
VT: Jährlich
Z: Preis »für diejenige Novelle oder Erzählung [...], in der nach dem Urteil Berufener das Riesengebirge den packendsten, zutreffendsten und künstlerisch reifsten Ausdruck findet«.
LP: Bbl 111 (1944), S. 151.

Donaueschinger Dichterpreis

J: 1942. Erste Verleihung für 1944 vorgesehen, vermutlich jedoch nie verliehen
S: Deutscher Scheffelbund, Karlsruhe, im Reichswerk ›Buch und Volk‹ aufgrund einer Stiftung des Prinzen Max zu Fürstenberg, Donaueschingen

Ju: »Der (die) Preisträger wird (werden) auf Vorschlag des Preisrichterrings vom Bundesleiter des Deutschen Scheffel-Bundes [...] bestimmt. Der Bundesleiter beruft den Preisrichter-Ring, dem mindestens drei Personen angehören sollen. Die Träger des Schüler-Scheffel-Preises sind berechtigt, dem Preisrichter-Ring Vorschläge [...] zu unterbreiten [...].« L: Reichswerk Buch und Volk, Deutscher Scheffelbund e.V., Mitteilungen der Bundesleitung. Karlsruhe, Dezember 1942. S. 9.
VT: Alle drei Jahre
Z: Preis »für dichterische Leistungen, insbesondere Novellen und Erzählungen: es können aber auch lyrische Leistungen [...] ausgezeichnet werden. [...] Der Preis soll als Auszeichnung für reife dichterische Leistungen aus dem Reichsgebiet zur Verfügung stehen.« L: Mitteilungen (1942), S. 9.
B: »Das Recht zur Veröffentlichung wird durch die Zuteilung des Preises aufgrund einer bestimmten Arbeit nicht erworben; jedoch sind, soweit verlagsvertragliche Regelungen dem nicht entgegenstehen, unveröffentlichte, preisgekrönte Werke dem Bunde zuerst zur Veröffentlichung anzubieten.« L: Mitteilungen (1942), S. 9.
VF: 3000 RM
LP: Reichswerk Buch und Volk, Deutscher Scheffelbund e.V., Mitteilungen der Bundesleitung. Karlsruhe, Dezember 1942. S. 9. – Aut 18 (1943), Nr. 1, S. 11; Aut 18 (1943), Nr. 3, S. 44.

Dr. L'scher Dichterpreis

s. Dichterpreis der theologischen Fakultät der Universität Würzburg

Dramatikerpreis der Stadt Bern

s. Preis der ›Festspielstiftung der Stadt Bern‹

Dramatikerpreis des Bühnenvolksbunds auch: Preis des Bühnenvolksbunds

J: 1930
S: Bühnenvolksbund, Berlin
Ju: Für die Jahre 1930–1932: Paul Brockhaus (»von der Leitung des Bühnenvolksbunds«). – Paul Fechter. – Otto Forst de Battaglia. – Josef Nadler. – Rudolf Roeßler (»von der Leitung des Bühnenvolksbunds«, Direktor). – Wilhelm Schäfer. – Wilhelm Spael. – L: Aut 5 (1930), Nr. 2, S. 14.
VT: Jährlich
Z: »Preis [...] zur Auszeichnung und Förderung neuer deutscher Bühnendichtungen.« L: LE 32 (1929/30), S. 492f. – Auszeichnung von Bühnendichtungen, »von deren Aufnahme durch das Theater ein künstlerisch beseeltes Bühnenspiel zu erwarten ist«. L: LE 32 (1929/30), S. 735.
VF: 3000 RM. »Die Höhe der alljährlich zur Verteilung kommenden Summe bestimmen sieben Preisrichter. Der Preis kann ungeteilt oder in Beträgen in verschiedener Höhe oder zum Teil verliehen werden.« L: LE 32 (1929/30), S. 492f.
LP: LE 32 (1929/30), S. 492f., 735; Aut 5 (1930), Nr. 2, S. 14; Aut 5 (1930), Nr. 4, S. 11.
T: 1930 *Ernst Bacmeister* (›Maheli wider Moses‹). – *Julius Maria Becker* (›Der Brükkengeist‹). – *Maxim Ziese* (›Der Tag J.‹). – LTT: LE 33 (1930/31), S. 119.
1932 *Friedrich Griese* (1000 RM, für ›Mensch, aus Erde gemacht‹). – *Max Mell* (1000 RM, für ›Die Sieben gegen Theben‹). – LTT: LE 35 (1932/33), S. 366; Aut 9 (1933), Nr. 1, S. 14.

Dramenpreis des Deutschen Theaterjahrbuchs

J: [1928]
S: ›Deutsches Theaterjahrbuch‹ (›Das Deutsche Theater. Jahrbuch für Drama und Bühne‹. Hrsg.: Paul Bourfeind, Paul Joseph Cremers, Ignaz Gentges. Bd 1, 1922/23 – Bd 3, 1927/28. Bonn, Leipzig; 1927/28: Essen) in Gemeinschaft mit einer großen Theaterbühne (für 1928/29: Stadttheater Bochum-Duisburg)
VT: Jährlich
Z: »Der ›Preis des Deutschen Theaterjahrbuchs‹ bezweckt, der zeitgenössischen Dramatik zu dienen. Geldpreis in untrennlicher Verbindung mit der Uraufführung des Werkes werden den jungen Schaffenden lebendige, fördernde Hilfe bedeuten.« L: Das Deutsche Theater 3 (1927/28), Umschlag.
B: »Das ›Deutsche Theaterjahrbuch‹ behält sich vor, einen Teil oder das ganze Werk der Preisgekrönten zu veröffentlichen.« L: Das Deutsche Theater 3 (1927/28), Umschlag.
VF: »Der Preis für 1928/29 schreibt aus: RM. 1000.– für einen ersten und RM. 500.– für einen zweiten Preis. Es bleibt vorbehalten, nach Umständen einen Preis von RM. 1500.– oder drei Preise von je RM. 500.– zu verteilen.« L: Das Deutsche Theater 3 (1927/28), Umschlag.
LP: Das Deutsche Theater 3 (1927/28), Umschlag. – Ein Dramenpreisausschreiben für Abonnenten. In: Aut 3 (1928), Nr. 7, S. 8; Dramenpreis des Deutschen Theaterjahrbuchs. In: Aut 3 (1928), Nr. 9, S. 7.
T: 1928/29 *Wilhelm Hendel* (›Georg Forster‹). – Ju: Paul Bourfeind. – Hans Buxbaum. – Paul Joseph Cremers. – Ignaz Gentges. – Wilhelm Schmidtbonn. – LT/LJu: Aut 5 (1930), Nr. 6, S. 2.

Dresdner Kunstpreis

s. Kunstpreis der Landeshauptstadt Dresden

Annette-von-Droste-Hülshoff-Preis

s. Westfälischer Literaturpreis

Marie Ebner von Eschenbach-Stiftung

s. Preis des Ebner-Eschenbach-Fonds

Dietrich-Eckart-Preis der Freien und Hansestadt Hamburg

J: 1933. – Benannt nach dem Schriftsteller Dietrich Eckart (1868–1923), dem ersten Hauptschriftleiter des ›Völkischen Beobachters‹
S: 1933: Hamburgischer Senat. – 1942: Reichsstatthalter von Hamburg, Karl Kaufmann
Ju: »Vertrauensmännerkollegium«. L: DS 1 (1936), S. 18.
VT: Jährlich. – Verleihung am 26. Dezember, dem Todestag Dietrich Eckarts. L: LE 35 (1932/33), S. 735. – Nach einer Satzungsänderung (um 1938): Verleihung am 9. November, zum Gedenken an den Hitlerputsch 1923 in München. L: Leitgeb (1994), S. 207. – Meldung 1942: Verleihung alle zwei Jahre am 1. Mai. L: Aut 17 (1942), Nr. 7, S. 107.
Z: Der Preis »[…] kommt […] an Gelehrte, Dichter und Schriftsteller zur Verteilung, die in ihren Werken die Ideen des nationalsozialistischen Deutschland vertreten, oder die die Einheit der deutschen Nation in irgendeiner Beziehung versinnbildlichen.« L: Aut 8 (1933), Nr. 8, S. 12f. – Satzungsänderung 1942: Der Preis soll »in Zukunft nicht

nur an Dichter und Schriftsteller, sondern auch an bildende Künstler, Komponisten, Architekten und Wissenschaftler« verliehen werden. L: Leitgeb (1994), S. 217.

VF: 5000 RM, auch teilbar. – 1942: Erhöhung auf 10000 RM

LP: Hanna Leitgeb: Der ausgezeichnete Autor. Städtische Literaturpreise und Kulturpolitik in Deutschland 1926–1971. [Goethe-Preis der Stadt Frankfurt a.M., Lessing-Preis der Freien und Hansestadt Hamburg (mit Dietrich-Eckart-Preis), Wilhelm-Raabe-Preis der Stadt Braunschweig]. Berlin, New York 1994. – Kü (1937/38), Sp. 253; Kü (1939), Sp. 247; Bufkin (1980), S. 118f. – Aut 8 (1933), Nr. 8, S. 12f.; Endgültige Regelung des Lessing- und Dietrich-Eckart-Preises. In: Die literarische Welt 9 (1933), Nr. 33, S. 8; DS 1 (1936), S. 20; Aut 13 (1938), Nr. 1/2, S. 20f.; Aut 14 (1939), Nr. 3, S. 42; Aut 17 (1942), Nr. 7, S. 107; Wulf (1963), S. 254, 268.

T: Die Preisträger sind nach Leitgeb (1994) verzeichnet.

1933 *Sigmund Graff* (›Die endlose Straße‹, Drama). LT: DA (1933), S. 129f.; Bbl 105 (1938), S. 138. – *Carl Ernst Hintze* (verstorbener Mitverfasser des Dramas ›Die endlose Straße‹ von S. Graff). – LTT: Aut 8 (1933), Nr. 12, S. 17; LE 36 (1933/34), S. 304.

1934 *Heinrich Anacker* (für seine lyrischen Arbeiten). – *Alfred Karrasch* (›Parteigenosse Schmiedecke‹, Roman). – LTT: Aut 9 (1934), Nr. 12, S. 20f.; LE 37 (1934/35), S. 278.

1935 *Edwin Erich Dwinger*. – *Thomas Westerich*. – LTT: LE 38 (1935/36), S. 200; DS 1 (1936), S. 18–20; Bbl 105 (1938), S. 138.

1936 *Walter Groß* (Leiter des Rassepolitischen Amts der NSDAP). LT: LE 39 (1936/37), S. 256; Bbl 105 (1938), S. 138.

1937 *Hermann Okraß* (›Hamburg bleibt rot. Das Ende einer Parole‹). LT: Aut 12 (1937), Nr. 11, S. 49; DS 2 (1937), S. 285; LE 40 (1937/38), S. 320; Bbl 105 (1938), S. 138; NL 39 (1938), S. 46.

1938–1940 nicht verliehen

1941 *Adolf Bartels*. – *Hans Baumann*. LT: NL 43 (1942), S. 24. – LTT: Aut 16 (1941), Nr. 12, S. 208; DS 6 (1941), S. 144; LE 44 (1941/42), S. 136: »Das Preisrichterkollegium würdigte den völkischen Literarhistoriker Adolf Bartels als kompromißlosen Deutschen und Verfechter nordischer Geisteshaltung, den Dichter Hans Baumann als einen der hervorragendsten Vertreter der jüngeren Dichtergeneration, der sich als Lyriker und Dramatiker von beachtlichem Können erwiesen habe«; Wulf (1963), S. 268f.

1942 nicht verliehen

1943 *Friedrich Wilhelm Hymmen*. – *Bruno Karberg* (Graphiker). – LTT: Bei Leitgeb nicht genannt, jedoch in: Aut 18 (1943), Nr. 6, S. 107.

Ehrengabe der Bodmer-Stiftung

J: 1923

S: Martin Bodmer-Stiftung, Zürich

Z und B: Laut Auskunft der Martin Bodmer-Stiftung (Zürich) gelten dieselben Bestimmungen wie für den ›Gottfried Keller-Preis‹ (s. S. 90); teilweise handelt es sich jedoch um Unterstützungsgaben.

VF: Variierende Geldbeträge

LP: Interne Liste der Martin Bodmer-Stiftung, Zürich

T: 1923 *Traugott Vogel* (1000 sfr). – *Fritz von Unruh* (400 sfr). – *Eduard Berend* (Literarhistoriker; Ehrengabe von 300 sfr)

1924 *Ricarda Huch* (1000 sfr). LT: E[duard] K[orrodi]: Eine Ehrung Ricarda Huchs. In: NZZ Nr. 1063 vom 17. 6. 1924. – *Ernst Howald* (klassischer Philologe; Ehrengabe von 200 sfr)

1925 Beitrag zur Aufführung des Dramas

›Opferspiel‹ von *Robert Faesi* (3000 sfr)
1926 *Walther Meier* (1000 sfr, für sein Jean-Paul-Buch). LT: LE 29 (1926/27), S. 184.
1927 *Charly Clerc* (»Honorar«, 100 sfr)
1928 *Eduard Korrodi* (1000 sfr). – *Dominik Müller* (500 sfr). – *Rudolf Utzinger* (500 sfr). – *Felix Moeschlin* (350 sfr)
1929 *Adolf Kölsch* (2000 sfr). – *Gotthard Jedlicka* (1000 sfr). – *Rudolf Borchardt* (»Honorar«, 300 sfr). – *Herbert Steiner* (»Honorar«, 100 sfr)
1930 *Regina Ullmann* (300 sfr). – *Jean-Paul Zimmermann* (›Lettres de Lausanne‹, Gedichte)
1931 *Ricarda Huch* (1000 sfr). – *PEN-Club (Schweiz)* (1000 sfr)
1933 *Felix Moeschlin* (300 sfr)
1935 *Werner Günther* (500 sfr)
1936 *Eduard Korrodi* (2000 sfr)
1937 *Julius Schmidhauser* (1500 sfr). – *Robert Walser* (1000 sfr)
1938 *Wilhelm Kiefer* (500 sfr)
1939 *Fritz Ernst* (Beitrag von 250 sfr zur Feier seines 50. Geburtstages). – Beitrag für das *C. F. Meyer-Gedenkzimmer* (Kilchberg) (200 sfr). – *Rudolf Pannwitz* (400 sfr). – ›*Tornisterbibliothek*‹ (Buchreihe. Hrsg. von Emil Brunner, Fritz Ernst, Eduard Korrodi. Erlenbach 1940 ff; Ehrengabe, 500 sfr)
1940 *Simon Gfeller* (1000 sfr). – *Lesezirkel Hottingen, Zürich* (1000 sfr). – *Denis de Rougemont* (1000 sfr). – *Georg Thürer* (1000 sfr). – *Maurice Zermatten* (1000 sfr)
1941 *Institut Jacques-Dalcroze* (Institut für Rhythmik und Tanz, Genf; Ehrengabe, 1000 sfr)
1942 *Henry Chauchoy* (Literarhistoriker; Ehrengabe von 500 sfr)
1943 ›*Trivium. Schweizerische Vierteljahresschrift für Literaturwissenschaft und Stilkritik*‹. Zürich. Jg 1 ff, 1942/43ff. (2000 sfr). – *Peider Lansel* (1000 sfr). – *Pierre-Jean Jouve* (1000 sfr)
1944 *Georg Kaiser* (1000 sfr)
1945 *Eduard Korrodi* (6000 sfr). – *Adrien Robinet de Cléry* (Historiker; Ehrengabe, 1000 sfr). – *Eduard H. Steenken* (200 sfr)
1946 *Carl Helbling* (1000 sfr)
Fortsetzung 1973 ff

Ehrengabe der Emil Bührle-Stiftung für das Schweizerische Schrifttum

J: 1944
S: Emil Bührle, Zürich
Ju: Stiftungskuratorium
VT: Jährlich
Z: Förderung bzw. Unterstützung des Schweizerischen Schrifttums
VF: Dotierung in wechselnder Höhe
LP: Kü (1963), S. 858; Vinz/Olzog (1965), S. 42.
T: »Seit 1945 insgesamt 67 Ehrengaben oder Werkbeiträge an Schweizer Schriftsteller.« L: Kü (1963), S. 858.

Ehrengabe der Gesellschaft ›Das junge Deutschland‹

J: 1917
S: ›Das junge Deutschland, Gesellschaft zur Pflege junger Dichtung‹, Berlin, gegründet von Max Reinhardt als Experimentierbühne des Deutschen Theaters, Berlin
Z: »Der Verein gewährt jedem Dichter, von dem ein Stück zur Aufführung angenommen ist, bei der Annahme eine Ehrengabe von 1000 Mark. Handelt es sich um ein nicht abendfüllendes Stück, so kann der geschäftsführende Vorstand die Ehrengabe geringer bemessen. Ob ein zur Vorlesung bestimmtes Werk eine Ehrengabe erhält und in welcher Höhe, bestimmt der Vorstand. [...] Die nach den Ehrengaben und Unkosten verbleibenden Erträgnisse des Vereins [...]

verteilt eine Kommission, die zu gleichen Teilen aus Delegierten des Vorstandes und des Deutschen Theaters zusammengesetzt ist [...] nach ihrem Ermessen an junge vorzugsweise dramatische Dichter in der Form von Preisen oder Stipendien. Die Bekanntmachung der Preisträger erfolgt in der ordentlichen Hauptversammlung.« L: [Aus der Satzung. Brandenburgisches Landesarchiv, Potsdam, Bestand ›Verein Das junge Deutschland‹, Pr. Br., Rep. 30, Berlin C, Tit 74, Th.1137]. Zitiert nach: Richard Sheppard: The Founding of Max Reinhardts ›Verein Das junge Deutschland‹ and the War-Time Reception of Reinhard Goering's ›Seeschlacht‹. In: German Life and Letters 46 (1993), S. 45.

LP: Richard Sheppard: The Founding of Max Reinhardts ›Verein Das junge Deutschland‹ and the War-Time Reception of Reinhard Goering's ›Seeschlacht‹. [Mit Abdruck der Vereinssatzung]. In: German Life and Letters 46 (1993), S. 45.

T: 1918 *Reinhard Goering* (Ehrengabe von 1000 M). – *Otto Kraus* (500 M). – *Else Lasker-Schüler* (500 M). – LTT: LE 20 (1917/18), Sp. 818.

1919 *Otto Zarek* (›Kaiser Karl V.‹, Drama). LT: LE 21 (1918/19), Sp. 828.

1920 *Hermann Essig* (postume Verleihung). – *Hedwig Hyder*. – *Friedrich Koffka*. – *Alfred Wolfenstein*. – *Otto Zarek*. – LTT: LE 22 (1919/20), Sp. 438.

Ehrengabe der Gesellschaft der Bücherfreunde zu Chemnitz

s. Chemnitzer Dichterpreis

Ehrengabe der Tiedge-Stiftung

J: [1890]. – Benannt nach dem Schriftsteller Christoph August Tiedge (1752–1841)

S: Tiedge-Stiftung, Dresden (gegründet 1842)

Z: Neben Unterstützungsgaben für Dichter, Künstler und deren Hinterbliebene auch »Preisverteilung für dichterische Werke, musische Kompositionen und Werke der bildenden Kunst«. L: Kü (1899), Sp. 17f.; Kü (1915), Sp. 58.

LP: Kü (1894), Sp. 21; Kü (1915), Sp. 58. – LE 17 (1914/15), Sp. 897.

T: 1890 *Hermann Lingg*. LT: Kü (1892), Sp. 42.

1912 *Otto Stoeßl* (Ehrengabe, 500 M, für den Roman ›Morgenrot‹). LT: Die Fackel 14 (1912/13), Nr. 354/355/356, S. 58.

1914 *Paul Ernst*. LT: LE 16 (1913/14), Sp. 1018.

Ehrengaben der Fastenrath-Stiftung

s. Preis der Johannes Fastenrath-Stiftung

Ehrenpreis der Langhans-Stiftung des Deutschbundes (Gotha) zur Ehrung deutscher Dichter und Künstler auch: Preis der Langhans-Stiftung

J: [1919]. Benannt wohl nach dem Gothaer Geographen und Kartographen Paul Langhans (1867–1952)

S: Vermutlich gestiftet vom Deutschvölkischen Schriftstellerverband (angeschlossen an den Deutschbund, Gotha). L: Deutsches Schrifttum 10 (12) (1920), S. 83.

T: 1919 *Eberhard König* (1000 M, »in Anerkennung seiner letzten drei Hauptwerke, des dramatischen Heldengedichts ›Wieland der Schmied‹, des Menschheitsmärchens ›Gevatter Tod‹ und der Legenden ›Von dieser und jener Welt‹«). LT: LE 21 (1918/19), Sp. 1275.

1920 *Aurelius Polzer* (1000 M). LT: LE 23 (1920/21), Sp. 54.

1922 *Heinrich Gutberlet.* LT: LE 24 (1921/22), Sp. 1529; Bbl 89 (1922), S. 1156.

Ehrenpreis der Marie Ebner von Eschenbach-Stiftung
s. Preis des Ebner-Eschenbach-Fonds

Ehrenpreise der deutsch-österreichischen Schriftsteller-Genossenschaft auch: Deutsch-österreichischer Schriftstellerpreis

J: 1926
S: Deutsch-österreichische Schriftsteller-Genossenschaft (gegründet 1897), Wien
VF: Zunächst als Geldpreis, dann als Ehrenring verliehen
LP: Aspetsberger (1980), S. 53f.; Eduard Castle: Geschichte der deutschen Literatur in Österreich-Ungarn im Zeitalter Franz Josephs I. Ein Handbuch. Bd 2. Wien [1937]. S. 1948.
T: 1928 *Richard Billinger.* LT: FZ Nr. 836 vom 7. 11. 1928, S. 1; LE 31 (1928/29), S. 241: »Der deutsch-österreichische Schriftsteller-Preis 1928, der einem lyrischen Dichter verliehen werden muß, ist bis 1929 zurückgestellt worden. Das vorhandene Zinsgefälle wurde als Ehrengabe Richard Billinger zuerkannt.«
1930 *Mirko Jelusich. – Franz Kranewitter.* – LTT: LE 32 (1929/30), S. 675.
1933 *Rudolf Henz.* LT: Aspetsberger (1980), S. 97.

Weitere Preisträger: *Karl Pschorn. – Erwin Rainalter.* – LTT: Castle (1937), S. 1948.

Ehrenring deutscher Frontdichtung auch: Ehrenring der Mannschafts-Frontdichter in der NSKOV

J: 1937
S: NS.-Kriegsopferversorgung
T: 1938 *Fritz Helke* (›Preußische Rebellion. Die entscheidende Tat des Generalleutnants von Yorck‹). – *Theodor Jakobs* (›Der ewige Trommelschlag‹, Erzählung). – *Otto Paust* (›Die deutsche Trilogie‹, Romane). LT: LE 40 (1937/38), S. 576. – *Hans Zöberlein* (›Der Befehl des Gewissens‹, Roman). – LTT: Bbl 105 (1938), S. 458; NL 39 (1938), S. 321.
1939 *Heinrich Anacker. – Friedrich Bethge. – Bruno Brehm. – Ulrich Sander. – Karl Springenschmid.* – LTT: NL 40 (1939), S. 423.

Eichendorff-Preis [1] auch: Preis der Eichendorff-Gedächtnisstiftung

J: [1922]
S: Eichendorff-Gedächtnisstiftung, gegründet in Ratibor durch die Vereinigung Oberschlesischer Schriftsteller im Schutzverband Deutscher Schriftsteller, Hindenburg. – Zeitschrift ›Der Oberschlesier‹
Ju: Verteilung »durch ein von der Vereinigung Oberschlesischer Schriftsteller gewähltes Preisrichterkollegium«. L: Literarische Preise (1928), S. 362.
VT: »Mindestens alle zwei Jahre«. L: Literarische Preise (1928), S. 362.
Z: »Förderung der an oberschlesische Belange gebundene oder von gebürtigen Oberschlesiern geschaffene Literatur.« L: Literarische Preise (1928), S. 362. – Preis »für das beste Literaturwerk eines oberschlesischen Schriftstellers oder eines deutschen Schriftstellers, das oberschlesische Schilderungen bietet«. L: LE 31 (1928/29), S. 492.

VF: 500 RM
LP: Literarische Preise (1928), S. 362; Kü (1930), Sp. 257.
T: 1922 *Bruno Arndt* (›Missa Solemnis‹, Novelle). LT: LE 24 (1921/22), Sp. 1213; Bbl 89 (1922), S. 831.
1924 *Max Herrmann-Neisse* (›Sie und die Stadt‹, Gedichte). – *Willibald Köhler* (›Die Spiegelbrücke‹, Gedichte). LT: LE 25 (1922/23), Sp. 1048 (hier: Verleihung für 1923). – LTT: LE 26 (1923/24), S. 764; FZ Nr. 583 vom 6. 8. 1924, S. 2; Ernst Boehlich: Die Verteilung des Eichendorffpreises. In: Schlesische Monatshefte 1 (1924), S. 93f. – Ju: Eugen Kühnemann (Philosoph, Literarhistoriker). – LJu: Eichendorff-Preis [...] 1924. Urkunde. Deutsches Literaturarchiv, Handschriftenabt., Signatur: A: Herrmann-Neisse, Zug. Mat., 60. 1111.
1927 *Gertrud Aulich* (500 RM, für ›Die Umkreisung‹ und ›Die Gleichnisse‹). – *Bruno Hanns Wittek* (500 RM, für den Roman ›Sturm überm Acker‹). – LTT: Berliner Tageblatt Nr. 613 vom 28. 12. 1927; LE 30 (1927/28), S. 311.
1928 *Viktor Kaluza* (nach Auskunft von Meinrad Köhler, Leiter des Eichendorff-Museums in Wangen)
1929 *Hugo Eichhof-Gnielczyk* (nach Auskunft von Meinrad Köhler, Leiter des Eichendorff-Museums in Wangen)

Joseph Frhr von Eichendorff-Preis [2]

J: 1935. Erste Verleihung 1936
S: Johann Wolfgang Goethe-Stiftung, Freiburg i.Br., gegründet 1935 als Teil der Stiftung F.V.S., Hamburg (gegründet 1931). Kapital zur Verfügung gestellt von Alfred C. Toepfer, Hamburg. – Verteilung durch das Sudetendeutsche Kuratorium, Prag. L: Interne Liste der Stiftung F.V.S., Hamburg. – Seit 1939: Verteilung durch die Deutsche Karls-Universität, Prag. L: Aut 13 (1938), Nr. 1/2, S. 21.
Ju: Kuratorium unter dem Vorsitz von Gustav Becking (Musikwissenschaftler) bzw. Wilhelm Wostry (Historiker). L: Interne Liste der Stiftung F.V.S., Hamburg
VT: Jährlich
Z: »Preis für das Sudetendeutschtum«. – Aus der Satzung, gültig für alle Preise der Johann Wolfgang Goethe-Stiftung: »Die Preisträger sollen Persönlichkeiten sein, die sich durch außerordentliche Leistungen im Schrifttum, in der Malerei, der Musik, der angewandten Kunst oder der Volkstumsforschung ausgezeichnet haben. Die Preise können sowohl für Einzelwerke wie für das Gesamtschaffen vergeben werden. Die Preisträger müssen mit ihrem Werk in der Landschaft, für die der Preis gilt, verwurzelt sein.« L: Interne Liste der Stiftung F.V.S., Hamburg
B: Die Preisträger »sollen im allgemeinen im Preisgebiet ihren regelmäßigen Wohnsitz haben«. L: Interne Liste der Stiftung F.V.S., Hamburg
VF: 5000 RM, seit 1942: 10000 RM
LP: Interne Liste der Stiftung F.V.S., Hamburg; Kü (1939), Sp. 247; Bufkin (1980), S. 123; Memorandum (1991), Kap.I; Strallhofer (1994), S. 31, 46f.,113,119; Zimmermann (1995), S. 215–219. – LE 37 (1934/35), S. 524; Michael (1936), S. 14; Aut 13 (1938), Nr. 1/2, S. 21; Strothmann (1963), S. 104.
T: Die Preisträger sind nach der internen Liste der Stiftung F.V.S., Hamburg, nach Strallhofer (1994) und Zimmermann (1995) verzeichnet.
1936 *Gustav Leutelt*. LT: LE 38 (1935/36), S. 300; Gustav Leutelt erster Träger des Sudetendeutschen Eichendorff-Preises. In: SuM (1936), S. 152f.; Bbl 105 (1938), S. 138. – Ju: Alfred Bäumler (Philosoph, Pädagoge). – Herbert Cysarz (Universität

Prag). – Otto Grosser (Anatom; Vorsitzender der Deutschen Gesellschaft der Wissenschaften und Künste für die Tschechoslowakische Republik). – Adolf Meschendörfer (Ausland-Institut). – LJu: SuM (1936), S. 152f.
1937 *Wilhelm Srb-Schloßbauer* (Bildhauer). LT: Bbl 105 (1938), S. 138; Memorandum (1991), Kap.I. – Ju: Herbert Cysarz. – Otto Grosser. – Hanns Johst (Reichsschrifttumskammer). – Erwin Guido Kolbenheyer (VDA/Verein für das Deutschtum im Ausland). – Adolf Meschendörfer (Ausland-Institut). – LJu: Strallhofer (1994), S. 46.
1938 *Herbert Cysarz* (für seine Forschungen über Schiller und über die deutsche Barockdichtung). LT: LE 40 (1937/38), S. 640; Bbl 105 (1938), S. 375; Bbl 105 (1938), S. 434: »Die Gedenkrede hielt der Preisträger selbst über das Thema ›Eichendorff und der Mythos‹«; NL 39 (1938), S. 266; G.: Herbert Cysarz, Träger des Eichendorff-Preises 1938. In: SuM (1938), S. 266f.
1939 *Hans Watzlik*. LT: LE 41 (1938/39), S. 516; Aut 14 (1939), Nr. 3, S. 42; Aut 14 (1939), Nr. 6, S. 27; DS 4 (1939), S. 116, 184; NL 40 (1939), S. 270, 375.
1940 *Felix Petyrek* (Komponist). LT: Aut 16 (1941), Nr. 1, S. 17.
1941 (1944 verliehen) *Walter Hensel* (Volksliedforscher; »Verdienste um die Wiedererweckung des Volksliedes, die Schaffung der Deutschen Singbewegung und die damit verbundene Stärkung des Glaubens vor allem der sudetendeutschen Jugend in ihrem harten Schicksalskampf um die Freiheit ihres Landes«). LT: Bbl 111 (1944), S. 106; W. Stöß: Verleihung des Eichendorff-Preises. In: SuM (1944), S. 38f.
1942 (1944 verliehen) *Erich Gierach* (Veröffentlichungen über das Sudetenland sowie die deutsche Sprache). LT: Bbl 111 (1944), S. 106; W. Stöß: Verleihung des Eichendorff-Preises. In: SuM (1944), S. 38f.
1943 (1944 verliehen) *Emil Lehmann* (»Anerkennung seiner Verdienste als Volkstumsforscher, Volksbildner und Heimat- und Grenzlandkämpfer im sudetendeutschen Kampf«). LT: Bbl 111 (1944), S. 106; W. Stöß: Verleihung des Eichendorff-Preises. In: SuM (1944), S. 38f.

Elsässischer Gaukulturpreis

s. Gaukulturpreis Baden

Enßlin-Preis

J: 1943. Erste Verleihung für 1944 geplant
S: Jugendschriften-Verlag Enßlin & Laiblin, Reutlingen. Stiftung aus Anlaß des 125jährigen Verlagsbestehens
VT: Jährlich
Z: Stiftung des Preises »mit dem Ziele, damit das gute, gehaltvolle Jugendschrifttum zu fördern«. Auszeichnung »der drei besten Neuerscheinungen des laufenden Kalenderjahres«. L: DS 9 (1944), H. 1, S. 12. – Bereits 1942: Ausschreibung eines ›Preisausschreibens für das beste deutsche Jugendbuch‹. L: Aut 17 (1942), Nr. 7, S. 100.
VF: 2000 RM, 1500 RM, 1000 RM. »Fällt einer dieser Preise auf ein ausgesprochenes Mädchenbuch, dann erhöht er sich um je eine Zusatzprämie von 500,- RM.« L: DS 9 (1944), H. 1, S. 12.
LP: DS 9 (1944), H. 1, S. 12.

Otto-Erler-Preis

J: 1943. – Benannt nach dem Schriftsteller Otto Erler (1872–1943)
S: Gau Thüringen, Gauleiter Fritz Sauckel, Weimar
VT: Jährlich
Z: »Förderung dichterischen Schaffens im Gau Thüringen«. L: DS 9 (1944), H. 1, S. 12.

VF: 5000 RM; auch teilbar
LP: Aut 18 (1943), Nr. 11, S. 202; Bbl 111 (1944), S. 2; DS 9 (1944), H. 1, S. 12, 23.

Erzählerpreis der ›Badischen Presse‹

J: 1938
S: ›Badische Presse‹, Karlsruhe, anläßlich des 50jährigen Bestehens der Zeitung
VT: Jährlich
Z: Auszeichnung der drei besten Kurzgeschichten, deren »Handlungsablauf zum Heimatraum am Oberrhein in Beziehung stehen muß«. L: DS 3 (1938), S. 114.
B: »Um den Erzählerpreis [...] kann sich jeder deutsche Schriftsteller bewerben, der Mitglied der Reichsschrifttumskammer oder der Reichspressekammer ist.« L: LE 40 (1937/38), S. 512. – »In den Wettbewerb aufgenommen werden kann nur eine bisher unveröffentlichte Kurzgeschichte, deren Umfang nicht über 200 Schreibmaschinenzeilen hinausgeht.« L: DS 3 (1938), S. 114.
VF: 1. Preis: 150 RM, 2. Preis: 100 RM, 3. Preis: 50 RM
LP: LE 40 (1937/38), S. 512; Aut 13 (1938), Nr. 5, S. 43; Bbl 105 (1938), S. 383; DS 4 (1939), S. 20.

Erzählerpreis der ›neuen linie‹

s. Novellenpreis der ›neuen linie‹

Eugen von Savoyen-Preis

s. Prinz Eugen von Savoyen-Preis

Max Eyth-Preis

J: 1936. Erste Verleihung 1937. – Gestiftet zum 100. Geburtstag des Ingenieurs und Schriftstellers Max Eyth (1836–1906)
S: Verein Deutscher Ingenieure (VDI), Berlin . – Max Eyth-Gesellschaft zur Förderung der Landtechnik im VDI
VT: Jährlich. Verleihung am 6. Mai, dem Geburtstag von Max Eyth
Ju: »Das Preisgericht setzt sich zusammen aus je einem Vertreter des Vereins deutscher Ingenieure, der Max Eyth-Gesellschaft, der Technisch-Literarischen Gesellschaft und der Reichsschrifttumskammer.« L: DS 1 (1936), S. 113.
Z: Auszeichnung von Prosatexten aus dem Gebiet der Technik, »wobei Arbeiten, die sich mit dem Wirken der Technik in der Landwirtschaft befassen, besonders gewünscht sind.« »Die Pflege einer technisch richtigen und dabei doch volkstümlichen Darstellungsweise, wie sie Max Eyth in so vorbildlicher Weise beherrscht hat, soll [...] durch ein Preisausschreiben gefördert werden. [...] Phantastische, überschwängliche oder unrichtige Darstellungen schalten aus, ferner rein philosophische Betrachtungen, Schilderungen oder Deutungen des physikalisch-technischen Weltbildes, mit dem Ziel, technisch-materialistische Weltanschauungen zu verkünden oder in den Streit für oder wider die Technik einzugreifen.« L: DS 1 (1936), S. 113. – »Ohne tiefen Gedanken aus dem Weg zu gehen, soll der Aufsatz doch philosophisch unbeschwert sein. Ohne belehren zu wollen, soll die Technik in ihrer Wirkungs- und Erscheinungsweise als ein ewiges Gut des menschlichen Daseins begriffen werden.« L: DS 3 (1938), S. 285.
B: »Die [bei einem Wettbewerb eingereichten] Arbeiten dürfen noch nicht veröffentlicht sein [...] Eine ehrenwörtliche Erklärung über die arische Abstammung des Bewerbers ist beizufügen. Jeder Bewerber darf höchstens zwei Arbeiten in einem Jahr einreichen. [...] Die mit einem Preis ausgezeichneten Arbeiten sind durch die Verleihung des Preises zur Erstveröffentlichung in einer Zeitschrift des VDI-Verlages G.m.b.H. erworben.« L: DS 1 (1936), S. 113.
VF: 1000 RM, auch teilbar

LP: Kü (1937/38), Sp. 253; Kü (1939), Sp. 247. – LE 38 (1935/36), S. 450; Aut 11 (1936), Nr. 10, S. 27; DS 1 (1936), S. 113, 214; DS 2 (1937), S. 20, 116f., 212; Aut 13 (1938), Nr. 1/2, S. 21; Aut 13 (1938), Nr. 5, S. 43; Bbl 105 (1938), S. 995; DS 3 (1938), S. 285; NL 40 (1939), S. 270.

T: 1937 *L. v. Bismarck* (›Insel‹). – *Hans-Henning Holm* (›Nordmark‹). – *Dipl. Ing. Schmitz* (›Turandot 81‹). – *Josef Weinberg* (›Schultheiß Fischer‹). – LTT: LE 39 (1936/37), S. 640; DS 2 (1937), S. 116f.; Bbl 105 (1938), S. 138. – Ju: Carl Heinrich Dencker (VDI, Landmaschineninstitut der Universität Berlin). – Heinrich Kluth (VDI, Vorsitzender der Technisch-Literarischen Gesellschaft). – Conrad Matschoß (Direktor des VDI). – Kurt O. Fr. Metzner (Reichsschrifttumskammer). – LJu: DS 2 (1937), S. 117.
1938 *Willy Hentze* (500 RM, für ›Die Makina‹). – *Paul Hellpapp* (250 RM, für ›Der alte Böhm‹). – *Franz Lohse* (250 RM, für ›Kampf‹). – LTT: LE 40 (1937/38), S. 576; Bbl 105 (1938), S. 458; NL 39 (1938), S. 321. – Ju: Carl Heinrich Dencker. – C. Föhl (VDI). – Heinrich Kluth. – Kurt O.Fr. Metzner. – LJu: DS 3 (1938), S. 141.
1939 nicht verliehen, »da keine der [137] eingereichten Arbeiten den Erwartungen entsprochen hat, die an das Preisausschreiben geknüpft wurden. Der vorgesehene Betrag von 1000 RM wird daher dem Preisausschreiben für das Jahr 1940 zugeschlagen«. L: Aut 14 (1939), Nr. 4/5, S. 43.

Kurt-Faber-Preis
auch: Dichterpreis der Westmark
(einer der drei ›Westmark-Preise‹)

J: 1935. – Benannt nach dem Reiseschriftsteller Kurt Faber (1883–1929)

S: Gauleitung Saarpfalz in Gemeinschaft mit den saarpfälzischen Gemeinden und den Landesleitungen der Kulturkammern. Gestiftet zur Erinnerung an die Rückgliederung des Saarlandes. Verteilung durch den Gaukulturwart des Gaues Saarpfalz, Kurt Kölsch, Saarbrücken

Ju: Gültig für alle ›Westmark-Preise‹: »Die Entscheidung über die Zuteilung des Preises trifft ein Preisrichterbeirat unter dem Vorsitz des Gaukulturwartes. Dem Preisrichterbeirat gehören an die Vertreter der an dem Preis beteiligten Stifter sowie der Landesleiter der Reichsschrifttumskammer, der Landesleiter der Reichsmusikkammer, der Landesleiter der bildenden Künste und der Landesleiter der Reichstheaterkammer.« L: DS 3 (1938), S. 20f.

VT: Jährlich. Erste Verteilung am 1. März 1935, dem Tag der Rückgliederung des Saarlandes

Z: »Der Preis [...] wird alljährlich [...] dem wertvollsten im vergangenen Jahr erschienenen dichterischen Werk zuerkannt. Dieses Werk kann epischer, dramatischer oder lyrischer Art sein, soll aus wahrhaft deutschem Geist gestaltet und ein wesentlicher Beitrag zum Schrifttum der Westmark und der Nation sein. [...] Bei besonderem Anlaß kann der Preis auch einem hervorragenden Werk der bildenden Kunst oder der Musik zuerkannt werden.« L: Aut 10 (1935), Nr. 3, S. 5f.

B: Die Preisträger müssen »im Gau Pfalz/Saar geboren oder beheimatet sein«. L:Aut 10 (1935), Nr. 3, S. 6.

VF: Meldung 1935: 3000 RM, auch teilbar. – Meldung 1936: 2000 RM

LP: Kü (1937/38), Sp. 254; Kü (1939), Sp. 247f.; Bufkin (1980), S. 119; Strallhofer (1994), S. 85f. – Der Auslandsdeutsche 18 (1935), S. 247; Aut 10 (1935), Nr. 3, S. 5f.; Aut 11 (1936), Nr. 2/3, S. 20; Michael (1936), S. 14; Aut 12 (1937), Nr. 2/3, S. 28; Aut 13 (1938), Nr. 1/2, S. 21; DS 3 (1938), S. 20f.; Aut 14 (1939), Nr. 1/2, S. 45; Erckmann (1939/40), S. 84.

T: Die Preisträger(innen) sind nach Strallhofer (1994) verzeichnet.

1935 *Johannes Kirschweng* (1000 RM, für sein dichterisches Gesamtwerk und besonders für seine Bücher ›Der Widerstand beginnt‹ und ›Das wachsende Reich‹). – *Albert Jung* (Komponist; 500 RM). – *Fritz Zolnhofer* (Maler; 500 RM). – LTT: Aut 10 (1935), Nr. 3, S. 3; LE 37 (1934/35), S. 426; Bbl 105 (1938), S. 138.
1936 *Albert Bauer* (›Das Feld unserer Ehre‹, ›Folkert der Schöffe‹, Romane). LT: LE 38 (1935/36), S. 350; Aut 11 (1936), Nr. 2/3, S. 20; DS 1 (1936), S. 66; Bbl 105 (1938), S. 138.
1937 *Roland Betsch*. LT: LE 39 (1936/37), S. 448; Aut 12 (1937), Nr. 2/3, S. 28: »Als Anerkennung für die männliche Haltung und das unausgesetzte Streben nach seelischer Vertiefung in seinem literarischen Gesamtwerk.« ; NL 38 (1937), S. 211; Bbl 105 (1938), S. 138.
1938 *Karl von Möller* (›Die Werschetzer Tat‹, ›Grenzen wandern‹, Romane). LT: Aut 13 (1938), Nr. 12, S. 10; Bbl 105 (1938), S. 763; NL 39 (1938), S. 590; LE 41 (1938/39), S. 128.
1939 *Lina Staab*. LT: LE 41 (1938/39), S. 452; Aut 14 (1939), Nr. 3, S. 42; DS 4 (1939), S. 116; NL 40 (1939), S. 217.
1940 *Friedrich Rech*. – *Karl Schworm*. – LTT: LE 42 (1939/40), S. 352; Aut 15 (1940), Nr. 2, S. 39; NL 41 (1940), S. 103.
1941 *Andreas Wanderer-Niederländer* (1940 gestorben). – *Rolf Werbelow* (1940 gefallen). – LTT: Aut 16 (1941), Nr. 11, S. 195; DS 6 (1941), S. 144; NL 42 (1941), S. 310; LE 44 (1941/42); S. 136.
1943 *Ernst Moritz Mungenast*. LT: Bbl 111 (1944), S. 152.
1944 *Kurt Kölsch*. LT: Bbl 111 (1944), S. 152.

Fastenrath-Stiftung

s. Preis der Johannes Fastenrath-Stiftung

Johann Hinrich Fehrs-Preis

s.a. Klaus-Groth-Preis

J: 1938. – Vorläuferpreis 1929. L: FZ Nr. 841 vom 10. 11. 1929. – Gestiftet zum 100. Geburtstag des niederdeutschen Dichters Johann Hinrich Fehrs (1838–1916). – Seit 1939 verbunden mit dem ›Klaus-Groth-Preis‹
S: Vereinigung Niederdeutsches Hamburg. – Westfälischer Heimatbund. – Heimatbund Provinz Schleswig-Holstein.
Ju: Christian Boeck. – Bruno Peyn. – Karl Schulte Kemminghausen. – Otto Specht. – Hans Teske. – Außerdem: »Eine vom Leiter des Westfälischen Heimatbundes zu ernennende Persönlichkeit.« L: DS 3 (1938), S. 260.
VT: Jährlich. Verteilung am 10. April, dem Geburtstag Johann Hinrich Fehrs. – Meldung 1942: Verleihung von nun an alle zwei Jahre. »Die Einsendungen für die diesjährige Verleihung werden deshalb bis zum Frühjahr 1943 zurückgestellt.« L: Aut 17 (1942), Nr. 9, S. 139.
Z: Auszeichnung einer »wertvollen« unveröffentlichten (in Ausnahmefällen veröffentlichten) plattdeutschen Prosadichtung. »Die preisgekrönte Prosadichtung wird nach Möglichkeit von einem Verleger der ›Hamburger Arbeitsgemeinschaft plattdeutscher Verleger‹ veröffentlicht und an die Mitglieder des ›Buchkrinks‹ der Vereinigung Niederdeutsches Hamburg verteilt.« L: DS 3 (1938), S. 260.
B: »Jeder, der die plattdeutsche Sprache beherrscht und Mitglied der Reichsschrifttumskammer (Gruppe Schriftsteller) ist, oder die Bedingungen erfüllt, die für die Mitgliedschaft bei der Reichsschrifttums-

kammer Voraussetzung sind, kann sich an diesem Preisausschreiben beteiligen.« L: DS 3 (1938), S. 260.
VF: Meldung 1938: 500 RM (spätere Meldung: 1000 RM). – »Der Preis ist verbunden mit der Überreichung eines kostbaren Exemplars der Hundertjahr-Ausgabe des Romans ›Maren‹ [von J. H. Fehrs]«. L: Bbl 105 (1938), S. 383. – Meldung 1940: 1500 RM
LP: [Stiftungsurkunde]. In: Mitteilungen aus dem Quickborn 31 (1938), Beilage zu Nr. 3; [Stiftungsurkunde. Neue Fassung]. In: Mitteilungen aus dem Quickborn 31 (1938), S. 113f.; Kü (1939), Sp. 248. – FZ Nr. 841 vom 10. 11. 1929; LE 40 (1937/38), S. 576; Aut 13 (1938), Nr. 11, S. 27; Bbl 105 (1938), S. 271, 383, S. 910; DS 3 (1938), S. 259f., NL 39 (1938), S. 321.
T: 1939 *Otto Garber* (›Kamerad Kumm‹). – *Johannes Kruse* (›Helk Koester‹). – *Friedrich Conrad Müller* (›Kiekut‹). – *Herta Borchert* (besondere Anerkennung für ›An 'n Holcker Diek‹). – *Max Steen* (besondere Anerkennung für ›Dat letzte Jaar‹). – LTT: LE 41 (1938/39), S. 580.
1940 *Franz Rinsche* (›Eiken und Daennen‹). – *Wilhelmine Siefkes* (›Frisiak‹). – LTT: LE 42 (1939/40), S. 436; Aut 15 (1940), Nr. 5, S. 82; NL 41 (1940), S. 176 (hier sind die Titel ›Keerlke‹ bzw. ›Sunnenland‹ als preisgekrönt angegeben).
1941 *Thomas Westerich* (›Oldenkarken‹, Roman). LT: NL 42 (1941), S. 310. – *Walter Looschen* (lobende Anerkennung). – LTT: Aut 16 (1941), Nr. 11, S. 195; LE 44 (1941/42), S. 136.

Festspielstiftung der Stadt Bern

s. Preis der ›Festspielstiftung der Stadt Bern‹

Förderungspreis des Deutschen Scheffelbundes für die Dichtung am Oberrhein

J: 1941
S: Deutscher Scheffelbund, Karlsruhe, aus Mitteln, die ihm »aus dem Oberrheinraum und für diesen Raum zur Verfügung gestellt worden sind«. L: Reichswerk Buch und Volk, Deutscher Scheffelbund, Mitteilungen der Bundesleitung. Karlsruhe, Dezember 1941. S. 6.
Ju: »Der (die) Preisträger wird (werden) auf Vorschlag des Preisrichter-Ringes vom Bundesleiter des Deutschen Scheffel-Bundes im Reichswerk Buch und Volk bestimmt. Der Bundesleiter beruft den Preisrichter-Ring, dem mindestens drei Personen angehören sollen. Die Träger des Scheffel-Preises sind berechtigt, dem Preisrichter-Ring Vorschläge für den Dichter-Preis zu unterbreiten; die Vorschläge sind der Bundesgeschäftsstelle jeweils bis zum Schluß eines Kalenderjahres einzureichen.« L: Reichswerk Buch und Volk, Deutscher Scheffelbund, Mitteilungen der Bundesleitung. Karlsruhe, Dezember 1941. S. 6.
VT: Jährlich
Z: »Der Preis soll als auszeichnende Anregung für aufstrebende dichterische Begabungen aus den Landen um den Oberrhein zur Verfügung stehen. [...] Die Preiszuteilung kann aufgrund schon veröffentlichter oder noch nicht veröffentlichter Arbeiten geschehen.« L: Reichswerk Buch und Volk, Deutscher Scheffelbund e.V., Mitteilungen der Bundesleitung. Karlsruhe, Dezember 1941. S. 6. – Der Preis ist »für hervorragende Leistungen auf dem Gebiet der Novelle oder der Lyrik bestimmt. Der Preis kann öffentlich ausgeschrieben werden. Von Jahr zu Jahr wird festgelegt, ob der Preis im folgenden Jahr für Novellen oder für Lyrik vergeben wird. Die Dichter können sich durch

Einsendungen an die Bundesgeschäftsstelle unmittelbar bewerben.« L: Reichswerk Buch und Volk, Deutscher Scheffelbund e.V., Leistungen und Ziel. 1940/41. S. 8.
B: Der Preis ist »Dichtern, die im Oberrheinraum leben oder geboren sind, vorbehalten«. L: Reichswerk Buch und Volk, Deutscher Scheffelbund e.V., Leistungen und Ziel. 1940/41. S. 8.
VF: Meldung 1940/41: 2000 RM. – Meldung 1943: 3000 RM
LP: Reichswerk Buch und Volk, Deutscher Scheffelbund e.V., Leistungen und Ziel. 1940/41. S. 8; Reichswerk Buch und Volk, Deutscher Scheffelbund e.V., Mitteilungen der Bundesleitung. Karlsruhe, Dezember 1941. S. 6f.; Reichswerk Buch und Volk, Deutscher Scheffelbund e.V., Leistungen und Ziel. 1943. S. 8. – Aut 17 (1942), Nr. 6, S. 93; Aut 18 (1943), Nr. 1, S. 11.
T: 1942 *Friedrich Franz von Unruh*. – Laudatio: Adolf Samwer (Bundesleiter des Deutschen Scheffelbundes). – LT: Reichswerk Buch und Volk, Deutscher Scheffelbund e.V., Mitteilungen der Bundesleitung. Dezember 1942. S. 8. – Aut 17 (1942), Nr. 9, S. 139; DS 7 (1942), H. 12, S. 142.
1943 *Oskar Wöhrle*. LT: Reichswerk Buch und Volk, Deutscher Scheffelbund e.V., Mitteilungen der Bundesleitung. Dezember 1943. S. 8. – Aut 18 (1943), Nr. 11, S. 202; DS 9 (1944), H. 3, S. 36.
1944 *Paul Bertololy*. LT: Geschäftsbericht für die Beirats- und Kuratoriumssitzung des Deutschen Scheffelbundes am 7.5. 1944. – DS 9 (1944), H. 3, S. 34.

Fontane-Preis [1]

J: 1913
S: Schutzverband Deutscher Schriftsteller, Berlin. – Grundkapital zur Verfügung gestellt von Erik Ernst Schwabach
VT: Jährlich
Z: Preis für den besten Roman des Jahres
VF: 600 Mark
LP: Ernst Fischer: Der ›Schutzverband deutscher Schriftsteller‹ 1909–1933. Bd 1. Phil. Diss. Wien 1978. S. 119–121; Bufkin (1980), S. 119f. – LE 15 (1912/13), Sp. 588; LE 15 (1912/13), Sp. 877f.; Otto Flake: Ein Romanpreis. [Mit einer redaktionellen Nachbemerkung zur geplanten Gründung des Fontane-Preises]. In: Der Schriftsteller 3 (1912/13), S. 22–24; Preise und Preisausschreiben. In: Der Schriftsteller 3 (1912/13), S. 120–122; Kasimir Edschmid: Erzählungsliteratur. In: FZ Nr. 68 vom 26. 1. 1922, S. 1f.
T: 1913 *Annette Kolb* (›Das Exemplar‹). – Ju: Franz Blei. – LT/LJu: LE 16 (1913/14), Sp. 511.
1914 *Leonhard Frank* (›Die Räuberbande‹). – Ju: Franz Blei. – Samuel Fischer (Verleger, Berlin). – Robert Musil. – Erik Ernst Schwabach. – LT/LJu: LE 17 (1914/15), Sp. 382.
1915 *Carl Sternheim* (für die Erzählungen ›Busekow‹, ›Napoleon‹, ›Schuhlin‹). LT: [Anzeige des Kurt Wolff Verlags, Leipzig]. In: Vossische Zeitung Nr. 647 vom 19. Dezember 1915, 7. Beilage; LE 18 (1915/16), Sp. 457: »Sternheim hat die mit dem Preise verbundene Preissumme an den jungen Prager Erzähler Franz Kafka für dessen Novellen ›Betrachtung‹, ›Der Heizer‹, ›Die Verwandlung‹ weitergegeben als ein Zeichen seiner Anerkennung.«
1916 *Alfred Döblin* (›Die drei Sprünge des Wang-Lun‹). – Ju: Erik Ernst Schwabach. – LT/LJu: LE 19 (1916/17), Sp. 68.
1917 *Paul Adler* (›Elohim‹, ›Die Zauberflöte‹). – Ju: Franz Blei. – LT/LJu: LE 20 (1917/18), Sp. 432.
1918 nicht verliehen
1919 *Max Brod* (»für seine bis jetzt vorliegenden prosaischen Gesamtwerke«). – *Hermann Hesse* (›Demian, die Geschichte einer

Ein Romanpreis

Unser Mitglied Otto Flake sandte die nachstehende Anregung:

Alle Welt redet wieder von der Kleiststiftung, diesem vierten oder fünften großen Preis, der den Dramatikern unter die Arme greifen soll. Das scheint mir die Gelegenheit, auch einmal die neugierige Frage zu stellen: Weshalb tut man nichts für die Romandichter?

Soviel ich weiß, besteht in der Tat nicht der geringste Preis für Romane, obgleich der künstlerische Romancier genau so schlechte Aussichten hat wie der Dramatiker, der seinen Weg „fern vom Tagesruhme" geht. Ja, er hat noch schlechtere Aussichten, denn während eine wahre Jagd auf dramatische Talente besteht und hundert Bühnen vorhanden sind, ist die Urteilsfähigkeit für reine epische Darstellung gar nicht ausgebildet, und nicht einmal unsere Kritiker wissen eigentlich, was sie von einem Romane fordern sollen; denn die Biederkeit der Gesinnung und die etwas triviale Menschlichkeit, die an den deutschen Lieblingsromanen gepriesen werden, tun es nicht. Ein so reiner Künstlerwille, wie Heinrich Mann ihn z. B. besitzt, hat nie eine öffentliche Aufmunterung erfahren.

Ich finde, diese Fragen müßten in der Presse einmal zur Sprache kommen, und sie brauchten in der Presse nur zur Sprache zu kommen, um sofort zu wirken. Man muß die Leute, die imstande sind, Preise zu stiften, aufmerksam machen, das ist die Hauptsache. Viele, die ein Vermächtnis zu wissenschaftlichen Zwecken hinterlassen, würden es geradeso gern der Kunst überweisen. Die Wissenschaft kann sich immer helfen, denn sie hat den Staat und infolgedessen die ehrgeizigen Geldmagnaten hinter sich: wer die hohe Demokratie der Kunst liebt, steure bei, ihre Unabhängigkeit durch ein bürgerliches Legat und großmütige Bestimmungen zu unterstützen.

Ferner denke ich mir als Leute, die in Betracht kommen, Schriftsteller selbst, die es zu etwas gebracht haben. Es sollte eine Ehrenpflicht sein, in seinem Testament den Beruf, dem man angehört hat, zu bedenken, wenn man sich nicht schon vorher bei einem großen Erfolg — es braucht nicht gleich der Nobelpreis zu sein — selbst besteuert hat. Wer nicht hunderttausend Mark testieren kann, testiere tausend — das hat nichts Bettelhaftes, sondern es beweist im Gegenteil den Stolz des Schriftstellers auf seinen Beruf, zu dem schließlich doch die höchste Intelligenz und die größte Arbeitsenergie nötig ist.

Mancher wäre zu solcher Stiftung bereit, wenn eine Zentrale bestände, die Gelder sammelt, verwaltet und verteilt. Da sie fehlt, gründe man sie — wer zeichnet den ersten Beitrag?

Es ist keineswegs nötig, mit der Verteilung der ersten Preise zu warten, bis die Zinsen eines Kapitals groß genug sind. Worauf es ankommt, ist, einmal überhaupt anzufangen, und zunächst sollte jemand, ein deutscher Pulitzer oder Rockefeller, eine bescheidene Summe stiften, die selbst als Preis verwandt wird. Aus zehntausend Mark lassen sich drei Jahrespreise machen, und in drei Jahren wird gewiß ein Ersatz eintreten. Die Preisrichter, die man sorgfältig wählen müßte, werden im Anfang (wieder einmal) um der Sache willen ihr Amt ehrenhalber ausüben, eine Zeitschrift und Tagesblätter, die das Interesse des Publikums warm halten, werden sich finden.

Natürlich hindert nichts, auch die Lyrik anzuschließen, und wir hätten dann eine Zentralstelle für Roman- und Lyrikpreise. Wenn man die Phantasie ausschweifen lassen will, könnte man sich schließlich eine Organisation moderner Art vorstellen, in der systematisch gearbeitet wird und die das amerikanische Prinzip der Selbsthilfe mit amerikanischem Tatsachensinn verwirklicht.

Wer zeichnet den ersten Preis für Herbst 1913? Ich wünschte, es wäre ein deutscher Schriftsteller oder Verleger.

Jugend‹). LT: LE 23 (1920/21), Sp. 54: »Hermann Hesse hat auf den Fontane-Preis, der ihm für seinen unter dem Pseudonym [Emil] Sinclair erschienenen Roman ›Demian‹ verliehen worden war, Verzicht geleistet. Künftige Neudrucke des Romans werden mit seinem Autornamen versehen sein.«; Friedrich Pfäfflin: Hermann Hesse. […] Gedenkausstellung zum 100. Geburtstag im Schiller-Nationalmuseum. Marbach a. N. 1977. S. 217–220. – Ju: Erik Ernst Schwabach. – LTT/LJu: LE 22 (1919/20), Sp. 376.

1921 *Gina Kaus* (›Der Aufstieg‹). – Ju: Franz Blei. – LT/LJu: LE 23 (1920/21), Sp. 437; Kasimir Edschmid: Erzählungs-

literatur. In: FZ Nr. 68 vom 26.1. 1922, S. 1f.
1922 *Albert Paris Gütersloh* (›Innozenz oder Sinn und Fluch der Unschuld‹). LT: LE 25 (1922/23), Sp. 565; Albert Paris Gütersloh. Autor und Werk. München 1962. S. 71.

Fontane-Preis [2] (einer der ›Berliner Kunstpreise »Jubiläumsstiftung 1848/1948«‹)

J: 1948
S: Magistrat von Groß-Berlin
Ju: »Die Entscheidung über die Verleihung des Preises liegt in Händen eines Preisgerichtes von sechs Personen, das sich paritätisch aus drei Angehörigen des Magistrats und drei vom Magistrat zu berufenden namhaften Berliner Schriftstellern, die Mitglieder des Schutzverbandes Deutscher Autoren sind, zusammensetzt.« L: Satzung des Fontane-Preises des Magistrats von Groß-Berlin. In: Autor (1948/49), H. 1/2, S. 21 f.
VT: Jährlich
Z: »Der Preis wird für den besten Roman des Jahres verliehen, der die demokratischen Ideale der Freiheit und Humanität in künstlerisch besonders überzeugender Weise zur Geltung bringt.« L: Satzung [...]. In: Autor (1948/49), H. 1/2, S. 21. – »Der Preis dient der Anerkennung einer Einzelleistung oder eines künstlerischen Lebenswerkes, er wird nur für bereits veröffentlichte Arbeiten verliehen.« L: Vinz/Olzog (1965), S. 38. – »Der Berliner Kunstpreis [...] sollte der Anerkennung hervorragender, insbesondere durch ihr Leben und Wirken mit Berlin verbundener lebender Künstler oder einzelner Kunstwerke dienen. Daneben galt er der Förderung junger Begabungen, die eine besondere Entwicklung erhoffen ließen.« L: Remy (1956), S. 387.
B: »Der preisgekrönte Roman muß jeweils in dem Zeitraum zwischen dem 1. Januar und dem 31. Dezember des dem Jahre der Verleihung vorangegangenen Jahres im Druck erschienen sein. [...] Von der Voraussetzung, daß der betreffende Roman im Druck erschienen sein muß, kann abgesehen werden. [...] Der Autor des preisgekrönten Romans muß die deutsche Staatsangehörigkeit besitzen, in Deutschland zur Zeit ansässig und im demokratischen Sinne politisch und charakterlich einwandfrei sein.« L: Satzung [...]. In: Autor (1948/49), H. 1/2, S. 21.
VF: 10 000 RM
LP: Satzung [...]. In: Autor (1948/49), H. 1/2, S. 21 f.; Remy (1956), S. 386–388; Vinz/Olzog (1965), S. 38.
T: 1948 nicht verliehen. – Ju: Wilhelm Bolze. – Karl Friedrich Borée. – Wolfgang Götz. – Friedrich Moser (Berliner Magistrat). – Erich Schröter. – Paul Wiegler. – LJu: Autor (1947/48), H. 9, S. 15.
1949 *Hermann Kasack* (›Die Stadt hinter dem Strom‹, Roman). L: Autor (1949/50), H. 5/6, S. 34; Vinz/Olzog (1965), S. 38; Reinhard Tgahrt, Jutta Salchow: Hermann Kasack. 1896–1966. [...] Ausstellung Juni bis September 1976 im Schiller-Nationalmuseum. Marbach a.N. 1976. (Marbacher Magazin. 2/1976.) S. 24.
1950 nicht verliehen

Fortsetzung 1951ff

Gaukulturpreis Baden auch: Kulturpreis des Gauleiters in Baden, Badischer Gaukulturpreis, 1942 vermutlich auch: Gaukulturpreis Elsaß, Elsässischer Gaukulturpreis

J: 1936
S: Gauleiter Robert Wagner, Karlsruhe
Ju: »Der Landeskulturwalter als Vertreter der Reichskulturkammer im Gau Baden

und der Gaukulturstellenleiter als Vertreter der Partei unterbreiten dem Gauleiter und Reichsstatthalter Vorschläge zur Verteilung dieses Preises, der Gauleiter und Reichsstatthalter bestimmt hierauf den Preisträger.« L: DS 1 (1936), S. 237.
Z: »Diese höchste Auszeichnung des Gaues für künstlerische Leistungen kann an Architekten, Bildhauer, Maler, Schriftsteller, Dichter und Komponisten des Gaues Baden verliehen werden.« L: DS 1 (1936), S. 237.
B: »Es werden nur solche Werke ausgezeichnet, die aus dem Geist nationalsozialistischer Weltanschauung entstanden sind.« L: Aut 11 (1936), Nr. 9, S. 23.
VF: 5000 RM
LP: DS 1 (1936), S. 237; NL 37 (1936), S. 668; Aut 13 (1938), Nr. 1/2, S. 20f.; Erckmann (1939/40), S. 84.
T: 1936 *Hermann Alker* (Bauingenieur)
1937 *Friedrich Roth* (Schriftsteller). LT: DS 2 (1937), S. 262; NL 38 (1937), S. 591; Bbl 105 (1938), S. 138.
1938 *Ernst Krieck* (Pädagoge, Philosoph). LT: Bbl 105 (1938), S. 971.
1939 *Wilhelm Sauter* (Maler). LT: Fritz Wilkendorf: Der Kriegsmaler Wilhelm Sauter. In: Ekkhart 24 (1943), S. 26–37 (Erwähnung S. 36).
1940 *Otto Wacker* (badischer Kultusminister, im Februar 1940 verstorben; postume Verleihung). LT: Der Gaukulturpreis für Otto Wacker. In: Hakenkreuzbanner Nr. 319 vom 17. 11. 1940, S. 1f. (mit Abb. der Preisurkunde): »[...] in Anerkennung seiner besonderen Verdienste um den kulturellen Wiederaufbau und die wehrgeistige Erziehung der Jugend im Grenzgau Baden.«
1942 vermutlich ebenfalls dieser Preis, als ›Gaukulturpreis Elsaß‹ oder ›Elsässischer Gaukulturpreis‹ verliehen an den »Elsässischen Volkstumskämpfer« *Friedrich Spieser* (Gründer des Bundes »Erwin von Steinbach« und der ›Straßburger Monatshefte‹, Inhaber des Hünenbund-Verlags). LT: Aut 18 (1943), Nr. 1, S. 12; DS 8 (1943), H. 3, S. 36; NL 44 (1943), S. 48; Robert Wagner: Gaukulturpreis 1942. [Laudatio]. In: Straßburger Monatshefte 7 (1943), H. 1, S. 52.

Gaukulturpreis des Gaues Hessen-Nassau

J: [1939]
S: Gau Hessen-Nassau, Gauleiter Jakob Sprenger, Frankfurt a. M.
VF: 5000 RM
LP: Erckmann (1939/40), S. 84.
T: 1939 *Thor Goote*. LT: LE 41 (1938/39), S. 708; Aut 14 (1939), Nr. 4/5, S. 44; DS 4 (1939), S. 141; NL 40 (1939), S. 321.
1941 *Kurt Hessenberg* (Komponist). LT: Aut 16 (1941), Nr. 10, S. 177.
1943 *Hermann Stahl*. LT: Bbl 111 (1944), S. 107.

Gaukulturpreis des Gaues Westfalen-Nord

J: [1943]
S: Gau Westfalen-Nord, Gauleiter und Reichsstatthalter Alfred Meyer, Münster
T: 1943 *Lulu von Strauß und Torney*. LT: DS 8 (1943), H. 6, S. 72; Bbl 111 (1944), S. 22; DS 9 (1944), H. 3, S. 36.
1944 *Albert Mazzotti* (Bildhauer). LT: Bbl 112 (1945), S. 7.

Gaukulturpreis des Gaues Westfalen-Süd

J: [1939]
S: Gau Westfalen-Süd, Gauleiter Albert Hoffmann, Bochum
VF: 2500 RM
LP: Erckmann (1939/40), S. 84.
T: 1944 *Fritz Nölle* (Gaupreis für Schrifttum). LT: Bbl 111 (1944), S. 152.

Gaukulturpreis Elsaß

s. Gaukulturpreis Baden

Gaukulturpreis Halle-Merseburg

J: [1943]
S: Gau Halle-Merseburg, Gauleiter Joachim Albrecht Eggeling, Halle
1943 *Max Jungnickel.* L: Aut 18 (1943), Nr. 12, S. 219; Bbl 111 (1944), S. 2: »Gauleiter Staatsrat Dr. Eggeling verlieh den Gaukulturpreis für 1943 für besonders künstlerische Leistungen an den weit über die Grenzen des Gaues bekannten Dichter und Schriftsteller Max Jungnickel [...], der sich, wie im ersten Weltkrieg, auch in diesem Kriege vorbildlich eingesetzt hat.«; DS 9 (1944), H. 2, S. 24.

Gaukulturpreis von Oberdonau

s. Kulturpreise von Oberdonau

Gaukulturpreis von Sachsen

J: 1943
S: Reichsstatthalter und Gauleiter des Gaues Sachsen, Martin Mutschmann, Dresden
Z: Preis zur »Pflege der hohen kulturellen Tradition Sachsens und zum Ansporn für alle Kulturschaffenden im Sachsengau«. Ausgezeichnet werden sollen »hervorragende schöpferische Leistungen auf den Gebieten des Schrifttums, der Musik und der bildenden Kunst oder auch das gesamte Lebenswerk eines schöpferischen Menschen aus dem Gau«. L: DS 9 (1944), H. 3, S. 35.
LP: Aut 18 (1943), Nr. 11, S. 202; DS 9 (1944), H. 2, S. 35.
T: 1943 *Kurt Arnold Findeisen.* LT: Aut 18 (1943), Nr. 11, S. 202; DS 9 (1944), H. 3, S. 35.

Emanuel-Geibel-Preis auch: Preis der Emanuel-Geibel-Stiftung

J: 1940. Erste Verleihung geplant für 1943 zur 800-Jahr-Feier Lübecks. – Gestiftet zum 125. Geburtstag des Dichters Emanuel Geibel (1815–1884)
S: Hansestadt Lübeck
VT: Alle fünf Jahre
Z: Auszeichnung von Dichtern, Komponisten oder bildenden Künstlern
B: Die Preisempfänger müssen in Lübeck geboren oder zur Zeit der Preisverleihung in Lübeck wohnhaft sein
VF: 3000 RM
LP: Aut 15 (1940), Nr. 11, S. 166; DS 6 (1941), H. 6, Umschlag.
T: 1943 *Fritz Behn* (Bildhauer). – *Hans Heitmann.* – *Asmus Jessen* (Leiter der lübischen Meisterwerkstätten). – *Erich Klahn* (Bildsticker). – LTT: Bbl 111 (1944), S. 2; DS 9 (1944), H. 2, S. 23.

Emanuel-Geibel-Stiftung

s. Emanuel-Geibel-Preis

Stefan George-Preis

s. Nationaler Buchpreis

Friedrich-Gerstäcker-Preis

J: 1947. Erste Verleihung 1952. – Gestiftet »zum Andenken an den Weltreisenden und Schriftsteller Friedrich Gerstäcker [1816–1872], der seine Jugend und seine letzten Lebensjahre in Braunschweig verbrachte«. L: Fohrbeck (1978), S. 437.
S: Stadt Braunschweig
Ju: Eine vom Rat der Stadt Braunschweig benannte Kommission unter Vorsitz des

Kulturdezernenten. L: Vinz/Olzog (1965), S. 45.
VT: Alle zwei Jahre
Z: Auszeichnung eines Schriftstellers für ein in den letzten drei Jahren erschienenes Buch, »das der Jugend in fesselnder Darstellung das Erlebnis der weiten Welt vermittelt, wie dies Gerstäcker in seinen Büchern getan hat«. L: Fohrbeck (1978), S. 437.
VF: 1000 DM
LP: Vinz/Olzog (1965), S. 45; Fohrbeck (1978), S. 437; Wolf-Dieter Schuegraf: Der Friedrich Gerstäcker-Preis und der Wilhelm-Raabe-Preis der Stadt Braunschweig. In: Braunschweiger Kalender (1986), S. 63–68.

Geßner-Preis

s. Literaturpreis der Stadt Zürich

Joseph von Görres-Preis

J: 1935. Erste Verleihung 1936. – Benannt nach dem Gelehrten, Politiker und Publizisten Joseph von Görres (1776–1848)
S: Johann Wolfgang Goethe-Stiftung, Freiburg i.Br., gegründet 1935 als Teil der Stiftung F.V.S., Hamburg (gegründet 1931). Kapital zur Verfügung gestellt von Alfred C. Toepfer, Hamburg. – Verteilung durch die Universität Bonn
Ju: Universität Bonn. – Reichsschrifttumskammer. – Kuratoriumsvorsitzende: Franz Steinbach (Historiker), Prof. Neumann (vermutlich der Literarhistoriker Hans Naumann)
VT: Jährlich oder alle zwei Jahre
Z: »Preis für das deutsche Sprachgebiet am Mittel- und Niederrhein.« – Aus der Satzung, gültig für alle Preise der Johann Wolfgang Goethe-Stiftung: »Die Preisträger sollen Persönlichkeiten sein, die sich durch außerordentliche Leistungen im Schrifttum, in der Malerei, der Musik, der angewandten Kunst oder der Volkstumsforschung ausgezeichnet haben. Die Preise können sowohl für Einzelwerke wie für das Gesamtschaffen vergeben werden. Die Preisträger müssen mit ihrem Werk in der Landschaft, für die der Preis gilt, verwurzelt sein.« L: Interne Liste der Stiftung F.V.S., Hamburg
VF: 10 000 RM
LP: Interne Liste der Stiftung F.V.S., Hamburg; Kü (1937/38), Sp. 254; Kü (1939), Sp. 248; Bufkin (1980), S. 124; Memorandum (1991), Kap.I; Strallhofer (1994), S. 31,119; Zimmermann (1995), S. 215–219. – Aut 10 (1935), Nr. 9, S. 20; Dichterpreise (1936), S. 14; Aut 13 (1938), Nr. 1/2, S. 21; Strothmann (1963), S. 104.
T: Die Preisträger sind nach der internen Liste der Stiftung F.V.S., Hamburg, und nach Zimmermann (1995) verzeichnet.

1936 *Louis Pinck* (Volksliedforscher). LT: LE 38 (1935/36), S. 400; Bbl 105 (1938), S. 138.
1937 *Nikolaus Welter*. LT: LE 39 (1936/37), S. 576; Bbl 105 (1938), S. 138.
1938 (1939 verliehen) *Heinrich Bischoff* (Germanist). LT: LE 41 (1938/39), S. 386; Aut 14 (1939), Nr. 1/2, S. 46; NL 40 (1939), S. 161.
1939 (1940 verliehen) *Ernst Bertram*. LT: LE 42 (1939/40), S. 436; Aut 15 (1940), Nr. 5, S. 81; DS 5 (1940), H. 9, Umschlag; NL 41 (1940), S. 176.
1940 (1941 postum verliehen) *Nikolaus Warker*. LT: Aut 16 (1941), Nr. 7/8, S. 135; LE 43 (1940/41), S. 432.
1941 (1942 verliehen) *Paul Clemen* (Kunsthistoriker)
1942 (1943 verliehen) *Adolf von Hatzfeld*. LT: Aut 18 (1943), Nr. 8, S. 146; Nr. 10, S. 185; Deutschtum im Ausland 26 (1943), S. 156; DS 8 (1943), H. 8, S. 60; DS 9 (1944), H. 2, S. 23.

Goethe-Medaille für Kunst und Wissenschaft

J: 1932. – Gestiftet aus Anlaß des Goethejahres 1932
S: Reichspräsident Paul von Hindenburg, seit 1934 Reichskanzler Adolf Hitler
Z: Verleihung der Medaille »für Verdienste auf dem Gebiet der Kunst und Wissenschaft«
VF: Versilberte Bronze-Medaille
LP: Meyers Enzyklopädisches Lexikon. 9. Aufl. Bd 10. Mannheim [usw.] 1974. S. 539; Stimpfig (1983), S. 156f.
T: Die Medaille, zunächst nur als Auszeichnung im Goethejahr vorgesehen, wurde bis 1944 ca. 500mal verliehen. Empfänger u.a.:
1932 *Rudolf G. Binding.* – *Hans Carossa.* – *Theodor Däubler.* – *Stefan George.* – *Hans Grimm.* – *Enrica Freiin von Handel-Mazzetti.* – *Gerhart Hauptmann.* – *Ricarda Huch.* – *Anton Kippenberg* (Verleger, Leipzig). – *Franz Koch* (Literarhistoriker). – *Erwin Guido Kolbenheyer.* – *Hermann August Korff* (Literarhistoriker). – *Heinrich Lilienfein.* – *Thomas Mann.* – *Agnes Miegel.* – *Walter von Molo.* – *Börries Frhr von Münchhausen.* – *Julius Petersen* (Literarhistoriker). – *Wilhelm Schäfer.* – *Jakob Schaffner.* – *Wilhelm von Scholz.* – *Ina Seidel.* – *Hermann Stehr.* – *Hans Wahl* (Direktor des Goethemuseums, Weimar). – *Anton Wildgans.* – LTT: LE 34 (1931/32), S. 538f. – *Gottfried Bohnenblust* (Sprach- und Literaturwissenschaftler). – *André Gide.* – *Knut Hamsun.* – *Verner von Heidenstam.* – *Alfons Paquet.* – *Paul Valéry.* – *Philipp Witkop* (Literarhistoriker). – *Georg Witkowski* (Literarhistoriker). – *Julius Wahle* (Direktor des Goethe- und Schillerarchivs, Weimar). – LTT: LE 35 (1932/33), S. 118. – *Ludwig Klages* (Philosoph und Psychologe). LT: LE 35 (1932/33), S. 304. – *Paul Ernst.* LT: LE 35 (1932/33), S. 427.
1933 *Walter Bloem.* LT: LE 35 (1932/33), S. 672.
1934 *Otto von Güntter* (Direktor des Schiller-Nationalmuseums, Marbach a. N.). LT: LE 37 (1934/35), S. 227. – *Heinrich*

Sohnrey. LT: LE 36 (1933/34), S. 669. – *Richard Wossidlo*. LT: De Professor wier wat in Woren – Erinnerungen an Richard Wossidlo. Waren 1995. S. 52.

1935 *Emil Arthur Meiner* (Verleger, Leipzig). – *Heinrich Stalling* (Verleger, Oldenburg). LTT: LE 37 (1934/35), S. 574.

1936 *Emil Strauß*. LT: LE 38 (1935/36), S. 300.

1937 *Max Hecker* (stellvertretender Direktor des Goethe- und Schillerarchivs, Weimar). LT: LE 39 (1936/37), S. 576. – *Eduard Heyck*. LT: LE 39 (1936/37), S. 640. – *Eberhard König*. LT: LE 39 (1936/37), S. 768; DS 2 (1937), S. 191. – *Adolf Meschendörfer*. LT: LE 39 (1936/37), S. 576; DS 2 (1937), S. 117. – *Karl Schönherr*. LT: LE 39 (1936/37), S. 448; DS 2 (1937), S. 90; NL 38 (1937), S. 211. – *Karl Hans Strobl*. LT: LE 39 (1936/37), S. 384; DS 2 (1937), S. 47; NL 38 (1937), S. 106.

1938 *Karl Bauer* (Maler, Graphiker). LT: Bbl 105 (1938), S. 587. – *Hans Friedrich Blunck*. LT: NL 39 (1938), S. 532; LE 41 (1938/39), S. 64. – *Hans Peter Feddersen* (Maler). LT: Bbl 105 (1938), S. 903. – *Richard Fester* (Historiker). LT: Bbl 105 (1938), S. 754. – *Gustav Frenssen*. LT: LE 40 (1937/38), S. 512; Bbl 105 (1938), S. 291; NL 39 (1938), S. 215. – *Hermann Graedener*. LT: LE 40 (1937/38), S. 576; Bbl 105 (1938), S. 383. – *Karl Klingspor* (Schriftkünstler). LT: Bbl 105 (1938), S. 524. – *Alfred Staackmann* (Verleger, Leipzig). LT: Bbl 105 (1938), S. 423.

1939 *Hermann Burte*. LT: LE 41 (1938/39), S. 452; DS 4 (1939), S. 70; NL 40 (1939), S. 161. – *Otto Falckenberg* (Direktor der Münchener Kammerspiele). LT: NL 40 (1939), S. 270. – *Wolfgang Golther* (Literarhistoriker). LT: LE 41 (1938/39), S. 386. – *Rudolf Herzog*. LT: DS 4 (1939), S. 223; NL 41 (1940), S. 27. – *August Hinrichs*. LT: LE 41 (1938/39), S. 580; DS 4 (1939), S. 141; NL 40 (1939), S. 321. – *Emil Jannings* (Schauspieler). LT: NL 40 (1939), S. 270. – *Fritz Schumacher* (Architekt). LT: LE 42 (1939/40), S. 176. – *Rudolf Thurneysen* (Sprachwissenschaftler). LT: LE 42 (1939/40), S. 80. – *Hans Watzlik*. LT: LE 42 (1939/40), S. 216; DS 5 (1940), H. 2, Umschlag.

1940 *Carl Froelich* (Filmregisseur). LT: LE 43 (1940/41), S. 40. – *Friedrich Griese*. LT: DS 5 (1940), S. 116; NL 41 (1940), S. 288; LE 43 (1940/41), S. 96. – *Rudolf Herzog*. LT: DS 5 (1940), H. 1, Umschlag. – *Werner Jansen*. LT: LE 42 (1939/40), S. 264; DS 5 (1940), H. 3, Umschlag; NL 41 (1940), S. 80. – *Hanns Johst*. LT: LE 42 (1939/40), S. 480; DS 5 (1940), H. 7, Umschlag. – *Gustav Leutelt*. LT: DS 5 (1940), S. 128; NL 41 (1940), S. 255. – *Friedrich Panzer* (Literarhistoriker). LT: NL 41 (1940), S. 255. – *Georg Schmückle*. LT: DS 5 (1940), H. 9, Umschlag; NL 41 (1940), S. 222. – *Wilhelm Seelmann* (Literarhistoriker). LT: LE 42 (1939/40), S. 312; NL 41 (1940), S. 80.

1941 *Arthur Berger*. LT: DS 6 (1941), S. 144. – *Max von Millenkovich*. LT: DS 6 (1941), S. 60; NL 42 (1941), S. 139.

1942 *Karl Brunner*. LT: NL 43 (1942), S. 199. – *Max Dreyer*. LT: NL 43 (1942), S. 247. – *Otto Erler*. LT: NL 43 (1942), S. 222; Aut 18 (1943), Nr. 10, S. 185. – *Hans Kloepfer*. LT: NL 43 (1942), S. 222. – *Ernst Krieck* (Pädagoge, Philosoph). LT: NL 43 (1942), S. 199.

1943 *Lulu von Strauß und Torney*. LT: DS 8 (1943), H. 6, S. 72.

1944 *André Jolles* (Literaturwissenschaftler). LT: Völkischer Beobachter Nr. 258 vom 14. 9. 1944.

Goethe-Plakette der Stadt Frankfurt am Main

J: 1932. – Neubegründung 1947
S: Magistrat der Stadt Frankfurt a. M.
Z: »Die Goethe-Plakette war ursprünglich eine Erinnerungsgabe für Persönlichkeiten, die sich um die Gestaltung und Durchführung der Tagungen und Veranstaltungen zum Goethejahr 1932 besonders verdient gemacht hatten. In späteren Jahren wurde die Plakette für Verdienste auf kulturellem Gebiet, insbesondere auch für Verdienste um die Frankfurter Bühnen und die Römerbergfestspiele und für tätige Anteilnahme aus Anlaß von Goetheveranstaltungen überreicht.« L: Interne Liste des Presseamts der Stadt Frankfurt a.M.
VF: Runde Plakette, viereckige Plakette
LP: Interne Liste des Presseamts der Stadt Frankfurt a.M.; Fohrbeck (1978), S. 49.
T: Bis 1949 wurden die Plaketten etwa 100 mal verliehen. Die Empfänger sind in der internen Liste des Presseamts Frankfurt a.M. verzeichnet, darunter:

1932 *Alexander von Bernus*. – *Ernst Beutler* (Direktor des Freien Deutschen Hochstifts, Frankfurt a.M.). – *Rudolf G. Binding*. – *Adolf Feulner* (Kunsthistoriker). – *Gerhart Hauptmann*. – *Anton Kippenberg* (Verleger, Leipzig). – *Thomas Mann*. – *Richard Oehler* (Direktor der Stadt- und Universitätsbibliothek Frankfurt a.M.). – *Alfons Paquet*. – *Edwin Redslob* (Reichskunstwart). – *Franz Schultz* (Literarhistoriker). – *Albert Schweitzer*. – *Heinrich Simon* (Verleger, Frankfurt a.M.). – *Moritz Sontheimer* (Antiquar). – *Georg Swarzenski* (Kunsthistoriker, Generaldirektor der Städtischen Museen). – *Fritz Wichert* (Kunsthistoriker)
1933 *Hans Hinkel* (Staatskommissar). LT: LE 35 (1932/33), S. 672.
1934 *Ernst Krieck* (Pädagoge, Philosoph). – *Hermann Stehr*. LT: LE 36 (1933/34), S. 427. – *William Butler Yeats*. LT: LE 36 (1933/34), S. 427.
1937 *Georg Kolbe* (Bildhauer)
1938 *Leo Frobenius* (Ethnologe). LT: Bbl 105 (1938), S. 611; NL 39 (1938), S. 479. – *Julius Petersen* (Literarhistoriker)
1939 *Anton Kippenberg* (Verleger, Leipzig)
1940 *Hans Pfitzner* (Komponist). LT: NL 40 (1939), S. 321.
1941 *Friedrich Bethge*. LT: LE 43 (1940/41), S. 528; NL 42 (1941), S. 238.
1943 *Wilhelm Schäfer*
1947 *Franz Schultz* (Literarhistoriker). LT: Fohrbeck (1978), S. 49.
1948 *Georg Hartmann* (Inhaber der Bauerschen Gießerei). LT: Fohrbeck (1978), S. 49.
1949 *Adolf Grimme* (Politiker). – *Friedrich Meinecke* (Historiker). – *Gerhard Marcks* (Bildhauer). – *Victor Gollancz* (Verleger, London). – *André Gide*. – *José Ortega y Gasset* (Philosoph). – *Carl Jacob Burckhardt*. – LTT: Fohrbeck (1978), S. 49.

Fortsetzung 1950ff

Goethe-Preis der Stadt Berlin

J: 1949. Erste Verleihung 1950
S: Magistrat von Groß-Berlin
Ju: »Das Recht auf Vorschläge von Anwärtern für die Verleihung [...] steht den demokratischen Parteien und Organisationen von Groß-Berlin zu. [...] Zur Begutachtung der eingegangenen Anträge wird eine Kommission gebildet, zu welcher gehören: 1. der Leiter der Abteilung Volksbildung (oder sein Vertreter) als Vorsitzender, 2. der Leiter des Hauptschulamtes, 3. der Leiter des Hauptamtes Wissenschaft und Kunst, 4.–8. Vertreter der demokratischen Parteien, 9. ein Vertreter des Freien Deutschen Gewerk-

schaftsbundes, Groß-Berlin, 10. ein Vertreter der Freien Deutschen Jugend, 11. ein Vertreter des Demokratischen Frauenbundes, Berlin, 12. ein Vertreter der Vereinigung der Verfolgten des Naziregimes, 13. ein Vertreter des Deutschen Kulturbundes, 14. ein Vertreter der Gesellschaft für Deutsch-Sowjetische Freundschaft, Groß-Berlin, 15.–19. fünf vom Magistrat von Groß-Berlin, Abteilung Volksbildung, zu berufende Fachleute auf dem Gebiet der Wissenschaft, bildenden Kunst, Literatur, darstellenden Kunst und Musik. [...] Diese Kommission empfiehlt dem Magistrat von Groß-Berlin drei von den eingereichten Vorschlägen.« L: Durchführungsbestimmungen [...]. Zitiert nach: Fröhlich (1962), S. 64 f.

VZ: Jährlich. Verleihung am 28. August, Goethes Geburtstag

Z: »Preis für hervorragende Leistungen auf dem Gebiete der Kunst und Wissenschaft, die von besonderer Bedeutung für die Stadt Berlin sind.« L: Verordnung zur Förderung von Wissenschaft und Kultur in Groß-Berlin. [Ziffer] 11. Zitiert nach: Fröhlich (1962), S. 64.

VF: 1. Preis: 25 000 DM; 2. Preis: 15 000 DM; 3. Preis: 10 000 DM

LP: Verordnung zur Förderung von Wissenschaft und Kultur in Groß-Berlin. [Ziffer] 11. – Durchführungsbestimmung zu Ziffer 11 der Verordnung [...]. In: Fröhlich (1962), S. 63–65.

Goethe-Preis der Stadt Frankfurt am Main

J: 1926. Erste Verleihung 1927

S: Stadt Frankfurt a. M.

Ju: 1926–1934: Kuratorium unter dem Vorsitz des Oberbürgermeisters der Stadt Frankfurt am Main (1). Sekretär: Alfons Paquet. – Zusammensetzung des Kuratoriums (die in runden Klammern angegebenen Ziffern erläutern die bei den einzelnen Preisverleihungen genannten Juroren): Der Vorsteher der Stadtverordnetenversammlung (1933 aufgelöst) der Stadt Frankfurt am Main (2). – Der Preußische Minister für Wissenschaft, Kunst und Volksbildung (3). – Ein von der Preußischen Akademie der Künste, Sektion für Dichtkunst, zu benennendes Mitglied der Akademie (4). – Ein von der deutschen Goethe-Gesellschaft zu wählendes Mitglied (5). – Ein vom Verwaltungsrat des Freien Deutschen Hochstifts in Frankfurt am Main zu benennendes Mitglied (6). – Zwei von der philosophischen Fakultät der Frankfurter Universität zu wählende Mitglieder (7). – Ein Mitglied des Vereins Frankfurter Presse (bis 1933) (8). – Ein vom Frankfurter Bund für Volksbildung zu benennendes Vorstandsmitglied (bis 1933) (9). – Der Direktor des Goethehauses und der Goethesammlungen in Weimar (bis 1933) (10). – L: Leitgeb (1994), S. 62. – Satzungsänderung 1934/35: Das »Kuratorium« des Goethe-Preises heißt von nun an »Verwaltungsrat«. Geschäftsführer 1934–1942: Friedrich Bethge. – Die Vertreter der aufgelösten Stadtverordnetenversammlung, der Dichterakademie, des Vereins Frankfurter Presse, des Frankfurter Bundes für Volksbildung sowie der Direktor des Goethehauses Weimar werden ausgeschlossen. Neu hinzu kommen der Reichsminister für Volksaufklärung und Propaganda (11) und der Leiter des Kulturamts der Stadt Frankfurt (12). Der Generalintendant der Städtischen Bühnen und der Geschäftsführer des Verwaltungsrats werden als neue Mitglieder nicht eigens erwähnt. – Wesentliche Satzungsänderung: Im Gegensatz zur demokratischen Entscheidungsfindung vor 1935 nimmt von nun an, nach Anhörung der Vorschläge des Verwaltungsrats, der Oberbürgermeister die Wahl des Preisträgers vor. L:

Leitgeb (1994), S. 130–132. – »Die neue Zusammensetzung des Verwaltungsrates bietet unbedingte Gewähr dafür, daß die höchste kulturelle Auszeichnung der Stadt Frankfurt a.M. stets einem Würdigen zuerkannt wird, einer wirklich bedeutenden schöpferischen Persönlichkeit, die entweder blutsmäßig im deutschen Volk verankert oder durch Wahlverwandtschaft mit ihm verbunden ist und sich mit ihren Gaben und Fähigkeiten bereitwillig für seine große kulturelle Sendung einsetzt.« L: Aut 10 (1935), Nr. 3, S. 15. – 1946: Neue Zusammensetzung des Kuratoriums (das aber für die Preisverleihung 1946 noch nicht in Funktion tritt): Der Oberbürgermeister der Stadt Frankfurt a.M. (1). – Der Kulturamtsleiter der Stadt Frankfurt a.M. (12). – Der Direktor des Freien Deutschen Hochstifts (6). – Ein Vertreter der Johann Wolfgang Goethe-Universität Frankfurt a.M. (7). – Ein Vertreter der Goethe-Gesellschaft Weimar (5). – Ein Vertreter der Deutschen Schriftsteller (13). – Ein Vertreter der Deutschen Dichter (14). – Adolf Grimme (Staatsminister a.D.) (15). – L: Leitgeb (1994), S. 238f. – Neufassung der Satzung 1947: Erweiterung des 1946 festgelegten Gremiums. Es kommen hinzu: Ein Mitglied der Stadtverordneten-Versammlung Frankfurt a.M. (16). – Der Minister für Kultus und Unterricht des Landes Hessen (17). – Einer der früheren Preisträger (18). – L: Leitgeb (1994), S. 243f. – 1948/49: Aus der Erfahrung heraus, daß die auswärtigen Kuratoriumsmitglieder bei der Entscheidungsfindung nicht anwesend sind, wird das Kuratorium wieder erweitert. Es kommen hinzu: Der jeweilige Rektor (19) sowie drei weitere Professoren der Universität Frankfurt (20). – Frankfurter Schriftsteller (21). – L: Leitgeb (1994), S. 267f.

VT: Jährlich, seit 1949: Alle drei Jahre. Verleihung am 28. August, Goethes Geburtstag

Z: Der Goethepreis »soll einer mit ihrem Schaffen bereits zur Geltung gelangten Persönlichkeit zuerkannt werden, deren schöpferisches Wirken einer dem Andenken Goethes gewidmeten Ehrung würdig ist«. L: [Ordnung für die Verleihung des Goethepreises, Juni 1927]. Zitiert nach: Leitgeb (1994), S. 63.

VF: 1927–1932: 10 000 RM. – 1933–1937: 5000 RM. – 1938–1942: 10 000 RM. – 1945: 1000 RM. – 1946: 10 000 RM

LP: Willi Emrich: Träger des Goethepreises der Stadt Frankfurt am Main im Spiegel der Zeit von 1927–1932. Frankfurt a.M. 1954; Willi Emrich: Träger des Goethepreises der Stadt Frankfurt am Main von 1933–1944. Frankfurt a.M. [1954]; Willi Emrich: Träger des Goethepreises der Stadt Frankfurt am Main im Spiegel der Zeit von 1945–1952. Frankfurt a.M. 1954; Willi Emrich: Die Träger des Goethepreises der Stadt Frankfurt am Main von 1927 bis 1961. Frankfurt a.M. 1963; Hanna Leitgeb: Der ausgezeichnete Autor. Städtische Literaturpreise und Kulturpolitik in Deutschland 1926–1971. [Goethe-Preis der Stadt Frankfurt a.M., Lessing-Preis der Freien und Hansestadt Hamburg, Wilhelm-Raabe-Preis der Stadt Braunschweig]. Berlin, New York 1994. – Literarische Preise (1928), S. 363; Kü (1937/38), Sp. 254; Kü (1939), Sp. 248; Kulturpreise (1948); Remy (1956), S. 392f.; Bufkin (1980), S. 122. – LE 28 (1925/26), S. 743; FZ Nr. 476 vom 29. 6. 1926, S. 1; LE 29 (1926/27), Sp. 118; LE 37 (1934/35), S. 426; Aut 10 (1935), Nr. 3, S. 15; DS 1 (1936), S. 20; Aut 13 (1938), Nr. 1/2, S. 20; Erckmann (1939/40), S. 84; Stimpfig (1983), S. 142–156.

T: Die Preisträger(innen) und Juroren sind nach Leitgeb (1994) verzeichnet. Die nach den Juroren angegebenen Ziffern bezeichnen das Amt/die Institution, das/die sie jeweils vertreten (wie oben angegeben).

1927 *Stefan George*. LT: kfb.: Der Frankfurter Goethe-Preis. In: FZ Nr. 639 vom 29. 8. 1927, S. 1 (mit dem Text der Verleihungsurkunde); Albert H. Rausch: Stefan George. In: FZ Nr. 644 vom 31. 8. 1927, S. 1; Ludwig Marcuse: Der Frankfurter Goethe-Preis. In: Die literarische Welt 3 (1927), Nr. 36, S. 2 (mit dem Text der Verleihungsurkunde); Ludwig Marcuse: Zuschrift an die ›Literarische Welt‹. In: Die literarische Welt 3 (1927), Nr. 42, S. 8; LE 30 (1927/28), S. 57 (mit dem Text der Verleihungsurkunde). – Ju: Carl Heinrich Becker (3). – Alfred Biese (6). – Bernhard Diebold (8). – Leonhard Heißwolf (2). – Guido Herzfeld (9). – Ludwig Landmann (1). – Hans Naumann (7). – Julius Petersen (5). – Franz Schultz (7). – Eduard Stucken (4). – Hans Wahl (10)

1928 *Albert Schweitzer*. LT: Paul von Klenau, Erich Foerster, Richard Koch: Albert Schweitzer, Träger des Goethepreises. In: Frankfurter Zeitung Nr. 644 vom 29. 8. 1928, S. 1–3; Alfons Paquet: Der Goethe-Preis. Ein Rundfunkvortrag. In: LE 31 (1928/29), S. 21–27. – Ju: Carl Heinrich Becker (3). – Alfred Biese (6). – Bernhard Diebold (8). – Leonhard Heißwolf (2). – Guido Herzfeld (9). – Ludwig Landmann (1). – Hans Naumann (7). – Julius Petersen (5). – Wilhelm Schmidtbonn (4). – Franz Schultz (7). – Hans Wahl (10)

1929 *Leopold Ziegler* (Philosoph). LT: Goethepreis 1929: Leopold Ziegler. In: FZ Nr. 640 vom 28. 8. 1929, S. 1; Frankfurter Goethepreis 1929. Die Verleihung. In: FZ Nr. 641 vom 29. 8. 1929, S. 1; LE 32 (1929/30), S. 61. – Ju: Carl Heinrich Becker (3). – Alfred Biese (6). – Rudolf Geck (8). – Leonhard Heißwolf (2). – Guido Herzfeld (9). – Ludwig Landmann (1). – Hans Naumann (7). – Julius Petersen (5). – Wilhelm Schäfer (4). – Franz Schultz (7). – Hans Wahl (10)

1930 *Sigmund Freud*. LT: Robert Drill: Preisträger Freud. In: FZ Nr. 587 vom 9. 8. 1930, S. 1–3; E[duard K[orrodi]: Der Goethe-Preis für Sigmund Freud. In: NZZ Nr. 1565 vom 11. 8. 1930, S. 1; FZ Nr. 605 vom 15. 8. 1930, S. 1; FZ Nr. 641 vom 29. 8. 1930, S. 1f. (mit dem Text der Urkunde und der Rede des Preisträgers); LE 33 (1930/31), S. 58; Reuchlin, d. i. Karl Rauch: Preis-Skala. In: Der Bücherwurm 16 (1931), H. 1, S. 26; Wolfgang Schivelbusch: Der Goethe-Preis und Sigmund Freud. In: W. S.: Intellektuellendämmerung. Frankfurt a. M. 1982. S. 77–93; [Aus den Sitzungsprotokollen zur Verleihung des Goethe-Preises an S. Freud]. In: Frankfurter Rundschau vom 6. 7. 1996, S. 8. – Ju: Ernst Beutler (6). – Werner Deubel (8). – Alfred Döblin (4). – Adolf Grimme (3). – Leonhard Heißwolf (2). – Guido Herzfeld (9). – Ludwig Landmann (1). – Hans Naumann (7). – Julius Petersen (5). – Franz Schultz (7). – Hans Wahl (10)

1931 *Ricarda Huch*. LT: LE 33 (1930/31), S. 603; Ricarda Huch erhält den Goethe-Preis. In: LE 33 (1930/31), S. 633. – Ju: Ernst Beutler (6). – Adolf Grimme (3). – Leonhard Heißwolf (2). – Ludwig Landmann (1). – Hans Naumann (7). – Julius Petersen (5). – René Schickele (4). – Franz Schultz (7). – Werner E. Thormann (8). – A. Waas (9). – Hans Wahl (10)

1932 *Gerhart Hauptmann*. LT: LE 34 (1931/32), S. 597; FZ Nr. 314/315 vom 28. 4. 1932, S. 1; FZ Nr. 396 vom 29. 5. 1932, Literaturblatt Nr. 22; FZ Nr. 644 vom 29. 8. 1932, S. 1 (mit dem Text der Verleihungsurkunde); W[illy] H[aas]: Der Frankfurter Goethe-Preis für Gerhart Hauptmann? In: Die literarische Welt 8 (1932), Nr. 22, S. 1f.; LE 35 (1932/33), S. 58. – Ju: Dr. Becker (8). – Ernst Beutler (6). – Adolf Grimme (3). – Leonhard Heißwolf (2). – Ludwig Landmann (1). – Julius Petersen (5). – Paul Tillich (7). – Franz Schultz (7). – Fritz von Unruh (4). – A. Waas (9). – Hans Wahl

(10)

1933 *Hermann Stehr*. LT: DA (1933), S. 113f.; FZ Nr. 620/621 vom 22. 8. 1933, S. 3; LE 36 (1933/34), S. 62; Bbl 105 (1938), S. 138; Wulf (1963), S. 254f. – Ju: Ernst Beutler (6). – Norbert Bruchhäuser (8). – Hanns Johst (4). – Joachim Kirchner (9). – Friedrich Krebs (1). – Lange (2). – Julius Petersen (5). – Bernhard Rust (3). – Franz Schultz (7). – Julius Schwietering (7). – Hans Wahl (10)

1934 *Hans Pfitzner*. LT: Aut 9 (1934), Nr. 8, S. 13; LE 37 (1934/35), S. 56; Bbl 105 (1938), S. 138. – Ju: Ernst Beutler (6). – Norbert Bruchhäuser (8). – Hanns Johst (4). – Keller (12). – Joachim Kirchner (9). – Friedrich Krebs (1). – Hans Meissner (Generalintendant der Städtischen Bühnen). – Julius Petersen (5). – Bernhard Rust (3). – Franz Schultz (7). – Julius Schwietering (7). – Hans Wahl (10)

1935 *Hermann Stegemann*. LT: LE 37 (1934/35), S. 624; Bbl 105 (1938), S. 138. – Ju: Friedrich Bethge (Geschäftsführer des Verwaltungsrats). – Ernst Beutler (6). – Joseph Goebbels (11). – Keller (12). – Friedrich Krebs (1). – Hans Meissner (Generalintendant der Städtischen Bühnen). – Julius Petersen (5). – Bernhard Rust (3). – Franz Schultz (7). – Julius Schwietering (7)

1936 *Georg Kolbe* (Bildhauer). LT: LE 39 (1936/37), S. 64; Bbl 105 (1938), S. 138. – Ju: Friedrich Bethge (Geschäftsführer des Verwaltungsrats). – Ernst Beutler (6). – Joseph Goebbels (11). – Keller (12). – Friedrich Krebs (1). – Hans Meissner (Generalintendant der Städtischen Bühnen). – Julius Petersen (5). – Bernhard Rust (3). – Franz Schultz (7). – Julius Schwietering (7)

1937 *Erwin Guido Kolbenheyer*. LT: LE 40 (1937/38), S. 64; Hermann Mährlen: Ein Dichter deutscher Wiedergeburt. Kolbenheyer Träger des Goethepreises. In: SuM (1937), S. 544f.; Bbl 105 (1938), S. 138. – Ju: Friedrich Bethge (Geschäftsführer des Verwaltungsrats). – Ernst Beutler (6). – Joseph Goebbels (11). – Keller (12). – Friedrich Krebs (1). – Hans Meissner (Generalintendant der Städtischen Bühnen). – Julius Petersen (5). – Bernhard Rust (3). – Franz Schultz (7). – Julius Schwietering (7)

1938 *Hans Carossa*. LT: LE 40 (1937/38), S. 768; Aut 13 (1938), Nr. 9, S. 35f.; Die Überreichung des Goethe-Preises an Hans Carossa. In: Bbl 105 (1938), S. 679; Der Goethepreis 1938. Feierliche Ueberreichung der Verleihungsurkunde an Hans Carossa. In: FZ Nr. 439 vom 29. 8. 1938, S. 2 (mit Auszügen aus der Dankrede und dem Text der Urkunde); NL 39 (1938), S. 479. – Ju: Friedrich Bethge (Geschäftsführer des Verwaltungsrats). – Ernst Beutler (6). – Joseph Goebbels (11). – Keller (12). – Friedrich Krebs (1). – Hans Meissner (Generalintendant der Städtischen Bühnen). – Julius Petersen (5). – Bernhard Rust (3). – Franz Schultz (7). – Julius Schwietering (7)

1939 *Carl Bosch* (Chemiker). LT: NL 40 (1939), S. 471f. – Ju: Friedrich Bethge (Geschäftsführer des Verwaltungsrats). – Ernst Beutler (6). – Joseph Goebbels (11). – Keller (12). – Friedrich Krebs (1). – Hans Meissner (Generalintendant der Städtischen Bühnen). – Julius Petersen (5). – Bernhard Rust (3). – Franz Schultz (7). – Julius Schwietering (7)

1940 *Agnes Miegel*. LT: LE 42 (1939/40), S. 480; DS 5 (1940), H. 9, Umschlag; NL 41 (1940), S. 255 (mit einem Auszug aus der Widmungsurkunde). – Ju: Friedrich Bethge (Geschäftsführer des Verwaltungsrats). – Ernst Beutler (6). – Joseph Goebbels (11). – Keller (12). – Friedrich Krebs (1). – Hans Meissner (Generalintendant der Städtischen Bühnen). – Julius Petersen (5). – Bernhard Rust (3). – Franz Schultz (7). – Julius Schwietering (7)

1941 *Wilhelm Schäfer*. LT: Aut 16 (1941), Nr. 9, S. 156; DS 6 (1941), S. 108; NL 42

(1941), S.262; Wilhelm Schäfer: Goethesche Prüfung. Dankrede bei Verleihung des Goethe-Preises der Stadt Frankfurt am 28. August 1941. München 1942. – Ju: Friedrich Bethge (Geschäftsführer des Verwaltungsrats). – Ernst Beutler (6). – Joseph Goebbels (11). – Keller (12). – Friedrich Krebs (1). – Hans Meissner (Generalintendant der Städtischen Bühnen). – Bernhard Rust (3). – Julius Petersen (5) (1941 verstorben). – Franz Schultz (7). – Julius Schwietering (7)
1942 *Richard Kuhn* (Chemiker). – Ju: Friedrich Bethge (Geschäftsführer des Verwaltungsrats). – Ernst Beutler (6). – Joseph Goebbels (11). – Keller (12). – Friedrich Krebs (1). – Hans Meissner (Generalintendant der Städtischen Bühnen). – Bernhard Rust (3). – Franz Schultz (7)
1943 nicht verliehen
1944 nicht verliehen
1945 *Max Planck* (Physiker). – Ju: Ernst Beutler (6). – Kurt Blaum (1). – Keller (12). – Franz Schultz (7)
1946 *Hermann Hesse*. – Ju: Ernst Beutler (6). – Keller (12; ehemaliger Leiter des Kulturamts). – Walter Kolb (1). – Heinrich Seliger (12)
1947 *Karl Jaspers*. – Ju: Bei der Entscheidungsfindung anwesend: Josef Auth (16). – Ernst Beutler (6). – Walter Kolb (1). – Benno Reifenberg (13). – Franz Schultz (7). – Heinrich Seliger (12)
1948 *Fritz von Unruh*. – Ju: Bei der Entscheidungsfindung anwesend: Ernst Beutler (6). – Ernst Holzinger (Vertreter für 17). – Walter Kolb (1). – Franz Schultz (7). – Heinrich Seliger (12). – Drei Mitarbeiter des Kulturamtes
1949 *Thomas Mann*. – Ju: Bei der Entscheidungsfindung anwesend: Ernst Beutler (6). – Franz Böhm (19). – Hans-Werner Gadamer (20). – Adolf Grimme. – Willy Hartner (20). – Walter Kolb (1). – Peter Müller (12). – Benno Reifenberg (13). – Hermann Schaub (16). – Julius Schwietering (20). – Erwin Stein (17). – Gottfried Stein (21)

Fortsetzung 1950ff

Johann Wolfgang Goethe-Stiftung

s. Preise der Johann Wolfgang Goethe-Stiftung

Goldener Spatz von Wuppertal

J: 1937
S: Stadt Wuppertal im Auftrag der »leitenden Reichsstellen des Schrifttums«
Ju: Vom Oberbürgermeister berufenes Preisgericht, bestehend aus einem Vertreter der Reichsschrifttumskammer, dem Landeskulturwalter, Düsseldorf, einem anerkannten Schriftsteller, dem Landesleiter Düsseldorf der Reichsschrifttumskammer. »Die an dem Wettbewerb teilnehmenden Verfasser werden von den zuständigen Landesleitern der Reichsschrifttumskammer bestimmt, die ihrerseits die Verpflichtung übernehmen, die besten Vertreter einer Mundart, die auch in anderen Gegenden des Reiches verstanden wird, zu entsenden.« L: DS 2 (1937), S.70.
VT: Jährlich
Z: Förderung der deutschen Mundartdichtung. Auszeichnung von Mundartdichtungen epischer und lyrischer Art, vom Dichter selbst in einem Wettbewerb vorzutragen
VF: 1. Preis: 2000 RM, 2. Preis: 1000 RM, 3. Preis: 500 RM. – Der Wanderpreis (silberne Lade, auf deren Deckel ein goldener Spatz über dem Wappen von Wuppertal sitzt) fällt der Landesleitung der Reichsschrifttumskammer zu, in deren Gau der Preisträger wohnt.
LP: Strallhofer (1994), S.92f. – Aut 12 (1937), Nr.2/3, S.31; DS 2 (1937), S.69f.,

116, 189f.; Aut 13 (1938), Nr. 6, S. 30; Bbl 105 (1938), S. 995; DS 3 (1938), S. 286; Mitteilungen aus dem Quickborn 31 (1938), S. 114–116; Aut 14 (1939), Nr. 3, S. 42; Markgräfler Jahrbuch (1939) S. 145; Der Vogel, der zu Ehren gekommen ist … . In: Rheinische Landeszeitung Nr. 142 vom 25. 5. 1939; Aut 15 (1940), Nr. 3, S. 54.
T: Die Preisträger sind nach Strallhofer (1994) verzeichnet.
1937 *Rudolf Kinau.* LT: DS 2 (1937), S. 189f.; NL 38 (1937), S. 483; Markgräfler Jahrbuch (1939), S. 145. – Ju: Hermann Brouwers (Gaukulturwalter; Vorsitzender des Preisgerichts). – LT/LJu: Nach Hamburg flog der »Goldene Spatz«. In: Rheinische Landeszeitung vom 21. 6. 1937.
1938 *Hermann Burte* (1. Preis für ›Madlee‹). LT: LE 40 (1937/38), S. 704; NL 39 (1938), S. 427. – *Wilhelm Grobben* (2. Preis). – *Franz Peter Kürten* (3. Preis). – Ehrenplaketten der Stadt Wuppertal: *Hermann Hagedorn. – Karl Pschorn. – Erna Taege.* – LTT: Bbl 105 (1938), S. 559; DS 3 (1938), S. 189; Markgräfler Jahrbuch (1939), S. 145; »Der goldene Spatz von Wuppertal«. In: Rheinische Landeszeitung vom 26. 6. 1938; dt.: Fröhlicher, festlicher Ausklang. In: Rheinische Landeszeitung vom 27. 6. 1938. – Ju: van der Briele (Stadtbüchereidirektor, Wuppertal). – Hermann Brouwers (Gaukulturwalter; Vorsitzender des Preisgerichts). – Kurt Arnold Findeisen. – Moritz Jahn. – Rudolf Kinau. – Eduard Koelwel (deutsches Sprachpflegeamt). – Ernst Kuckelsberg. – Hermann Pistor (Reichsschrifttumskammer). – Karl Ziegenhein (Schriftleiter). – LTT/LJu: Ernst Kuk-

kelsberg: Heimatpflege und Mundartdichtung. Der Wettbewerb reichsdeutscher Mundartdichter. [T.] 1–2. In: Bergische Heimat 12 (1938), S. 200–203, 207–226.

1939 *Wilhelm Grobben* (Hauptpreis). – *Max Matheis* (2. Preis). – *Hans Heitmann* (3. Preis). – LTT: NL 40 (1939), S. 375; Wilhelm Grobben, der Sieger. In: Rheinische Landeszeitung vom 12. 6. 1939. – Ju: Hermann Brouwers (Gaukulturwalter; Vorsitzender des Preisgerichts). – LJu: Rheinische Landeszeitung vom 25. 5. 1939.

Grillparzer-Preis

J: Stiftbrief vom 27. 9. 1872, ausgestellt durch Grillparzers Universalerbin Katharina Fröhlich. Erste Verleihung 1875

S: Franz Grillparzer. – Das Stiftungsvermögen von 10 000 Gulden wird dem Dichter 1871 zur Feier seines 80. Geburtstags von einem Wiener Frauenfestkomitee zur Verfügung gestellt. Beteiligt sind: Christine Hebbel, Iduna Laube, Mathilde Lippitt, Gabriele von Neuwall, Sophie von Todesco, Josephine von Wertheimstein, Gräfin Wickenburg-Almásy. – Verwaltung durch die philosophisch-historische Klasse der Wiener Akademie der Wissenschaften

Ju: Stiftbrief [1872]: Verteilung durch ein aus fünf Mitgliedern bestehendes Preisgericht: Ein Vertreter der Akademie der Wissenschaften. – Ein Vertreter der Schriftstellergesellschaft ›Concordia‹. – »Diese beiden Vertrauensmänner haben sohin in Gemeinschaft mit dem jeweiligen artistischen Director des Hofburgtheaters zur Vervollständigung des Preisgerichtes zwei namhafte deutsche Schriftsteller zu wählen, von denen der eine Süddeutschland oder Oesterreich, der andere aber Norddeutschland angehören muss.« L: Almanach Akademie der Wissenschaften in Wien 30 (1880), S. 103. – Zusammensetzung der Jury (nach der Satzungsänderung 1939) 1939–1945: Zwei ordentliche Mitglieder der Akademie der Wissenschaften (Josef Nadler und Dietrich von Kralik). – Der künstlerische Leiter des Burgtheaters. – Ein Vertreter der Reichsschrifttumskammer. – Ein namhafter dramatischer Schriftsteller, berufen durch die Akademie. – L: Stiftbrief [1939]. In: Almanach Akademie der Wissenschaften in Wien 91 (1941), S. 153; Strallhofer (1994), S. 149f. – Nach 1945: Neufassung des Absatzes über die Zusammensetzung des Preisgerichts. »Dieses besteht nunmehr: ›Aus zwei wirklichen Mitgliedern der Akademie der Wissenschaften [...], aus dem jeweiligen Künstlerischen Leiter des Burgtheaters, sowie aus einem von der Schriftstellervereinigung ›Concordia‹ aus ihren Mitgliedern zu ernennenden Preisrichter und einem namhaften dramatischen Schriftsteller, den die Akademie beruft.‹« L: Zitiert nach: Richard Meister: Geschichte der Akademie der Wissenschaften in Wien 1847–1947. Wien 1947. S. 193f.

VT: Alle drei Jahre. Verteilung am 15. Januar, dem Geburtstag Grillparzers

Z: Preisstiftung »zur Hebung der deutschen dramatischen Production«. Preis für das »relativ beste deutsche dramatische Werk (ohne Unterschied der Gattung) [...], welches im Laufe des letzten Trienniums auf einer namhaften deutschen Bühne zur Aufführung gelangt und nicht schon von anderer Seite durch einen Preis ausgezeichnet worden ist. Bei der Ertheilung des Preises sind nur solche Dramen zu berücksichtigen, welche durch eigenthümliche Erfindung und durch Gediegenheit in Gedanken und Form auf die Anerkennung dauernden Werthes Anspruch machen können.« L: Stiftbrief [1872]. In: Almanach Akademie der Wissenschaften in Wien 30 (1880), S. 102. – Seit 1908: Einbeziehung des gesamten Lebenswerks eines Dichters, ohne Beschränkung auf die letzten drei Kalender-

jahre. L: Anton Bettelheim: Der Grillparzer-Preis. 1872 bis 1923. In: Jahrbuch der Grillparzer-Gesellschaft 27 (1924), S 21.
VF: 1892: 1500 Gulden. – 1896: 2400 Gulden. – 1939: »Das [...] Stiftungsvermögen [...] ist [...] infolge Entwertung verlorengegangen. Die philosophisch-historische Klasse hat daher den Beschluß gefaßt, aus ihren eigenen Mitteln das Stammkapital für die Grillparzer-Stiftung neu zu schaffen [...]. Der Preis darf nicht unter die Verfasser mehrerer Dramen geteilt werden.« L: Stiftbrief [1939]. In: Almanach Akademie der Wissenschaften in Wien 91 (1941), S. 152f.
LP: Stiftbrief [1872]. In: Almanach Akademie der Wissenschaften Wien 30 (1880), S. 101–105; Anton Bettelheim: Der Grillparzer-Preis. 1872 bis 1923. In: Jahrbuch der Grillparzer-Gesellschaft 27 (1924), S. 16–25; Stiftbrief [1939]. In: Almanach Akademie der Wissenschaft in Wien 91 (1941), S. 151–153. – Kü (1892), S. 87; Kü (1895), Sp. 47f.; Kü (1897), Sp. 53–57; Kü (1898), Sp. 51f.; Kü (1937/38), Sp. 256; Richard Meister: Geschichte der Akademie der Wissenschaften in Wien 1847–1947. Wien 1947. S. 193f., 316, 356; Dokumentation zur österreichischen Akademie der Wissenschaften 1847–1972. Bd 3: Die Mitglieder und Institutionen der Akademie. Bearb. von Ludmilla Krestan. Wien 1972. S. 170f.; Strallhofer (1994), S. 48–52. – Michael Georg Conrad: Vom Elend der Literaturpreis-Wirtschaft. In: Deutsches Literaturblatt 4 (1914), H. 4, S. 1–8 (Erwähnung S. 8).
T: Die Preisträger und Juroren sind nach Bettelheim (1924) und Krestan (1972) verzeichnet.
1875 *Adolf von Wilbrandt* (›Gracchus, der Volkstribun‹). – Ju: Franz Frhr von Dingelstedt. – Hermann Hettner. – Heinrich Laube. – Josef von Weilen. – Robert Zimmermann

Genosse Gerhart Hauptmann
als „Poeta laureatus" des Zukunftsstaates.

1878 nicht verliehen. – Ju: Eduard von Bauernfeld. – Franz Frhr von Dingelstedt. – Hermann Hettner. – Johannes Nordmann. – Robert Zimmermann
1881 nicht verliehen
1884 *Ernst von Wildenbruch* (›Harold‹)
1887 *Ludwig Anzengruber* (›Heimg'funden‹). – Ju: Johannes Nordmann. – Erich Schmidt. – Ludwig Speidel. – Adolf von Wilbrandt. – Robert Zimmermann
1890 *Adolf von Wilbrandt* (›Der Meister von Palmyra‹). – Ju: [Josef] Bayer. – Alfred Frhr von Berger. – Erich Schmidt. – Ludwig Speidel. – Robert Zimmermann
1893 nicht verliehen
1896 *Gerhart Hauptmann* (›Hannele‹). – Ju: Heinrich Bulthaupt. – Max Burckhard (Burgtheater-Direktor). – Lever (Literarhistoriker) – [Friedrich] Uhl. – Robert Zimmermann. – LJu: Neue litterarische Blätter 4 (1895/96), S. 174.
1899 *Gerhart Hauptmann* (›Fuhrmann Henschel‹)
1902 *Otto Erich Hartleben* (›Rosenmontag‹). LT: Kü (1902), Sp. 51f. – Ju: Wilhelm

von Hartel. – Jakob Minor. – Paul Schlenther. – Erich Schmidt. – [Friedrich] Uhl
1905 *Gerhart Hauptmann* (›Der arme Heinrich‹). LT: LE 7 (1904/05), Sp. 705f.
1908 *Arthur Schnitzler* (›Zwischenspiel‹). LT: LE 10 (1907/08), Sp. 738. – Ju: Max Burckhard. – Ludwig Hevesi. – Jakob Minor. – Paul Schlenther. – Erich Schmidt. – LJu: LE 9 (1906/07), Sp. 1279.
1911 *Karl Schönherr* (›Glaube und Heimat‹). LT: LE 13 (1910/11), Sp. 690.
1914 nicht verliehen
1917 *Karl Schönherr* (›Volk in Not‹). LT: LE 19 (1916/17), Sp. 650.
1920 *Karl Schönherr* (›Kindertragödie‹). LT: LE 22 (1919/20), Sp. 699: »Karl Schönherr hat den ihm verliehenen Grillparzerpreis den hungernden Kindern Wiens gewidmet.« – Ju: Julius Bauer (Chefredakteur, Vertreter der ›Concordia‹). – Anton Bettelheim (für Süddeutschland und Österreich). – Walther Brecht (Literarhistoriker, Vertreter der Kaiserlichen Akademie). – Oskar Bulle (für Norddeutschland; Generalsekretär der Schillerstiftung, Weimar). – Max von Millenkovich (Vertreter des Burgtheaters). – LJu: LE 19 (1916/17), Sp. 1548.
1923 *Fritz von Unruh* (›Ein Geschlecht‹). LT: LE 25 (1922/23), Sp. 666.
1926 *Franz Werfel* (›Juarez und Maximilian‹). LT: LE 28 (1925/26), S. 380.
1929 *Max Mell* (›Das Nachfolge Christi-Spiel‹). LT: LE 31 (1928/29), S. 428; Die neue Bücherschau 7 (1929), S. 174.
1932 nicht verliehen. L: Aut 7 (1932), Nr. 1, S. 11.
1935 *Josef Wenter* (›Der Kanzler von Tirol‹). LT: LE 37 (1934/35), S. 375f.
1938 *Franz Theodor Csokor* (›3. November 1918‹).
1941 *Max Mell* (in Anerkennung seines dramatischen Gesamtschaffens). LT: LE 43 (1940/41), S. 528; NL 42 (1941), S. 238.
1944 nicht verliehen
1947 *Rudolf Holzer* (›Justitia‹). LT: Strallhofer (1994), S. 49.

Fortsetzung 1953ff

Grillparzer-Preis der Stadt Wien

J: 1941. – Vorläufer: Großer Dichterpreis der Stadt Wien
S: Stadt Wien. – Verleihung durch Reichsstatthalter Baldur von Schirach
Ju: Ehrenamtliches Preisrichtergremium mit Beraterfunktion; identisch mit dem des ›Raimund-Preises der Stadt Wien‹
VT: Jährlich. Verteilung am 15. Januar, dem Geburtstag Grillparzers
Z: Auszeichnung »hervorragender schöpferischer Leistungen auf dem Gebiete der Dichtkunst [...] die dem deutschen Kulturkreis angehören und eine wertvolle Bereicherung des deutschen Schrifttums bedeuten«. L: Verordnungs- und Amtsblatt für den Reichsgau Wien vom 7. 11. 1942, 42. Stück. Zitiert nach: Strallhofer (1994), S. 54.
VF: 10 000 RM
LP: Strallhofer (1994), S. 53–55.
T: 1942 *Emil Strauß*. LT: Aut 17 (1942), Nr. 4, S. 63; DS 7 (1942), H. 7, Umschlag.
1943 *Josef Wenter* (für das Gesamtwerk). LT: Aut 18 (1943), Nr. 2, S. 27.
1944 *Erwin Guido Kolbenheyer* (Würdigung des dichterischen Lebenswerkes). LT: Bbl 111 (1944), S. 106.

Großer Dichterpreis der Stadt Wien

J: 1940. Unter diesem Namen nur einmal, am 15. Januar 1941, verliehen. – In der Nachfolge: Grillparzer-Preis der Stadt Wien
S: Stadt Wien
VT: Geplant: Jährlich
Z: Der Preis wird vergeben für »hervorragende schöpferische Leistungen auf dem

Gebiete der Dichtkunst«. L: NL 42 (1941), S. 59.
VF: 10 000 RM
LP: Strallhofer (1994), S. 52. – Aut 16 (1941), Nr. 1, S. 17; Aut 16 (1941), Nr. 3, S. 55.
T: 1941 *Mirko Jelusich. – Ina Seidel. – Josef Weinheber.* – LTT: LE 43 (1940/41), S. 318; DS 6 (1941), S. 24; NL 42 (1941), S. 59.

Großer österreichischer Staatspreis

s. Österreichischer Staatspreis

Großer Schillerpreis

s. Preise der Schweizerischen Schillerstiftung

Klaus-Groth-Preis

s.a. Johann Hinrich Fehrs-Preis

J: 1939. – Benannt nach dem niederdeutschen Dichter Klaus Groth (1819–1899)
S: Vereinigung Niederdeutsches Hamburg/ Westfälischer Heimatbund. – Gestiftet in Verbindung mit dem ›Johann Hinrich Fehrs-Preis‹
VT: Alle zwei Jahre
Z: Auszeichnung für Dichter, »deren plattdeutsche Lyrik gleichwertig neben Groths ›Quickborn‹ bestehen kann«. L: LE 41 (1938/39), S. 580.
B: Das Werk des ausgezeichneten Autors muß vorwiegend plattdeutsch sein
VF: 1939: 1000 RM. – 1940: 1500 RM
LP: LE 41 (1938/39), S. 580; Aut 14 (1939), Nr. 4/5, S. 44; DS 4 (1939), S. 141; NL 40 (1939), S. 321.
T: 1939 *Christine Koch.* – Laudatio: Josefa Berens-Totenohl. – LT: LE 41 (1938/39), S. 580; Aut 14 (1939), Nr. 4/5, S. 44; DS 4 (1939), S. 141; NL 40 (1939), S. 321.
1941 *Hermann Claudius.* LT: Aut 16 (1941), Nr. 11, S. 195; DS 6 (1941), S. 144; NL 42 (1941), S. 310; LE 44 (1941/42), S. 136.
1944 *Moritz Jahn.* LT: Bbl 111 (1944), S. 106f.; DS 9 (1944), H. 3, S. 34.

Gutenberg-Plakette

J: 1944
S: Stadt Mainz
Ju: Verleihung auf Vorschlag des Oberbürgermeisters im Einvernehmen mit dem Stadtrat
VT: Unregelmäßig
Z: Auszeichnung »für besonders verdienstvolle Leistungen auf dem Gebiete der Kunst und Wissenschaft sowie für hervorragende Verdienste um die Stadt Mainz«. L: Das Ehrungswesen der Stadt Mainz. [Interne Broschüre]
VF: Plakette aus reiner Bronze. »Bei der Verleihung wird eine Anstecknadel überreicht, die den Träger der Nadel als Inhaber der Gutenberg-Plakette auszeichnet.« L: Das Ehrungswesen der Stadt Mainz. [Interne Broschüre]
LP: Das Ehrungswesen der Stadt Mainz. [Interne Broschüre]; Fohrbeck (1978), S. 100.
T: 1944 *Friedrich Ohaus* (Leiter der Insektenabteilung des Naturhistorischen Museums der Stadt Mainz)
1947 *Gustav Mori* (Buchdrucker, Frankfurt). – *Aloys Ruppel* (Gutenberg-Forscher, Direktor des Gutenberg-Museums der Stadt Mainz)
1948 *Carl Zuckmayer.* LT: Autor (1948/ 49), H. 10/11, S. 23.

Fortsetzung 1950ff

Adolf Häring-Stiftung

s. Preis der Adolf Häring-Stiftung

Max-Halbe-Preis der Stadt Danzig auch: Literaturpreis der Stadt Danzig

J: 1940. – Gründung aus Anlaß des 75. Geburtstages des Schriftstellers und Danziger Ehrenbürgers Max Halbe (1865–1944)
S: Stadt Danzig
Ju: Der Danziger Oberbürgermeister und ein Literaturbeirat, zusammengesetzt aus folgenden Mitgliedern: Max Halbe. – Der Gauschrifttumsbeauftragte des Reichsgaues Danzig-Westpreußen. – Ein Germanist der Technischen Hochschule Danzig. – Der Leiter des Reichspropagandaamtes als Landeskulturwalter. – Der Kulturdezernent bzw. der Leiter des Kulturamtes der Stadt Danzig
VT: Widersprüchliche Meldungen: Alle zwei Jahre. L: Aut 15 (1940), Nr. 11, S. 166. – Jährlich. L: LE 43 (1940/41), S. 96. – Verteilung am 4. Oktober, dem Geburtstag von Max Halbe
Z: »Der Literaturpreis [...] soll einer Persönlichkeit zuerkannt werden, deren literarisches Wirken dem deutschen Osten, insbesondere dem Reichsgau Danzig-Westpreußen und der Stadt Danzig zugewendet ist.« L: Aut 15 (1940), Nr. 11, S. 96.
B: Mitgliedschaft in der Reichsschrifttumskammer
VF: 3000 RM
LP: Aut 15 (1940), Nr. 11, S. 166; DS 5 (1940), S. 116.
T: 1942 *Ottfried Graf Finckenstein* (›Heimkehr nach Reiherberg‹, Roman). LT: DiO 5 (1942), S. 664. – *Walter Sperling* (›Wasserdämmerung‹, Roman). – LTT: NL 44 (1943), S. 24.

Hanse-Preis der Stadt Dortmund

J: 1942. Erste Verteilung für 1943 geplant, jedoch nie verliehen
S: Stadt Dortmund
Ju: Entscheidung des Oberbürgermeisters »nach Anhörung des städtischen Kulturdezernenten und drei weiterer von ihm besonders berufenen Mitglieder«. L: Bestimmungen über die Verleihung des Hanse-Preises der Stadt Dortmund. [1942]. Stadtarchiv Dortmund, Bestand 113, Zg. 29/1951–Nr. 25.
VT: »Die Verleihung des Hanse-Preises der Stadt Dortmund erfolgt im allgemeinen jährlich abwechselnd für Werke auf dem Gebiete der Literatur, der Musik oder bildenden Kunst, mindestens jedoch alle drei Jahre, wenn in der Zwischenzeit keine Bewerbungen vorliegen oder doch nur solche, die den Anforderungen auf den in Frage kommenden Gebieten nicht entsprechen.« L: Bestimmungen [...] [1942].
Z: »Der Hanse-Preis [...] wird nach ›Besonderen Bestimmungen‹, die jährlich von dem Oberbürgermeister der Stadt Dortmund festgesetzt werden, für hervorragende Leistungen auf dem Gebiete der Literatur, der Musik oder der bildenden Kunst verliehen. Die auszuzeichnenden Werke müssen in näherer Beziehung zur Geschichte der Stadt Dortmund oder zur heimischen Landschaft stehen.« L: Bestimmungen [...] [1942]. – ›Besondere Bestimmungen über die Verleihung des Hanse-Preises der Stadt Dortmund für das Jahr 1943‹ : »Der [...] Preis [...] sieht je eine Bühnendichtung als abendfüllendes Werk für eine Oper und für ein Schauspiel vor, die den Dortmunder Tidemann Lemberg und seine Zeit (um 1350) oder Neisa von der Vierbecke (aus der Zeit der Dortmunder Fehde 1388) zum Gegenstand haben sollen.« L: Stadtarchiv Dortmund, Bestand 113, Zg. 29/1951-Nr. 25.

B: »Um den Hanse-Preis der Stadt Dortmund können sich alle reichs- und volksdeutschen Künstler bewerben, soweit sie Mitglied der Reichskulturkammer sind.« L: Bestimmungen [...] [1942]. – Ausschreibung für 1943: »Jeder Bewerber ist damit einverstanden, daß im Falle einer Verleihung des Hanse-Preises der Stadt Dortmund für sein Werk das Recht der Uraufführung des Werkes auf die Stadt Dortmund übergeht.« L: Besondere Bestimmungen [...] [1942].
VF: 10 000 RM, auch teilbar. – Für 1943: 3000 RM für die beste Operndichtung, 7000 RM für das beste Schauspiel
LP: Stadtarchiv Dortmund, Bestand 113, Zg. 29/1951-Nr. 25: Bestimmungen über die Verleihung des Hanse-Preises der Stadt Dortmund; Besondere Bestimmungen über die Verleihung des Hanse-Preises der Stadt Dortmund für das Jahr 1943. [1942]; Brief des Reichspropagandaamtes Westfalen-Süd an den Oberbürgermeister der Stadt Dortmund. Bochum, 18. 2. 1943: »[... es] wird mitgeteilt, dass der Herr Minister von der Schaffung neuer Kunstpreise für die Dauer des Krieges mit sofortiger Wirkung Abstand genommen hat, da die bisher geschaffenen Kunstpreise ausreichen, um dem deutschen Künstlertum einen Ansporn zum Schaffen auch während des Krieges zu geben. Jede Ausweitung verbietet sich aus der Notwendigkeit der Zusammenfassung aller Kräfte für die Führung des Krieges. Dem beantragten Kunstpreis für die Stadt Dortmund konnte daher aus grundsätzlichen Erwägungen leider nicht stattgegeben werden. Es wird daher gebeten, vorläufig von dem Kunstpreis der Stadt nicht mehr zu sprechen, bis die Angelegenheit zu einem günstigeren Zeitpunkt wieder aufgegriffen werden kann.« – DS 7 (1942), H. 12, S. 142; Aut 18 (1943), Nr. 2, S. 27; DS 8 (1943), H. 8, S. 60: »Die Verleihung des Kulturpreises der Stadt Dortmund ist bis nach dem Kriege zurückgestellt worden.«

Hansische Stiftung

s. Preise der Hansischen Stiftung

Hansischer Goethe-Preis

J: 1949. Erste Verleihung 1950
S: Stiftung F.V.S., Hamburg. Verteilung durch die Universität Hamburg
Ju: Der Rektor der Universität Hamburg beruft ein Preiskuratorium, bestehend aus sieben Mitgliedern.
VT: Jährlich
Z: Der Preis »dient der Förderung übernationaler Gesinnung und humanitärer Bestrebungen im Sinne des größten deutschen Dichters Johann Wolfgang von Goethe«. L: Remy (1956), S. 395. – »Die Preisträger sollen Persönlichkeiten oder Personengemeinschaften sein, die sich durch überragende völkerverbindende und humanitäre Leistungen ausgezeichnet haben. Der Preis kann auch für die Förderung und zur Anregung völkerverbindender Aufgaben Verwendung finden.« L: [Aus der Satzung]. Zitiert nach: Remy (1956), S. 395.
VF: 10 000 DM
LP: Kü (1958), S. 913; Remy 1959, S. 395.

Gerhart-Hauptmann-Preis

J: 1922
S: Gerhart-Hauptmann-Stiftung, Berlin, »anläßlich des 60. Geburtstages des Dichters im Jahre 1922 beschlossen und nach Überwindung der Inflationszeit im Jahre 1925/26 durch die Initiative eines privaten Mäzens geschaffen.« L: Berliner Tageblatt 59 (1930), Nr. 215 vom 8. Mai.
Ju: Samuel Fischer (Verleger, Berlin). – Ger-

Gerhart-Hauptmann-Preis 1929

HEINRICH HAUSER

BRACKWASSER

Roman. Ausstattung von E. R. Weiß. Geheftet 3.– Mark, in Ganzleinen 4.80 Mark

„...Wie ist das erzählt, mit welcher überwältigenden Sauberkeit der Sprache, mit welcher sparsamen Reinheit des Gefühls, wie echt, wie schlicht, wie deutsch!“ (Das Tagebuch.)

Sammlung „Junge Deutsche“ / Verlag Philipp Reclam jun. Leipzig

hart Hauptmann. – Ivo Hauptmann. – Leo Pinner (Rechtsanwalt). – Martin Wasservogel (Antiquar, Berlin)

VT: Jährlich. Verleihung am 15. November, dem Geburtstag Gerhart Hauptmanns

Z: Auszeichnung begabter und bedürftiger Schriftsteller

VF: 3360 RM; Zahlung in Monatsraten

LP: Literarische Preise (1928), S. 222; Bufkin (1980), S. 125. – Die Hauptmann-Stiftung. In: Berliner Tageblatt Nr. 211 vom 6. 5. 1930; Berliner Tageblatt Nr. 215 vom 8. 5. 1930; Walter Requardt: Gerhart Hauptmann Bibliographie. Bd 1. Berlin 1931. S. 90f.; Paul Wiegler: Literaturpreise 1932. Nobel-Preis und Kleist-Preis. In: Die literarische Welt 8 (1932), Nr. 49 vom 25. 11., S. 2.

T: 1924/25 *Moritz Heimann*. LT: Literarische Preise (1928), S. 222; Bufkin (1980), S. 125 (hier: Preisverleihung für 1925). – Werner Milch: Literaturpreise im heutigen Deutschland. In: Bbl 97 (1930), Nr. 113, S. 3–6 (Erwähnung S. 4: »Als erster wurde [...] Moritz Heimann gekrönt«).

1925 *Jakob Haringer*. LT: [Anzeige des Verlags Kiepenheuer, Potsdam]. In: Bbl 92 (1925), S. 19052, 19403; Der Tag Nr. 288 vom 2. 12. 1925, S. 2; LE 28 (1925/26), S. 314; Literarische Preise (1928), S. 222.

1926 *Theodor Däubler*. LT: Literarische Preise (1928), S. 222; Friedhelm Kemp, Friedrich Pfäfflin: Theodor Däubler. 1876–1934. Ausstellung von Juni bis September 1984 im Schiller-Nationalmuseum. Marbach a.N. 1984. (Marbacher Magazin 30/1984.) S. 40.

1927 *Max Herrmann-Neisse* (3360 RM). LT: LE 30 (1927/28), S. 247; Literarische Preise (1928), S. 222.

1928 *Heinrich Hauser* (›Brackwasser‹, Roman). LT: LE 31 (1928/29), S. 366; [Anzeige des Verlags Reclam, Leipzig]. In: Die literarische Welt 5 (1929), Nr. 3, S. 1, 7; Die neue

Bücherschau 7 (1929), S. 52; Vossische Zeitung Nr. 5 vom 5. 1. 1929, 1. Beilage.
1929 *Robert Musil*. LT: LE 32 (1929/30), S. 615; Berliner Tageblatt Nr. 211 vom 6. 5. 1930; Berliner Tageblatt Nr. 215 vom 8. 5. 1930.
1930 *Hans von Hülsen* (›Der Schatz im Acker‹, Roman). LT: LE 33 (1930/31), S. 358.
1931 *Annette Kolb*. LT: Berliner Tageblatt Nr. 550 vom 21. 11. 1931; LE 34 (1931/32), S. 299.

Hebbel-Stiftungsgabe

J: 1903. Erste Verleihung 1913
S: Friedrich Hebbel-Stiftung, Kiel (gegründet 1898); Erster Vorsitzender: Klaus Groth. – Finanzieller Grundstock der Stiftung: 3000 M, zur Verfügung gestellt von Christine Hebbel, der Witwe des Dichters
VT: Jährlich
Z: 1898 in einem Aufruf zur Erhöhung des Stiftungskapitals als »Stiftung für unbemittelte Künstler, in erster Linie Dichter Schleswig-Holsteins« beschrieben. L: Bbl 65 (1898), S. 4295. – 1913: Ehrung eines Dichters, »dessen Leistungen das Durchschnittsmaß überragen.« L: LE 15 (1912/13), Sp. 1021.
VF: Meldung 1913: 1200 M
LP: Eckart Oldenburg: Die Friedrich-Hebbel-Stiftung in Kiel. In: Hebbel-Jahrbuch (1984), S. 159–197. – Bbl 65 (1898), S. 4295; LE 15 (1912/13), Sp. 1021.
T: 1913 *Johann Hinrich Fehrs*. LT: LE 15 (1912/13), S. 1021.
1914 *Adolf Bartels*. LT: Oldenburg (1984), S. 171.
1920 *Charlotte Niese*. LT: Oldenburg (1984), S. 171.

Stiftung eines Hebelpreises.

I.

In dem Bestreben, wertvolle Leistungen des zeitgenössischen künstlerischen Schrifttums auszuzeichnen, aufstrebende junge Kräfte zu fördern und verdienten Meistern die ihnen gebührende Wertschätzung zum Ausdruck zu bringen, habe ich mich in dankbarem Gedenken an den unvergeßlichen Künder oberrheinischen Heimatsinns entschlossen, alljährlich eine Ehrengabe im Betrag von dreitausend Reichsmark als

„Hebelpreis des Badischen Ministeriums des Kultus und Unterrichts"

zur Vergebung am Geburtstag Johann Peter Hebels zur Verfügung zu stellen.

II.

Der Preis wird ganz oder geteilt nach Anhörung eines von mir bestellten Sachverständigen-Ausschusses auf vorausgegangenes Preisausschreiben, als Anerkennung für ein neu erschienenes Dichtwerk oder als Ehrengabe für dichterisches Schaffen im allgemeinen auf Vorschlag des Badischen Ministers des Kultus und Unterrichts durch den Herrn Reichsstatthalter in Baden verliehen; er soll Persönlichkeiten des oberrheinischen Schrifttums deutscher Sprache ohne Rücksicht auf die Staatsgrenzen offenstehen.

Karlsruhe, den 12. September 1935.

Der Minister des Kultus und Unterrichts

Nr. E 7028 Dr. Wacker

Johann Peter Hebel-Preis auch: Hebel-Preis für deutsche Dichtung

J: 1935. Erste Verleihung 1936. – 1946 neubegründet als Staatspreis für das oberrheinische Schrifttum
S: Badisches Ministerium des Kultus und Unterrichts, Karlsruhe, Minister Otto Wakker
Ju: Sachverständigen-Ausschuß, bestellt durch den Minister
VT: Jährlich. Bekanntgabe am 10. Mai, dem Geburtstag J. P. Hebels
Z: 1936: »Der Hebelpreis ist ein Literaturpreis, der die besten Schriftsteller des alemannischen Lebensraums auszeichnen soll.

[…] Die Auslese erfolgt […] unter dem dreifachen Gesichtspunkt des Schaffens im alemannischen Lebensraum, einer hochqualifizierten schriftstellerischen Leistung und unter der notwendigen Berücksichtigung des Wandels der Zeiten eines Wirkens im Geist der großen alemannischen Vorbilder.« L: [Aus einem Aktenvermerk des Badischen Ministeriums des Kultus und Unterrichts]. In: Oettinger (1986), s.u., S.5f. – 1946: »Der badische Staatspreis für Literatur […] will das Heimatschrifttum des alemannischen Landes [ohne Rücksicht auf Staatsgrenzen] würdigen und fördern.« L: Kulturpreise (1948).

B: 1946: »Der Preis wird lediglich Dichtern und Schriftstellern (für das Gesamtschaffen oder für ein einzelnes Werk) zuerkannt, die mit ihrem Schaffen die alemannische Heimat würdigen. Das auszuzeichnende Werk braucht noch nicht erschienen zu sein, auch kann die Verleihung auf einen ausgeschriebenen Wettbewerb hin erfolgen, für den dann gesonderte Bedingungen gestellt werden.« L: Kulturpreise (1948).

VF: 3000 RM / DM

LP: Stiftung eines Hebelpreises. In: Amtsblatt des Badischen Ministeriums des Kultus und Unterrichts. Karlsruhe. Nr. 20 vom 25.9.1935, S.163f.; Allmende (1986), H.13, S.3–152. [Themenheft:] Hebel in Ehren… [Mit einer Dokumentation:] 50 Jahre Hebel-Preis; Klaus Oettinger: Staatspreis für eine Provinz? Versuch einer kleinen Chronik des Johann Peter Hebel-Preises. In: Allmende (1986), H.13, S.3–20; Manfred Bosch: Der Johann Peter Hebel-Preis 1936–1988. Eine Dokumentation. [Waldkirch] 1988. – Kü (1939), Sp.248; Kulturpreise (1948); Lahn (1951), S.3; Remy (1956), S.396. – Aut 10 (1935), Nr.9, S.20; Aut 11 (1936), Nr.4/5, S.26; DS 1 (1936), S.20; Michael (1936), S.14; Aut 13 (1938), Nr.1/2, S.20.

T: Die Preisträger sind nach Bosch (1988) verzeichnet.

1936 *Hermann Burte.* LT: LE 38 (1935/36), S.450; Aut 11 (1936), Nr.6, S.19; Bbl 105 (1938), S.138; Hermann Burte: Hebeltag und Muttertag. [Gedicht]. Gesprochen vom Dichter am 10. Mai 1936 beim Hebelfest in Hausen, als er den Hebelpreis bekam. In: Markgräfler Jahrbuch (1939), S.128–130; Bosch (1988), S.2–11 (mit Auszügen aus der Laudatio von Kultusminister Otto Wacker und Abdruck der Rede von H. Burte).

1937 *Alfred Huggenberger.* – Laudatio: Ministerialdirektor Frank vom Badischen Ministerium des Kultus und Unterrichts. – LT: DS 2 (1937), S.143; LE 40 (1937/38), S.256; Bbl 105 (1938), S.138; H.: Ehrung Alfred Huggenbergers. In: Bodenseebuch 25 (1938), S.86–88; NL 39 (1938), S.46; Markgräfler Jahrbuch (1939), S.134 (Foto S.133).

1938 *Eduard Reinacher* (›Der starke Beilstein, eine schöne, elsässische Lügengeschichte‹, Erzählung). LT: LE 40 (1937/38), S.576; Bbl 105 (1938), S.458, 992; DS 3 (1938), S.142; NL 39 (1938), S.373; W.: Der Hebelpreis für Eduard Reinacher. In: Tagespost (Freiburg/Br.) Nr.112 vom 14./15.5. (1939); DS 4 (1939), S.20; Markgräfler Jahrbuch (1939), S.135; NL 40 (1939), S.50; Otto Wacker: Ansprache bei Verleihung des Hebel-Preises 1938 an den elsässischen Dichter Eduard Reinacher. In: Das Bodenseebuch 27 (1940), S.1f.

1939 (1941 verliehen) *Hermann Eris Busse.* – LT: LE 41 (1938/39), S.708; Aut 14 (1939), Nr.4/5, S.43f.; DS 4 (1939), S.141; Bekenntnis zu Johann Peter Hebel. Die Ansprachen von Unterrichtsminister Dr. [Otto] Wacker und Prof. Hermann Eris Busse beim Hebelfest [in Hausen am 10.5. 1939]. In: Der Führer Nr.21 vom 21.5. 1939; NL 40 (1939), S.321; Hebelpreisträger Her-

Samstag, den 3. Dezember 1938 nachm. 4 Uhr
im Kuppelsaal der Universität Freiburg

Feierliche Übergabe des Johann Peter Hebel-Preises 1938 an den Dichter Eduard Reinacher.

Folge:

F. X. Richter (in Straßburg 1769—1789) Sinfonie G-Dur

Der Minister des Kultus und Unterrichts Dr. Wacker
übergibt mit einer Ansprache die Urkunde über die Verleihung des Johann Peter Hebel-Preises 1938 an Eduard Reinacher.

Eduard Reinacher liest aus seinen Werken.

Hans Pfitzner (Straßburg 1908—1918)
Aus dem Streichquartett in D—dur op. 13. (Sehr langsam. In heiterem Reigentempo).

Es spielt ein Streichqartett der Universität Freiburg:
Bruno Lenz, Karl Ludwig Hampe, Elma Doflein, Dr. Hugo Rothweiler.

mann Eris Busse. Feier in der Universität zu Freiburg im Breisgau am 8. März 1941. [Mit Abdruck der Laudatio von Kultusminister Paul Schmitthenner]. In: Ekkhart 23 (1942), S. 51–65.

1940 *Benno Rüttenauer*. LT: DS 5 (1940), H. 7, Umschlag; NL 41 (1940), S. 152.

1941 *Emil Strauß*. – Laudatio: Kultusminister Paul Schmitthenner. – LT: Aut 16 (1941), Nr. 6, S. 108; NL 42 (1941), S. 238; NL 43 (1942), S. 48.

1942 *Wilhelm Weigand*. LT: Aut 17 (1942), Nr. 6, S. 92; DS 7 (1942), H. 8, S. 96; NL 43 (1942), S. 144: »Die Auszeichnung bedeutet eine aus Anlaß der Vollendung des 80. Lebensjahres ausgesprochene Anerkennung des literarischen Lebenswerkes des Dichters.«

1943 *Jakob Schaffner*. – Laudatio: Kultusminister Paul Schmitthenner. – LT: Aut 18 (1943), Nr. 6, S. 108; Aut 18 (1943), Nr. 12, S. 219 (mit Erwähnung von Schaffners Dankrede ›Vom Wesen der deutschen Reichsidee‹); Deutschtum im Ausland 26 (1943), S. 238; Bbl 111 (1944), S. 6: »Staatsminister Professor Dr. Schmitthenner, der Rektor der Universität Heidelberg, sprach zur Ehrung Schaffners. Er stellte fest, daß wir auch einen gewaltigen geistigen Kampf führen und daß somit diese friedliche Dichterehrung in den kämpferischen Stil unserer Zeit hineinpasse. Die Auszeichnung durch den Hebel-Preis knüpfe nicht an ein besonderes Ereignis, noch an ein einzelnes Werk, sie sei ganz allgemein der Ausdruck der gebührenden Wertschätzung eines verdienten Meisters. Das deutsche Volk danke ihm dafür, daß er in seinem Werk das Deutsche Reich aller Welt gegenüber in starkem Bekenntnis zum nationalsozialistischen Staat dargestellt habe. Diese Ehrung sei zugleich eine Willensdemonstration deutscher Behauptung, der deutschen Überlegenheit, des deutschen Glaubens und des deutschen Sieges.«; DS 9 (1944), H. 2, S. 24.

1944 nicht verliehen

1945 nicht verliehen

1946 *Anton Fendrich*

1947 *Franz Schneller*

1948 *Traugott Meyer*

1949 *Wilhelm Hausenstein* (für die Autobiographie ›Lux Perpetua‹). – Laudatio: Ministerialdirektor Paul Fleig

Fortsetzung 1950ff

Hebel-Preis für deutsche Dichtung

s. Johann Peter Hebel-Preis

Heidelberger Festspielpreis auch: Literaturpreis der Stadt Heidelberg, Dichterpreis der Stadt Heidelberg

J: 1929

S: Stadt Heidelberg. »Den Heidelberger Festpielen sind vom Reich, vom Staat und der Stadt Heidelberg M. 30 000 – zur Begründung eines Festspielpreises zur Verfügung gestellt worden«. L: LE 31 (1928/29), S. 745.

Ju: 1929: »Es ist eine Preiskommission gebildet worden, der ein Vertreter des Reichsinnenministeriums, die Dichter Rudolf G. Binding, der Vorsitzende der Dichterakademie Walter von Molo, der Leiter des Festspielvereins Dr. Rudolf K. Goltschmit, Intendant [Gustav] Hartung und der Heidelberger Oberbürgermeister Dr. Karl Neinhaus angehören.« L: FZ Nr. 485 vom 2. 7. 1929, S. 1. – 1936: Hanns Johst (Präsident der Reichsschrifttumskammer). – Franz Moraller (Präsident des Bundes der deutschen Freilicht- und Volksschauspiele). – Karl Neinhaus. – Rainer Schlösser (Reichsdramaturg)

VT: Jährlich
Z: 1929: »Der Preis wird [...] voraussichtlich an drei deutsche Dramatiker verteilt werden und soll in gleicher Weise bestimmt sein, die lebenden Dramatiker zu fördern, wie Stücke für die Heidelberger Festspiele zu sichern, die bei den nächstjährigen Festspielen in Heidelberg uraufgeführt werden sollen.« L: S.: Ein Heidelberger Dichterpreis. In: FZ Nr. 485 vom 2. 7. 1929, S. 1. – 1936: » Der Preis [...] soll jungen Dichtern zugesprochen werden, die sich dem Dienst an der neuen Volkwerdung verpflichtet haben. Die Bedeutung Heidelbergs als der Stadt der Reichsfestspiele [wird] die Stadt dazu bestimmen, bei Verleihung dieses Preises Werke zu bevorzugen, die sich zur Aufführung bei den Spielen eignen.« L: Aut 11 (1936), Nr. 9, S. 23. – 1937: »Bei der Eröffnung der Reichsfestspiele [...] am 20. Juli teilte Oberbürgermeister Dr. Neinhaus mit, daß der im vorigen Jahr geschaffene ›Dichterpreis der Stadt Heidelberg‹ in eine Stiftung umgewandelt wird. Dieser Betrag soll den Verfassern solcher dramatischer Dichtungen zufließen, die sich für die Aufführung zu den Reichsfestspielen eignen.« L: NL 38 (1937), S. 535.
VF: 1936: 4000 RM
LP: Kü (1937/38), Sp. 254; Kü (1939), Sp. 249. – Aut 4 (1929), Nr. 9, S. 8; Aut 11 (1936), Nr. 9, S. 23; LE 39 (1936/37), S. 128; Aut 13 (1938), Nr. 1/2, S. 21; Bbl 105 (1938), S. 138; LE 41 (1938/39), S. 708; NL 40 (1939), S. 423.
T: 1929 *Max Mell. – René Schickele. – Carl Zuckmayer.* – LTT: LE 31 (1928/29), S. 745f.: »Weiterhin soll Wilhelm von Scholz ›Agnes Bernauer‹ bearbeiten; Fritz von Unruh, Hermann Burte, Otto Flake und Wilhelm Schmidtbonn sollen angeregt werden, für die Festspiele tätig zu sein.«; Aut 4 (1929), Nr. 9, S. 8.

Heimatpflegepreis der Stadt Soest

s. Westfälischer Heimatpflegepreis

Heinrich Heine-Preis [1]

J: 1936. – Neugründung »[...] am 6. Oktober 1947 anläßlich des 1. Deutschen Schriftstellerkongresses (nach dem Kriege) in Berlin in Fortführung der Tradition des von emigrierten Dichtern in Paris zum erstenmal verliehenen Preises«. L: Kulturpreise (1948).
S: 1936: Schutzverband Deutscher Schriftsteller, Paris. – Neugründung 1947: Schutzverband Deutscher Autoren in der Gewerkschaft für Kunst und Schrifttum im FDGB., Berlin, sowie zwölf Verlage
Ju: 1936: »Das Preisrichterkollegium besteht aus sieben Mitgliedern des SDS, die vom Vorstand bestimmt werden.« L: Das Wort 1 (1936), H. 1, S. 106. – Satzung 1947: Das beim Schutzverband Deutscher Autoren angesiedelte Kuratorium des Heine-Preises bestimmt einen bekannten Schriftsteller zum Preisrichter.
VT: Jährlich
Z: 1936: Förderung junger Talente in der Emigration. – 1947: Preis »für ein bemerkenswertes dichterisches Originalwerk in deutscher Sprache eines Autors, der Förderung verdient«. L: Satzung des Heine-Preises des Schutzverbandes Deutscher Autoren. In: Autor (1948/49), H. 1/2, S. 20f.
B: 1936: »Zugelassen [zum Wettbewerb] ist jedes Werk der schönen Literatur, dessen Verfasser zumindest längere Zeit in Deutschland gelebt hat. Reichsdeutsche sind selbstverständlich zugelassen. Ausgeschlossen sind Nationalsozialisten und Prominente, sowie Vorstandspersonen des SDS. Die eingereichten Arbeiten müssen bisher ungedruckt sein.« L: Die neue Weltbühne 32 (1936), S. 1144.

VF: Meldung 1936: Die nominelle Preissumme von 1000 Francs wird durch die Spende eines emigrierten Schriftstellers auf 2000 Francs erhöht. – Meldung 1948: 10000 DM (aus den Beiträgen der Mitglieder); unteilbar
LP: Die neue Weltbühne 32 (1936), S. 1144; Der Heine-Preis. [Ausschreibung]. In: Das Wort 1 (1936), H. 1, S. 106; Kulturpreise (1948); Satzung des Heine-Preises des Schutzverbandes Deutscher Autoren. In: Autor (1948/49), H. 1/2, S. 20f.; Buergel-Goodwin (1977), Sp. 486f.; Exil in Frankreich. Frankfurt a.M. 1981. S. 243f.
T: 1936 (1937 verliehen) *Henry William Katz* (›Die Fischmanns‹, Roman). – Ju: Bruno Frank. – Hans A. Joachim. – Ernst Leonard. – Rudolf Leonhard. – Hans Marchwitza. – Hans Sahl. – Anna Seghers. – LT/LJu: Die neue Weltbühne 33 (1937), S. 668; Exil in Frankreich (1981), S. 244.
1937 (1938 verliehen) *Elisabeth Karr* (›Alles ist umgekehrt‹, Roman). – Ju: Egon Erwin Kisch. – Klaus Mann. – Ludwig Marcuse. – Max Schroeder. – Hans Siemsen. – LT/LJu: Das Wort 4 (1939), H. 2, S. 135; Exil in Frankreich (1981), S. 244.
1938 *Henryk Keisch* (›Das Leben kein Traum‹, Gedichte). – Ju: Egon Erwin Kisch. – Klaus Mann. – Ludwig Marcuse. – Max Schroeder. – Hans Siemsen. – LT/LJu: Das Wort 4 (1939), H. 2, S. 135; Exil in Frankreich (1981), S. 244.
1939 vermutlich nicht verliehen. – Ju: Alfred Kerr. – Kurt Kersten. – Balder Olden. – Franz Carl Weiskopf. – LJu: Das Wort 4 (1939), H. 2, S. 135.
1948 *Stephan Hermlin.* – Ju: Rudolf Leonhard. – LT/LJu: Heine-Preis an Stefan [!] Hermlin. Analyse des Preisrichters Rudolf Leonhard. In: Autor (1948/49), H. 3/4, S. 2; Buergel-Goodwin (1977), Sp. 486.
1949 *Emil Belzner.* LT: Emil Belzner: [Aus der Dankrede bei der Entgegennahme des Heine-Preises]. In: Aufbau 5 (1949), S. 667. – Ju: Gerhart Pohl. – LT/LJu: Buergel-Goodwin (1977), Sp. 487.

Heinrich Heine-Preis [2]

J: 1947
S: Heinrich Heine Gesellschaft, Hamburg
VT: Jährlich
Z: Verteilung »an diejenigen, die sich um das Werk und den Geist Heines verdient gemacht haben«. L: Autor (1947/48), H. 9, S. 14.
VF: 1000 RM
LP: Autor (1947/48), H. 9, S. 14.

Johann Gottfried Herder-Preis [1]

J: 1935. Erste Verleihung 1936. – Benannt nach dem Geschichtsphilosophen, Theologen und Schriftsteller Johann Gottfried Herder (1744–1803)
S: Johann Wolfgang Goethe-Stiftung, Freiburg i.Br., gegründet 1935 als Teil der Stiftung F.V.S., Hamburg (gegründet 1931). Kapital zur Verfügung gestellt von Alfred C. Toepfer, Hamburg. – Verteilung durch die Universität Königsberg
Ju: Universität Königsberg. – Reichsschrifttumskammer. – Kuratoriumsvorsitzende: Gunther Ipsen (Volkskundler, Sprachwissenschaftler) und Walther Ziesemer (Sprachwissenschaftler, Literarhistoriker)
VT: Alle zwei Jahre oder jährlich. Verteilung am 18. Dezember, dem Todestag Johann Gottfried Herders
Z: »Ausgezeichnet werden sollen außerordentliche Leistungen der preußisch-baltischen Dichtkunst, der Malerei und der angewandten Kunst, vornehmlich aber der Dichtkunst.« L: Aut 10 (1935), Nr. 12, S. 31. – Aus der Satzung, gültig für alle Preise der Johann Wolfgang Goethe-Stiftung: »Die Preisträger sollen Persönlichkeiten

sein, die sich durch außerordentliche Leistungen im Schrifttum, in der Malerei, der Musik, der angewandten Kunst oder der Volkstumsforschung ausgezeichnet haben. Die Preise können sowohl für Einzelwerke wie für das Gesamtschaffen vergeben werden. Die Preisträger müssen mit ihrem Werk in der Landschaft, für die der Preis gilt, verwurzelt sein.« L: Interne Liste der Stiftung F.V.S., Hamburg

VF: Alle zwei Jahre: 10 000 RM, bei jährlicher Verleihung: 5000 RM

LP: Interne Liste der Stiftung F.V.S., Hamburg; Kü (1937/38), Sp. 254; Kü (1939), Sp. 249; Bufkin (1980), S. 124; Memorandum (1991), Kap. IV; Britta Scheideler: Kontinuitäten und Wandlungen in der Herderrezeption am Beispiel des Herder-Preises von 1936 und 1963. In: Herder im »Dritten Reich«. Hrsg.: Jost Schneider. Bielefeld 1994. S. 73–90; Strallhofer (1994), S. 31, 40,119; Zimmermann (1995), S. 215–219. – Aut 10 (1935), Nr. 12, S. 31; LE 38 (1935/36), S. 251; Der Auslandsdeutsche 19 (1936), S. 134; Michael (1936), S. 14; Aut 13 (1938), Nr. 1/2, S. 21; Strothmann (1963), S. 104.

T: Die Preisträger(innen) sind nach der internen Liste der Stiftung F.V.S., Hamburg, und nach Zimmermann (1995) verzeichnet.

1936 *Agnes Miegel.* LT: LE 38 (1935/36), S. 550; Aut 11 (1936), Nr. 6, S. 19; NL 38 (1937), S. 51; Bbl 105 (1938), S. 139; Memorandum (1991), Kap. IV.

1937 *Kurt Lück* (Posen, für seine volkskundlichen Arbeiten). LT: Bbl 105 (1938), S. 139; NL 39 (1938), S. 46; Memorandum (1991), Kap. I, IV.

1938 (1940 verliehen) *Wilhelm Klumberg* (Wirtschaftswissenschaftler, Leiter der Herder-Hochschule in Riga)

1939 *Walther Recke* (Historiker). LT: NL 40 (1939), S. 528; Memorandum (1991), Kap. IV.

1940 *Reinhard Wittram* (Historiker). – LTT: Memorandum (1991), Kap. IV.

1941 *Bernhard Schmid* (Provinzialkonservator von Westpreußen, Leiter der Schloßbauverwaltung der Marienburg). LT: DiO 4 (1941), S. 678; Memorandum (1991), Kap. IV.

1942 *Ottfried Graf Finckenstein.* LT: Aut 17 (1942), Nr. 10, S. 156; NL 43 (1942), S. 247; Memorandum (1991), Kap. IV.

1943/44 *Paul Brock.* – *Erich Karschies.* – *Charlotte Keyser.* – LTT: Bbl 111 (1944), S. 107; DS 9 (1944), H. 3, S. 34; Memorandum (1991), Kap. IV.

Herder-Preis [2]

J: 1936

S: Schutzverband Deutscher Schriftsteller in der Tschechoslowakei, Prag. – »Die Vorstandsmitglieder des Schutzverbands [...] wurden vom Präsidenten der Tschechoslowakischen Republik, Dr. [Eduard] Benesch, empfangen. Sie überreichten ihm eine Denkschrift, die wesentliche Forderungen des deutschen Schrifttums in der Tschechoslowakei enthält. [...] Der Präsident begrüßte [...] den Gedanken des vom Schutzverband gestifteten Herder-Preises, zu dem er aus persönlichen Mitteln beizutragen gedenke. Zur Ueberwindung des heute bestehenden Mißtrauens zwischen den Nationen sei, wie er sagte, vor allem das Schrifttum berufen.« L: Aut 11 (1936), Nr. 10, S. 19.

Ju: »Der ›Herder-Preis‹ wird von Schriftstellern an Schriftsteller vergeben [...]. Der Preis selbst wird von der ganzen [vom Vorstand alljährlich neu bestimmten] Jury verliehen, darüber hinaus steht jedem Jurymitglied das Recht zu, eine ›Herderpreis-Ehrung‹ auszusprechen.« L: Der Herder-Preis. In: Das Wort 1 (1936), H. 1, S. 107.

VT: Jährlich

Z: Die Preisträger sollen »der Wahrheit dienen und der Tradition der deutschen Litera-

tur würdig« sein. »Die Jury kann den Preis ebensogut dem Autor eines noch ungedruckten Werkes zusprechen, wie dem Verfasser jenes Buches, das sie als das beste des Jahres ansieht; sie kann den Preis jedoch auch einem Schriftsteller verleihen, dessen Gesamtwerk ihr preiswürdig erscheint.« L: Der Herder-Preis. In: Das Wort 1 (1936), H. 1, S. 107.
B: »[...] der ›Herder-Preis‹ [... soll] nicht an Staatsgrenzen gebunden sein. Preisträger kann jeder deutsche Schriftsteller werden, dessen Arbeit den Herderschen Postulaten: Wahrheit, Menschlichkeit, Kulturfortschritt und Freiheit, nicht zuwiderläuft.« L: Der Herder-Preis. In: Das Wort 1 (1936), H. 1, S. 107.
VF: Preis: 5000 Kronen (1937 gestiftet von Staatspräsident Benesch). – Weitere Auszeichnungen: ›Herderpreis-Ehrungen‹
LP: LE 38 (1935/36), S. 400; Aut 11 (1936), Nr. 4/5, S. 18; Aut 11 (1936), Nr. 10, S. 19; Der Herder-Preis. In: Das Wort 1 (1936), H. 1, S. 106 f.; Der Herderpreis. In: Das Wort 2 (1937), H. 2, S. 106.
T: 1937 *Rudolf Fuchs* (»für kulturelles Mittlertum als Übersetzer aus dem Tschechischen«). LT: Kosch 3, Bd 5, (1978), S. 860 f. – *Josef Mühlberger* (»für sein volkstümlicher Kunst verbundenes Mittlertum zwischen den Kulturen«). – LTT: D. Müller: Josef Mühlbergers Vorkriegsschaffen. In: Prager Volkszeitung Nr. 15 vom 15. 4. 1988, S. 11. – ›Herderpreis-Ehrungen‹: *Heinrich Fischer*. – *Thomas Mann*. – *Franz Carl Weiskopf*. – LTT: a.wg., d.i. Alex Wedding: Zum erstenmal: Herderpreis. In: Das Wort 3 (1938), H. 2, S. 155f. – Ju (u. a.): Walter Maras. – LTT/LJu: Michael Berger: »Von einem Verbot meiner Bücher ... ist aber nicht die Rede«. Josef Mühlbergers Publikationsnöte in den Jahren 1933–1938. In: Brücken. Germanistisches Jahrbuch DDR-ČSSR (1987/88), S. 1–26 (hier S. 17 f.).

›Hilf mit!‹-Preis

J: 1936
S: Verlag Braun, Berlin (Verlag der vom NS-Lehrerbund herausgegebenen Zeitschrift ›Hilf mit!‹)
Ju: Verteilung durch die Reichswaltung [!] des NSLB, Bayreuth, unter Mitwirkung der Reichsstelle zur Förderung des deutschen Schrifttums
VT: Jährlich
Z: Auszeichnung der besten noch unveröffentlichten Jugendgedichte und Jugenderzählungen des Jahres. – 1938: »Das Ziel der neuen Ausschreibung ist es, den Kreis der für das Jugendschrifttum Schaffenden weiter auszudehnen und schließlich jeden für diese Arbeit an der Jugend zu erfassen, der dazu berufen ist. Oberster Grundsatz ist: Das Beste ist für die Jugend gerade gut genug. Gute Gedichte, humorvolle Erzählungen, vor allem Mädchengeschichten und Erzählungen von der werktätigen Arbeit sind die besonderen Themen.« L: Bbl 105 (1938), S. 995. – 1940: Der Reichswalter des NS-Lehrerbundes, Gauleiter Fritz Wächtler, in der Neuausschreibung des Wettbewerbs: »Sprecht zu unserer Jugend in ihrer Sprache davon, wie sich deutsches Schicksal bei euch erfüllte. Vor allem aber rufe ich die Dichter und Schriftsteller zur Teilnahme am ›Hilf mit!‹-Preis 1939/40 auf, die im Panzerwagen, am Maschinengewehr, im Flugzeug oder bei der Flotte Dienst tun im Kampfe für Deutschlands Freiheit und Größe. Laßt es der deutschen Jugend zum eindringlichsten Erlebnis werden, was ihr an Heldentaten deutschen Soldatentums, aber auch an Tragödien volksdeutscher Leidenszeit in Polen mit eigenen Augen gesehen habt. Es ist der Wunsch der nationalsozialistischen Erzieherschaft, hier in jugendtümlichen Erzählungen und Gedichten das Kriegserlebnis für die Jugend erstehen zu lassen und für spätere Generationen zu be-

wahren.« L: DS 5 (1940), S.20. – 1941: »Erzählungen und Gedichte sollen der deutschen Jugend das gegenwärtige Kriegsgeschehen nahebringen oder deutsche Kulturleistungen und Großtaten in der ganzen Welt darstellen. Das Oberkommando der Kriegsmarine verbindet damit einen Sonderpreis für die besten Erzählungen und Gedichte über den Freiheitskampf des deutschen Volkes zur See, gegen Englands Seetyrannei.« L: LE 44 (1941/42), S.175.

B: »Die Arbeiten sollen für Jungen und Mädel bis zum Alter von 14 Jahren geeignet sein. Sie dürfen einen Umfang von zehn Schreibmaschinenseiten nicht übersteigen und müssen unveröffentlicht sein. [...] Jeder Einsendung muß eine Erklärung des Verfassers beiliegen, daß er arisch und Angehöriger des deutschen Volkes ist.« L: Aut 11 (1936), Nr.7, S.23. – »Der NSLB. behält sich das Recht vor, die preisgekrönten Arbeiten für die von ihm herausgegebenen Jugendzeitschriften zum Erstabdruck zu erwerben.« L: DS 1 (1936), S.186. – »Jeder Autor darf sich höchstens mit drei Beiträgen an dem Wettbewerb beteiligen.« L: DS 2 (1937), S.261.

VF: 1936: 3000 RM. – 1940: Erhöhung auf 5000 RM. – 1941/42: 3000 RM

LP: Kü (1937/38), Sp.254f.; Kü (1939), Sp.249; Aley (1967), S.71–74; Strallhofer (1994), S.82f. – Aut 11 (1936), Nr.7, S.23; DS 1 (1936), S.165,186; Aut 12 (1937), Nr.11, S.49; DS 2 (1937), S.261; Aut 13 (1938), Nr.10, S.41; DS 3 (1938), S.20; NL 40 (1939), S.107; DS 5 (1940), S.20, 127f.; NL 41 (1940), S.103; DS 7 (1942), H.1, Umschlag; NL 43 (1942), S.24, 60.

T: Die Preisträger(innen) sind nach Aley (1967) und Strallhofer (1994) verzeichnet.

1936/37 Preise für die besten Erzählungen: *Franz Graf Zedtwitz* (800 RM, für ›An der Rehwiese‹). – *Ilse Schönhoff-Riem* (600 RM, für ›Wikinger‹). – *Kurt Preis* (400 RM, für ›Der Bart des Eroberers‹). – LTT: Aut 12 (1937), Nr.10, S.48. – *Kurt Max Grimm* (300 RM, für ›Der Läufer von Egernheide‹). LT: DS 3 (1938), S.44. – *Hannes H. Schramm* (200 RM, für ›Meine Freundin, die Rohrdommel‹). – *Heinrich Banniza von Bazan* (150 RM, für ›Der Schulterriemen‹). – *Alfred Hall* (150 RM, für ›Die Silberflotte‹). – »Der ursprünglich eingesetzte Preis für das beste Gedicht konnte nicht zur Verteilung gelangen, da keine der Einsendungen den gestellten Anforderungen entsprach. Der Betrag wurde daher für die sieben besten Gedichte aufgeteilt [...]«: *Hans Schulz* (100 RM, für ›Straße des Führers‹). – *Annemarie von Auerswald* (50 RM, für ›Landgewinnung der Nordvölker‹). – *Gerhard Dabel* (50 RM, für ›Ein Junge fiel‹). – *Walter Franke* (50 RM, für ›Das Brot‹). – *Vera Gottschlich* (50 RM, für ›Meine Ahnen‹). – *Karl Eberhard Nauhaus* (50 RM, für ›Jungvolktrommeln‹). – *Hugo Tlustek* (50 RM, für ›Kartoffellied‹). – LTT: DS 2 (1937), S.285.

1937/38 Preise für die besten Erzählungen: *Max Breuel* (750 RM, für ›Urwaldgötter‹). – *Georg Arthur Oedemann* (600 RM, für ›Wäldlers Tonl‹). LT: Hilf mit! (1938), Nr.1, S.51f. – *Carl Hans Watzinger* (400 RM, für ›Denkst du, o Deutschland‹). – *Heinrich Riepe* (300 RM, für ›Nur ein Knabe‹). – *Erna Lühmann* (200 RM, für ›Rachulle, der Held‹). – *Herbert Lange* (150 RM, für ›Das Treibgut‹). – *Alfred Frank* (100 RM, für ›Wo brennt's denn? Ein lustiger Streich aus dem Fichtelgebirge‹). – Für die besten Gedichte: *Rudolf Otto Wiemer* (200 RM, für ›Kinderkalender‹) – *Heinrich Banniza von Bazan* (75 RM, für ›Tod im hohen Gebirge‹). – *Suse Pfeilstücker* (75 RM, für ›Silbervogel am Abend‹). – *Annemarie von Auerswald* (50 RM, für ›Die deutschen Rückwanderer‹). – *Artur Dumke* (50 RM, für ›Egils Haupteslösung‹). – *Lucie Rohmer-Heil-*

scher (50 RM, für ›Die sieben Faulen von Bremen‹). – LTT: DS 3 (1938), S.260; NL 39 (1938), S.662; LE 41 (1938/39), S.194; Kü (1939), Sp.249.

1938/39 Preise für die besten Erzählungen: *Gerhard Dabel* (›Das Tal der Treue‹). – *Wilhelm Nauck* (›Hemmschuhleger Franz‹). – *Karl Springenschmid* (›Der Bunker‹). – LTT: Aut 15 (1940), Nr.1, S.17; DS 5 (1940), H.2, Umschlag. – *Margarete Dargel-Mallmann.* – *Viktor Helling.* – *Karl Robert Popp.* – *Rudolf Schuster.* – Preise für die besten Gedichte: *Willy Benk.* – *Heinrich Claus.* – *Max Kammerlander.* – *Hermann Koser.* – *Suse Pfeilstuecker*

1939/40 Preise für die besten Erzählungen: *Max Breuel.* – *Gerhard Dabel.* – *Willi Ebel.* – LTT: Aut 15 (1940), Nr.11, S.166. – *Franz Franziss.* – *Thor Goote.* – *Rudolf Hänel.* – *Suse Pfeilstücker.* – *Otto Reer.* – *Weitkunat*

1940/41 Preise für die besten Erzählungen: *[Karl] Emmerich Krämer* (1. Preis). – *Wilhelm Nauck* (1. Preis). – *Willi Ebel* (2. Preis). – *Fritz Nölle* (2. Preis). – Preis für das beste Gedicht: *Hansgeorg Buchholtz*

1944 Thema des »Hilf mit-Preises« 1944: »Soldaten erzählen der Jugend vom Krieg«. Die Wettbewerbsteilnehmer müssen Angehörige der Wehrmacht sein. »Das Ergebnis des Wettbewerbes war schon rein zahlenmäßig sehr erfreulich, sandten doch 1300 Soldaten aller Wehrmachtsteile, Waffengattungen und Dienstgrade Erzählungen und Gedichte ein, mit denen sie der Jugend ein Fronterlebnis vermittelten. Zwanzig Teilnehmer, von denen fünf in der Feierstunde anwesend sein konnten, erhielten je einen ersten Preis von 300 RM, der zweite Preis von je 200 RM wurde 31, der dritte Preis von je 100 RM 51 und der vierte Preis von je 50 RM 112 Soldaten zugesprochen. Die besten dieser Kriegserzählungen und Kriegsgedichte werden in Ergänzungslesebüchern zusammengefaßt und den Volks-, Haupt- und Oberschulen zugänglich gemacht.« L: Bbl 112 (1945), S.7.

Hölderlin-Preis

J: 1914. Projekt geblieben
S: Hölderlin-Stiftung, München; geschäftliche Leitung: Verlag Heinrich Franz S. Bachmair, München
VT: Jährlich
Z: »Im Hinblick auf die verschrobenen Begriffe der Neuen Kunst, die dem durchschnittlichen Bürger dieser Tage eignen, erscheint es Notwendigkeit zu dokumentieren, daß es Menschen gibt, die sich der Verantwortung für die Dichter ihres Volkes bewußt sind und die eine Förderung der Kunst nicht in Altersversorgung erblicken, die im Gegenteil der fortschrittlichen Jugend das als das ihr allein Gebührende zuweisen wollen, was heute fast nur dem angejahrten Herrn erreichbar ist.« Der Preis soll verliehen werden »an Jenen, der mit Fug und Recht als die künstlerisch umfassendste Persönlichkeit anzusprechen ist«. L: Heinrich Franz Bachmair: Der Hölderlin-Preis. In: Die neue Kunst 1,I (1913/14), S.348f.
VF: »Die Bedeutung der Stiftung wird durch die Höhe des Preises gewinnen. Daher ist es erforderlich, daß alle, denen am Fortschritt der Künste gelegen ist, die Hölderlin-Stiftung durch einmalige Zuwendungen oder jährliche Beiträge fördern. [...] Die geschäftliche Leitung liegt in den Händen des Verlags Heinrich F.S. Bachmair [...] wohin alle Zuschriften und Geldsendungen zu richten sind.« L: Heinrich Franz Bachmair: Der Hölderlin-Preis. In: Die neue Kunst 1,I (1913/14), S.348f.
LP: Heinrich Franz Bachmair: Der Hölderlin-Preis. In: Die neue Kunst 1,I (1913/14), S.348f.

Hörspiel-Preisausschreiben

J: 1938
S: Hauptamt für Technik der NSDAP. – Reichssender Köln
VT: Einmalig?
Z: Auszeichnung eines Hörspiels »aus dem Schaffensgebiet der Technik. Das Hörspiel soll die Bedeutung der Technik für Volk und Staat darstellen und das Verhältnis des schaffenden Menschen zur Technik widerspiegeln.« L: DS 3 (1938), S. 159.
B: Sendedauer: höchstens 40 Minuten.
LP: Aut 13 (1938), Nr. 6, S. 30; DS 3 (1938), S. 159.
T: 1938 *Karl Kanig* (500 RM, für ›Kameraden‹). – *Sandkühler* (Ingenieur; 500 RM, für ›Nur eine Luftblase‹). – *Ernst Johannsen* (400 RM, für ›Wunder ohnegleichen‹). – *Reinhold Heinen* (300 RM, für ›Schwammenauel‹). – *Josef Lambrecht* (300 RM, für ›Geschichte einer Drehbank‹). – LTT: DS 4 (1939), S. 42.

Immermann-Literaturpreis der Stadt Düsseldorf
auch: Immermann-Preis

J: 1935. Zum ersten Mal 1937 (für das Jahr 1936) verliehen, seit 1942 als einer der ›Kunstpreise der Stadt Düsseldorf‹. – Neubegründung 1947. – Benannt nach dem Schriftsteller Karl Leberecht Immermann (1796–1840)
S: Oberbürgermeister der Stadt Düsseldorf
Ju: »Die Verleihung erfolgt durch den Oberbürgermeister nach Anhörung des Beirats. Die Mitglieder des Beirats haben das Recht, Vorschläge für die Verleihung des Literaturpreises zu machen.« L: DS 2 (1937), S. 69. – Zusammensetzung der Jury: Der Oberbürgermeister von Düsseldorf (Vorsitz). – Der Kreisleiter der NSDAP. – Der Landeskulturwalter. – Der Generalintendant der Stadt Düsseldorf. – Der Direktor der Volksbüchereien. – Zwei weitere Mitglieder, vom Oberbürgermeister aus den Reihen der Bürgerschaft berufen. – L: Strallhofer (1994), S. 84.
VT: Jährlich
Z: Verleihung des Preises »für ein arteigenes und würdiges Werk des Schrifttums [...], das im rheinischen Volkstum wurzelt oder vom Leben der Westmark kündet«. L: LE 39 (1936/37), S. 448. – »Auf dem Gebiete der Literatur kommen für die Preisverteilung nur bedeutende Werk der Prosa und der Poesie in Betracht. Im Bereich der Bühnenwerke ist der Preis für Dialogstücke vorgesehen, die den geistigen Auseinandersetzungen und dem Ringen der sittlichen Kräfte des deutschen Menschen der Gegenwart um die artgemäße Neugestaltung eines völkischen Zeitalters Ausdruck verleihen.« L: LE 42 (1939/40), S. 352. – »Der Preis wird auf Grund von Bewerbungen verliehen. [...] Sollte der Beirat die Feststellung treffen, daß die eingereichten Arbeiten den zu stellenden Anforderungen nicht genügen, wird der Preis nicht verteilt. Der Oberbürgermeister kann in einem solchen Falle bestimmen, daß statt eines Wettbewerbs auf literarischem Gebiete ein Literatur-Auftrag erteilt wird, oder daß der Preis nach Vorschlag des Beirats einem am Wettbewerb nicht beteiligten Schriftsteller für ein bestimmtes Werk oder für sein Gesamtschaffen zugesprochen wird.« L: Aut 18 (1943), Nr. 2, S. 22.
B: »Durch Verleihung des Preises erwirbt die Stadt Düsseldorf gegebenenfalls (z.B. bei Bühnenwerken) das Recht der Uraufführung, das als erloschen gilt, wenn die Uraufführung innerhalb zweier Jahre nach Verleihung des Literaturpreises nicht erfolgt ist oder kein Anspruch auf Verlagsrecht erhoben wird.« L: DS 2 (1937), S. 69. – »Der Immermann-Literatur-Preis kann allen reichs- und volksdeutschen Dichtern,

Schriftstellern und Dramaturgen zuerkannt werden, soweit nicht ihre Aufnahme in die Reichskulturkammer abgelehnt, oder ihr Ausschluß aus dieser erfolgt ist. [...] Der Preis wird auf Grund von Bewerbungen verliehen.« L: Aut 18 (1943), Nr. 2, S. 22.
VF: Meldung 1937: 1000 RM. – Meldung 1943: 5000 RM
LP: Thomas Hoeps: »Wir leben am mythischen Ufer«. Der Düsseldorfer ›Immermann-Preis für Literatur‹. In: Bilanz Düsseldorf '45. Kultur und Gesellschaft von 1933 bis in die Nachkriegszeit. Hrsg. von Gertrude Cepl-Kaufmann [u.a.] Düsseldorf 1992. S. 65–75. – Kü (1937/38), Sp. 255; Kü (1939), Sp. 249; Remy (1956), S. 397; Bufkin (1980), S. 128; Strallhofer (1994), S. 84f.; Literaturpreis-Ztg (1995), S.[1, 3–5]. – LE 39 (1936/37), S. 448; Aut 12 (1937), Nr. 1, S. 24; DS 2 (1937), S. 69; NL 38 (1937), S. 159; Aut 13 (1938), Nr. 1/2, S. 20f; Aut 15 (1940), Nr. 3, S. 54; LE 44 (1941/42), S. 216.
T: Die Preisträger sind nach Hoeps (1992) verzeichnet.
1936 (1937 verliehen) *Albert Bauer* (›Das Feld unserer Ehre‹, Roman). LT: DS 2 (1937), S. 262; LE 40 (1937/38), S. 192; Bbl 105 (1938), S. 139.
1937 *Hermann Stahl* (›Traum der Erde‹, Roman). LT: Aut 12 (1937), Nr. 11, S. 49; LE 40 (1937/38), S. 192; Bbl 105 (1938), S. 139; [Abbildung des Ausschreibungstexts für 1937]. In: Hoeps (1992), S. 67.
1938 *Karl Matthias Buschbecker* d.i. Karl Matthias Busch (›Wie unser Gesetz es befahl‹, Roman). LT: Aut 14 (1939), Nr. 8/9, S. 22.
1939 *Curt Langenbeck* (›Heinrich VI.‹, ›Der Hochverräter‹, Dramen). LT: LE 41 (1938/39), S. 708; Aut 14 (1939), Nr. 7, S. 34; Aut 14 (1939), Nr. 8/9, S. 22; DS 4 (1939), S. 184; NL 40 (1939), S. 472.
1940 nicht verliehen
1941 *Josef Wenter* (für das Gesamtwerk). LT: Aut 16 (1941), Nr. 11, S. 195; LE 44 (1941/42), S. 96.
1942 *Wilhelm Schäfer* (für das Gesamtwerk). LT: DS 7 (1942), H. 12, S. 142; NL 43 (1942), S. 272.
1943 *Theodor Haerten* (›Der tolle Christian‹, ›Die Hochzeit von Dobetsi‹, Dramen). LT: [Abdruck der Bestimmungen über die Wettbewerbsbedingungen für das Jahr 1943]. In: Aut 18 (1943), Nr. 2, S. 22; Bbl 111 (1944), S. 6; DS 9 (1944), H. 1, S. 12; DS 9 (1944), H. 2, S. 24.
1944–1947 nicht verliehen
1948 *Emil Barth* (›Xantener Hymnen‹, Gedichte, ›Lemuria‹, Kriegstagebuch). – Laudatio: Erwin Laaths. – Ju: Rolf Badenhausen (Theaterwissenschaftler). – Erwin Laaths (Literaturkritiker). – Friedrich Maase. – Dr. Reuter. – R. Schröder. – J.H. Sommer. – Benno von Wiese (Literarhistoriker). – LT/LJu: Hoeps (1992), S. 69, 74.
1949 nicht verliehen

Fortsetzung 1951ff

Immermann-Preis

s. Immermann-Literaturpreis der Stadt Düsseldorf

Internationaler Karlspreis der Stadt Aachen

J: 1949. Erste Verleihung 1950. – Gestiftet zur Erinnerung an Kaiser Karl den Großen (742–815)
S: Direktorium der Gesellschaft für die Verleihung des Internationalen Karlspreises der Stadt Aachen
Ju: Unabhängiges Direktorium: Der Oberbürgermeister der Stadt Aachen. – Der

Oberstadtdirektor der Stadt Aachen. – Der Rektor der Rheinisch-Westfälischen Technischen Hochschule. – Der Katholische Bischof von Aachen. – Acht weitere prominente Vertreter des Wirtschafts- und Geisteslebens der Stadt
VT: Jährlich
Z: Der Preis wird für die »beste Leistung im Dienst der Verständigung und der Internationalen Zusammenarbeit im europäischen Raum verliehen. Sein Ziel ist die Förderung der Vereinigten Staaten von Europa durch den sich jährlich wiederholenden Appell an die öffentliche Meinung.« L: Remy (1956), S. 398.
B: »Für die Auswahl des Preisträgers dürfen weder nationale, konfessionelle noch rassische Gesichtspunkte hindernd ins Gewicht fallen.« L: Remy (1956), S. 397.
VF: 5000 DM und eine goldene Medaille mit dem Porträt Karls des Großen
LP: Remy (1956), S. 397f.

Jugendbuchpreis der Schweiz

J: 1943
S: Schweizerischer Lehrerverein/Schweizerischer Lehrerinnenverein, Zürich
Ju: Jugendschriftenkommission des Schweizerischen Lehrervereins in Verbindung mit den Zentralvorständen der beiden Vereine
VT: Jährlich
Z: »Der Preis wird für Bücher vergeben, die erzieherisch wertvoll und künstlerisch gestaltet sein sollen und literarischen Ansprüchen genügen.« L: Vinz/Olzog (1965), S. 54.
VF: 1000 sfr
LP: Vinz/Olzog (1965), S. 54; Vinz/Olzog (1968), S. 47.
T: Die Preisträger(innen) sind nach Vinz/ Olzog verzeichnet.
1943 *Arnold Büchli*
1944 *Josef Reinhart*
1945 *Olga Meyer*
1946 *Elisabeth Müller*
1947 *Adolf Haller*
1948 *Hans Fischer.* – *Selina Chönz.* – *Alois Carigiet*
1949 *Traugott Vogel*

Fortsetzung 1950ff

Jugendbuchpreis von Weimar

J: 1942
S: Reichsjugendführer Baldur von Schirach
Z: Auszeichnung der besten Kinder- und Jugendbücher
LP: Strothmann (1963), S. 104; Aley (1967), S. 74f.
T: 1942 *Edoardo Bedeschi* (›La Giovanezza del Duce‹). – *Karl Hobrecker* (für eine Bearbeitung der ›Märchen der Brüder Grimm‹). – *Michiel de Ruyter* (›Paddelt je de Scheepsjongen‹). – LTT: Aley (1967), S. 74f.: »[Der Preis] wurde [...] auf der Kulturkundgebung der europäischen Jugend in Weimar verliehen.«

Jugendpreis deutscher Erzähler

J: 1925. Erste Verleihung 1926
S: Dem Verband Deutscher Erzähler gestiftet von der Deutschen Buch-Gemeinschaft, Berlin. Verleihung im Einvernehmen mit dem Preußischen Kultusministerium
Ju: Preisrichterkollegium: Hanns Martin Elster. – Georg Engel (Vorsitzender des Verbands Deutscher Erzähler). – Oskar Loerke. – Julius Petersen (Literarhistoriker). – Jakob Schaffner. – Hermann Stehr. – Wilhelm Waetzoldt (Vertreter des Preußischen Kultusministeriums)
VT: Jährlich
Z: Preis »für den jeweilig besten bisher un-

Jugendpreis deutscher Erzähler

Dem Verbande Deutscher Erzähler ist von der Deutschen Buch-Gemeinschaft G. m. b. H., Berlin, ein jährlich wiederkehrender Preis von

Mark Zehntausend

als „Jugendpreis deutscher Erzähler" gestiftet worden, den der Verband im Einverständnis und unter Mitwirkung des Preußischen Kultusministeriums nach freiem Ermessen einer dazu gesetzten Kommission unter allen Umständen und ungeteilt für den jeweilig besten bisher unveröffentlichten Roman junger Erzähler zu vergeben hat. Das Werk muß in der deutschen Muttersprache abgefaßt sein. Der Autor darf zur Zeit der Einreichung das 35. Lebensjahr nicht vollendet haben. Das durch den Preis ausgezeichnete Werk wird von der Deutschen Buch-Gemeinschaft in einer garantierten Erstauflage von 10 000 Exemplaren verlegt, deren Honorar neben dem Preis sofort zahlbar ist. Das Preisrichterkollegium setzt sich zusammen aus:

1. Georg Engel, Vorsitzender,
2. Geheimrat Professor Dr. Waetzoldt für das Preußische Kultusministerium,
3. Dr. Hanns Martin Elster,
4. Oskar Loerke,
5. Universitätsprofessor Dr. Julius Petersen,
6. Jacob Schaffner,
7. Hermann Stehr.

Die Manuskripte sind anonym mit einem Kennwort jeweils bis zum 15. März an das Bureau des Verbandes Deutscher Erzähler, Berlin W 50, Nürnberger Straße 9/10, einzusenden. Der Briefumschlag mit dem Kennwort, darin eingeschlossen Name und Anschrift des Verfassers, sind dem Notar Dr. Wenzel Goldbaum, Berlin W 66, Wilhelmstraße 52, einzusenden.

Die erste Preisverteilung findet statt am 2. Oktober 1926.

Alle weiteren Wettbewerbsbedingungen sind vom Bureau des Verbandes Deutscher Erzähler zu erhalten.

veröffentlichten Roman junger Erzähler«. L: Das Zeitungsbuch 3 (1926), S. 3.

B: Altersgrenze der Wettbewerbsteilnehmer: Zunächst 35, seit 1927 40 Jahre. »Zugelassen sind nur Romane, die in deutscher Muttersprache abgefaßt und bisher nicht zur Veröffentlichung gelangt sind.« L: Die literarische Welt 4 (1928), Nr. 30, S. 1.

VF: 10 000 RM, ungeteilt zu vergeben. »Das durch den Preis erworbene Werk wird von der Deutschen Buchgemeinschaft in einer garantierten Erstauflage von 10 000 Exemplaren verlegt, wofür das Honorar gleich mit dem Preis zahlbar ist.« L: LE 28 (1925/26), S. 504.

LP: Jugendpreis deutscher Erzähler. [Bekanntmachung]. In: Das Zeitungsbuch. Organ der Deutschen Buch-Gemeinschaft (Jg 3ff, Nr. 7ff ›Die Lesestunde. Zeitschrift der Deutschen Buch-Gemeinschaft) 3 (1926), S. 3; Die Lesestunde 4 (1927), Nr. 5, Mitteilungen der Deutschen Buch-Gemeinschaft. – Literarische Preise (1928), S. 222. – FZ Nr. 930 vom 14. 12. 1925, S. 2; LE 28 (1925/26), S. 504f.; Aut 2 (1927), Nr. 9, S. 11; LE 30 (1927/28), S. 123; Aut 3 (1928), Nr. 7, S. 11; Wolfgang von Einsiedel: Was so geschrieben wird. Bilanz des Jugendpreisausschreibens deutscher Erzähler 1928. In: FZ Nr. 708 vom 22. 9. 1929, Literaturblatt Nr. 38; LE 32 (1929/30), S. 735; Elster (1930), S. 596; Die literarische Welt 4 (1928), Nr. 30, S. 1.

T: 1926 *Juliane Kay* (›Abenteuer im Sommer‹). LT: Die Lesestunde 4 (1927), S. 2, 67. – LE 29 (1926/27), S. 247.

1927 *Walter Meckauer* (›Die Bücher des Kaisers Wutai‹). LT: FZ Nr. 412 vom 4. 6. 1928, S. 1; LE 30 (1927/28), S. 682; Aut 3 (1928), Nr. 6, S. 9.

1928 *Lily Hohenstein* (›Das Kind und die Wundmale‹). LT: Max Tau: Lily Hohenstein und ihr Roman ›Das Kind und die Wundmale‹. Jugendpreis Deutscher Erzähler 1928. In: Die Lesestunde 6 (1929), S. 315–317. – LE 31 (1928/29), S. 746; Aut 4 (1929), Nr. 8, S. 11–14.

1929 *Anton Gabele* (›Im Schatten des Schicksals‹). LT: Wolfgang von Einsiedel: Jugendpreis Deutscher Erzähler. In: Die Lesestunde 7 (1930), S. 252f. – LE 32 (1929/30), S. 615 (Urteilsbegründung von Hermann Stehr): »So führt das Schicksal selber dem Autor die Hand. Er fühlt sich als sein unparteiischer Chronist. Einfach und groß, ohne ästhetisches oder sentimentales Episodengefüllsel, in reichster Modulation, voll Wucht, aber ohne Kraftmeierei [...]«; Aut 5 (1930), Nr. 5, S. 11; Aut 5 (1930), Nr. 6, S. 12; FZ Nr. 413 vom 5. 6. 1930, S. 2; NL 42 (1941), S. 36.

1930 *Josef Martin Bauer* (›Achtsiedel‹). LT: Oskar Loerke: Josef Martin Bauer und sein Roman ›Achtsiedel‹. In: Die Lesestunde 8 (1931), S. 136. – LE 33 (1930/31), S. 483; Aut 6 (1931), Nr. 3, S. 16.

Kärntner Literaturpreis
auch: Literatur-Preisausschreiben des Gaues Kärnten, Preisausschreiben des Gauleiters von Kärnten

J: 1939

S: Gauleiter von Kärnten, Hubert Klausner, Klagenfurt; nach dessen Tod (1939) übernommen vom stellvertretenden Gauleiter, Franz Kutschera, Klagenfurt

Ju: Ottokar Drumbl (Gaupropagandaleiter, Landeskulturwalter). – Bruno Czeitschner (Gaukulturstellenleiter). – Emil Lorenz (Landesleiter der Reichsschrifttumskammer). – Karl Springenschmid (Schriftsteller, Landesrat in Salzburg). – Gerhard Schumann (Schriftsteller, Mitglied des Reichskultursenats, als Vertreter des Präsidenten der Reichsschrifttumskammer). – »Die Entscheidung der Jury muß dem Herrn

Reichsminister für Volksaufklärung und Propaganda zur endgültigen Genehmigung vorgelegt werden.« L: DS 4 (1939), S. 42.
VT: Alle zwei Jahre
Z: »Das Thema ›Kärnten‹ soll in dramatischer Form (allenfalls auch als Hörspiel oder Film) behandelt werden. [...] Ferner gelangt ein Preis [...] für das beste lyrische und epische Werk zur Verteilung.« L: DS 4 (1939), S. 41.
B: »In Betracht kommen nur solche Werke, die bisher nicht veröffentlicht wurden. Zur Teilnahme berechtigt sind alle Kärntner (in Kärnten geborenen oder dort ansässigen) Volksgenossen.« L: DS 4 (1939), S. 41.
VF: Dramenpreis: 500 RM; Preis für Gedichte und Prosawerke: 500 RM. – »Die Jury behält sich vor, im Falle unzulänglicher Beschickung des Wettbewerbes von der Zuerkennung einzelner oder auch aller Preise abzusehen oder sie zu teilen.« L: DS 4 (1939), S. 42.
LP: Strallhofer (1994), S. 71f.; DS 4 (1939), S. 41f.
T: 1939 *Herbert Strutz* (1. Lyrikpreis, für ›Gnade der Heimat‹). – *Hans Sittenberger* (1. Dramenpreis, für ›Sturm überm Land‹). – *Sebastian Rainhofer*, d. i. Valentin Pribernig (2. Dramenpreis, für ›Die Moosbacherin‹). – LTT: LE 42 (1939/40), S. 312.

Kärntner Schrifttumspreis

s. Schrifttumspreis des Gauleiters der NSDAP in Kärnten

Kanka-Stiftung

s. Preis der Kanka-Stiftung

Kant-Preis

J: [1941]
S: Stadt Königsberg. Verleihung durch die Universität Königsberg
T: 1941 *Erwin Guido Kolbenheyer* (›Kant-Plakette‹). LT: DS 6 (1941), S. 36.
1942 *Josef Nadler*. LT: Aut 17 (1942), Nr. 3, S. 47; NL 43 (1942), S. 96.
1944 *Kleo Pleyer* (1942 gefallen). LT: Bbl 111 (1944), S. 107; Deutschtum im Ausland 27 (1944), S. 77 (mit dem Text der Verleihungsurkunde).

Kantate-Dichterpreis der Reichsmessestadt Leipzig

s. a. Dichterpreis der Stadt Leipzig

J: 1941. – Vorläufer: Dichterpreis der Stadt Leipzig
S: Stadt Leipzig
VT: Jährlich
Z: »Der Preis soll einen Dichter ehren, der schon von der Öffentlichkeit anerkannt ist, zum anderen soll er Ansporn sein für die Schaffenden, die noch keinen großen Namen haben und deren Werke sich erst noch einen ehrenvollen Platz im deutschen Schrifttum erringen müssen.« L: Aut 18 (1943), Nr. 6, S. 107.
VF: 5000 RM
LP: Aut 16 (1941), Nr. 3, S. 55; F.A. Hauptmann: Kulturarbeit im Kriege. In: Leipziger Jahrbuch (1942), S. 37–39 (Erwähnung S. 37).
T: 1941 *Hanns Johst*. LT: LE 43 (1940/41), S. 480, 528; Aut 16 (1941), Nr. 6, S. 107f.; NL 42 (1941), S. 166; Wulf (1963), S. 268.
1942 *Franz Adam Beyerlein* (für das Gesamtwerk). – *Friedrich Norfolk* (›Herz im Panzer‹, Roman um den Landsknechtsführer Georg von Frundsberg). – LTT: Aut 17 (1942), Nr. 6, S. 92; DS 7 (1942), H. 6, Umschlag; NL 43 (1942), S. 144.

1943 *Max Dehnert. – Margarete Zur Bentlage.* – LTT: Aut 18 (1943), Nr. 6, S. 107; DS 8 (1943), H. 8, S. 60.
1944 *Kurt Eggers.* LT: Barbian (1993), S. 202.

Ernst-Keil-Stiftung

s. Preis der Ernst-Keil-Stiftung

Gottfried Keller-Preis

J: 1921. Erste Verleihung 1922
S: Martin Bodmer-Stiftung, Zürich
Ju: Meldung über die Zusammensetzung des Kuratoriums 1921: Martin Bodmer. – Robert Faesi. – Eduard Korrodi. – Max Rychner. – L: LE 23 (1920/21), Sp. 1471f. – Meldung 1937: Martin Bodmer. – Carl Jacob Burckhardt. – Robert Faesi. – Carl Helbling. – Eduard Korrodi. – Hugo Marti. – L: Kü (1937/38), Sp. 256.
VT: Meldung 1928: Wenn möglich alle zwei Jahre
Z: Der Preis »soll demjenigen künstlerischen Werk zuerkannt werden [...], das geeignet erscheint, das geistige Leben der Schweiz zu befruchten«. L: LE 23 (1920/21), Sp. 1471f. – »Der Gottfried Keller-Preis [...] ist so wenig eine ausschließlich eidgenössische Angelegenheit wie die Schweizerische Literatur. Daß in erster Linie schweizer Talente Preisträger werden sollen, ist wohl begreiflich, da die ›Schweizerische Schillerstiftung‹ mit allen, aber nicht genügenden Mitteln wirkt, um geistig Arbeitende davor zu bewahren, daß ihr Tischlein-deck-dich bloß das Hungertuch trägt. Es ist indessen ebenso begreiflich, daß die Stiftungsbehörde bei der Bewertung künstlerischer Erscheinungen sich die Augen nicht mit der Nationalflagge verbinden will, sondern die gegenseitigen Dankesverpflichtungen der sprachverbrüderten Literaturen lebendig im Gedächtnis behält und einem Schenker fruchtbarer übernationaler Kulturwerte mit dem Dank nicht hinter den Bergen halten will. Bewerbungen um den Preis werden nichts einbringen als die gewohnte Enttäuschung. Man überlasse es den kritischen Geistern der Stiftung, zu suchen. Denn wenn ein Licht zu leuchten vermag, so bleibt es auch unter dem Scheffel nicht verborgen.« L: Max Rychner. In: LE 24 (1921/22), Sp. 188.
VF: Mindestens 6000 sfr aus einem Fonds von 100 000 sfr
LP: Interne Liste der Martin Bodmer-Stiftung, Zürich. – Literarische Preise (1928), S. 221; Kü (1937/38), Sp. 256; Kü (1939), Sp. 253. – LE 23 (1920/21), Sp. 1471f.; Max Rychner: Der Gottfried-Keller-Preis. In: Wissen und Leben 14 (1920/21), S. 878–883; Martin Bodmer: Der Gottfried Keller-Preis. In: NZZ Nr. 1048 vom 17. 7. 1921; FZ Nr. 529 vom 19. 7. 1921, S. 1; Max Rychner. In: LE 24 (1921/22), Sp. 188; [Eduard] K[orrodi]: Martin Bodmer-Stiftung. In: NZZ Nr. 722 vom 22. 4. 1933.
T: Die Preisträger sind nach der internen Liste der Martin Bodmer-Stiftung, Zürich, verzeichnet.
1922 *Jakob Boßhart* (›Ein Rufer in der Wüste‹, Roman). LT: LE 24 (1921/22), Sp. 1084; Carl Friedrich Wiegand: Der Gottfried Keller-Preis. In: FZ Nr. 309 vom 20. 4. 1922, S. 1.
1925 *Heinrich Federer* (›Papst und Kaiser im Dorf‹, Erzählung). LT: LE 27 (1924/25), S. 509; Der Gottfried Keller-Preis für Heinrich Federer. Mitteilung der Martin Bodmer-Stiftung an die Presse. [Mit einem Kommentar von] E[duard] K[orrodi]. In: NZZ Nr. 446 vom 22. 3. 1925; E[duard] K[orrodi]: Zum zweiten Gottfried Keller-Preis. In: NZZ Nr. 474 vom 26. 3. 1925, S. 1f.
1927 *Charles Ferdinand Ramuz* (›La beauté sur la terre‹). LT: LE 30 (1927/28), S. 185; Literarische Preise (1928), S. 221.

1929 *Josef Nadler* (›Literaturgeschichte der deutschen Stämme und Landschaften‹). LT: NZZ Nr. 2168 vom 10. 11. 1929, Literarische Beilage; FZ Nr. 852 vom 14. 11. 1929, S. 1; LE 32 (1929/30), S. 244.
1931 *Hans Carossa*. LT: LE 34 (1931/32), S. 179f. (Entscheidungsbegründung).
1933 *Festgabe zur Hundertjahrfeier der Universität Zürich*. »Der Gottfried-Keller-Preis [...] möchte dieses Jahr nicht eine einzelne Persönlichkeit, sondern zürcherische Literaturforschung fördern und damit die Alma Mater Turicensis ehren. Sie verzichtet dieses Jahr auf die Verleihung des Preises und übermacht die Summe von 8000 Fr. der Universität. Den Stiftungszwecken gemäß soll diese Summe der literaturgeschichtlichen Forschung, vornehmlich dem deutschen Seminar und den andern philologischen Seminarien zugute kommen, sei es zu Anschaffungen für die Seminarbibliotheken oder zur Drucklegung von Arbeiten usf.« L: K[orrodi, Eduard]: Martin Bodmer-Stiftung. In: NZZ Nr. 722 vom 22. 4. 1933.
1936 *Hermann Hesse*. LT: LE 38 (1935/36), S. 400; E[duard] K[orrodi]: Hermann Hesse, Preisträger des Gottfried-Keller-Preises. In: NZZ Nr. 619 vom 11. 4. 1936, S. 1.
1938 *Ernst Gagliardi* (›Geschichte der Schweiz von den Anfängen bis zur Gegenwart‹). LT: Aut 13 (1938), Nr. 11, S. 26f.; Bbl 105 (1938), S. 971.
1942 *Robert Faesi*
1947 *Fritz Ernst*
1949 *Rudolf Kassner*. LT: Autor (1949/50), H. 9/10, S. 37.

Fortsetzung 1952ff

Kleist-Preis [1]

J: 1911. Gründung anläßlich des 100. Todestages von Heinrich von Kleist. – Erste Verleihung 1912. – Neubegründung 1985
S: Kleist-Stiftung, Berlin, gegründet 1911, aufgelöst 1935; Initiator: Fritz Engel
Ju: Wahl durch einen vom Kunstrat der Stiftung eingesetzten »Vertrauensmann«, gültig jeweils für eine Verleihung. – Kunstrat 1912: Richard Dehmel. – Arthur Eloesser (Theaterkritiker, Essayist). – Fritz Engel. – Samuel Fischer (Verleger, Berlin). – Moritz Heimann. – Jakob Schaffner. – Schubarth (Geheimrat). – L: Sembdner (1968), S. 19. – Kunstrat 1915: Julius Bab. – Fritz Engel. – Bernhard Kellermann. – Hans Land. – Ernst Lissauer. – Karl Strecker. – Paul Wiegler. – L: LE 17 (1914/15), Sp. 1089. – Kunstrat 1921: Julius Bab. – Dietzenschmidt, d.i. Anton Franz Schmidt. – Alfred Döblin. – Herbert Ihering. – Monty Jacobs. – Leopold Jeßner (Generalintendant der Staatlichen Schauspiele Berlin). – Kunstrat 1926: Bernhard Diebold. – Paul Fechter. – Fritz Strich.– L: Kü (1926), Sp. 222. – Kunstrat 1928: Monty Jacobs. – Hans Henny Jahnn. – Wilhelm von Scholz. – L: Kü (1928), Sp. 246.
VT: Jährlich
Z: Die Kleiststiftung »bezweckt, Ehrengaben aufstrebenden und wenig bemittelten Dichtern deutscher Sprache, Männern und Frauen, zu gewähren. [...] Ehrengaben können auch ohne Bewerbung verliehen werden.« L: [Aus der Satzung 1912]. Zitiert nach: Sembdner (1968), S. 16.
VF: »Die Höhe der für jedes Jahr [aus den Mitgliedsbeiträgen des Vereins] zu verteilenden Summe bestimmen der Kunstrat und der Vorstand in einer gemeinsamen Sitzung [...].« L: [Aus der Satzung 1912]. Zitiert nach: Sembdner (1968), S. 17.
LP: Helmut Sembdner: Der Kleist-Preis 1912–1932. Eine Dokumentation. Berlin 1968; Ernst Fischer: Der ›Schutzverband deutscher Schriftsteller‹ 1909–1933. Bd 1. Phil. Diss. Wien 1978. S. 116–119; Bufkin (1980), S. 128f. – Aufruf zur Kleist-Stiftung.

Gründung eines literarischen Jugendpreises. In: Die neue Rundschau 22 (1911), H. 12, Inserenten-Beilage, S. 1f. – Kü (1926), Sp. 222; Kü (1928), Sp. 246. – Kurt Hiller: Gegen die Kleist-Stiftung. In: Der Sturm 2 (1911/12), S. 683; Karl von Felner: Offener Brief an die Gründer der Kleist-Stiftung. In: Zeitschrift für Bücherfreunde 3 (1911/12), S. 375f.; LE 15 (1912/13), Sp. 363, 1598; LE 17 (1914/15), Sp. 1089; LE 23 (1920/21), Sp. 1087; Elster (1930), S. 593–599; Lutz Weltmann: Über Kleist und den Kleistpreis. Ein Triptychon. In: Neue literarische Welt 3 (1952), Nr. 20, S. 3; Hans Joachim Kreutzer: Der Kleist-Preis 1912–1932–1985. Rede zu seiner Wiederbegründung. In: Kleist-Jahrbuch (1986), S. 11–18.

T: Die Preisträger(innen) und »Vertrauensmänner« sind nach Sembdner (1968) verzeichnet.

1912 *Hermann Burte* (Ehrengabe, 700 M, für den Roman ›Wiltfeber der ewige Deutsche‹, sowie eine von der Hamburg-Amerika-Linie gewährte Freifahrt mit einem Reisezuschuß von 300 M. – Reinhard Johannes Sorge (Ehrengabe, 700 M, für das Drama ›Der Bettler‹, sowie eine vom Norddeutschen Lloyd gewährte Freifahrt mit einem Reisezuschuß von 300 M). – Vertrauensmann: Richard Dehmel

1913 *Hermann Essig* (Ehrengabe, 1200 M, sowie eine Freifahrt der Hamburg-Amerika-Linie). – *Oskar Loerke* (Ehrengabe, 1200 M, sowie eine Freifahrt des Norddeutschen Lloyd). – Vertrauensmann: Jakob Schaffner. – LTT: LE 16 (1913/14), Sp. 434.

1914 *Fritz von Unruh* (Ehrengabe, 1000 M). – *Hermann Essig* (Ehrengabe, 1000 M). – Vertrauensmann: Arthur Eloesser. – LTT: LE 17 (1914/15), Sp. 382.

1915 *Robert Michel* (Ehrengabe, 1000 M). – *Arnold Zweig* (Ehrengabe, 1000 M). – Vertrauensmann: Paul Wiegler. – LTT: LE 18 (1915/16), Sp. 260.

1916 *Agnes Miegel* (Ehrengabe, 1000 M). – *Heinrich Lersch* (Ehrengabe, 1000 M). – Vertrauensmann: Karl Strecker. – LTT: LE 19 (1916/17), Sp. 321.

1917 *Walter Hasenclever* (Ehrengabe, 1000 M, für das Drama ›Antigone‹). – Vertrauensmann: Bernhard Kellermann

1918 *Leonhard Frank* (Ehrengabe, 1000 M). – *Paul Zech* (Ehrengabe, 1000 M). – Vertrauensmann: Heinrich Mann. – LTT: LE 21 (1918/19), Sp. 381.

1919 *Dietzenschmidt*, d.i. Anton Franz Schmidt (Ehrengabe, 1250 M). – *Kurt Heynicke* (Ehrengabe, 1250 M). LT: FZ Nr. 878 vom 24. 11. 1919, S. 1. – *Julius Maria Bekker* (ehrenvolle Erwähnung). – *Oskar Maurus Fontana* (ehrenvolle Erwähnung). – *Otto Zarek* (ehrenvolle Erwähnung). – Vertrauensmann: Franz Servaes. – LTT: LE 22 (1919/20), Sp. 376, Sp. 439f.

1920 *Hans Henny Jahnn* (Ehrengabe, 2500 M, für das Drama ›Pastor Ephraim Magnus‹). – Vertrauensmann: Oskar Loerke. – LT: FZ Nr. 852 vom 16. 11. 1920, S. 1f. (Entscheidungsbegründung); LE 23 (1920/21), Sp. 437, 738; Edgar Groß: Das preisgekrönte Erotomanendrama. In: LE 23 (1920/21), Sp. 968–972, 1123, 1448; Paul Fechter: Eine Preisfrage. In: Deutsche Rundschau Jg 47, Bd 187 (1921), H. 8 (Mai), S. 213–216; Julius Bab: Unterwelt. In: Die Weltbühne 17 (1921), Bd 1, S. 649–653; Oskar Loerke: Hans Henny Jahnn. In: Die Weltbühne 17 (1921), Bd 1, S. 680–684; Victor Klages: Preisträger. In: Weser Zeitung (Bremen) Nr. 73 vom 30. 1. 1921 (Morgenausgabe); Victor Klages: Kleist und das »Erotomanendrama«. In: Weser Zeitung Nr. 325, 1921, und Nr. 478, 1921 (nicht näher datierte Zeitungsausschnitte).

1921 *Paul Gurk* (Ehrengabe, 2500 M). – *Joachim von der Goltz* (ehrenvolle Erwähnung). – *Inge von Holtzendorff* (ehrenvolle Erwähnung). – *Leo Weismantel* (ehrenvolle

Aufruf zur Kleist-Stiftung

Gründung eines literarischen Jugendpreises

In diesen Tagen bemächtigt sich die Erinnerung an den Tod Heinrich v. Kleists in Deutschland aller Gemüter, in denen die Empfindung für menschliche und nationale Größe und für Werk und Kampf des Genies nicht erloschen ist. Am 21. November 1811 ist der Dichter des „Käthchen", des „Prinzen von Homburg" und der „Penthesilea", einer der größten Poeten deutscher Zunge, das geborene dramatische Genie unseres Volkes, der stärkste Zeuge für die poetische Triebkraft der Mark, freiwillig in den Tod gegangen. Auf der Höhe genialen Schaffens hat er in einer Gemütsverdüsterung, die durch Verkennung und Hilflosigkeit zur Verzweiflung gesteigert war, das unsäglich wertvolle Leben von sich geworfen. Nach seinem Tode erst ging das Gestirn seines Ruhmes auf, und seit einem Jahrhundert wächst mit dem Stolz auf seine unsterblichen Werke auch der Schmerz um sein Ende, verschärft durch die beschämend traurige Erkenntnis, daß der Mitwelt Kleists, die kein Auge für seine Größe und kein Herz für seine Leiden hatte, eine schwere Schuld an dem erschütternden Ausgang seines Lebens und an dem vorzeitigen Verlust einer einzigartigen Kraft zufällt.

Auch die Literaturgeschichte schließt, wie die politische, tiefernste Lehren in sich, und das Gedächtnis der Kleistkatastrophe sollte mit seiner ätzenden Schärfe dem nationalen Willen den Entschluß einprägen: nie wieder soll ein Genie unseres Volkes durch Mitschuld einer stumpfen Umgebung ein gleiches Schicksal erleiden, wie es den Unvergleichlichen mit ungehemmter Rauheit erfaßt und in der Vollkraft gefällt hat.

Aus solchen Empfindungen heraus ist der Plan erwachsen, für den wir, überzeugt von Ihrer uns entgegenkommenden Gleichstimmung, Ihre Förderung erbitten. Wir wollen zum Gedächtnis des Dichters eine Kleist-Stiftung ins Leben rufen, die ringende poetische Talente durch rechtzeitige Hilfe davor bewahren soll, im Lebenskampf unterzugehen. Im Gegensatz zu anderen Stiftungen, die vielfach an formale Bedingungen der Vorbildung geknüpft sind, reife Leistungen von den Bewerbern heischen oder ein Maß bereits erworbener Anerkennung zur Voraussetzung ihrer Wohltat machen, soll hier nichts entscheiden als die Erkenntnis des entwicklungsfähigen Talentes und die Absicht, ihm die Bedingungen der Entwicklung zu gewähren, indem ihm für einige Zeit eine Sicherung gegen den lähmenden Druck der wirtschaftlichen Sorgen geboten wird. Die Kleist-Stiftung soll insbesondere jene Talente retten und schützen, die gemäß ihrer inneren Veranlagung oder infolge ihrer Lebensverhältnisse sich in den wirtschaftlichen Organismus des Alltaglebens noch nicht hineinfinden können und dennoch die Bürgschaft eines bedeutenden Könnens in sich tragen. Persönlichkeiten von literarischem Urteil, Lebenserfahrung und vorurteilsloser Empfänglichkeit werden auf Grund von Talentproben die Kräfte namhaft machen, denen unsere Stiftung beistehen soll.

Wir bitten Sie, den Fonds der Stiftung nach besten Kräften zu bedenken und so zur Aufsammlung eines Kapitals beizutragen, dessen Zinsen einigermaßen genügen, um unsere Absicht zur Tat werden zu lassen und der Kleistfeier dieser Tage fortwirkende Bedeutung zu geben.

Ihre freundliche Entschließung haben Sie die Güte an den mitunterzeichneten Redakteur Fritz Engel, Redaktion des Berliner Tageblattes SW. 19, gelangen zu lassen. Über den Termin der Einzahlung an die Berliner Diskontogesellschaft, die sich zur Entgegennahme von Beiträgen bereit erklärt hat, wird der Arbeitsausschuß sich zur gegebenen Zeit noch eine weitere Mitteilung gestatten.

Ludwig Barnay
Martin Beradt
Otto Brahm
Paul Cassirer
S. Cohn (Oesterheld & Co.)
Richard Dehmel
Friedrich Dernburg
Julius Elias
Fritz Engel
Otto Ernst
Herbert Eulenberg
Gustav Falke
S. Fischer
W. Fred
Ludwig Fulda
Leo Greiner
Maximilian Harden
Felix Heinemann
Georg Hermann
Rudolf Herzog
Wilhelm Herzog
Hugo v. Hofmannsthal
Felix Holländer
Monty Jacobs
Alfred Klaar
Friedrich Kayßler
Hans Kyser
Hans Land
J. Landau
Hans Landsberg
Siegmund Lautenburg
Felix Lehmann
Jon Lehmann
Paul Lindau
Ernst Lissauer
Felix Lorenz
Fritz Mauthner
Waldeck-Manasse
Richard M. Meyer
Otto Neumann-Hofer
Max Osborn
Max Pattegg
Rudolf Presber
Walter Rathenau
Max Reinhardt
Gabriele Reuter
Karl Rosner
Wilhelm Schäfer
Paul Schlenther
Wilhelm Schmidtbonn
Arthur Schnitzler
Paul Schüler
Franz Servaes
Fritz Stahl
Karl Strecker
Hermann Sudermann
Walter Horst
Theodor Wolff
Fedor v. Zobeltitz

Erwähnung). – Vertrauensmann: Julius Bab. – LTT: LE 24 (1921/22), Sp. 442.
1922 *Bertolt Brecht* (Ehrengabe für die Dramen ›Trommeln in der Nacht‹, ›Baal‹, ›Im Dickicht der Städte‹). – *Ernst Barlach* (ehrenvolle Erwähnung). – *Uli Klimsch* (ehrenvolle Erwähnung). – *Ernst Weiß* (ehrenvolle Erwähnung). – Vertrauensmann: Herbert Ihering. – LTT: Bbl 89 (1922), S. 1662 (Entscheidungsbegründung); LE 25 (1922/23), Sp. 475f.
1923 *Wilhelm Lehmann* (Ehrengabe, eine Milliarde RM, für das Gesamtwerk). – *Robert Musil* (Ehrengabe, eine Milliarde RM, für das Gesamtwerk). – *Melchior Vischer* (ehrenvolle Erwähnung). – Vertrauensmann: Alfred Döblin. – LTT: FZ Nr. 784 vom 22. 10. 1923, S. 1; LE 26 (1923/24), S. 188f.
1924 *Ernst Barlach* (Ehrengabe, 1500 RM, für sein dramatisches Werk). – Vertrauensmann: Fritz Strich. – LT: FZ Nr. 872 vom 21. 11. 1924, S. 1 (Entscheidungsbegründung); LE 27 (1924/25), S. 250f. (Entscheidungsbegründung).
1925 *Carl Zuckmayer* (Ehrengabe, 1500 RM, für das Lustspiel ›Der fröhliche Weinberg‹). – *Hans Grimm* (ehrenvolle Erwähnung). – Vertrauensmann: Paul Fechter. – LTT: FZ Nr. 840 vom 10. 11. 1925, S. 2 (Entscheidungsbegründung); LE 28 (1925/26), S. 248f. (Entscheidungsbegründung).
1926 *Alexander Lernet-Holenia* (Ehrengabe, 1000 RM, für die Dramen ›Österreichische Komödie‹, ›Ollapotrida‹ und ›Demetrius‹). – Vertrauensmann: Bernhard Diebold. – LT: »Das gestohlene Krokodil«. In: LE 32 (1929/30), Sp. 679f.; E[duard] K[orrodi]: Ein Dokument. In: NZZ Nr. 1565 vom 11. 8. 1930; Bernhard Diebold: Attraktion mit Krokodil. Bedenkliche Betrachtung meines Kleistpreis-Trägers. In: FZ Nr. 599 vom 13. 8. 1930, S. 1f.; LE 33 (1930/31), S. 58. – *Alfred Neumann* (Ehrengabe, 500

KLEISTPREIS 1928

SEGHERS

Aufstand der Fischer von St. Barbara

Was der Panzerkreuzer Potemkin vor drei Jahren für den Film bedeutete, bedeutet der Aufstand der Fischer für die moderne deutsche Literatur.

Broschiert RM 2.80

Leinen RM 4.—

GUSTAV KIEPENHEUER VERLAG

RM, für den Roman ›Der Teufel‹). – *Martin Kessel* (ehrenvolle Erwähnung für seine Großstadtnovellen und die Gedichtsammlung ›Gebändigte Kurven‹). – LTT: FZ Nr. 783 vom 20.10.1926, S. 1 (Entscheidungsbegründung); LE 29 (1926/27), S. 183.

1927 *Gerhard Menzel* (Ehrengabe, 1000 RM, für das Drama ›Toboggan‹). – *Hans Meisel* (Ehrengabe, 500 RM, für den Roman ›Torstenson‹). – Vertrauensmann: Monty Jacobs. – LTT: Erich Franzen: Die Träger des Kleistpreises. In: Die literarische Welt 3 (1927), Nr. 48, S. 9; LE 30 (1927/28), S. 247 (Entscheidungsbegründung).

1928 *Anna Seghers* (Ehrengabe, 1500 RM, für die Erzählungen ›Aufstand der Fischer von St. Barbara‹ und ›Grubetsch‹). – Ehrenvolle Erwähnungen: *Ernst Glaeser. – Hermann Kesten. – Peter Martin Lampel. – Hans Reiser. – Boris Silber. – Peter Werder. – Wolfgang Weyrauch.* – Vertrauensmann: Hans Henny Jahnn. – LTT: LE 31 (1928/29), S. 304f. (Entscheidungsbegründung).

1929 *Alfred Brust* (Ehrengabe, 1250 RM, für den Roman ›Die verlorene Erde‹). LT: Ernst Heilborn: Preisverteilung. In: LE 32 (1929/30), S. 126; Prospekt des Horen-Verlags, Leipzig, Berlin. Nach 1929. Mit Hinweis auf den Kleist-Preis. – *Eduard Reinacher* (Ehrengabe, 1250 RM, für die dramatische Ballade ›Der Bauernzorn‹). LT: Ernst Heilborn: Preisverteilung. In: LE 32 (1929/30), S. 126. – Ehrenvolle Erwähnungen: *Oskar Walter Cisek. – Peter Flamm. – Erich Kästner.* – Vertrauensmann: Wilhelm von Scholz. – LTT: FZ Nr. 789 vom 22.10.1929, S. 1; Werner Schendell: Die Träger des Kleist-Preises 1929. In: Die literarische Welt 5 (1929), Nr. 44, S. 1.

1930 *Reinhard Goering* (Ehrengabe, 1500 RM, für das Drama ›Die Südpolexpedition des Kapitän Scott‹). LT: Aut 5 (1930), Nr. 10, S. 10; Reuchlin, d.i. Karl Rauch: Preis-Skala. In: Der Bücherwurm 16 (1931), H. 1, S. 26. – Ehrenvolle Erwähnungen: *Waldemar Jollos* (›Das Vergessen Gottes‹, Drama). – *Eleonore Kalkowska* (›Wer hat Recht?‹, Drama). – *Rudolf Leonhard (›Anonyme Briefe‹, Drama).* – *Arno Nadel* (›Die Pest‹, Drama). – *Ernst Penzoldt* (›Die Portugalesische Schlacht‹, Drama). –*Walter Erich Schäfer* (›Richter Feuerbach‹, Drama). – *Fritz Schwiefert* (›Marguerite durch drei‹, Drama). – *Friedrich Wolf* (›Die Matrosen von Cattaro‹, Drama). – Vertrauensmann: Ernst Heilborn. – LTT: Ernst Heilborn, Lutz Weltmann: Kleist-Preis 1930. Eine Rundfunkunterhaltung. In: LE 33 (1930/31), S. 121–124; LE 33 (1930/31), S. 179 (mit Entscheidungsbegründung).

1931 *Ödön von Horváth* (Ehrengabe für die dramatischen Dichtungen). LT: Bernhard Diebold: Kleistpreisträger Horváth. In: FZ Nr. 824/825 vom 5.11. 1931, S. 1f.; Bernhard Diebold: Sorgen in Deutschland. In: FZ Nr. 892/893 vom 1.12. 1931, S. 2. – *Erik Reger* (Ehrengabe für den Roman ›Union der festen Hand‹). – Vertrauensmann: Carl Zuckmayer. – LTT: LE 34 (1931/32), S. 179 (mit Entscheidungsbegründung).

1932 *Richard Billinger* (Ehrengabe für das Schauspiel ›Rauhnacht‹). – *Else Lasker-Schüler* (Ehrengabe für ihr dichterisches Lebenswerk). – *Walter Bauer* (ehrenvolle Erwähnung der Romane ›Ein Mann zog in die Stadt‹ und ›Die notwendige Reise‹). – *Anna Gmeyner* (ehrenvolle Erwähnung des Volksstücks ›Automatenbüfett‹). – Vertrauensmann: Erich Ziegel. – LTT: Paul Wiegler: Literaturpreise 1932. Nobelpreis und Kleist-Preis. In: Die literarische Welt 8 (1932), Nr. 49, S. 2; NL 33 (1932), S. 596; LE 35 (1932/33), S. 242f. (mit Entscheidungsbegründung).

1933 »In diesem Jahr kein Kleistpreis. – Da die Kleist-Stiftung in der Umbildung begriffen ist, wird der Kleist-Preis in diesem Jahr nicht zur Verteilung kommen.« L: Aut 8 (1933), Nr. 11, S. 16.

Fortsetzung 1985ff

Kleist-Preis [2]

J: 1947
S: Conradus-Verlag, Berlin
Ju: Wolfgang Müller (Verleger). – Fritz Martin Rintelen (Schriftsteller, Chefredakteur). – Heinrich Weber (Lektor)
VT: Jährlich
Z: Auszeichnung von Romanen. »Mit dem Preis sollen Autoren gefördert werden, die Werke der Gegenwartsdichtung von großem Wirklichkeitswert und hohem dichterischen Rang schaffen.« L: Kulturpreise (1948).
B: »Die einzureichenden Manuskripte müssen unveröffentlicht sein.« »Der preisgekrönte Roman wird Eigentum des Conradus-Verlages und von ihm zu den üblichen Honorarbedingungen zur ersten Veröffentlichung erworben [...].« L: Kulturpreise (1948).
VF: 7000 DM
LP: Kulturpreise (1948). – Autor (1947/48), H. 9, S. 12.

Klopstock-Preis

J: [1944]. – Benannt nach dem Dichter Friedrich Gottlieb Klopstock (1724–1803)
S: Gau Magdeburg-Anhalt, Gauleiter und Reichsstatthalter Rudolf Jordan, Dessau
VT: Alle drei Jahre. Verleihung in Quedlinburg, dem Geburtsort Klopstocks
Z: Der Preis wurde gestiftet »in dem Bestreben, zur Förderung und Anerkennung zeitgenössischer Dichter dem nationalen deutschen Schrifttum in Gegenwart und Zukunft neuen Antrieb zu geben [...]. Mit dem Preis sollen nach den Satzungen der Stiftung eine Dichtung der lyrischen, epischen oder dramatischen Gattung ausgezeichnet werden, der das Prädikat des gehobenen Stils zuerkannt werden kann. Insbesondere sollen dichterische Werke preisgekrönt werden, die zur Landschaft oder zur Geschichte des mittelelbischen Raumes in einer inneren Beziehung stehen.«
VF: 10 000 RM
LP: Bbl 112 (1945), S. 7.

Kölner Blumenspiele

s. Preise der ›Kölner Blumenspiele‹

Königlich Preußischer Schillerpreis

s. Schillerpreis

Theodor Körner-Plakette

J: 1943. Gestiftet am 23. September, dem Geburtstag des 1813 in den Freiheitskriegen gefallenen Dichters Theodor Körner (1791–1813)
S: Reichsstatthalter im Gau Sachsen, Martin Mutschmann, Dresden
Z: Auszeichnung von Dichtern und Schriftstellern, »die in soldatischem Einsatz gestanden und zugleich durch ihre Werke das deutsche Volk zu Opfergeist und Heldenmut aufgerichtet haben«. L: DS 8 (1943), H. 6, S. 72.
VT: Jährlich. Verleihung am 26. August, dem Todestag Körners
T: 1943 *Carl von Bremen* (gefallen). – *Kurt Eggers* (gefallen). – *Rudolf Maczurat* (gefallen). – LTT: DS 8 (1943), H. 6, S. 72.
1944 *Helmut Bräutigam* (gefallen). – *Erich Karschies* (gefallen). – *Martin Raschke* (gefallen). – LTT: Bbl 111 (1944), S. 166.

E. G. Kolbenheyer-Preis der Stadt Karlsbad
auch: Kulturpreis der Stadt Karlsbad

J: 1943. Gestiftet zum 65. Geburtstag des Schriftstellers Erwin Guido Kolbenheyer (1878–1962)
S: Stadt Karlsbad
VT: Alle drei Jahre. Verleihung am Tag der traditionellen Brunnenweihe am 1. Mai
Z: Preis »für hervorragende Schriften auf dem Gebiete der Medizin und der Heilquellenkunde«. L: Deutschtum im Ausland 27 (1944), S. 30.
VF: 10 000 RM, die im ganzen Betrag zur Auszahlung gelangen müssen
LP: Bbl 111 (1944), S. 7; Deutschtum im Ausland 27 (1944), S. 30; DS 9 (1944), H. 1, S. 12; DS 9 (1944), H. 3, S. 34.
T: 1944 *Robert Kampe* (Verdienste um die Neufassung, Erhaltung und Sicherung der Karlsbader Heilquellen). LT: Bbl 111 (1944), S. 107.

Kolonialer Schrifttums- und Filmpreis

J: 1940. – Schon 1938 Meldungen über die Stiftung des Preises, erste Ausschreibung jedoch erst 1940
S: Reichskolonialbund (in Verbindung mit der »deutschen kolonialen Bilderzeitung« ›Kolonie und Heimat‹), München / Universum-Film-Aktiengesellschaft ⟨Ufa⟩, Berlin
Ju: Vertreter des Reichskolonialbundes, der Ufa, des Kolonialpolitischen Amtes der NSDAP; Ehrenvorsitzender des Prüfungsausschusses: Reichsleiter General Franz Frhr Ritter von Epp
VT: Jährlich
Z: Wettbewerb »zur Erlangung eines Kolonial-Stoffes«. L: Kolonie und Heimat 4 (1940), S. 373. – Auszeichnung der besten »literarischen Gestaltung eines kolonialen Schicksals, das sich in gleicher Weise zur Veröffentlichung als Zeitungsroman wie als stoffliche Grundlage eines Films eignet«. L: DS 5 (1940), S. 102. – »Der Inhalt des Romans muß den heute geltenden Anschauungen der deutschen Kolonialpolitik entsprechen.« L: Aut 15 (1940), Nr. 9/10, S. 123. – »Der Inhalt soll das Schicksal eines deutschen Menschen als Kolonialmann zum Gegenstand haben.« L: LE 43 (1940/41), S. 96. – »Die Handlung soll möglichst in der Zeit nach 1933 spielen und etwa den Zeitraum bis 1940, evtl auch bis zur Rückgewinnung des deutschen Kolonialgebietes in Afrika umfassen [...]. Handlungsort soll möglichst Deutschland und Afrika sein. Soweit das Geschehen auf afrikanischem Boden spielt, ist das deutsche koloniale Eigentum zu berücksichtigen.« L: Kolonie und Heimat 4 (1940), S. 373.
B: »An diesem Wettbewerb können sich, außer den Mitgliedern der Reichsschrifttumskammer, nur Personen beteiligen, die nachweislich zwischen 1930 und 1940 mindestens ununterbrochen zwei Jahre in Afrika gewesen sind.« L: LE 43 (1940/41), S. 96.
VF: Meldung 1938: Schrifttums- und Filmpreis in Höhe von je 5000 RM. – Meldung 1940: 3 Preise in Höhe von 10 000, 6000 und 4000 RM
LP: Beiträge in der Zeitschrift ›Kolonie und Heimat‹ zu dem Preis: 4 (1940), S. 373; 5 (1941), S. 114, 540. – Aut 13 (1938), Nr. 5, S. 43; Bbl 105 (1938), S. 458; NL 39 (1938), S. 373; Aut 15 (1940), Nr. 9/10, S. 123; DS 5 (1940), S. 102f.; LE 43 (1940/41), S. 96.
T: 1941 1. Preis nicht verliehen. – *Albrecht Frhr von Pölnitz* (2. Preis, 8000 RM, für ›Pori-Pioniere. Roman aus dem deutschen Tanganjika-Territory‹). – *Fritz Spiesser* (2. Preis, 8000 RM, für ›Heimkehr‹). – *A[rthur] P. Ignatius* (3. Preis, 4000 RM, für ›Der weiße Nosob‹). – LTT: Kolonie und Heimat 5 (1941), S. 540: »Es ist beabsichtigt, nach

Beendigung des Krieges einen neuen [...] Wettbewerb in erweiterter Form auszuschreiben, um auch allen denen, die jetzt bei der Wehrmacht sind, Gelegenheit zur Beteiligung zu geben.«

Nikolaus Kopernikus-Preis 1939ff auch: Coppernicus-Preis

J: 1937. – Benannt nach dem Astronom und Begründer des heliozentrischen Weltbildes Nikolaus Kopernikus (1473–1543)
S: Johann Wolfgang Goethe-Stiftung, Freiburg i.Br., gegründet 1935 als Teil der Stiftung F.V.S., Hamburg (gegründet 1931). Kapital zur Verfügung gestellt von Alfred C. Toepfer, Hamburg. – Verteilung durch die Schlesische Friedrich-Wilhelms-Universität in Breslau
Ju: Kuratorium unter dem Vorsitz von Hermann Aubin (Historiker), Breslau
VT: Alle zwei Jahre
Z: Preis »für das Deutschtum in Polen [...]; preisgekrönt werden außerordentliche Leistungen auf dem Gebiet des deutschen Schrifttums, der Malerei, der Musik, der angewandten Kunst oder Volkstumsforschung.« L: LE 40 (1937/38), S. 512. – »Ab 1939 wurde in der Preisurkunde [...] die Zweckbestimmung ›zur Förderung der geistig-schöpferischen Kräfte im ostdeutschen Stammesbereich‹ angegeben.« L: Interne Liste der Stiftung F.V.S., Hamburg
B: Die Preisträger müssen in Polen oder im schlesischen Grenzgebiet beheimatet sein
VF: 10 000 RM
LP: Interne Liste der Stiftung F.V.S., Hamburg; Bufkin (1980), S. 124; Strallhofer (1994), S. 31,119; Zimmermann (1995), S. 215–218. – Aut 12 (1937), Nr. 8, S. 36; LE 40 (1937/38), S. 512; Aut 13 (1938), Nr. 1/2, S. 21; Aut 13 (1938), Nr. 4, S. 49; Bbl 105 (1938), S. 138, 324.
T: Die Preisträger sind nach der internen Liste der Stiftung F.V.S., Hamburg, und nach Zimmermann (1995) verzeichnet.

1938 *Theodor Zöckler* (»für sein 50jähriges Gesamtschaffen auf dem Gebiet auslandsdeutscher Volkstumsforschung und Volkspflege in Polen«). LT: Kü (1939), Sp. 246.

1939 *Walther Kuhn* (»Forscher auf dem Gebiet ostdeutscher Volksinseln und deutscher Volkskunde«)

1940 *Albert Breyer* (»volksdeutscher Führer und bahnbrechender Forscher, Begründer der Siedlungs- und Volkstumsgeschichte des Deutschtums im früheren Kongreßpolen«). LT: LE 42 (1939/40), S. 396.

1941 *Alfred Lattermann* (Direktor der Staats- und Universitätsbibliothek Posen)

1942 *Victor Kauder* (Bibliothekar)

1943/44 *Alfred Karasek* (Volkstumsforscher). – *Hertha Karasek-Strzygowski* (Malerin)

Harry-Kreismann-Stiftung

s. Preis der Harry-Kreismann-Stiftung

Kriegskulturpreis Bayreuth auch: Kriegskulturpreis der Bayerischen Ostmark

J: 1942
S: Gau Bayreuth / Bayerische Ostmark, Gauleiter Fritz Wächtler, Bayreuth
VT: Jährlich
Z: Auszeichnung von Wettbewerbsarbeiten aus den Gebieten Dichtung, Kunst und Musik, die »aus ihrer landschaftlichen Verbundenheit heraus das Gegenwartsgeschehen [...] in vollendeter Form [...] gestalten«. L: DS 9 (1944), H. 2, S. 23.
LP: Aut 17 (1942), Nr. 4, S. 63; DS 9 (1944), H. 1, S. 12.

T: **1942/43** *Eugen-Henrik Marteau* (Lyrik). – *Max Matheis* (Roman). – *Walter Dolch* (Malerei). – *Georg Brenninger* (Plastik). – *Erhard Filchner* (Musik). – *Bruno Kerber* (Musik, 2. Preis). – *Rudolf Eisenmann* (Musik, 2. Preis). – Anerkennungspreise: *Willibald Eckl* (Literatur). – *Max Jobst* (Musik). – *Franz Berthold* (Musik). – *Josef Günther* (Kunstgewerbe). – *Georg Schleicher* (Kunstgewerbe). – LTT: DS 9 (1944), H.2, S.23.

Kriegskulturpreis der Bayerischen Ostmark

s. Kriegskulturpreis Bayreuth

Kulturehrengabe der Stadt Troppau

J: 1944 zum ersten Mal verliehen
S: Oberbürgermeister der Stadt Troppau
Z: »[...] Dank und Anerkennung für hervorragende Leistungen auf dem Gebiete des Schrifttums, der bildenden Künste, der Musik und der Wissenschaft«. L: SuM (1944), S.123.
T: **1944** *Robert Hohlbaum.* LT: SuM (1944), S.123; Bbl 112 (1945), S.7.

Kulturpreis der Gauhauptstadt Salzburg auch: Salzburger Kulturpreis

J: 1942
S: Oberbürgermeister der Stadt Salzburg
Ju: Der stellvertretende Gauleiter. – Der Leiter des Reichspropagandaamtes als Kulturbeauftragter des Gauleiters. – Der Gauhauptmann. – Der Gebietsführer der Hitlerjugend. – Der Kulturbeauftragte des Oberbürgermeisters. – Kunstsachverständige, die vom Oberbürgermeister berufen werden. – L: Strallhofer (1994), S.65.
VT: Jährlich
Z: Auszeichnung von Künstlern, »deren Wirken mit den Ideen des nationalsozialistischen Zeitalters und mit dem Gau Salzburg verbunden ist«. L: [Aus der Satzung des Kulturpreises]. Zitiert nach: Strallhofer (1994), S.65.
VF: 7000 RM
LP: Strallhofer (1994), S.65f.
T: **1942** *Cesar Bresgen* (Komponist, Professor der Reichshochschule für Musik im Mozarteum). LT: Strallhofer (1994), S.65. – Aut 17 (1942), Nr.6, S.92;
1943 *Karl Heinrich Waggerl.* LT: Strallhofer (1994), S.65. – Aut 18 (1943), Nr.6, S.108; DS 8 (1943), H.8, S.60; Bbl 111 (1944), S.21; DS 9 (1944), H.3, S.35f.
1944 *Eduard Paul Tratz* (Gründer und Leiter des Museums für darstellende und angewandte Naturkunde, des »Hauses der Natur«). LT: Strallhofer (1994), S.65. – Bbl 111 (1944), S.151.

Kulturpreis der NSDAP, Arbeitsbereich Generalgouvernement

s. Ostpreis deutscher Kultur

Kulturpreis der Stadt Bonn

J: 1943. Gestiftet aus Anlaß der 700-Jahrfeier der Stadt Bonn
S: Oberbürgermeister der Stadt Bonn
Ju: »Die Verleihung geschieht nach Beratung mit den Ratsherren oder den hierzu berufenen Beiräten [...].« L: Protokoll der Bonner Ratssitzung vom 17.10. 1943.
VT: »[Der Preis] wird nur in besonderen Fällen verliehen.«
LP: Protokoll der Bonner Ratssitzung vom 17.10. 1943. Stadtarchiv Bonn, Pr 9/65
Z: »Sowohl der Kulturpreis als auch die Beethoven-Medaille (s.S.21) sind dazu bestimmt, den Personen Dank und Anerkennung auszudrücken, die in besonderem Ma-

ße für die Stadt Bonn gewirkt haben, oder die durch ihre Lebensarbeit dazu beitragen, der Stadt zu Ruhm und Ansehen zu verhelfen.« L: Protokoll der Bonner Ratssitzung vom 17.10. 1943.
VF: 5000 RM
T: **1943** *Ludwig Schiedermair* (Gründer des Beethovenarchivs). LT: Aut 18 (1943), Nr. 11, S. 202; DS 9 (1944), H. 2, S. 23.

Kulturpreis der Stadt Budweis

J: 1943. – Erstmals verliehen aus Anlaß des 50. Geburtstages von Karl Franz Leppa
S: Stadt Budweis
T: **1943** *Karl Franz Leppa*. LT: Aut 18 (1943), Nr. 2, S. 27: »Die Stadt Budweis hat als deutsches Kulturzentrum des südböhmischen Raumes damit in Karl Franz Leppa nicht nur den dichterischen Gestalter der Böhmerwaldlandschaft, sondern auch den mutigen Vorkämpfer des Sudetendeutschtums geehrt.«

Kulturpreis der Stadt Karlsbad

s. E.G. Kolbenheyer-Preis der Stadt Karlsbad

Kulturpreis der Stadt Linz

s. Literaturpreis der Stadt Linz

Kulturpreis der Stadt Mülhausen/Elsaß

J: [1941]
S: Gemeinschaft zur Förderung der deutschen Künste in Mülhausen/Elsaß und Umgebung
VT: Jährlich
VF: 5000 RM
LP: LE 44 (1941/42), S. 216; Aut 17 (1942), Nr. 6, S. 93.

Kulturpreis der Stadt Nordhausen

J: 1937. Erste Verleihung für 1938 geplant
S: Stadt Nordhausen
Z: Preis »für besondere Leistungen auf dem Gebiet der Kunst und Wissenschaft aus dem Südharz- und Kyffhäuser-Kulturkreis«. L: DS 3 (1938), S. 43.
VF: 1000 RM
LP: Aut 12 (1937), Nr. 10, S. 48; DS 3 (1938), S. 43.

Kulturpreis der Stadt Passau

J: [1940]
S: Stadt Passau
VT: Jährlich. Verleihung in der Vorweihnachtszeit
Z: Der Preis ist »ungewöhnlich befähigten kulturschaffenden Menschen, die der Hitler-Jugend angehören oder aus ihr hervorgingen, zugedacht«. L: LE 44 (1941/42), S. 175. – Die »bisherigen Leistungen [des Preisträgers] müssen eine starke charakterliche Haltung und eine überragende Begabung erkennen lassen«. L: Aut 16 (1941), Nr. 1, S. 17.
LP: Strothmann (1963), S. 104.
T: **1940** *Lisl Zoglmann* (Violinistin). LT: Aut 16 (1941), Nr. 1, S. 17.
1941 *Karl Richard Ganzer* (Historiker; Preis von 2000 RM). LT: Aut 17 (1942), Nr. 1, S. 12; LE 44 (1941/42), S. 175; DS 7 (1942), H. 2, Umschlag; NL 43 (1942), S. 24; DS 9 (1944), H. 2, S. 35.
1943 »Für das Jahr 1943 hat der Oberbürgermeister der Stadt Passau verfügt, daß der hierfür festgelegte Betrag von RM 2000,- angelegt und einem als Frontkämpfer heimkehrenden Künstler zur gegebenen Zeit übermittelt wird.« L: Bbl 111 (1944), S. 17; DS 9 (1944), H. 3, S. 35.

Kulturpreis der Stadt Zwickau

J: [1943]
S: Stadt Zwickau
T: **1943** *Kurt Arnold Findeisen*. LT: Bbl 111 (1944), S. 22; DS 9 (1944), H. 1, S. 12; DS 9 (1944), H. 3, S. 36.

Kulturpreis des Gauleiters in Baden

s. Gaukulturpreis Baden

Kulturpreis des Reichsprotektors in Böhmen und Mähren

J: [1941]
S: Stellvertretender Reichsprotektor in Böhmen und Mähren, Reinhard Heydrich, Prag
VF: Jeweils 10 000 RM
T: **1941** *Heinz Hönich* (bildende Kunst). – *Karl Franz Leppa*. LT: DS 6 (1941), S. 132; NL 42 (1941), S. 310; LE 44 (1941/42), S. 136. – *Franz Thiele* (bildende Kunst). – LTT: Aut 16 (1941), Nr. 11, S. 195.

Kulturpreis des Westmarkgaues

s. Kunstpreis des Westmarkgaues

Kulturpreis für bäuerliches Schrifttum

J: 1943
S: Reichsbauernführer und Oberbefehlsleiter Herbert Backe
Ju: Gustav Behrens (Reichsobmann des Reichsnährstandes). – Hans-Joachim Riekke (Ministerialdirektor im Reichsministerium für Ernährung und Landwirtschaft). – Hartwig Frhr von Rheden (Landesbauernführer). – Wilhelm Haegert (Ministerialdirigent im Reichsministerium für Volksaufklärung und Propaganda). – Hanns Johst (Präsident der Reichsschrifttumskammer). – Edwin Erich Dwinger (Schriftsteller). – Bernhard Payr (Leiter des Amtes Schrifttumspflege). – L: Aut 18 (1943), Nr. 7, S. 117.
VT: Alle zwei Jahre. »Wird in der vorgesehenen Frist kein Werk des Kulturpreises für würdig befunden, so kann das Preisgericht [...] die Preissumme zur Errichtung oder Ausgestaltung von Dorfbüchereien verwenden.« L: Aut 18 (1943), Nr. 7, S. 117.
Z: Auszeichnung eines deutschen Dichters, »dessen Ruf in der zeitgenössischen Dichtung bereits festbegründet ist« und eines Nachwuchsdichters, »der sich durch ein hervorragendes Werk dichterischer Gestaltungskraft ausgezeichnet hat und dessen schöpferisches Wirken einer der Bedeutung unseres Landvolkes gemäßen Ehrung würdig ist. [...] Aus der Erwägung heraus, daß die Zeit der besten Dichtung über unser Bauerntum reif ist, daß immer mehr deutsche Dichter dem Unterpfand des Ewigkeitswertes unseres Volkes, der blutsmäßigen Verbundenheit mit dem Boden, in ihrem Schaffen nachgehen, und aus dem Willen heraus, ihr Schaffen vorzubereiten und zu unterstützen, ist der Kulturpreis für das bäuerliche Schrifttum geschaffen worden. Der Preis soll ein Zeichen des Dankes, aber auch ein Ansporn sein für die Dichter, die davon zeugen wollen, daß das deutsche Bauerntum die Keimzelle der deutschen Kultur ist.« L: Aut 18 (1943), Nr. 7, S. 117.
B: »Jeder deutschblütige Autor kann ein in den letzten drei Jahren verfaßtes Werk einreichen, das bereits erschienen ist.« L: DS 8 (1943), H. 8, S. 60.
VF: Hauptpreis: 20 000 RM; Nebenpreis: 10 000 RM
LP: Der Bauer in der deutschen Dichtung. Stiftung eines Kulturpreises für das bäuerliche Schrifttum. In: Aut 18 (1943), Nr. 7, S. 117; Strothmann (1963), S. 102, 104.
T: **1944** *Friedrich Griese* (Hauptpreis für

den Roman ›Die Weißköpfe‹). LT: Friedrich Griese: Weg zu den Müttern. Ansprache bei der Verleihung des Kulturpreises für Bäuerliches Schrittum. In: Bücherkunde 11 (1944), S. 135–138. – *Josef Martin Bauer* (Nebenpreis für den Roman ›Das Mädchen auf Stachet‹). – LTT: Bbl 111 (1944), S. 128; Bernhard Payr: Zwei bedeutende Dichterpreise vergeben. In: Bücherkunde 11 (1944), S. 88f.; DS 9 (1944), H. 2, S. 23.

Kulturpreis für deutsches Schrifttum

s. Sudetendeutsche Preise für Schrifttum, Volkskunde und Volkstumsarbeit

Kulturpreis Kurhessen

s. Kurhessischer Kulturpreis

Kulturpreise der SA

s. Preis des Stabschefs der SA für Dichtung und Schrifttum

Kulturpreise von Oberdonau

J: 1940. Erste Verleihung 1941
S: Gau Oberdonau, Gauleiter und Reichsstatthalter August Eigruber, Linz
Z: Auszeichnung von bildenden Künstlern, Musikern und Dichtern
VF: Unterschieden werden: Gaukulturpreis, Erste Preise, Anerkennungspreise, Förderungspreise. – Am wichtigsten der »Gaukulturpreis«: »Dieser hochdotierte Preis wird alljährlich für eine besonders markante künstlerische Leistung aus dem Gau, gleichgültig aus welchem Kunstgebiet, verliehen.« L: Aut 16 (1941), Nr. 4, S. 72. – 1941: Insgesamt 20000 RM, davon 5000 RM für den Gaukulturpreis. – Seit 1942: 10000 RM. – L: Strallhofer (1994), S. 60.
LP: Strallhofer (1994), S. 60–62.
T: Die Preisträger sind nach Strallhofer (1994) verzeichnet.
1941 *Richard Billinger* (Gaukulturpreis). LT: LE 43 (1940/41), S. 432; DS 6 (1941), S. 60; NL 42 (1941), S. 139. – Erste Preise: *Johann Nepomuk David* (Komponist). – *Franz Tumler*. – LTT: Aut 16 (1941), Nr. 4, S. 72. – *Robert Angerhofer* (Maler). – *Ludwig Kasper* (Bildhauer). – Anerkennungspreise: *Arthur Fischer-Colbrie*. – *Hermann Heinz Ortner*. – *Hans Reinthaler*. – *Carl Hans Watzinger*. – Sonderwettbewerb: *Franz Wöhrl* (künstlerische Lichtbilder)
1942 *Rudolf Steinbüchler* (Freskenmaler; Gaukulturpreis). – Förderungspreise verliehen an: *Ernst Egermann* (gefallen). – *Linus Kefer*. – *August Karl Stöger*. – *Franz Kinzl* (Komponist). – *Robert Gläser* (Komponist). – *Wilhelm Traeger* (Maler). – *Fritz Fröhlich* (Maler). – *Rudolf Schüller* (Maler). – LTT: Aut 18 (1943), Nr. 1, S. 12.
1943 *Hans Reinthaler* (Gaukulturpreis für ›Die Fremde‹, Ballade). LT: DS 8 (1943), H. 6, S. 72. – *Walter Gabler* (Maler). – *Karl Rausch* (Komponist). – *Hans Schatzdorfer*. – LTT: Bbl 111 (1944), S. 16; DS 9 (1944), H. 3, S. 34f.;

Kunstpreis der Danziger NSDAP

J: 1939
S: Danziger Gauleitung der NSDAP
VT: Jährlich. Verleihung während der Gaukulturwochen
Z: Auszeichnung der »vier besten künstlerischen Arbeiten [...] auf dem Gebiete der Architektur, der Malerei samt Graphik und Plastik, der Dichtkunst und des Schrifttums und der Musik«. L: Aut 13 (1938), Nr. 6, S. 30.
VF: Vier Preise von jeweils 2500 Gulden
LP: Aut 13 (1938), Nr. 6, S. 30; NL 39 (1938), S. 591; Kü (1939), Sp. 246f.; Erckmann (1939/40), S. 84.

T: 1939 *Max Halbe*. LT: LE 41 (1938/39), S. 644; DS 4 (1939), S. 184.

Kunstpreis der Landeshauptstadt Dresden

J: 1937
S: Oberbürgermeister der Landeshauptstadt Dresden. »Der Preis wird aus Stiftungsmitteln für gemeinnützige Zwecke, die von der Stadt Dresden verwaltet werden, sowie aus gemeinnützig verwendbaren Überschüssen der Städtischen Sparkasse mit einem jährlichen Verfügungsbetrag von 10 000 RM gebildet und zu Beginn jedes Haushaltjahres ergänzt. [...] Dem Oberbürgermeister ist vorbehalten, die für ein Jahr verfügbaren Mittel ganz oder teilweise zur Veranstaltung eines Wettbewerbes zu verwenden, der die Erzielung und Auszeichnung einer bestimmten künstlerischen Leistung zum Gegenstand hat.« L: DS 2 (1937), S. 46.
Ju: Oberbürgermeister nach Beratung mit einem Beirat
VT: Jährlich. Verleihung »stets am Jahrestag der Machtübernahme« (30. Januar)
Z: »Der Preis soll deutschen Künstlern Dank und Anerkennung der Stadt für hervorragende Leistungen auf den Gebieten der bildenden Künste, der Musik oder des Schrifttums zum Ausdruck bringen.« L: Aut 12 (1937), Nr. 1, S. 24.
VF: Meldung 1937: 10 000 RM unter Vorbehalt der Teilung. – Meldung 1938: 3000 RM
LP: Aut 12 (1937), Nr. 1, S. 24; NL 38 (1937), S. 159; SuM (1937), S. 217; Kü (1937/38), Sp. 253; Aut 13 (1938), Nr. 1/2, S. 20f.; DS 3 (1938), S. 43; Kü (1939), Sp. 247.
T: 1937 *Joachim Gottfried Müller* (Komponist). LT: DS 2 (1937), S. 117.
1938 *Otto Erler*. – *Eleonore Lorenz*. – *Alexander Schaaff (oder Schaaf?)* (Maler). – LTT: Bbl 105 (1938), S. 119, 138; DS 3 (1938), S. 43f.; NL 39 (1938), S. 157.

Kunstpreis der Stadt Basel

J: 1948
S: Stadt Basel auf Initiative des Tombolavereins Basel (Nitoba / Nietenlose Tombola Basel)
Ju: Kuratorium: Ein Mitglied des Regierungsrates des Kantons Basel-Stadt, zwei vom Regierungsrat gewählte Experten und zwei Mitglieder des Tombolavereins Basel
Z: »Der Preis wird auf den Gebieten der Literatur, der Musik und der bildenden Kunst in Würdigung eines Einzel- oder Gesamtwerkes verliehen.« L: Vinz/Olzog (1965), S. 58.
LP: Vinz/Olzog (1965), S. 58.
T: 1948 *Alfred Heinrich Pellegrini (Maler)*

Fortsetzung 1951ff

Kunstpreis der Stadt der Volkserhebung

J: 1942
S: Oberbürgermeister der Stadt Graz, Julius Kaspar
Ju: Preiskuratorium; Entscheidung durch den Oberbürgermeister
VT: Jährlich
Z: Auszeichnung von steirischen Schriftstellern, Komponisten und bildenden Künstlern
VF: 10 000 RM
LP: Strallhofer (1994), S. 66–68.
T: 1942 *Joseph Marx* (1. Preis). – *Karl Mader* (2. Preis). – *Hans Hamann* (geteilter 3. Preis). – *Paul Mehnert* (geteilter 3. Preis). – LTT: Strallhofer (1994), S. 67 (»unter den Preisträgern [...] kein Schriftsteller«).

1943 *Karl Böhm* (Dirigent). – *Hans von Dettelbach.* – *Ferdinand Pamberger* (Maler). – LTT: Bbl 111 (1944), S. 2; DS 9 (1944), H. 2, S. 23.

Kunstpreis der Stadt Düsseldorf (für Dichtung: Immermann-Literaturpreis der Stadt Düsseldorf, für Musik: Schumann-Preis, für Malerei: Cornelius-Preis)

s. Immermann-Literaturpreis der Stadt Düsseldorf

Kunstpreis der Stadt Zürich

s. Literaturpreis der Stadt Zürich

Kunstpreis des Gaues Weser-Ems

J: 1942
S: Gauleiter und Reichsstatthalter des Gaues Weser-Ems, Carl Röver, Oldenburg, seit Juni 1942 Paul Wegener, Oldenburg. – Beteiligt: Land Oldenburg, Freie Hansestadt Bremen, die Städte Delmenhorst, Emden, Oldenburg, Osnabrück, Wilhelmshaven, Reichspropagandaamt Weser-Ems
Z: Der Preis ist »aufgeteilt in einen Literaturpreis, einen Preis der bildenden Künste, einen Musikpreis und eine Förderungsbeihilfe für junge Künstler.« L: Aut 17 (1942), Nr. 3, S. 47.
VF: 5000 RM
LP: Aut 17 (1942), Nr. 3, S. 47.
T: 1943 *August Hinrichs.* – *Karl Schäfer* (Städtischer Musikdirektor). – *Bernhard Winter* (Maler). – LTT: Aut 18 (1943), Nr. 6, S. 108.
1944 *Georg Kulenkampff* (Geigenvirtuose). LT: Bbl 111 (1944), S. 152.

Kunstpreis des Mosellandes auch: Mosellandpreis

J: [1941]
S: Verleihung durch den Präsidenten des Kulturverbandes Gau Moselland, Albert Urmes, Koblenz
LP: Moselland (1943), S. 88.
T: 1941 *Hanns Maria Lux* (›Der schwere Gang‹, Novelle). LT: Aut 18 (1943), Nr. 1, S. 12; Anton Gabele: Der Träger des »Mosellandpreises« 1941. In: Moselland (1943), S. 10f.
1942 *Hanns Sprung* (Maler). LT: Aut 18 (1943), Nr. 1, S. 12; Heinz Hart: Porträt eines Moselland-Malers. Kunstpreisträger Hanns Sprung. In: Moselland (1943), S. 8f.

Kunstpreis des Westmarkgaues auch: Kulturpreis des Westmarkgaues

J: 1937
S: Gauleiter des Westmarkgaues Koblenz-Trier, Gustav Simon
Ju: Beirat: Ein Vertreter des Präsidenten der Reichskulturkammer. – Der Landeskulturwalter (federführend). – Der Hauptstellenleiter Kultur im Gaupropagandaamt. – Der Leiter des Kulturamtes KdF. – Der Landesleiter der Reichsschrifttumskammer. – Außerdem »zwei hervorragende Mitglieder der Kammern, die durch den Landeskulturwalter bestimmt werden«. L: DS 3 (1938), H. 1, S. 20.
VT: Meldung 1938: Jährlich. L: DS 3 (1938), H. 1, S. 20. – Meldung 1939: Nach Bedarf. L: Kü (1939), Sp. 254.
Z: »Der Kunstpreis wird [...] für eine besondere künstlerische Leistung oder den Gesamteindruck künstlerischen Schaffens eines deutschen Menschen [...] verliehen.« L: DS 3 (1938), H. 1, S. 20.
VF: 2000 RM, auch teilbar
LP: Aut 12 (1937), Nr. 11, S. 49; DS 3

(1938), H. 1, S. 20; Kü (1939), Sp. 254; Erckmann (1939/40), S. 84.
T: 1937 *Werner Beumelburg*. LT: LE 40 (1937/38), S. 256; Bbl 105 (1938), S. 139.
1940 *Albert Bauer*. LT: Aut 15 (1940), Nr. 4, S. 67; DS 5 (1940), H. 7, Umschlag; NL 41 (1940), S. 152.

Kunst- und Literaturpreis der Stadt Jena auch: Preis der Stadt Jena

J: 1934
S: Rat der Stadt Jena
VT: Jährlich
VF: 500 RM
LP: DS 1 (1936), S. 20; Michael (1936), S. 14; Kü (1937/38), Sp. 254f.; Aut 13 (1938), Nr. 1/2, S. 20f.; Kü (1939), Sp. 249.
T: 1935 *Erich Gottschling* (›Zwei Jahre hinter Klostermauern. Aus den Aufzeichnungen eines ehemaligen Dominikaners‹). LT: Aut 10 (1935), Nr. 11, S. 21; LE 38 (1935/36), S. 200; Bbl 105 (1938), S. 139.
1936 *Otto Dorfner* (Buchkünstler). – *Georg Schirrmeister* (Architekt). LT: LE 39 (1936/37), S. 256; Bbl 105 (1938), S. 139.
1937 *Walter Hege* (Photograph). LT: Bbl 105 (1938), S. 139.

Kunst- und Wissenschaftspreise der Stadt Prag

J: [1940]. – Als Nachfolger zu vermuten: Peter-Parler-Preis der Stadt Prag (s. S. 150)
S: Stadt Prag
T: 1940 »Die Kunst-und Wissenschafts-Preise der Stadt Prag von je 5000 Kronen erhielten für 1940 vier Deutsche und vier Tschechen. Von den deutschen Bewerbern wurden preisgekrönt« (NL 42, 1941, S. 31): *Erich Bachmann* (›Zu einer Analyse des Prager St. Veitsdomes‹, ›Eine spätstaufische Baugruppe im mittelböhmischen Raum‹). – *Franz Hauptmann* (›Bauernkrieg‹, Drama). – *Franz Langer* (für seine künstlerische Tätigkeit, insbesondere für die Aufführung von Schuberts ›Wandererphantasie‹). – *Rudolf Slawitschek* (›Hans Adam Löwenmacht‹, Roman). – LTT: DS 6 (1941), S. 24; NL 42 (1941), S. 31.

Kurhessischer Kulturpreis auch: Kulturpreis Kurhessen

J: 1937. Erste Verleihung 1938
S: Gau Kurhessen, Gauleiter Karl Weinrich, Kassel
VT: Meldung 1937: Jährlich. – Meldung 1939: Alle zwei Jahre
Z: »Förderung des Kulturschaffens im Gau«. L: NL 38 (1937), S. 534f.
VF: 5000 RM. »Höchstpreis, der nach Entscheidung des Gauleiters entweder in voller Höhe oder geteilt für Leistungen auf verschiedenen Gebieten ausgegeben wird.« L: Kü (1939), Sp. 249.
LP: Aut 12 (1937), Nr. 10, S. 48; Aut 13 (1938), Nr. 1/2, S. 21; Bbl 105 (1938), S. 139; Aut 14 (1939), Nr. 1/2, S. 45; Kü (1939), Sp. 249.
T: 1938 *Karl Bautzer* (Maler). – *Walter Best*. – *Paul Dörrie* (Musik). – *Karl Lenz* (Maler). – *Rudolf Braun* (Sonderpreis für allgemeine Verdienste). – LTT: DS 4 (1939), S. 42, 70; NL 40 (1939), S. 161.

Kurmärkischer Komödienpreis

J: 1937
S: Gaupropagandaleitung Kurmark. – Kurmärkisches Landestheater, Luckenwalde
Ju: Gaukulturstab sowie Intendanz und Dramaturgie des Kurmärkischen Landestheaters
VT: Einmalig?
Z: Auszeichnung einer Komödie »aus dem

WERNER BEUMELBURG

1. Preisträger
des Kunstpreises der Westmark 1937

und des Großen Literaturpreises der Reichshauptstadt Berlin 1936

Die Werke des Dichters erschienen
im Verlag Gerhard Stalling, Oldenburg i. O. / Berlin
Sie sind zu beziehen durch:

A. Foerster's Verlag, Versandbuchhandlung
Leipzig C 1, Antonstr. 15—19

Leben und Land der Kurmark [...] Wäre es die Aufgabe eines Lustspiels, in heiterer Form einen kurmärkischen Stoff darzustellen, so muß es darüber hinaus die Aufgabe der geforderten Komödie sein, den schlichten und ernsten Charakter des Kurmärkers ebenso zur Darstellung zu bringen, wie das in ihm wohnende Pflichtgefühl, sein Treuegefühl und seine soldatische Haltung.« L: Aut 12 (1937), Nr. 4/5, S. 13.
B: Die Komödie »muß auch in den kleinsten Dörfern« gespielt werden können. L: DS 2 (1937), S. 116.
VF: 500 RM. 100 garantierte Aufführungen im Gau Kurmark
LP: LE 39 (1936/37), S. 512; Aut 12 (1937), Nr. 4/5, S. 13.
T: 1938 *Hanns H. Fischer / Herbert Vom Hau* (›Wer lacht, gewinnt‹). LTT: LE 40 (1937/38), S. 640; Bbl 105 (1938), S. 458; NL 39 (1938), S. 427.

Kurmark-Stiftung zur Förderung des kurmärkischen Schrifttums

J: 1936
S: Verteilung durch den Oberpräsidenten des Provinzialverbandes von Brandenburg
VT: Jährlich
Z: Verteilung an »verdiente oder an aufstrebende junge Kräfte [...], deren bisherige Arbeiten einen Ansporn zu höherer Leistung verdienen«. L: Aut 11 (1936), Nr. 6, S. 19. – Ziel ist es, »[...] das auch in der Gegenwart lebendige, aus der heimatlichen Landschaft erwachsene künstlerische Schrifttum zu unterstützen und der literarischen Arbeit in der Mark Brandenburg Förderung angedeihen zu lassen [...]«. L: LE 38 (1935/36), S. 500.
VF: Meldung 1936: 2000 RM; auch teilbar. – Meldung 1938: 1000 RM
LP: Förderung des kurmärkischen Schrifttums. In: Aut 11 (1936), Nr. 6, S. 18f.; Kü (1937/38), Sp. 255; Aut 13 (1938), Nr. 1/2, S. 21; Kü (1939), Sp. 250; Erckmann (1939/40), S. 84.
T: 1937 *Gustav Schüler*. LT: LE 39 (1936/37), S. 512; DS 2 (1937), S. 90; NL 38 (1937), S. 263; Bbl 105 (1938), S. 139.
1938 *Fritz Helke*. LT: LE 40 (1937/38), S. 512; Aut 13 (1938), Nr. 3, S. 46; Bbl 105 (1938), S. 268 (mit dem Text der Verleihungsurkunde): »Zur Ehrung und Anerkennung seines vom kämpferischen Geiste des Dritten Reiches erfüllten dichterischen Schaffens [...]«; DS 3 (1938), S. 92; NL 39 (1938), S. 266.
1939 *Gustav Goes. – Tamara Ramsay. – Erna Taege*. – LTT: NL 40 (1939), S. 270.

Langhans-Stiftung

s. Ehrenpreis der Langhans-Stiftung (Gotha) zur Ehrung deutscher Dichter und Künstler

Leipziger Dichterpreis

s. Dichterpreis der Stadt Leipzig

Lessing-Preis [1]

s. Sächsischer Staatspreis für Literatur

Lessing-Preis [2]

J: 1931
S: Unabhängige Großloge des Freimaurerbundes ›Zur aufgehenden Sonne‹, Hamburg
VT: Alle zwei Jahre
VF: 1000 RM
LP: LE 33 (1930/31), S. 240.

Lessing-Preis der Freien und Hansestadt Hamburg

J: 1929. Stiftung aus Anlaß des 200. Geburtstages von Gotthold Ephraim Lessing (1729–1781). – Neubegründung 1946
S: Senat der Freien und Hansestadt Hamburg. – 1938–1944: Verteilung durch den Reichsstatthalter in Hamburg, Karl Kaufmann. L: Leitgeb (1994), S. 203.
Ju: 1929: Preisrichterkollegium, bestehend aus sieben Mitgliedern. – Meldung 1933: »Der Hamburger Senat hat das Kuratorium für den von ihm gestifteten staatlichen Lessing-Preis neu ernannt. Vorsitzender des Kuratoriums ist der Hamburger Bürgermeister Roß.« L: Aut 8 (1933), Nr. 2, S. 13. – »Gestützt auf das Urteil eines Gremiums von drei Personen, die dem künstlerischen und wissenschaftlichen Leben angehören, fällt der Senat die Entscheidung.« L: Aut 8 (1933), Nr. 8, S. 12f. – Satzungsänderung um 1938: Die Anzahl der Mitglieder des Preisrichterkollegiums, die vom Reichsstatthalter berufen werden, wird wieder erhöht. L: Leitgeb (1994), S. 207f. – Satzungsänderung 1942: Die Anzahl der Mitglieder des Preisrichterkollegiums wird nicht festgelegt. L: Leitgeb (1994), S. 218. – 1946: Der Senat bildet ein aus sieben Mitgliedern bestehendes Preisrichterkollegium. L: Leitgeb (1994), S. 283.
VT: Alle drei Jahre. – Bis 1933: Verteilung am 11. August, dem Jahrestag der Weimarer Reichsverfassung. – Seit 1933: Verteilung am 22. Januar, dem Geburtstag Lessings. – Satzungsänderung 1942: Alternierend mit dem Dietrich Eckart-Preis alle zwei Jahre, Verteilung am 1. Mai. – Seit 1946: Verteilung wieder alle drei Jahre am 22. Januar
Z: Stiftung des Preises in der »Erkenntnis, daß es keinen besseren Ausdruck des Dankes an einen dahingegangenen Führer des Geisteslebens gibt, als die Förderung derjenigen, die sein Erbe bewahren und zu mehren bestrebt sind«. L: [Aus dem Antrag des Senats an die Bürgerschaft vom 14. 1. 1929]. Zitiert nach: Leitgeb (1994), S. 114. – »Als Preisträger kommen neben deutschen Dichtern und Schriftstellern auch deutsche Gelehrte in Betracht, deren Werke auf den von Lessing gepflegten Wissensgebieten die Erkenntnis gefördert und zugleich durch ihre künstlerische Darstellung und sprachliche Form die deutsche Prosa weitergebildet haben«. [Aus dem Satzungsentwurf vom 14. 1. 1929]. Zitiert nach: Leitgeb (1994), S. 114. – Satzungsänderung 1933: »Für die Beurteilung soll in erster Linie die künstlerische Leistung als solche maßgebend sein. Bei gleichwertiger künstlerischer Leistung soll aber die soziale Lage der betreffenden Dichter, Schriftsteller oder Gelehrten entscheidend sein.« Zitiert nach: Leitgeb (1994), S. 189. – Satzung 1946: Formulierung der Zielsetzung nahezu wortgetreu wie 1929. L: Leitgeb (1994), S. 283.
VF: 1930: 15 000 RM. – 1933: In Rücksicht auf den vom Senat neu gegründeten Dietrich-Eckart-Preis Herabsetzung der Preissumme auf 5000 Mark. – 1942: 10 000 RM. – 1946: 15 000 RM
LP: Hanna Leitgeb: Der ausgezeichnete Autor. Städtische Literaturpreise und Kulturpolitik in Deutschland 1926–1971. [Goethe-Preis der Stadt Frankfurt a.M., Lessing-Preis der Freien und Hansestadt Hamburg, Wilhelm-Raabe-Preis der Stadt Braunschweig]. Berlin, New York 1994. – Carl Albert Lange: Krankheit der Kritik. In: Der Kreis 6 (1929), H. 1, S. 14–16; LE 32 (1929/30), S. 306; Aut 5 (1930), Nr. 1, S. 14; Aut 8 (1933), Nr. 8, S. 12f.; Endgültige Regelung des Lessing- und Dietrich-Eckart-Preises. In: Die literarische Welt 9 (1933), Nr. 33, S. 8; Aut 9 (1934), Nr. 1, S. 16; Aut 13 (1938), Nr. 1/2, S. 20; Aut 14 (1939),

Nr. 3, S. 42; Kü (1939), Sp. 249; Erckmann (1939/40), S. 84; Kulturpreise (1948); Wulf (1963), S. 254.

T: Die Preisträger und Juroren sind nach Leitgeb (1994) verzeichnet.

1930 *Friedrich Gundolf*. LT: LE 32 (1929/30), S. 735; Elster (1930), S. 596; Max Rychner: Friedrich Gundolf. Lessingpreisträger 1930. In: FZ Nr. 602 vom 14. 8. 1930, S. 1; Reuchlin, d.i. Karl Rauch: Preis-Skala. In: Der Bücherwurm 16 (1931), H. 1, S. 26. – Ju: D. Beckmann (Hauptpastor). – Leopold Jeßner (Generalintendant der Staatlichen Schauspiele Berlin). – Emil Krause (Senator, Präses der hamburgischen Oberschulbehörde). – Johannes Meyer (Regierungsdirektor bei der Hamburger Landesjustizverwaltung). – Carl Müller-Rastatt (Schriftsteller). – Robert Petsch (Literarhistoriker, Hamburg), dann ersetzt durch Justus Hashagen (Historiker, Hamburg). – Carl Anton Piper (Redakteur, Mitglied der Hamburger Bürger für die DVP)

1934 *Konrad Beste*. – *Friedrich Griese*. – LTT: LE 36 (1933/34), S. 364; Aut 9 (1934), Nr. 1, S. 16; Bbl 105 (1938), S. 139. – Ju: Friedrich-Carl Kobbe (Redakteur bei den ›Hamburger Nachrichten‹). – Adolf Rein (Historiker, benannt von der Landesunterrichtsbehörde). – Karl Wüstenhagen (Intendant des Deutschen Schauspielhauses, Hamburg)

1938 *Andreas Heusler* (Schweiz). LT: Bbl 105 (1938), S. 95, 139; DS 3 (1938), S. 44; NL 39 (1938), S. 101 (aus der Preisbegründung): » Heusler ist unter den jetzt lebenden Germanisten wohl derjenige, der in sich das weitschauendste und abgerundetste Bild des altgermanischen Volkstums trägt und der dieses Bild auch in seinen Werken in einer künstlerisch vollendeten Form wiederzugeben weiß.« – Ju: Hermann Okraß. – Adolf Rein. – Karl Wüstenhagen

1942 *Hermann Claudius* (erhöhte Preissumme, 10 000 RM). LT: LE 44 (1941/42), S. 256; NL 43 (1942), S. 72; Aut 17 (1942), Nr. 3, S. 31. – Ju: Hellmuth Becker (Verbindungsreferent der Gauleitung der NSDAP Hamburg). – Walter Friedrich (Buchhändler). – Menne Feiken Helmers (Gauschrifttumsbeauftragter). – Heinrich Koch (Schauspielkritiker; ›Hamburger Tageblatt‹). – Krebs (Verwaltungsbeamter für Kunst- und Kulturangelegenheiten). – Paul Lindemann (Senatsdirektor). – Max Alexander Meumann (›Hamburger Fremdenblatt‹). – Adolf Rein. – Hans Rodde (Hamburger Reichspropagandaamtsleiter). – Werner Tiede (Landesleiter der Reichskammer der bildenden Künste). – Hinrich Wriede (Beirat bei der Verwaltung für Kunst- und Kulturangelegenheiten). – Karl Wüstenhagen

1944 *Fritz Schumacher* (Architekt, Oberbaudirektor i.R., Hamburg, Publikationen zur Baukunst, Verfasser des Gedichtbandes ›Begleitmusik des Lebens‹). LT: Bbl 111 (1944), S. 128. – Ju: Hellmuth Becker. – Walter Friedrich. – Menne Feiken Helmers. – Heinrich Koch. – Krebs. – Ernst Leudesdorff (Staatsschauspieler). – Paul Lindemann. – Max Alexander Meumann. – Max Peperkorn (Ratsherr). – Adolf Rein. – Hans Rodde. – Hinrich Wriede

1947 *Rudolf Alexander Schröder*. LT: Kulturpreise (1948); Bufkin (1980), S. 133. – Ju: Eugen Claassen (Goverts-Verlag, Hamburg). – Ascan Klée Gobert (Kultursenator). – D. Knolle (Hauptpastor). – Heinrich Landahl (Senator, Leiter der Schulverwaltung). – Herbert Ruscheweyh (Stellvertretender Präsident des Hanseatischen Oberlandesgerichts). – Bruno Snell (Professor für Klassische Philologie, Hamburg.). – Robert Walter (Schriftsteller)

Fortsetzung 1950ff

Die Werke

von

Friedrich Griese

dem Träger des Lessing- und

des John-Brinckmann-Preises

im Verlag

Albert Langen

Georg Müller

München

Literarische Wettbewerbe der Büchergilde Gutenberg

J: Ausschreibungen 1934, 1941, 1942, 1944

S: Büchergilde Gutenberg, Zürich

Ju: 1941, 1942: Mitglieder des Literarischen Komitees der Büchergilde Gutenberg: Jakob Bührer. – Hermann Weilenmann. – Ludwig Wille. – Drei Delegierte des Schweizerischen Schriftstellervereins. – Hans Oprecht (Büchergilde Gutenberg, Zürich). – Irene Denger (Guilde du Livre, Lausanne).

Z: 1934: »Die Büchergilde Gutenberg sucht den sozialen Roman, der seinen Stoff aus diesen Tagen holt.« L: Die Büchergilde (1934), S. 187. – Ausschreibung 1941: Auszeichnung für »Darstellungen schweizerischen Lebens unserer Zeit in literarisch hochwertiger Form. [...] Werke wissenschaftlichen Charakters, welche wesentliche Einsichten in Geschichte, Volkstum und Kultur der Schweiz oder einzelner Gebiete gewähren [...]«. L: Büchergilde (1941), S. 19. – Ausschreibung 1942: Im wesentlichen wie 1941. L: Büchergilde (1942), S. 114. – Ausschreibung 1944: Neu hinzugekommen: Auszeichnung auch von Erzählungen für Jugendliche. L: Büchergilde (1944), S. 178.

B: 1941, 1942: Wettbewerbsberechtigt sind Schweizer Autoren

LP: Beiträge zu den Wettbewerben in der Zeitschrift ›Büchergilde‹: (1941), S. 18f., S. 234f.; (1942), S. 57, S. 114; (1943), S. 68; (1944), S. 3, 178; (1946), S. 118f. – Helmut Dressler: Werden und Wirken der Büchergilde Gutenberg. Zürich 1947. S. 79–82; Regine Ahrem: Ein Preisausschreiben der Büchergilde Gutenberg in der Schweiz 1943. In: Buchhandelsgeschichte (1984), S. B 41–50; Beate Messerschmidt: »... von Deutschland herübergekommen«. Die ›Büchergilde Gutenberg‹ im Schweizer Exil. München 1989. S. 88–91.

T: **1935** 1. Preis nicht verliehen. – *Werner Ilberg* (2. Preis, 800 sfr, für den Roman ›Die Fahne der Witwe Graßbach‹). – *Emil Schibli* (2. Preis, 800 sfr, für den Roman ›Wir wollen leben‹). – *Jonny Gerd Rieger* (3. Preis für den Roman ›Fahr zur Hölle, Jonny‹). – Ju: Bruno Grimm (Leiter der Zentralstelle für soziale Literatur in Zürich). – Paul Kaegi (Deutsche Graphische Bildungsvereinigung). – Hans Oprecht (Büchergilde Gutenberg, Zürich) – Anton Siegl. – Anna Siemsen. – LTT: Messerschmidt (1989), S. 88f.

1941 *Albert Bächtold* (1. Preis, 4000 sfr, für ›De goldig Schmid‹). – *Hermann Schneider* (2. Preis, 1000 sfr, für ›Wenn die Stadt dunkel wird‹). – *Otto Steiger* (3. Preis, 500 sfr, für ›Sie tun, als ob sie lebten‹). – LTT: Büchergilde (1941), S. 235.

1943 *Jenö Márton* (1. Preis, 4000 sfr, für den Roman ›Jürg Padrun‹). – *Alfred Fankhauser* (1000 sfr, für den Roman ›Wahlenwart‹). – *Rudolf Jakob Humm* (1000 sfr, für den Roman ›Carolin‹). – LTT: Büchergilde (1944), S. 3.

1946 *Rudolf Graber* (2500 sfr, für ›Kahnfahrt durch das wunderschöne Land Frankreich‹). – *Max Werner Lenz* (2500 sfr, für ›Fahrerin Scherrer‹). – *Hermann Schneider* (2000 sfr, für ›Das Feuer im Dornbusch‹). – *Alfred Fankhauser* (1000 sfr, für ›Denn sie werden das Erdreich besitzen‹). – *Edwin Ramseyer* (1000 sfr, für ›Der gelbe Streifen‹). – *John F. Vuilleumier* (1000 sfr, für ›Die vom Berg‹). – Ju: Vertreter des Schweizerischen Schriftstellervereins: Paul Adolf Brenner. – Erwin Heimann. – Martha Maag-Socin. – Vertreter der Büchergilde Gutenberg: E. Borschberg. – Jakob Bührer. – Hans Oprecht. – Hermann Weilenmann. – Ludwig Wille. – LTT/LJu: Büchergilde (1946), S. 118f.

Literarisches Förderungswerk der Stadt Essen

s. Preis des ›Literarischen Förderungswerks der Stadt Essen‹

Literaturpreis der europäischen Zeitschriften

J: 1929
S: ›Europäische Revue‹, ›La Nouvelle Revue Française‹, ›Nuova Antologia‹, ›Revista de Occidente‹, ›The Criterion‹
Ju: Internationales Preisgericht (Vertreter der fünf Zeitschriften, und für die deutsche Literatur Thomas Mann und Ernst Robert Curtius). – »An Stelle Hofmannsthals ist Thomas Mann dem internationalen Preisgericht für den Novellenpreis der ›Europäischen Revue‹ beigetreten.« L: Aut 4 (1929), Nr. 10, S. 7.
Z: Ausschreibung des Preises »zunächst versuchsweise« für »die beste Novelle in deutscher Sprache«
VF: 1000 RM
LP: Aut 4 (1929), Nr. 10, S. 7; Europäische Revue 5 (1929), S. 614–626, 655; FZ Nr. 953 vom 22. 12. 1929, Literaturblatt Nr. 51, S. 1.
T: 1929 *Ernst Wiechert* (›Der Hauptmann von Kapernaum‹). LT: Europäische Revue 5 (1929), S. 614–626 (Abdruck der preisgekrönten Novelle), S. 655 (Kommentar zur Preisverleihung): »Die Preisrichter waren sich bei ihrem Urteil der Tatsache bewußt, daß auch durch die Novelle Wiecherts, die von rund 300 Einsendungen den Vorzug erhielt, das Ziel des Wettbewerbs nicht in vollem Sinn erreicht ist.«; FZ Nr. 953 vom 22. 12. 1929, Literaturblatt Nr. 51, S. 1.

Literaturpreis der Provinz Hannover

s. Preis der Provinz Hannover

Literaturpreis der Provinz Schleswig-Holstein

auch: Schleswig-Holsteinischer Literaturpreis, Schleswig-Holsteinischer Schrifttumspreis (1938ff Teil des ›Schleswig-Holsteinischen Kunstpreises‹)

J: [1935]. Erste Verleihung 1936
S: Oberpräsident der Provinz Schleswig-Holstein, Hinrich Lohse. – Gaudienststelle Schleswig-Holstein der NS-Kulturgemeinde
Ju: Der Landeshauptmann. – Der Leiter des Reichspropagandaamtes. – Der Gaukulturwart. – Zwei Professoren der philosophischen Fakultät der Universität Kiel. – Der Geschäftsführer des Eutiner Dichterkreises. – Der Landesbibliothekar sowie die Landesleiter für das Schrifttum, die bildende Kunst und die Musik. – L: Kü (1939), Sp. 253.
VT: Jährlich. Verteilung am 24. März, dem Jahrestag der Holsteinischen Erhebung gegen Dänemark 1848
Z: Auszeichnung »junger aufstrebender Kräfte des heimatlichen Schrifttums«
VF: 2000 RM
LP: Kü (1937/38), Sp. 255; Kü (1939), Sp. 252f.; Bufkin (1980), S. 140f. – LE 38 (1935/36), S. 350; Aut 12 (1937), Nr. 2/3, S. 28; Erckmann (1939/40), S. 84.
T: 1936 *Heinrich Eckmann* (›Eira und der Gefangene‹, Roman). – *Albert Mähl* (für seine niederdeutschen Balladen). – LTT: LE 38 (1935/36), S. 400; DS 1 (1936), S. 89; Bbl 105 (1938), S. 139; Kü (1939), Sp. 253.
1937 *Hans Ehrke*. LT: LE 39 (1936/37), S. 512; Aut 12 (1937), Nr. 2/3, S. 28: »Besonders sein niederdeutsches dramatisches Schaffen wurde Veranlassung der Verleihung«; DS 2 (1937), S. 117; Aut 13 (1938), Nr. 10, S. 40; Bbl 105 (1938), S. 139; Kü (1939), Sp. 253.
1938 nicht verteilt. L: Kü (1939), Sp. 253.

1939 *Friedrich Ernst Peters.* LT: Aut 15 (1940), Nr. 11, S. 166; NL 41 (1940), S. 288.
1940 *Hans Heitmann.* LT: Aut 16 (1941), Nr. 7/8, S. 135; DS 6 (1941), H. 7, Umschlag; NL 42 (1941), S. 238; DS 9 (1944), H. 2, S. 23.
1941 oder 1942 *Wilhelm Lobsien.* LT: Aut 17 (1942), Nr. 11, S. 167; DS 7 (1942), H. 12, S. 142; Bufkin (1980), S. 141 (hier: Verleihung für 1941).
1942 oder 1943 *Henrik Herse.* LT: Aut 18 (1943), Nr. 5, S. 83; DS 8 (1943), H. 8, S. 60; Bufkin (1980), S. 141 (hier: Verleihung für 1942).
1943 *Robert Walter.* LT: Bufkin (1980), S. 141.

Literaturpreis der Stadt Berlin

J: 1935. Erste Verleihung 1936
S: Oberbürgermeister der Stadt Berlin
VT: Jährlich. Vergabe am 1. Mai
Ju: Preiskuratorium unter dem Vorsitz des Oberbürgermeisters und Stadtpräsidenten der Hauptstadt Berlin. Mitglieder: Der Reichsminister für Wissenschaft, Erziehung und Volksbildung. – Der Reichsminister für Volksaufklärung und Propaganda. – Ein Beauftragter für Schrifttumsfragen des Reichsleiters Alfred Rosenberg. – Ein Beigeordneter für das Kunst- und Bildungswesen der Hauptstadt Berlin. – Der Präsident der Reichsschrifttumskammer. – Zwei Schriftsteller, benannt vom Präsidenten der Reichsschrifttumskammer. – L: Strallhofer (1994), S. 88.
Z: Bei einem Wettbewerb werden gedruckte, während der letzten drei Jahre entstandene Werke (vornehmlich junger Autoren) ausgezeichnet. L: Strallhofer (1994), S. 88.
VF: 10 000 RM (1. Preis: 5000 RM; 2. Preis: 3000 RM; 3. Preis: 2000 RM)
LP: Kü (1937/38), Sp. 253; Kü (1939), Sp. 245f.; Bufkin (1980), S. 142; Strallhofer (1994), S. 87–89. – Berlin hat kein Geld für Literatur. In: Aut 4 (1929), Nr. 9, S. 7f.; FZ Nr. 681 vom 12. 9. 1929, S. 3; Die literarische Welt 5 (1929), Nr. 38, S. 1; LE 32 (1929/30), S. 121; Aut 10 (1935), Nr. 2, S. 21; Aut 13 (1938), Nr. 1/2, S. 20; Wulf (1963), S. 264.
T: 1936 *Martin Luserke* (1. Preis für den Roman ›Hasko‹). – *Werner Beumelburg* (2. Preis für den Roman ›Mont Royal‹). – *Rudolf Paulsen* (3. Preis für die Gedichtsammlung ›Das festliche Wort‹). – LTT: LE 38 (1935/36), S. 450; Aut 11 (1936), Nr. 4/5, S. 26; Aut 11 (1936), Nr. 10, S. 27; Gerd Eckert: Preisgekrönte Kunstwerke. In: Das Deutsche Wort. Der literarischen Welt N.F. 12 (1936), H. 7, S. 527f.; LE 39 (1936/37), S. 64; Aut 13 (1938), Nr. 1/2, S. 20; Bbl 105 (1938), S. 138.
1937 *Heinrich Zillich* (1. Preis für den Roman ›Zwischen Grenzen und Zeiten‹). – *Johannes Linke* (2. Preis für die Gedichtsammlung ›Der Baum‹). – *Carl von Bremen* (3. Preis für den Roman ›Die Schifferwiege‹). – LTT: DS 2 (1937), S. 116; Aut 13 (1938), Nr. 1/2, S. 20; Bbl 105 (1938), S. 138.
1938 *Wilhelm Pleyer* (1. Preis für den Roman ›Die Brüder Tommahans‹). – *Erhard Wittek* (2. Preis für die Novelle ›Bewährung der Herzen‹). – *Herybert Menzel* (3. Preis für ›Gedichte der Kameradschaft‹). – LTT: LE 41 (1938/39), S. 386; Aut 14 (1939), Nr. 1/2, S. 45; DS 4 (1939), S. 42; NL 40 (1939), S. 161.
1940 *Joachim von der Goltz* (1. Preis für den Roman ›Der Steinbruch‹). — *Franz Tumler* (2. Preis für die Erzählung ›Der Soldateneid‹). – *Ernst Moritz Mungenast* (3. Preis für den Roman ›Der Zauberer Muzot‹). – LTT: Bernhard Payr: Der Berliner Dichterpreis. In: Bücherkunde 7 (1940), S. 131–133. – LE 42 (1939/40), S. 352; Aut

15 (1940), Nr. 3, S. 54; DS 5 (1940), H. 4, Umschlag; NL 41 (1940), S. 127.
1941 *Friedrich Griese* (›Die Weißköpfe‹, Roman). – *Herbert von Hoerner* (›Der graue Reiter‹, Roman). – *Kurt Kluge* (›Die Zaubergeige‹, Roman). – LTT: LE 43 (1940/41), S. 264; Aut 16 (1941), Nr. 3, S. 55; DS 6 (1941), S. 24; NL 42 (1941), S. 59.

Literaturpreis der Stadt Bern

J: 1939
S: Gemeinderat der Stadt Bern
VT: Jährlich
Z: »Der Preis wurde zur Förderung heimischen Schrifttums gestiftet und wird vornehmlich an Berner verliehen.« L: Vinz/Olzog (1965), S. 61.
LP: Interne Liste der Stadt Bern (Präsidialdirektion, Abteilung Kulturelles); Vinz/Olzog (1965), S. 61.
T: 1940 *Simon Gfeller* (2000 sfr). – *Elisabeth Müller* (1000 sfr). – *Werner P. Barfuss* (500 sfr). – *Erwin Heimann* (500 sfr)
1941 *Walter Dietiker* (1500 sfr). – *Emil Balmer* (500 sfr). – *Alfred Fankhauser* (500 sfr). – *Karl Grunder* (500 sfr). – *Maria Lauber* (500 sfr)
1942 *Werner Juker* (1200 sfr). – *Hans Rhyn* (1000 sfr). – *Arnold H. Schwengeler* (1000 sfr)
1943 *Adolf Vögtlin* (1500 sfr). – *Carl A. Loosli* (1000 sfr). – *Ernst Balzli* (500 sfr). – *Karl A. Laubscher* (500 sfr). – *Karl Uetz* (500 sfr)
1944 *Werner P. Barfuss* (1000 sfr). – *Valerius Kolatschewsky* (1000 sfr). – *Hans Albrecht Moser* (1000 sfr). – *Adolf Schaer* (500 sfr). – *Emil Schibli* (500 sfr). – *Erwin Schneiter* (500 sfr). – *Otto Zinniker* (500 sfr)
1945 nicht verliehen
1946 *Hans Rudolf Balmer* (1000 sfr). – *Walter Laedrach* (1000 sfr). – *Gustav Renker* (1000 sfr). – *Eugen Wyler* (1000 sfr). – *Hans Zbinden* (1000 sfr). – *Elisabeth Baumgartner-Siegenthaler* (500 sfr). – *Werner Bula* (500 sfr). – *Hektor Küffer* (500 sfr). – *Helmut Schilling* (500 sfr). – *Hans Schütz* (500 sfr). – *Albert Streich* (500 sfr)
1947 *Peter Bratschi* (1000 sfr). – *Richard Feller* (1000 sfr). – *Alfred Fankhauser* (750 sfr). – *Helene von Lerber* (750 sfr). – *John F. Vuilleumier* (750 sfr). – *Helene Wirth* (750 sfr)
1948 *Walter Adrian* (750 sfr). – *René Gardi* (750 sfr). – *Adolf Gerber* (750 sfr). – *Hermann Hutmacher* (750 sfr). – *Marguerite Janson* (750 sfr). – *Alix de Watteville* (750 sfr)
1949 nicht verliehen

Fortsetzung 1950ff

Literaturpreis der Stadt Danzig

s. Max-Halbe-Preis der Stadt Danzig

Literaturpreis der Stadt Kassel

J: 1940
S: Stadt Kassel
T: 1940 *Paul Zaunert* (Märchenforscher). LT: LE 42 (1939/40), S. 528; Aut 15 (1940), Nr. 8, S. 118; DS 5 (1940), H. 9, Umschlag.

Literaturpreis der Stadt Königsberg

S: Stadt Königsberg
T: 1939 *Agnes Miegel.* LT: LE 41 (1938/39), S. 452; DS 4 (1939), S. 70; NL 40 (1939), S. 216.

Literaturpreis der Stadt Lahr

J: 1947. Zum ersten und einzigen Mal 1949 verliehen. – Begründet anläßlich der ersten Landestagung des Südwestdeutschen Autorenverbandes in Lahr, 7.–10. 11. 1947. – 1948: Vorläuferpreis

S: Stadt Lahr/Baden auf Anregung des 1947 gegründeten (und 1954 aufgelösten) Verbandes Südwestdeutscher Autoren e.V., Baden-Baden – 1959: Aufhebung der Literaturpreisstiftung. L: Gemeinderatsbeschluß vom 12.11.1959. Stadtarchiv Lahr, Bestand Lahr III, 300/4. – Vorläuferpreis 1948: Gestiftet von der Stadt Bamberg
Ju: Südwestdeutscher Autorenverband e.V., Baden-Baden
VT: Jährlich
Z: 1948: Ausschreibung eines Preises für ein Werk über das Revolutionsjahr 1848/49. L: Buergel-Goodwin (1977), Sp. 497. – Meldung 1956: Auszeichnung von Romanen, Dramen, Lyrik und Essays. L: Remy (1956), S. 400.
VF: 1948: 20000 RM (dem Verband von der Stadt Bamberg zur Verfügung gestellt). – 1949: 500 DM
LP: Unterlagen im Stadtarchiv Lahr, Akte Lahr III, 300/4. – Remy (1956), S. 400; Buergel-Goodwin (1977), Sp. 497f.
T: 1948 (1949 verliehen) *Max Müller* (für ein Volksstück über Robert Blum). – *Elisabeth Schick-Abels* (für die Essay-Sammlung ›Frauen von 1848‹). – *Joachim Schondorff* (für eine Dokumentensammlung über das Jahr 1848). – LTT: Lahrer Zeitung Nr. 8 vom 31.10.1949; Buergel-Goodwin (1977), Sp. 498.
1949 *Charlotte Pellon*. – *Kurt Zotz*. – LTT: Remy (1956), S. 400.

Literaturpreis der Stadt Linz (Teil des ›Kulturpreises der Stadt Linz‹)

J: 1942
S: Oberbürgermeister der Stadt Linz
VT: Jährlich
Z: Auszeichnung der besten für das Jahrbuch der Stadt Linz ›Stillere Heimat‹ eingesandten Arbeit
VF: 1000 RM
LP: Strallhofer (1994), S. 63f.
T: 1942 *Hans Watzlik* (›Unterhaid‹, Erzählung). LT: Aut 18 (1943), Nr. 1, S. 11; DS 8 (1943), H. 3, S. 36; NL 44 (1943), S. 24.
1943 *Karl Emmerich Baumgärtel*. LT: Bbl 111 (1944), S. 7; DS 9 (1944), H. 3, S. 34.

Literaturpreis der Stadt Magdeburg

s. Magdeburger Kulturpreis

Literaturpreis der Stadt München

s. Dichterpreis der Stadt München

Literaturpreis der Stadt Warschau

S: Stadt Warschau
T: 1939 *Leopold Staff*. LT: NL 40 (1939), S. 217.

Literaturpreis der Stadt Wien

s. Preise der Stadt Wien für Dichtkunst

Literaturpreis der Stadt Zürich

J: 1932. – Erste Überlegungen aus Anlaß des 200. Geburtstages von Salomon Geßner (1730–1788), dem Züricher Dichter und Maler: »Die Stadt Zürich plant die Schaffung eines ›Geßner-Preises‹, der […] an Schriftsteller verliehen werden soll«. L: LE 32 (1929/30), S. 374. – 1930 und 1931: Vorläuferpreise. – 1932: Festlegung der Statuten des ›Literaturpreises der Stadt Zürich‹. – L: Stadtratsbeschluß 704 vom 9.4. 1932. – 1942: Erweiterung der Statuten zum ›Kunstpreis der Stadt Zürich‹ (für Literatur, bildende Kunst und Musik). L: Stadtratsbeschluß 1198 vom 11.7. 1942.
S: Stadt Zürich

Ju: Eine »Literaturkommission [...] erstattet dem Stadtpräsidenten ein Gutachten über die Verleihung des Preises. [...] Die Antragstellung über die Preisverteilung steht dem Stadtpräsidenten, die Beschlußfassung dem Stadtrate zu.« L: Stadtratsbeschluß 704 vom 9.4. 1932.
VT: Unregelmäßig, ca. alle drei Jahre. »Die Möglichkeit, zurzeit von der Ausrichtung des Literaturpreises mangels geeigneter Preisträger abzusehen, ist vorgesehen.« L: Stadtratsbeschluß 704 vom 9.4. 1932. – 1942: Alle drei Jahre
Z: Vorläuferpreise 1930 und 1931: Auszeichnung und Unterstützung bedürftiger Schriftsteller. – Seit 1932: Preisverleihung an »Verfasser von belletristischen oder Werken allgemeiner Bedeutung, die sich durch Form und Gehalt auszeichnen. Der Preis soll verliehen werden können sowohl für das ganze Oeuvre als auch für ein einzelnes Werk eines lebenden Schriftstellers.« L: Stadtratsbeschluß 704 vom 9.4. 1932.
B: »Als Preisträger kommen Schriftsteller in Betracht, die in der Stadt Zürich niedergelassen oder mit ihr literarisch verbunden [...] sind. L: Stadt Zürich, Stadtratsbeschluß 704 vom 9.4. 1932.
VF: 1930 und 1931: Jeweils 10000 sfr, in Teilbeträgen vergeben. – 1932: 8000 sfr, ungeteilt zu vergeben. – 1942: 5000 sfr
LP: Unterlagen im Stadtarchiv Zürich; Vinz/Olzog (1965), S.61. – LE 37 (1934/35), S.474; Aut 13 (1938), Nr.12, S.31.
T: Die Preisträger sind nach internen Listen des Stadtarchivs Zürich verzeichnet.
1930 (Vorläuferpreis) *Albert Ehrismann. - Arthur Manuel. – Traugott Vogel. – Willy Umbricht*
1931 (Vorläuferpreis) *Traugott Vogel. – Albert Ehrismann. – U. Weilenmann. – Gotthard Jedlicka* (Kunsthistoriker). – *Josef Anton Holenstein. – Hermann Wiedmer*
1932 *Carl Gustav Jung*. LT: LE 35 (1932/33), S.304; H. Wiedmer: Preise für noble Leute. In: Schweizer Monatshefte 12 (1932/33), S.462f.; H. Wiedmer: Zum Literaturpreis der Stadt Zürich. In: Schweizer Monatshefte 12 (1932/33), S.515f.
1935 *Felix Moeschlin*(keine öffentliche Verleihung)
1938 *Maria Waser* (Preis von 5000 sfr für ihr Gesamtwerk). LT: Bbl 105 (1938), S.995; DS 4 (1939), S.20; LE 41 (1938/39), S.322; NL 40 (1939), S.50.
1941 *Hermann Hiltbrunner*
1945 *Robert Faesi*. LT: Vinz/Olzog (1965), S.61.
1948 *Traugott Vogel*. LT: Vinz/Olzog (1965), S.61.

Fortsetzung 1951ff

Literaturpreis des Deutschen Staatsbürgerinnenverbandes

J: [1930]
S: Deutscher Staatsbürgerinnenverband, Berlin, mit Unterstützung des Preußischen Ministers für Wissenschaft, Kunst und Volksbildung und des stellvertretenden Oberbürgermeisters von Berlin
Ju: Gertrud Bäumer. – Alice Berend. – Alfred Döblin. – Rudolf Kayser. – Ina Seidel
Z: »Förderung junger Schriftstellerinnen«. Auszeichnung bisher unveröffentlichter Werke epischer, dramatischer oder lyrischer Art, »die aber keinen unproblematischen bzw. rein unterhaltenden Charakter tragen dürfen«. L: Aut 5 (1930), Nr.11, S.10.
B: Die Bewerberinnen dürfen nicht älter als 35 Jahre sein
VF: 1000 RM
LP: Aut 5 (1930), Nr.11, S.10; LE 33 (1930/31), S.240.
T: 1931 *Käte Biel* (›Irma ist ordinär‹, Roman). – *Elisabeth Langgässer* (›Proserpina‹, Roman, ›Mars‹, Novelle). LT: Emanuel Bin

Gorion: Elisabeth Langgässer preisgekrönt. In: Der Bücherwurm 16 (1931), H. 9, S. 255. – LTT: LE 33 (1930/31), S. 663; shw.: Preisgekrönte! In: Ostpreußische Frauenzeitung (Beilage der ›Königsberger Allgemeinen Zeitung‹) Nr. 11 vom 8.7. 1931; Die Preisträgerinnen des Frauen-Literatur-Preises. In: Darmstädter Tagblatt vom 27.6. 1931.
1932 *Elisabeth Castonier* (›Angèle Dufour‹, Drama). LT: Petra Budke, Jutta Schulze: Schriftstellerinnen in Berlin 1871 bis 1945. Ein Lexikon zu Leben und Werk. Berlin 1995. S. 82.

Literaturpreis des Deutschen Volkstheaters in Wien

s. Volkstheaterpreis

Literaturpreis des Goethebundes in Bremen

s. Bremer Bühnenpreis

Literaturpreis des Landes Mähren auch: Mährischer Schrifttumspreis

S: Land Mähren, Mährischer Landesausschuß, Brünn
T: 1927 *Karl Kreisler* (›Trunkenheit und Stille‹, Gedichte). LT: LE 29 (1926/27), S. 559.
1937 *Ruth Eis-Steffan* (›Tu mir nun auf‹). – *Guido Glück*. – *Helene Hirsch*. – *Karl Kreisler*. – *Felix Langer*. – *Hugo Meisner* (›Nur Brot und Freiheit‹). – *Hieronymus Niesner* (›Blüten vom Feldrain‹). – *Ilse Ringler-Kellner* (für die Lyrik). – *Hermann Steiger*. – LTT: SuM (1937), S. 101: »Das Land Mähren hat an deutsche Verfasser vier Literaturpreise zu 300, drei Preise zu 200 und zwei Preise zu 100 Kč [...] verliehen.«
1940 *Richard Zimprich*. LT: Aut 15 (1940), Nr. 2, S. 39.

Literaturpreis des Völkerbundes

J: [1931]
S: Unausgeführt (?) gebliebener Vorschlag des polnischen P.E.N.-Clubs, vertreten in der Zeitschrift ›Pologne Littéraire‹, an den Völkerbund in Genf
VT: Jährlich
Z: »Ein internationaler Literaturpreis [...] soll demjenigen Literaturwerk zuerkannt werden, das von dem Glauben an die Menschheit erfüllt sein soll und eine moralische und geistige Vervollkommnung der Menschheit erstrebt.« L: LE 32 (1929/30), S. 735. – »[... Le prix est] destiné à récompenser une œuvre littéraire de haute valeur, exprimant des idées communes à toutes les nations: la foi en l'homme, l'idée du perfectionnement moral et intellectuel, et celle du bien-être universel.« L: Zitiert nach: E[duard] K[orrodi]: Der 100 000 Franken-Preis des ›Völkerbundes‹. In: NZZ Nr. 1609 vom 25.8. 1931, S. 1.
VF: 100 000 sfr
LP: LE 32 (1929/30), S. 735; E[duard] K[orrodi]: Der 100 000 Franken-Preis des ›Völkerbundes‹. In: NZZ Nr. 1609 vom 25.8. 1931, S. 1; E[duard] K[orrodi]: Der Literaturpreis des Völkerbunds. In: NZZ Nr. 264 vom 12.2. 1932, S. 1; Der Zwiebelfisch 23 (1933), S. 104–106.

Literaturpreis gegen den Krieg

S: Schweizer Liga für Menschenrechte
T: 1930 *Ludwig Renn*. LT: LE 33 (1930/31), S. 300.

Literatur- und Dichterpreis der Stadt Babenhausen (Hessen)

J: 1935. – Gründung beim »Hessischen Dichtertag« in Babenhausen
S: Bürgermeister der Stadt Babenhausen (Hessen)
LP: Auskunft aus dem Stadtarchiv Babenhausen; Kü (1939), Sp. 245. – Aut 13 (1938), Nr. 1/2, S. 20; Bbl 105 (1938), S. 138.
T: 1936 *Heinrich Philipp Tempel* (›Heilige Erde‹). LT: Aut 11 (1936), Nr. 4/5, S. 26.

Literatur- und Kunstpreis des Württembergischen Goethebundes

s. Preis des Württembergischen Goethe-Bundes

Literaturpreis Weimar 1947

J: 1947. Erste (und einzige) Verleihung 1948
S: Landesleitung Thüringen des Kulturbundes zur demokratischen Erneuerung Deutschlands, Weimar
VT: Jährlich
Z: Auszeichnung eines literarischen Werks, »das als wertvollster Beitrag zur demokratischen Erneuerung Deutschlands zu bezeichnen ist«. L: Autor (1947/48), H. 9, S. 12. – »Als literarische Werke gelten sowohl lyrische, epische und dramatische als auch essayistische Arbeiten [...].« L: Literaturpreis Weimar 1947/49. [Ausschreibung]. In: Schöpferische Gegenwart 2 (1949), S. 334.
B: »Die [einzureichenden] Werke [aller Art] dürfen bisher weder veröffentlicht, noch zur Veröffentlichung angeboten worden sein.« L: Autor (1947/48), H. 9, S. 12.
VF: 3000 RM, auch teilbar
LP: Autor (1947/48), H. 9, S. 12; Schöpferische Gegenwart 2 (1949), S. 334.
T: 1948 *Georg Maurer*. LT: Kü (1958), S. 915.

Literatur-Preisausschreiben des Gaues Kärnten

s. Kärntner Literaturpreis

Hermann-Löns-Preis

J: 1941. – Benannt nach dem Schriftsteller Hermann Löns (1866–1914)
S: Meldung 1939: »In Hannover ist eine Hermann-Löns-Gesellschaft gegründet worden; im September 1939 wird erstmalig der Hermann-Löns-Preis vergeben.« L: LE 41 (1938/39), S. 516. – 1941: »Anläßlich der Übernahme des Präsidiums der Hermann-Löns-Gesellschaft Hannover durch den Gauleiter und Oberpräsidenten Hartmann Lauterbacher [...] wurde durch den Gauleiter die Schaffung eines Löns-Preises der Gauhauptstadt Hannover verkündet.« L: Aut 16 (1941), Nr. 9, S. 155.
VT: Jährlich. Verteilung am 29. August, dem Geburtstag von Hermann Löns
Z: Auszeichnung »besondere[r] Verdienste auf dem Gebiete des landschaftlichen Schrifttums«. L: LE 44 (1941/42), S. 48; NL 43 (1942), S. 48. – »Träger dieses Preises können aber auch Schriftsteller und Heimatpfleger werden, die besondere Arbeiten im Geiste Löns' geleistet haben.« L: Aut 16 (1941), Nr. 10, S. 177. – »Wie Hermann Löns der Streiter für Art und Rasse gewesen ist, so soll der Preis Auszeichnung für deutsche Dichter sein, in deren Werken eine gleiche kämpferische soldatische Haltung spricht.« L: Aut 18 (1943), Nr. 9, S. 160. – »Ferner will die Provinz Hannover ein Löns-Haus errichten, in dem der jeweilige Preisträger die Möglichkeit hat, ein Jahr zu wohnen und inmitten der Heide Anregun-

gen für neue Leistungen zu erhalten.« L: NL 43 (1942), S. 48.
VF: 5000 RM
LP: LE 41 (1938/39), S. 644; Aut 18 (1943), Nr. 9, S. 160.
T: 1942 *Carl von Bremen* (gefallen). – *Friedrich Wilhelm Hymmen.* – LTT: Aut 17 (1942), Nr. 9, S. 139; DS 7 (1942), H. 9, S. 107; Träger des »Hermann-Löns-Preises 1942«. In: Markwart 2 (1942), S. 10–17; NL 43 (1942), S. 247.
1943 *Paul Burre* (›Es reiten die wilden Jäger‹, Roman). – *Thilo Scheller* (›Klaus Störtebecker. Gottes Freund und aller Welt Feind‹, Roman). – LTT: Aut 18 (1943), Nr. 9, S. 160; DS 9 (1944), H. 3, S. 34f.; Träger des »Hermann-Löns-Preises 1943«. In: Markwart 3 (1943), S. 10–21.
1944 *Bodo Schütt* (für die Gedichtbände ›Stern im Grenzenlosen‹ und ›Gestirn des Krieges‹). LT: Bbl 112 (1945), S. 7.

Longfellow-Glocke

J: 1949. – Benannt nach dem amerikanischen Schriftsteller Henry Wadsworth Longfellow (1807–1882)
S: Longfellow-Gemeinschaft der Steuben-Schurz-Gesellschaft e.V. (Gesellschaft zur Förderung der deutsch-amerikanischen Beziehungen), Geisenheim/Rhein
VT: Alle fünf Jahre
Z: Auszeichnung von Persönlichkeiten, »die sich um die Verständigung zwischen den Völkern besonders verdient gemacht haben«. L: Remy (1956), S. 402.
VF: Porzellan-Plakette
LP: Remy (1956), S. 402; Kü (1958), S. 915.
T: 1949 *Reinhold Schneider.* – *Rudolf Alexander Schröder.* – LTT: Remy (1956), S. 402.

Fortsetzung 1954

Lyrikpreis der ›Dame‹

J: 1934
S: Schriftleitung und Verlag der Zeitschrift ›Die Dame‹ (Berlin: Ullstein-Verlag)
Ju: Preisgericht, bestehend aus »fünf Persönlichkeiten des deutschen Schrifttums«
VT: Jährlich. Vergabe im November
Z: Auszeichnung der sechs besten bei einem Wettbewerb eingereichten Gedichte. »Wir sind uns bewußt, daß wir mit unserem Aufruf nur einen geringen Teil dessen, was sich gestalt- und gehaltvoll im Gedicht ausprägt, einzubringen vermögen. Aber, indem wir wieder unseren Ruf ergehen lassen, glauben wir doch, mit ihm innerhalb der Grenzen dieses Ausschreibens an der Gestaltwerdung deutscher Dichtung anregend teilzunehmen.« L: DS 1 (1936), S. 165.
B: »Jeder deutsche Autor ist berechtigt, an dem Wettbewerb teilzunehmen, wenn er seine Werke original in deutscher Sprache niederschreibt und eine Dichtung vorzulegen hat, mit der er der Zeit Wesentliches zu geben können glaubt. Übersetzungen und Nachdichtungen aller Art sowie schon veröffentlichte Arbeiten sind ausgeschlossen. [...] Das Recht zur Veröffentlichung der preisgekrönten Gedichte geht auf den Verlag der ›Dame‹ über.« L: DS 1 (1936), S. 165.
VF: Hauptpreis (HP): 1000 RM, fünf Nebenpreise (NP): 200 RM
LP: Die Dame 63 (1936), H. 14, S. 6; Die Dame 67 (1940), H. 14, S. 6; Die Dame 69 (1942), H. 12, S. 26f., 34f. – Kü (1937/38), Sp. 253; Kü (1939), Sp. 250; Strallhofer (1994), S. 91f. – Aut 11 (1936), Nr. 7, S. 22; DS 1 (1936), S. 165f.; DS 2 (1937), S. 190f.; LE 40 (1937/38), S. 704; Aut 13 (1938), Nr. 7/8, S. 49; Aut 13 (1938), Nr. 11, S. 27; NL 40 (1939), S. 472.
T: 1934 *Marie Luise Kaschnitz* (HP). – *Friedrich Bischoff* (NP). – *Hellmut von Cu-*

be (NP). – *Heinrich Dachs* (NP). – *Josef Leitgeb* (NP). – *Otto Maria Polley* (NP). – LTT: Aut 9 (1934), Nr. 12, S. 21; LE 37 (1934/35), S. 278; Kü (1939), Sp. 250. – Ju: Rudolf G. Binding. – Hans Friedrich Blunck. – Ricarda Huch. – Julius Petersen. – Carl Schnebel (Hauptschriftleiter der ›Dame‹). – LJu: LE 37 (1934/35), S. 118.

1935 *Hans Thyriot* (HP für ›Geburt eines Kindes‹). – *Gerhart Baron* (NP). – *Hermann Kasack* (NP). – *Wilhelm Krämer* (NP). – *Anton Schnack* (NP). – *Gerhard Schumann* (NP). – *Georg von der Vring* (NP). – LTT: Aut 10 (1935), Nr. 11, S. 21; LE 38 (1935/36), S. 150; Kü (1939), Sp. 250. – Ju: Rudolf G. Binding. – Wolfram Brockmeier. – Ricarda Huch. – Julius Petersen. – Ludwig Emanuel Reindl (Hauptschriftleiter der ›Dame‹). – LJu: Bbl 102 (1935), S. 987.

1936 *Hedwig Forstreuter* (HP für ›Liebende in der Landschaft‹). LT: Aut 11 (1936), Nr. 10, S. 27. – *Hermann Claudius* (NP). – *Herta Grandt* (NP). – *Rudolf Kreutzer* (NP). – *Hans Leifhelm* (NP). – *Georg von der Vring* (NP). – LTT: Kü (1939), Sp. 250. – Ju: Wolfram Brockmeier. – Marie Luise Kaschnitz. – Julius Petersen. – Ludwig Emanuel Reindl. – Friedrich Schnack. – LJu: Die Dame 63 (1936), H. 14, S. 6; DS 1 (1936), S. 165.

1937 *Hermann Burte* (HP). LT: Aut 12 (1937), Nr. 11, S. 49; LE 40 (1937/38), S. 256. – *Werner Bergengruen* (NP). – *Martin Damß* (NP). – *Susanne Kerckhoff* (NP). – *Ruth Schaumann* (NP). – *Max Sidow* (NP). – *Lina Staab* (NP). – LTT: Kü (1939), Sp. 250. – Ju: Wolfram Brockmeier. – Marie Luise Kaschnitz. – Julius Petersen. – Ludwig Emanuel Reindl. – Friedrich Schnack. – LJu: Kü (1937/38), Sp. 253.

1938 *Gotthard de Beauclair* (HP für ›Lausch, wie die Nacht schweigt‹). LT: Bbl 105 (1938), S. 910; NL 39 (1938), S. 662. – *Arthur Fischer-Colbrie* (NP für ›Abschied vom Orion‹). – *Herta Grandt* (NP für ›Kindheit‹). – *Hermann Kasack* (NP für ›Tageslied‹). – *Gustav Leuteritz* (NP für ›Das Grabmal‹). – *Hermann Sendelbach* (NP für ›Apfelnachlese‹). – LTT: LE 41 (1938/39), S. 258; DS 4 (1939), S. 20; Kü (1939), Sp. 250. – Ju: Georg Britting. – Marie Luise Kaschnitz. – Julius Petersen. – Ludwig Emanuel Reindl. – Friedrich Schnack. – LJu: Bbl 105 (1938), S. 558.

1939 *Friedrich Bischoff* (HP für ›Das Füllhorn‹). – *Josef Leitgeb* (NP für ›Mysterium‹). – *Herbert Strutz* (NP für ›Wiegenlied‹). – *Wilhelm Emanuel Süskind* (NP für ›Tochter des Regens‹). – *R. E. Tristram* (NP für ›Aufbruch der jungen Mannschaft‹). – *Hans Wühr* (NP für ›Transportzug 1915‹). – LTT: DS 4 (1939), S. 223; NL 40 (1939), S. 559; DS 5 (1940), H. 1, Umschlag. – Ju: Georg Britting. – Marie Luise Kaschnitz. – Julius Petersen. – Ludwig Emanuel Reindl. – Friedrich Schnack. – LJu: Aut 14 (1939), Nr. 7, S. 33.

1940 *Josef Leitgeb* (HP). – *Wolf von Niebelschütz* (NP). – *Ruth Schaumann* (NP). – *Bodo Schütt* (NP). – *Georg von der Vring* (NP). – *Artur Zickler* (NP). – LTT: NL 41 (1940), S. 319. – Ju: Georg Britting. – Marie Luise Kaschnitz. – Julius Petersen. – Ludwig Emanuel Reindl. – Friedrich Schnack. – LJu: Die Dame 67 (1940), H. 14, S. 6.

1941 *Bodo Schütt* (HP für ›Herz unter dem Schicksal‹). – *Werner Bergengruen* (NP). – *Rudolf Hagelstange* (NP). – *Friedrich Kalbfuß* (NP). – *Eckart Peterich* (NP). – *Eugen Roth* (NP). – LTT: Aut 16 (1941), Nr. 12, S. 208; DS 6 (1941), S. 144; LE 44 (1941/42), S. 175.

1942 *Wolf von Niebelschütz* (HP für ›Soldatengrab‹). – *Oskar Fries* (NP für ›Wache im Schnee‹). – *Susanne Kerckhoff* (NP für ›Elemente‹). – *Eugen Roth* (NP für ›Nachts‹). – *Herbert Sailer* (NP für ›Soldatengräber im Osten‹). – *Wilhelm Emanuel Süskind* (NP für ›Ueber Nacht‹). – LTT: Die Dame 69 (1942), H. 12, S. 26f., 34f.; Aut 18 (1943), Nr. 1, S. 12: »Fast die Hälfte [der 4000 eingesandten Gedichte] kam aus dem Felde«. – Ju: Georg Britting. – Marie Luise Kaschnitz. – Josef Nadler. – Ludwig Emanuel Reindl. – Friedrich Schnack. – LJu: Die Dame 69 (1942), H. 12, S. 26.

Lyrik-Preis des Südverlags

J: 1947

S: Südverlag, Konstanz. – ›Die Erzählung. Illustrierte Zeitschrift für Freunde guter Literatur‹. Hrsg. von Ludwig Emanuel Reindl

Ju: Preisrichterkollegium: Friedrich Bischoff. – Georg Britting. – Manfred Hausmann. – Marie Luise Kaschnitz. – Ludwig Emanuel Reindl. – Friedrich Schnack

VT: Jährlich

Z: »Ein Wesenszug der Deutschen ist ihre Bereitschaft und Aufgeschlossenheit für das Gedicht. [...] eine ihrer edelsten Anlagen [...] prägt sich darin aus [...] die Freude an der Beseeltheit des Lebendigen im Kleinen wie im Großen [...] Ein idealistisches Verhältnis zur Natur und zum Menschenleben ergibt sich daraus ebenso wie die Liebe zur durchseelten Sprachform. [...] Aber auch die Bereitschaft zum bekenntnishaften Ausdruck ist mit der lyrischen Grundgestimmtheit verbunden [...] Es ist dringlich, solche Züge unseres Wesens zu erkennen und ihrer Entwicklung zu dienen [...]. Aufgabe dieses Preises ist es, das jeweils Fördenswerte zu finden und darzustellen, zugleich durch möglichst vorbildliche Beispiele brauchbare Maßstäbe zu erarbeiten.« L: Die Erzählung 1 (1947), H. 1, S. 25.

B: »Jeder deutsche Autor ist eingeladen, sich um den Preis zu bewerben. Übersetzungen und Nachdichtungen können nicht berücksichtigt werden. Die mit Preisen ausgezeichneten Dichtungen gehen mit allen Rechten in den Besitz des Südverlag über.« L: Die Erzählung 1 (1947), H. 1, S. 25.

VF: 1947: 1. Preis: 3000 RM, fünf weitere Preise zu je 500 RM. – 1948 und 1949: 1. Preis: 1000 DM, fünf weitere Preise zu je 200 DM

LP: Beiträge zum ›Lyrik-Preis‹ in der Zeitschrift ›Die Erzählung‹: 1 (1947), H. 1, S. 25; 1 (1947), H. 11, S. 3–14,45; 2 (1948),

H. 2, S. 3; 2 (1948), H. 12, S. 4–9; 3 (1949), H. 3, S. 12; 4 (1950), H. 2, S. 5–9.
T: 1947 *Martin Gumpert* (1. Preis für ›Berichte aus der Fremde‹). – *Herta Grandt* (›Klage‹). – *Bernt von Heiseler* (›Epistel‹). – *Fritz Leisinger* (›Wachskerze‹). – *Franz R. Median* (›Das Wunder‹). – *Walter Nenzel* (›Die Ackerwinde‹). – LTT: Die Erzählung 1 (1947), H. 11, S. 3–14,45.
1948 *Karin Helm* (geteilter 1. Preis für ›Der Brunnen‹). LT: Autor (1948/49), H. 10/11, S. 22. – *Walter Schmiele* (geteilter 1. Preis für ›Der Mann aus Kouroo‹). – *Oskar Gitzinger* (›Abend‹). – *Georg Schwarz* (›Die Insel der Sirenen‹). – *Hans Thyriot* (›Die Erscheinung im Garten‹). – *Rudolf Otto Wiemer* (›Heimkehr‹). – LTT: Die Erzählung 2 (1948), H. 12, S. 4–9.
1949 *Rudolf Hagelstange* (1. Preis für ›Beschwörung der Europa‹). – *Herta Grandt* (›Der Junge‹). – *Johann Jakob Häßlin* (›Das Zelt‹). – *Karl Krolow* (›Im Mittag‹). – *Walter Schmiele* (›Der Hase‹). – *Hermann A. Weber* (›Der Gast‹). – LTT: Die Erzählung 4 (1950), H. 2, S. 5–9.

Mährischer Schrifttumspreis

s. Literaturpreis des Landes Mähren

Mährisch-schlesischer Landespreis

J: [1932]
S: Mährisch-schlesischer Landesausschuß
T: 1932 *Emil Hadina* (1000 Kronen). – *Bruno Hanns Wittek* (1000 Kronen). – *Karl Kreisler* (1000 Kronen). – *Fritz Jurditsch* (1000 Kronen). – *Louise Fleischmann-Raudnicky (J. Streloff)* (500 Kronen). – *Anton Rappawi* (500 Kronen). – LTT: LE 35 (1932/33), S. 366.
1940 *Karl Hans Strobl*. LT: Aut 15 (1940), Nr. 6/7, S. 98.

Magdeburger Förderungspreis

s. Magdeburger Kulturpreis

Magdeburger Kulturpreis
auch: Magdeburger Förderungspreis, Literaturpreis der Stadt Magdeburg

J: [1939]. – 1936: Vorläuferpreis
S: Stadt Magdeburg
VT: Jährlich. Verleihung »am Geburtstag des Führers« (20. April)
Z: »Förderung des künstlerischen Nachwuchses«. L: Aut 14 (1939), Nr. 3, S. 42. – Vorläuferpreis 1936: »[...] namhafter Literaturpreis für den besten geschichtlichen oder zeitgenössischen Roman um die Stadt Magdeburg.« L: Aut 11 (1936), Nr. 4/5, S. 26.
B: »Um die Förderungspreise können sich alle Kulturschaffenden bewerben, die nachweisen, daß sie sich entweder seit einem Jahr in Magdeburg aufhalten oder daß sie bis zu ihrem vollendeten 15. Lebensjahr ununterbrochen in Magdeburg wohnten.« L: Aut 14 (1939), Nr. 3, S. 42.
VF: »[...] Betrag von 3000 RM [...], den [...] möglichst in drei gleichen Teilen je ein der Reichsschrifttumskammer, der Reichskammer der bildenden Künste und der Reichsmusikkammer angehörender Künstler erhalten soll.« L: Aut 14 (1939), Nr. 3, S. 42.
LP: Aut 11 (1936), Nr. 4/5, S. 26; Aut 14 (1939), Nr. 3, S. 42; Kü (1939), Sp. 250; Erckmann (1939/40), S. 85; Magdeburgische Zeitung Nr. 46 vom 26. 1. 1940.
T: 1939 *Paul Grabau*. – *Max Seeboth* (Komponist). – LTT: Aut 14 (1939), Nr. 8/9, S. 22; DS 4 (1939), S. 204.
1943 *Friedrich Hedler* (›Till Eulenspiegel‹, Komödie). LT: Bbl 112 (1945), S. 7.

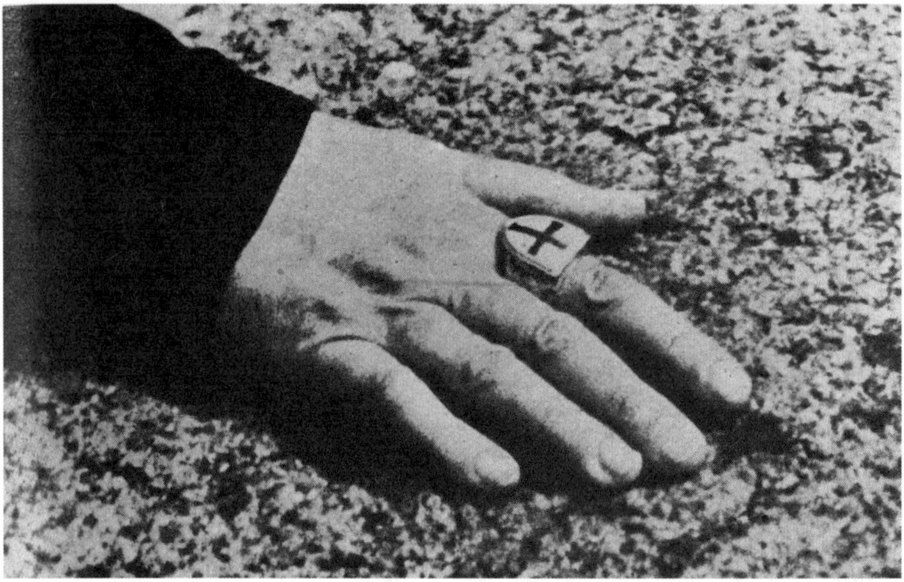

Mainfränkischer Kunstpreis (für Literatur: Rückert-Preis, für bildende Kunst: Riemenschneider-Preis, für Musik: Reger-Preis)

s. Rückert-Preis

Marienburger Dichterring

J: 1942. Erste Verleihung auf dem neu eingerichteten ›Marienburger Dichtertag‹
S: Erste Verleihung durch Gauleiter und Reichsstatthalter des Gaues Danzig-Westpreußen, Albert Forster (gleichzeitig Präsident des ›Kulturwerks Deutsches Ordensland‹), Danzig. – Für später geplant: Verleihung durch den ›Marienburger Dichtertag‹ im Rahmen des ›Kulturwerks Deutsches Ordensland‹
VZ: Jährlich
Z: Verleihung an »einen Dichter, der sich durch sein Werk um den deutschen Osten verdient« gemacht hat.
LP: Lothar P. Manhold: Marienburger Dichtertag 1942. In: DiO 5 (1942), S. 518–521.
T: 1942 *Agnes Miegel*. LT: Aut 17 (1942), Nr. 9, S. 139; DiO 5 (1942), S. 518–521.

Mecklenburgischer Literaturpreis

J: 1938. Erste Verleihung 1939
S: Reichsstatthalter und Gauleiter des Gaues Mecklenburg, Friedrich Hildebrandt, Schwerin. – »In Bad Doberan fand der 3. ›Doberaner Dichtertag‹ unter dem Motto ›Bekenntnis zur Lebensfreude in der niederdeutschen Dichtung‹ statt. Im Rahmen die-

ser Kundgebung erfolgte durch Landeskulturwalter Wilke die Bekanntgabe der Stiftung eines Mecklenburgischen Literaturpreises [...]. Der Preis ist mit einem Ehrensolde verbunden.« L: Aut 13 (1938), Nr. 9, S. 35.
VT: Jährlich. Verleihung auf dem ›Doberaner Dichtertag‹
VF: Meldung 1938: »Der Preis besteht aus einem Kunstwerk, das jeweils ein Jahr im Besitz des ausgezeichneten Dichters verbleibt, und ist mit einem Ehrensold verbunden«. L: Bbl 105 (1938), S. 687. – Meldung 1939: 2000 M. L: Erckmann (1939/40), S. 84.
LP: Kü (1939), Sp. 251; Bufkin (1980), S. 134. – Aut 13 (1938), Nr. 9, S. 35; Bbl 105 (1938), S. 687, 703; NL 39 (1938), S. 591; LE 41 (1938/39), S. 64.
T: 1939 *Friedrich Griese.* LT: Aut 14 (1939), Nr. 8/9, S. 22; DS 4 (1939), S. 204; NL 40 (1939), S. 472; LE 42 (1939/40), S. 40.
1940 *Theodor Jakobs.* LT: Aut 15 (1940), Nr. 9, S. 144; NL 41 (1940), S. 223 (mit der Verleihungsbegründung:) »In seinen Schriften hat der Kriegsdichter Theodor Jakobs in einer menschlich ehrlichen und dichterisch eindringlichen Art immer wieder den niederdeutschen Menschen in dem ihm aufgezwungenen Kampf um den Boden der Heimat dargestellt. In der dichterischen Wiedergabe dieses Menschen hat er somit nicht nur der eigenen, sondern vor allem auch der jungen Generation unserer Gegenwart das Vorbild gegeben, das sie für den Kampf nötig hat.«; LE 43 (1940/41), S. 40.
1941 *Moritz Jahn.* LT: Aut 16 (1941), Nr. 9, S. 156; DS 6 (1941), S. 108; NL 42 (1941), S. 262; LE 44 (1941/42), S. 48.
1942 *Hans Ehrke.* LT: Aut 17 (1942), Nr. 10, S. 156; DS 7 (1942), H. 12, S. 142; NL 43 (1942), S. 222.
1943 *Hermann Claudius.* LT: Bbl 111 (1944), S. 16: »Reichsstatthalter Hildebrandt betonte [in seiner Festrede] [...] die hohe Aufgabe des deutschen Dichters, Künder deutschen Wesens und Kraftspender für die deutschen Herzen in dem Kampf um die europäische Kultur zu sein. Der vorjährige Preisträger Hans Ehrke würdigte Werk und Persönlichkeit seines Dichterkameraden Hermann Claudius.«; DS 9 (1944), H. 3, S. 35.

Mejstrik-Preis

J: 1918. Erste Verleihung 1920
S: Wiener Zweigverein der Deutschen Schillerstiftung als Vermögenserbe des Wiener Buchhändlers und Antiquars Adolf Mejstrik (1840–1918)
Ju: Vorschlagsberechtigt: Der Vorsitzende des Zweigvereins (Anton Bettelheim) und der jeweilige Professor für deutsche Literaturgeschichte an der Universität Wien (1921: Joseph Seemüller, 1922–1927: Walther Brecht, 1928: Paul Kluckhohn). Abstimmung im Vorstand des Zweigvereins
VT: Jährlich
Z: Nach der testamentarischen Festlegung von A. Mejstrik sollen jährlich »ein oder zwei verdiente deutsche Lyriker beteilt werden«.
LP: Fast alle Angaben zu diesem Preis sind Frau Susanne Schwabach-Albrecht (Düsseldorf-Benrath) zu verdanken, die im Zusammenhang mit ihrer Dissertation über die Deutsche Schillerstiftung die Unterlagen im Wiener Stadt- und Landesarchiv entdeckt hat. Ihr Aufsatz ›Der Wiener Zweigverein der Deutschen Schillerstiftung und sein Mejstrik-Preis‹ wird im ›Jahrbuch der Deutschen Schillergesellschaft‹ 40 (1996) erscheinen.
T: 1920 *Ottokar Kernstock* (2000 Kronen). – *Rainer Maria Rilke* (2000 Kronen)

1921 *Franz Karl Ginzkey* (2000 Kronen). LT: LE 23 (1920/21), Sp. 701.
1922 *Max Mell* (2000 Kronen)
1923 *Börries Frhr von Münchhausen* (40 000 Kronen). LT: LE 25 (1922/23), Sp. 665: »Börries, Freiherr von Münchhausen hat den Preis der Wiener Schiller-Stiftung erhalten. Der Dichter hat gleichzeitig dieselbe Summe dem hervorragendsten Mitarbeiter des diesjährigen Göttinger Musenalmanachs, Alfred Kunze, überwiesen.«
1924 *Agnes Miegel* (500 000 Kronen, »angesichts der Schwere der Zeit« schon im Dezember 1923 überwiesen). LT: LE 26 (1923/24), S. 380.
1925 *Albrecht Schaeffer* (800 000 Kronen)
1926 *Margarete Weinhandl* (120 Schillinge)
1927 *Leopold Hörmann* (180 Schillinge)
1928 *Hermann Hesse* (190 Schillinge)

Max-Meßner-Stiftung

s. Preis der Max-Meßner-Stiftung

Conrad-Ferdinand-Meyer-Stiftung

s. Preis der Conrad-Ferdinand-Meyer-Stiftung

Agnes-Miegel-Plakette

J: 1936. Stiftung zum 57. Geburtstag der Schriftstellerin Agnes Miegel (1879–1964). »Die Plakette wurde bei einem Empfang des Oberbürgermeisters der Stadt Königsberg und im Beisein des Präsidenten der Reichsschrifttumskammer, Staatsrat Hanns Johst, der Dichterin überreicht.« L: NL 37 (1936), S. 245.
S: Amtsleitung der NS-Kulturgemeinde, Königsberg
VT: Jährlich
Z: Die Plakette soll »jährlich einem ostdeutschen Dichter als Zeichen der Verpflichtung für seine geistige Haltung und für sein dichterisches Schaffen« gegeben werden. L: LE 38 (1935/36), S. 350.
LP: LE 38 (1935/36), S. 350; NL 37 (1936), S. 245.

Agnes-Miegel-Preis

J: 1935
S: Universität Königsberg, medizinische Fakultät
VT: Vermutlich einmalig
Z: Auszeichnung von Arbeiten zum Thema »Der Arzt in der Dichtkunst unserer Zeit«
B: »Die Bearbeitung des Themas steht jedem Volksgenossen frei.« L: NL 37 (1936), S. 244.
VF: 1000 RM
LP: LE 38 (1935/36), S. 300; Aut 11 (1936), Nr. 1, S. 24; NL 37 (1936), S. 244; Aut 13 (1938), Nr. 12, S. 10; DS 3 (1938), S. 65.
T: 1938 *Andreas Bruno Wachsmuth* (Gymnasiallehrer, späterer Präsident der Goethe-Gesellschaft). LT: LE 40 (1937/38), S. 448; Bbl 105 (1938), S. 119.

Minor-Preis

J: 1918
S: Wiener Akademie der Wissenschaften. Testamentarische Stiftung (10 000 Kronen) des verstorbenen Literarhistorikers Jakob Minor vom 1. 7. 1912
VT: Alle fünf Jahre
Z: Auszeichnung der besten literaturgeschichtlichen Arbeit. Der Preis soll laut Testament nur Arbeiten zuerkannt werden, »die ganz oder teilweise die neuere deutsche Literatur zum Gegenstande haben und sich von kleinlicher Parallelen- oder Motiven-

jagd fernhalten.« [Aus dem Testament von J. Minor]. Zitiert nach: LE 15 (1912/13), S. 288f.
LP: Richard Meister: Geschichte der Akademie der Wissenschaften in Wien. 1847–1947. Wien 1947. S. 356; Dokumentation zur österreichischen Akademie der Wissenschaften 1847–1972. Bd 3: Die Mitglieder und Institutionen der Akademie. Bearb. von Ludmilla Krestan. Wien 1972. S. 171. – LE 15 (1912/13), Sp. 288f.; LE 21 (1918/19), Sp. 60.
T: 1919 *Friedrich Gundolf* (›Goethe‹). LT: Krestan (1972), S. 171. – Ju: Albert Köster (Literarhistoriker). LJu: LE 21 (1918/19), Sp. 60.
1925 *Adolf Hauffen* (›Johann Fischart‹). LT: LE 27 (1924/25), S. 443.

Justus-Möser-Medaille

J: 1944. – Gestiftet zum 150. Todestag des Schriftstellers Justus Möser (1720–1794). – 1954: Ausarbeitung einer Satzung
S: Stadt Osnabrück
Ju: Rat der Stadt Osnabrück nach Anhörung geeigneter Persönlichkeiten aus der Stadt Osnabrück
Z: »Mit dem Preis sollen Persönlichkeiten ausgezeichnet werden, die sich auf dem Gebiet von Kunst und Wissenschaft um die Stadt Osnabrück oder den Osnabrücker Raum verdient gemacht haben oder als Osnabrücker durch schöpferische Leistungen hervorgetreten sind.« L: Vinz/Olzog (1965), S. 54.
LP: Vinz/Olzog (1965), S. 54; Vinz/Olzog (1968), S. 47; Fohrbeck (1978), S. 137; Ilsetraut Lindemann: Die Osnabrücker Justus-Möser-Medaille und ihre Träger. In: Heimat-Jahrbuch Osnabrücker Land (1981), S. 170f.
T: 1944 *Ludwig Bäte*. – *Karl Brandi* (Historiker). – *Franz Hecker* (Maler). – *Ludwig Schirmeyer* (Gymnasiallehrer, Mitherausgeber der Schriften Justus Mösers). – LTT: Fohrbeck (1978), S. 137.
1945 *Hermann Rothert* (Historiker). – *Karl Koch* (Lehrer, Botaniker). – LTT: Fohrbeck (1978), S. 137.

Fortsetzung 1952ff

Mosellandpreis

s. Kunstpreis des Mosellandes

Wolfgang Amadeus Mozart-Preis

J: 1935
S: Johann Wolfgang Goethe-Stiftung, Freiburg i.Br., gegründet 1935 als Teil der Stiftung F.V.S., Hamburg (gegründet 1931). Kapital zur Verfügung gestellt von Alfred C. Toepfer, Hamburg. – Verteilung durch die Universitäten München, Graz und Innsbruck
Ju: Zwei Vertreter der jeweiligen Universität, zwei von der Reichsschrifttumskammer benannte Vertrauensleute des Stifters, ein Vertreter der Reichsschrifttumskammer. – 1940: Unter den Kuratoriumsmitgliedern: Josef Nadler. – Seit 1939: Vorsitzender des Mozart-Preis-Kuratoriums: Raimund Klebelsberg-Thumburg (Geologe; Rektor der Innsbrucker Universität, 1934/35 und 1942–1945). L: Memorandum (1991), Kap. III.
VT: Jährlich
Z: Preis »zur Förderung der geistig-schöpferischen Kräfte im deutschen Alpenraum«. L: Interne Liste der Stiftung F.V.S., Hamburg. – Aus der Satzung, gültig für alle Preise der Johann Wolfgang Goethe-Stiftung: »Die Preisträger sollen Persönlichkeiten sein, die sich durch außerordentliche Leistungen im Schrifttum, in der Malerei, der Musik, der angewandten Kunst oder der

Volkstumsforschung ausgezeichnet haben. Die Preise können sowohl für Einzelwerke wie für das Gesamtschaffen vergeben werden. Die Preisträger müssen mit ihrem Werk in der Landschaft, für die der Preis gilt, verwurzelt sein.« L: Interne Liste der Stiftung F.V.S., Hamburg

B: Der Preisträger muß aus Österreich, Südtirol oder den Donaustaaten stammen, seit 1939 aus Österreich oder Italien. L: Strallhofer (1994), S. 42; Zimmermann (1995), S. 215.

VF: 10 000 RM

LP: Interne Liste der Stiftung F.V.S., Hamburg; Kü (1937/38), Sp. 255; Kü (1939), Sp. 251; Bufkin (1980), S. 123; Lorenz Mikoletzky: Archivmaterial zu Josef Weinheber. In: Jahresgabe Josef Weinheber-Gesellschaft Wien (1984–86), S. 63–67; Memorandum (1991), Kap. I, III; Strallhofer (1994), S. 31, 35, 40–45, 112f., 119; Zimmermann (1995), S. 215–219. – LE 37 (1934/35), S. 524; Aut 13 (1938), Nr. 1/2, S. 21; Strothmann (1963), S. 104.

T: Die Preisträger sind in der internen Liste der Stiftung F.V.S., Hamburg, bei Strallhofer (1994) und bei Zimmermann (1995) verzeichnet.

1935 (1936 verliehen) *Heinrich Ritter von Srbik* (Historiker). LT: LE 38 (1935/36), S. 300; Heinrich Ritter von Srbik, Josef Weinheber: Zwei Ansprachen anläßlich der Überreichung des Mozart-Preises. In: Das Innere Reich 3 (1936/37), S. 257–260; Bbl 105 (1938), S. 139; Kü (1939), Sp. 251; Memorandum (1991), Kap. III. – Ju: Karl Haushofer (Geopolitiker, Präsident der Deutschen Akademie, München). – Paul Kluckhohn (Literarhistoriker, Tübingen). – Alexander von Müller (Historiker). – Josef Nadler (Literarhistoriker, Wien). – Richard Suchenwirth (Geschäftsführer der Reichsschrifttumskammer). – LJu: Mikoletzky (1984–86), S. 65.

1936 *Josef Weinheber*. LT: Aut 10 (1935), Nr. 12, S. 31; LE 38 (1935/36), S. 300; Heinrich Ritter von Srbik, Josef Weinheber: Zwei Ansprachen anläßlich der Überreichung des Mozart-Preises. In: Das Innere Reich 3 (1936/37), S. 257–260; Bbl 105 (1938), S. 139; Kü (1939), Sp. 251; Mikoletzky (1984–86), S. 63–67; Memorandum (1991), Kap. III. – Ju: Karl Haushofer. – Paul Kluckhohn. – Karl Alexander von Müller. – Josef Nadler. – Richard Suchenwirth. – LJu: Mikoletzky (1984–86), S. 65.

1937 *Max Mell*. LT: LE 39 (1936/37), S. 640; Aut 12 (1937), Nr. 7, S. 21; NZZ Nr. 1038 vom 9. 6. 1937, S. 1; Kü (1939), Sp. 251; Memorandum (1991), Kap. I, III.

1938 *Franz Nabl*. LT: Aut 13 (1938), Nr. 4, S. 49f.; NL 39 (1938), S. 266. – *Josef Pöll* (Volksliedforscher, Komponist). – LTT: Bbl 105 (1938), S. 383; NL 39 (1938), S. 266; Kü (1939), Sp. 251; Memorandum (1991), Kap. III.

1939 *Hans Kloepfer*. – *Switbert Lobisser* (Kärntner Graphiker, Holzschnitzer). – LTT: Aut 14 (1939), Nr. 3, S. 42; Aut 14 (1939), Nr. 7, S. 34; DS 4 (1939), S. 116; NL 40 (1939), S. 270; Memorandum (1991), Kap. III (mit der Laudatio von Karl Polheim: Volk und Stamm. Hans Kloepfer und Suitbert [!] Lobisser, die Mozartpreisträger 1939. Zitiert nach: Josef Papesch, Hrsg.: Das Joanneum. Bd 1. Graz 1940. S. 32–38).

1940 *Rudolf Stolz* (Maler). – *Josef Wenter*). LT: DS 5 (1940), S. 140. – LTT: LE 43 (1940/41), S. 152; NL 41 (1940), S. 319; Memorandum (1991), Kap. III (mit der Laudatio von Raimund Klebelsberg-Thumburg. Zitiert nach: R. Klebelsberg[-Thumburg]: Innsbrucker Erinnerungen. Innsbruck 1953. S. 152f.).

1941 (1952 [!] verliehen) *Josef Nadler* (Literarhistoriker). LT: Memorandum (1991), Kap. III (mit der Laudatio von Raimund Klebelsberg-Thumburg. Zitiert nach: R.

Josef Weinheber

ausgezeichnet mit dem

Mozartpreis

der Goethestiftung

Aufn. Ilsebild-Wien

Klebelsberg[-Thumburg]: Innsbrucker Erinnerungen. Innsbruck 1953. S. 345f.); Strallhofer (1994), S. 41,45.
1942 (1943 verliehen) *Hans Pirchegger* (›Geschichte der Steiermark‹). – *Martin Wutte* (Archivdirektor, Klagenfurt). – LTT: Bbl 111 (1944), S. 17; DS 9 (1944), H. 3, S. 35; Memorandum (1991), Kap.III.
1943 (1944 verliehen) *Hubert Lanzinger* (Maler). – *Eduard Lucerna* (Komponist, Volksliedforscher). – LTT: Bbl 112 (1945), S. 7; Memorandum (1991), Kap.III.

Peter Wilhelm Müller-Stiftung

s. Preis der Peter Wilhelm Müller-Stiftung

Münchener Volkspreis

s. Raabe-Preis

Münchhausen-Preis für deutsche Lyrik

J: 1944. – Benannt nach dem Schriftsteller Börries Frhr von Münchhausen (1874–1945)
S: Gauleiter Oberpräsident Hartmann Lauterbacher, Hannover
T: 1944 *Moritz Jahn*. LT: Bbl 111 (1944), S. 129: »Die erste Verleihung des Preises erfolgte an Moritz Jahn, der, wie es in der Verleihungsurkunde heißt, mit seinem Schaffen die Aufgaben auf dem Gebiet der Lyrik und der Ballade, wie sie uns aus den Werken von Börries von Münchhausen gegeben sind, besonders erfüllt.«

Mundartdichter-Wettbewerb

s. Goldener Spatz von Wuppertal

Nationaler Buchpreis
auch: Stefan George-Preis
(Teil des ›Nationalpreises für Film und Buch‹)

J: 1933. Erste Verleihung 1934
S: Reichsministerium für Volksaufklärung und Propaganda
Ju: »Das Preisgericht [bestehend aus fünf Mitgliedern] wird am 1. Januar jedes Jahres vom Reichsministerium für Volksaufklärung und Propaganda ernannt.« L: Aut 8 (1933), Nr. 7, S. 4.
Z: Auszeichnung eines im zurückliegenden Jahr veröffentlichten Buches, »in dem das aufrüttelnde Erleben unserer Tage den pakkendsten und künstlerisch reifsten Ausdruck gefunden hat«. L: LE 37 (1934/35), S. 474.
B: »Zu der Bewerbung um den Buchpreis sind alle deutschen Schriftsteller zugelassen. Grundsätzlich werden nur solche Werke prämiiert, die bereits im Druck erschienen sind.« L: LE 35 (1932/33), S. 551.
VT: Jährlich. Verteilung am 1.Mai
VF: 12 000 RM
LP: Kü (1937/38), Sp. 254f.; Kü (1939), Sp. 245; Bufkin (1980), S. 136; Strallhofer (1994), S. 27–31. – LE 35 (1932/33), S. 551; Aut 8 (1933), Nr. 7, S. 4; Aut 8 (1933), Nr. 12, S. 17; LE 36 (1933/34), S. 304; Aut 9 (1934), Nr. 1, S. 16; LE 37 (1934/35), S. 474; Aut 13 (1938), Nr. 1/2, S. 20f.; DS 1 (1936), S. 20; Wulf (1963), S. 253.
T: 1934 *Richard Euringer* (›Deutsche Passion 1933. Hörwerk in 6 Szenen‹). LT: LE 36 (1933/34), S. 549; [Auszug aus der Laudatio von Joseph Goebbels und Beschreibung der Festveranstaltung]. In: Aut 9 (1934), Nr. 4, S. 6: »An der stimmungsvollen Feier [...] nahmen mit Reichskanzler Adolf Hitler und den Mitgliedern der Reichsregierung der preußische Justizminister Kerrl, die Staatssekretäre des Reichs und Preußens, Reichs-

bischof Ludwig Müller [...] und zahlreiche andere Persönlichkeiten des politischen und kulturellen Lebens, ferner die sämtlichen in Berlin akkreditierten Botschafter und Gesandten [...] usw. teil.«; Bbl 105 (1938), S. 138. – Ju: Hans Friedrich Blunck (Präsident der Reichsschrifttumskammer). – Walther Funk (Stellvertretender Präsident der Reichskulturkammer). – Hanns Johst (Präsident der Deutschen Dichterakademie). – Friedrich Panzer (Literarhistoriker). – Julius Petersen (Literarhistoriker). – Rainer Schlösser (Reichsdramaturg). – Hans Severus Ziegler (Staatsrat der Thüringischen Regierung, Schauspieldirektor am Deutschen Nationaltheater in Weimar). – LJu: LE 36 (1933/34), S. 428.

1935 *Eberhard Wolfgang Möller* (›Berufung der Zeit. Kantaten und Chöre‹ und ›Die Briefe der Gefallenen. Festliches Vortrags-Spiel vom Krieg‹). LT: Aut 10 (1935), Nr. 4, S. 10; Bbl 105 (1938), S. 138; Wulf (1963), S. 258.

1936 *Gerhard Schumann* (›Wir aber sind das Korn‹, Gedichte). LT: LE 38 (1935/36), S. 450; Aut 11 (1936), Nr. 4/5, S. 13; [Auszug aus der Laudatio von Reichsminister Joseph Goebbels]. In: DS 1 (1936), S. 113; Gerd Eckert: Preisgekrönte Kunstwerke. In: Das Deutsche Wort. Der literarischen Welt N.F. 12 (1936), H. 7, S. 527f. (Erwähnung S. 527); NL 37 (1936), S. 368; Bbl 105 (1938), S. 188; Wulf (1963), S. 258f.

1937 *Friedrich Bethge* (›Marsch der Veteranen‹, Drama). LT: LE 39 (1936/37), S. 576; DS 2 (1937), S. 116; NL 38 (1937), S. 317; Bbl 105 (1938), S. 138.

1938 Gedichtbuch der österreichischen HJ *›Das Lied der Getreuen‹*. (Das Lied der Getreuen. Verse ungenannter österreichischer Hitler-Jugend aus den Jahren der Verfolgung 1933 bis 1937. Hrsg. und eingeleitet von *Baldur von Schirach*. Leipzig 1938. – 21 der 29 Gedichte sind von *Ingeborg Teuffenbach*, später gedruckt in dem Gedichtband ›Saat und Reife‹, 3. Aufl. 1943. L: Strallhofer (1994), S. 29). LT: LE 40 (1937/38), S. 576: »Der Preis ist von 12 000 auf 200 000 Mark erhöht worden; die Summe soll zum Bau einer großen Jugendherberge in der schönsten Gegend Deutschösterreichs dienen.«; Aut 13 (1938), Nr. 4, S. 49; Bbl 105 (1938), S. 353f. (mit Auszügen aus der Laudatio von Reichsminister Joseph Goebbels, gehalten auf einer Festkundgebung der Reichskulturkammer am 1. Mai).

1939 *Bruno Brehm* (›Apis und Este‹, ›Das war das Ende‹, ›Weder Kaiser noch König‹, Romantrilogie). LT: LE 41 (1938/39), S. 580; Aut 14 (1939), Nr. 6, S. 27; DS 4 (1939), S. 116; [Auszüge aus der Laudatio von Joseph Goebbels]. In: NL 40 (1939), S. 320: »Die nationalpolitische Bedeutung dieses Werkes beruht vor allem in [!] seiner scharfen Kritik an der Donaumonarchie, die dem altreichsdeutschen Leser den Blick für die Gesamtproblematik des Südostraumes geschärft hat und damit einen wesentlichen Beitrag zur Vorbereitung der großdeutschen Lösung in diesem Raume zusteuerte. [...] Bruno Brehm ist über seine literarische Leistung hinaus auch als Mensch eine der soldatischsten Erscheinungen des deutschen Schrifttums.«

Nationalpreis für Film und Buch

s. Nationaler Buchpreis

Nationalpreis für Kunst und Literatur

J: 1949
S: Regierung der DDR, Berlin
Ju: »Vorschlagsberechtigt sind: a) die Mitglieder des Ministerrates, b) die Vorsitzenden der Räte der Bezirke, c) die zentralen Leitungen der Parteien und Massenorganisationen, c) das Präsidium der Deutschen Akademie der Wissenschaften zu Berlin, e) das Präsidium der Deutschen Akademie der Künste, f) die Präsidien der anderen Akademien, g) die Senate der Universitäten und Hochschulen, h) die Zentralleitung der Kammer der Technik, i) die Nationalpreisträger. [...] Die Vorschläge sind beim Büro des Förderungsausschusses für die deutsche Intelligenz [...] einzureichen. [...] Die Bestätigung der Vorschläge erfolgt durch das Präsidium des Ministerrates.« L: Ordnung über die Verleihung des ›Nationalpreises‹. Zitiert nach: Fröhlich (1962), S. 4f.
VZ: Jährlich
Z: Preis für »hervorragende Leistungen auf den Gebieten der Kunst und Literatur, die durch ihren ideologischen und künstlerischen Wert wesentlich zur kulturellen Entwicklung und sozialistischen Erziehung des deutschen Volkes beigetragen haben«. L: Fröhlich (1962), S. 4.
B: »Die zur Auszeichnung mit dem Preis vorgeschlagenen Werke und Leistungen sollen der Öffentlichkeit in den beiden letzten, der Verleihung vorangegangenen Jahren bekannt geworden sein. [...] Der Preis kann jedem Deutschen verliehen werden, unabhängig vom Wohnsitz und von der Staatsangehörigkeit. [...] Der Preis kann ferner an Personen verliehen werden, die nicht Deutsche sind, aber ihren Wohnsitz in Deutschland haben und durch ihre hervorragenden Leistungen zur Schaffung einer fortschrittlichen demokratischen Kultur des deutschen Volkes beigetragen [...] haben.« L: Fröhlich (1962), S. 4.
VF: »Es können jährlich verliehen werden: [...] bis zu 3 Preisen der 1. Klasse [100 000 DM], bis zu 6 Preisen der 2. Klasse [50 000 DM], bis zu 9 Preisen der 3. Klasse [25 000].« »Zum Preis gehören eine Medaille und eine Urkunde.« L: Fröhlich (1962), S. 5f.
LP: Ordnung über die Verleihung des ›Nationalpreises‹. Preisträger Nationalpreis für Kunst und Literatur. In: Fröhlich (1962), S. 3–6. – Kü (1973), S. 1249f.
T: 1949 1. Klasse: *Johannes R. Becher* (für die 1949 erschienenen gesammelten Dichtungen und die kulturpolitischen Schriften). – *Heinrich Mann* (für das Gesamtwerk). – 2. Klasse: *Bernhard Kellermann* (für das Gesamtwerk, besonders für den Roman ›Totentanz‹). – *Berta Waterstradt* (für den Film ›Die Buntkarierten‹). – *Friedrich Wolf* (für das Drama ›Professor Mamlock‹). – 3. Klasse: *Kuba*, d.i. Kurt Barthel (für den Zyklus ›Gedicht vom Menschen‹). – *Erich Weinert* (für die Gedichte ›Rufe in die Nacht‹). – LTT: Fröhlich (1962), S. 6f.
Fortsetzung 1950ff

Nationalpreis für Kunst und Wissenschaft

s. Deutscher Nationalpreis für Kunst und Wissenschaft

Niederdeutscher Bühnenpreis
auch: Preisausschreiben des Niederdeutschen Bühnenbundes

J: [1937]
S: Niederdeutscher Bühnenbund
LP: LE 40 (1937/38), S. 768; Aut 13 (1938), Nr. 6, S. 29; Mitteilungen aus dem Quickborn 31 (1938), S. 120.
T: 1938 nicht verliehen, jedoch Anerkennungspreise (je 100 RM) an: *Carl Budich* (›Wullenwever‹). – *Adolf Feldvoß* (›Hartwig Reventlow‹). – *Ludwig Hackerott* (›Findorff‹). – *Walter Looschen* (›Volk baben-an‹). – *Emil Sieckmann* (›Anna Katrina‹). – LTT: Aut 13 (1938), Nr. 6, S. 29: »Nach diesem Ergebnis bittet der Reichsobmann des Niederdeutschen Bühnenbundes, Dr. Ivo Braak, die ›Liebhaberschriftsteller‹ des niederdeutschen Raumes, sich um das einfache niederdeutsche Laienspiel zu mühen, in dem sich das Volkstum widerspiegelt und um Verzicht auf billige Nachahmung erfolgreicher niederdeutscher Bühnenwerke.«; Mitteilungen aus dem Quickborn 31 (1938), S. 120.

Niederdeutscher Dichterpreis

s. Ohnsorg-Preis

Niederösterreichischer Landesautorenpreis

J: [1908]
S: Landesausschuß für Niederösterreich, Wien
VT: Alle drei (?) Jahre
VF: 2000 Kronen
T: [1908] *Gustav Gugitz* (›Neuer Boden‹, Drama). – *Dora von Stockert-Meynert* (›Die Blinde‹, Drama). – LTT: LE 11 (1908/09), S. 222.
1910 nicht verliehen. L: LE 12 (1909/10), Sp. 1423.
1912 *Karl Bienenstein* (›Ein Gerechter‹, Volksstück). – *Gustav Fanta* (›Die Tavernrosel‹, »ländliches Trauerspiel«). – LTT: LE 14 (1911/12), Sp. 1464.
1914 *Max Schönowsky von Schönwies* (2000 Kronen, für das Drama ›Die Ehre der Frau‹). – *Karl Domanig* (1000 Kronen, für das Drama ›König Laurin‹). – *Ferdinand Bernt* (500 Kronen, für das Drama ›Die Allmacht‹). – *Johann Gröbl* (500 Kronen, für das Drama ›Gottscheer‹). – LTT: LE 16 (1913/14), Sp. 1449.
1921 *Ernst Prossinagg* (›Das Haus des Daniel Murks‹, Drama). LT: LE 24 (1921/22), Sp. 705.

Niederschlesischer Schrifttumspreis

s. Schlesischer Literaturpreis

Nobelpreis / Nobelpreis für Literatur

J: 1900. Erste Verleihung 1901
S: Nobelstiftung, Stockholm, mit ihren Bevollmächtigten der Preisverteiler und ihrem Verwaltungsrat. – 1895: Testamentarische Verfügung von Alfred Nobel (1833–1896) zur Stiftung von fünf Preisen aus den Zinsen eines Teils seines Vermögens (ca. 31 Millionen skr). – 1900: Die schwedische Regierung genehmigt die Nobelstiftung
Ju: Vier preisverteilende Körperschaften (für Literatur: Schwedische Akademie für Literatur). – Sechs Nobel-Komitees für je ein Preisgebiet (für Literatur: Nobel-Komi-

tee der Schwedischen Akademie für Literatur in Stockholm). – Vier Nobel-Institute für jede preisverteilende Körperschaft. – Kandidatenvorschläge können bis zum 1. Februar jedes Jahres bei den jeweiligen Komitees abgegeben werden. – Für den Literaturpreis sind vorschlagsberechtigt: 1. Mitglieder der Schwedischen Akademie und anderer Akademien, Institute und Gesellschaften. 2. Professoren für Sprachen und Literaturgeschichte an Universitäten und Universitäts-Colleges, ausgewählt durch die Schwedische Akademie. 3. Nobelpreisträger für Literatur. 4. Präsidenten von Autorenorganisationen

VT: Jährlich. Verleihung am 10. Dezember, dem Todestag Alfred Nobels

Z: Auszeichnung von Leistungen in den Gebieten Physik, Chemie, Physiologie, Medizin und Literatur sowie für Verdienste um die Erhaltung des Friedens (Friedens-Nobelpreis). – Auf dem Gebiet der Literatur soll der Preis dem verliehen werden, »der in der Literatur das Ausgezeichnetste in idealistischer Richtung hervorgebracht hat« (nach dem Testament Nobels).

VF: 1903: Jeder der Nobelpreise wird mit 150 000 M. dotiert.

LP: Nobelstiftelsen. Die Nobel-Stiftung. Statuten gegeben zu Stockholm im Kgl. Schloß am 29. Juni 1900. Stockhom 1901; Alfred Nobel. Autorisierte Ausgabe der Nobel-Stiftung. Hrsg. von H. Schück und R.Sohlman. Neue erweiterte Ausg. Leipzig 1933 (S. 167–195: Alfred Nobel und die Literatur; S. 311–325: Statuten der Nobelstiftung); Willy Haas: Nobelpreisträger der Literatur. Ein Kapitel Weltliteratur des zwanzigsten Jahrhunderts. Heidelberg 1962; Alfred Nobel, der Mann und seine Preise. Eine Sondergabe für den Freundeskreis der Nobelpreisträger für Literatur. Zürich [1967]; Horst Frenz, Ed.: Nobel Lectures / Literature. Including Presentation Speeches and Laureates' Biographies. 1901–1967. Amsterdam [usw.] 1969; Rolf Hochhuth, Herbert Reinoß, Hrsg.: Ruhm und Ehre. Die Nobelpreisträger für Literatur. Gütersloh [1970]; Nobelpreis für Literatur. Literarische Betreuung der deutschen Nobelpreisreihe: Hans Roesch. [Bd 0ff]. Zürich [1971 ff]; Gertraude Wilhelm, Hrsg.: Die Literatur-Nobelpreisträger. Ein Panorama der Weltliteratur im 20. Jahrhundert. Düsseldorf 1983; Kjell Espmark: Der Nobelpreis für Literatur. Prinzipien und Bewertungen hinter den Entscheidungen. Aus d. Schwed. Göttingen 1988; Werner Martin: Verzeichnis der Nobelpreisträger 1901–1987. 2., erw. Ausg. München usw. 1988. – LE 2 (1899/1900), Sp. 1676; Bbl 67 (1900), S. 3583, 6009, 7122, 8995; LE 3(1900/01), Sp. 336–338, 637f.; Heinrich Stümcke: Der litterarische Nobelpreis. In: Bühne und Welt 4 (1901/02), S. 334–336; August Strindberg: Ein Gerichtshof über Weltliteratur. In: Die Zukunft 45 (1903), S. 103–105; LE 23 (1920/21), Sp. 575; FZ Nr. 807 vom 29. 10. 1921, S. 1; FZ Nr 523 vom 15. 7. 1924, S. 1 (Liste); LE 26 (1923/24), Sp. 765 (Liste); Herbert Eulenberg: Dreißig Jahre Nobelpreis. In: Die literarische Welt 6 (1930), Nr. 25, S. 3f.; Schweizer Monatshefte 12 (1932/33), S. 462; Aut 10 (1935), S. 21; Aut 11 (1936), Nr. 4/5, S. 13; Felix Stössinger: Diskussion des Nobelpreises. In: Neue Schweizer Rundschau N.F. 19 (1951/52), S. 127f.; Johann Frerking: Der Nobel-Preis für Literatur. In: Westermanns Monatshefte 93 (1952/53), H. 11, S. 24–26; Albert Morhof: Der Literatur-Nobelpreis und die Übergangenen. In: Freude an Büchern 4 (1953), S. 132; Erwin Koppen: Weltliteratur zwischen Vulgäridealismus und Repräsentation. Der Nobelpreis für Literatur in der Belle Epoque. In: Teilnahme und Spiegelung. Berlin 1975. S. 415–432; William Riggan: The Swedish Academy and the Nobel

Prize in Literature. History and Procedure. In: World Literature Today 55 (1981), S. 399–405; Hugo von Hofmannsthal und der Nobelpreis. In: Hofmannsthal-Blätter (1983), H. 28, S. 3–79; Gösta Werner: Karl Kraus et le Prix Nobel. Documentation. In: Austriaca 12 (1986), S. 25–46; Gustav Korlén: Karl Kraus und Hugo von Hofmannsthal – zwei gescheiterte österreichische Nobelpreiskandidaten. In: Moderna Språk 80 (1986), S. 299–302; Karl Wagner: Rosegger im Nationalitätenstreit. Zur Nobelpreis-Affäre [1913]. In: Wissenschaftliche Zeitschrift Martin-Luther-Universität Halle-Wittenberg 41 (1992), H. 6, S. 5–12; Christoph König: Schon lange so gut wie die Limonade Hesse. Chronik der Versuche, deutschsprachigen Schriftstellern einen Nobelpreis zu verschaffen. In: Frankfurter Allgemeine Zeitung Nr. 231 vom 5. 10. 1995, S. 44.

T: Die Träger(innen) des Nobelpreises für Literatur, verzeichnet nach der ›Brockhaus Enzyklopädie‹ (19. Aufl., Bd 15, Mannheim 1991, S. 643):

1901 *René François Armand Sully Prudhomme*

1902 *Theodor Mommsen* (Historiker; ausgezeichnet: ›Römische Geschichte‹, Bd 1–3, 5). LT: Malou Höjer: Kleine Geschichte der Zuerkennung des Nobelpreises an Theodor Mommsen. / C. D. af Wirsén: Verleihungsrede [...] bei der Überreichung des Nobelpreises für Literatur an Theodor Mommsen am 10. Dezember 1902. In: Nobelpreis für Literatur. [Bd 2]. Zürich o.J. S. 7–14, 15–20. – LE 5 (1902/03), Sp. 506.

1903 *Bjørnstjerne Bjørnson*

1904 *Frédéric Mistral. – José Echegaray y Eizaguirre*

1905 *Henryk Sienkiewicz*

1906 *Giosuè Carducci*

1907 *Rudyard Kipling*

1908 *Rudolf Eucken* (Philosoph). LT: Gunnar Ahlström: Kleine Geschichte der Zuerkennung des Nobelpreises an Rudolf Eukken. / Harald Hjärne: Verleihungsrede [...] anläßlich der Überreichung des Nobelpreises für Literatur an Rudolf Eucken am 10. Dezember 1908. In: Nobelpreis für Literatur. [Bd 9]. Zürich o.J. S. 7–17, 19–30. – LE 11 (1908/09), Sp. 533f., 607f.; Theodor Kappstein: Rudolf Eucken. In: Deutsche Rundschau Jg 35, Bd 139 (1909), S. 222–237.

1909 *Selma Lagerlöf*

1910 *Paul Heyse*. LT: Gunnar Ahlström: Kleine Geschichte der Zuerkennung des Nobelpreises an Paul Heyse. / C.D. af Wirsén: Verleihungsrede [...] anläßlich der feierlichen Überreichung des Nobelpreises für Literatur an Paul Heyse am 10. Dezember 1910. In: Nobelpreis für Literatur. [Bd 11]. Zürich o.J. S. 7–19, 21–28. – Trust: Der Meisterepigone. In: Der Sturm 1 (1910/11), S. 303.

1911 *Maurice Maeterlinck*

1912 *Gerhart Hauptmann*. LT: Gunnar Ahlström: Kleine Geschichte der Zuerkennung des Nobelpreises an Gerhart Hauptmann. / Hans Hildebrand: Verleihungsrede [...] anläßlich der feierlichen Überreichung des Nobelpreises für Literatur an Gerhart Hauptmann am 10. Dezember 1912. In: Nobelpreis für Literatur. [Bd 13]. Zürich o.J. S. 7–20, 21–29; LE 15 (1912/13), Sp. 438.

1913 *Rabindranath Tagore*

1914 nicht verliehen. L: LE 17 (1914/15), Sp. 1538.

1915 (1916 verliehen) *Romain Rolland*. LT: LE 18 (1915/16), Sp. 394; LE 19 (1916/17), Sp. 389, 443.

1916 *Verner von Heidenstam*

1917 *Karl Adolph Gjellerup. – Henrik Pontoppidan*

1918 nicht verliehen. L: LE 21(1918/19), Sp. 445.

SVENSKA AKADEMIEN
HAR VID SAMMANTRÄDE DEN 14 NOVEMBER 1946
I ÖVERENSSTÄMMELSE MED
FÖRESKRIFTERNA I DET AV
ALFRED NOBEL
DEN 27 NOVEMBER 1895
UPPRÄTTADE TESTAMENTE BESLUTAT
ATT TILLDELA

HERMANN HESSE

1946 ÅRS LITTERÄRA NOBELPRIS
FÖR HANS INSPIRERADE FÖRFATTARSKAP,
SOM I SIN UTVECKLING MOT DJÄRVHET
OCH DJUP TILLIKA FÖRETRÄDER KLASSISKA
HUMANITETSIDEAL OCH HÖGA STILVÄRDEN.

STOCKHOLM DEN 10 DECEMBER 1946.

1919 *Carl Spitteler* (›Olympischer Frühling‹, Epos). LT: Kjell Strömberg: Kleine Geschichte der Zuerkennung des Nobelpreises an Carl Spitteler. / Harald Hjärne: Verleihungsrede [...] anläßlich der feierlichen Überreichung des Nobelpreises für Literatur des Jahres 1919 an Carl Spitteler am 1. Juni 1920. In: Nobelpreis für Literatur. [Bd 19]. Zürich o.J. S. 7–14, 15–20. – [Eduard] K[orrodi]: Der Nobelpreis für Carl Spitteler. In: NZZ Nr. 1867 vom 12. 11. 1920; Bernhard Diebold: Carl Spitteler. In: FZ Nr. 924 vom 14. 12. 1920, S. 1f.; LE 23 (1920/21), Sp. 437; FZ Nr. 936 vom 16. 12. 1929, S. 2.
1920 *Knut Hamsun*
1921 *Anatole France*
1922 *Jacinto Benavente*
1923 *William Butler Yeats*
1924 *Władisław Stanisław Reymont*
1925 *George Bernard Shaw*
1926 *Grazia Deledda*
1927 *Henri Louis Bergson* (Philosoph)
1928 *Sigrid Undset*
1929 *Thomas Mann* (200000 RM). LT: Kjell Strömberg: Kleine Geschichte der Zuerkennung des Nobelpreises an Thomas Mann. / Fredrik Böök: Verleihungsrede [...] anläßlich der feierlichen Überreichung des Nobelpreises für Literatur an Thomas Mann am 10. Dezember 1929. In: Nobelpreis für Literatur. [Bd 29]. Zürich o.J. S. 7–15, 17–21. – FZ Nr. 848 vom 13. 11. 1929, S. 1; LE 32 (1929/30), S. 373: »Thomas Mann hat von seinem Nobelpreis die Summe von 20 000 Mark dem Schutzverband deutscher Schriftsteller überwiesen. Davon sind 10 000 Mark für den Gau Bayern, dessen Vorsitzender Thomas Mann ist, 10 000 Mark für die Berliner Zentrale des Schutzverbandes bestimmt. Das Geld soll für notleidende Talente zur Verwendung gelangen.«; Harry Kahn: Poetae laureati. Nobelpreis 1929. In: Die Weltbühne 25, II (1929), S. 778.
1930 *Sinclair Lewis*
1931 *Erik Axel Karlfeldt*
1932 *John Galsworthy*
1933 *Ivan Alekseevič Bunin*
1934 *Luigi Pirandello*
1935 nicht verliehen
1936 *Eugene O'Neill*
1937 *Roger Martin du Gard*
1938 *Pearl S. Buck*
1939 *Frans Eemil Sillanpää*
1940–1943 nicht verliehen
1944 *Johannes V. Jensen*
1945 *Gabriela Mistral*
1946 *Hermann Hesse*. LT: Kjell Strömberg: Kleine Geschichte der Zuerkennung des Nobelpreises an Hermann Hesse. / Anders Österling: Verleihungsrede [...] anläßlich der feierlichen Überreichung des Nobelpreises für Literatur an Hermann Hesse am 10. Dezember 1946. In: Nobelpreis für Literatur. [Bd 41]. Zürich o.J. S. 7–13, 15–22.
1947 *André Gide*
1948 *Thomas Stearns Eliot*
1949 *William Faulkner*

Fortsetzung 1950ff

Novellenpreis der ›neuen linie‹
1933 ff: Erzählerpreis der ›neuen linie‹

s.a.: Stiftungsgabe der ›neuen linie‹

J: 1931. Erste Verleihung 1932
S: Verlag Otto Beyer, Leipzig, und Schriftleitung der Zeitschrift ›die neue linie‹, Berlin
Ju: Ehrenamtliche Preisrichter
VT: Jährlich
Z: »Um für den weitgespannten Rahmen unserer Zeitschrift den geeigneten Erzählstoff zu finden, und in der Hoffnung, damit zugleich zur Förderung des notleidenden wertvollen deutschen Schrifttums beizutragen, stiften wir einen ›Novellenpreis der neuen linie‹ in Höhe von 15 000 Mark. Und zwar sind zunächst auf die Dauer von 5 Jah-

die neue linie

NOVELLENPREIS DER NEUEN LINIE

Um für den weitgespannten Rahmen unserer Zeitschrift den geeigneten Erzählungsstoff zu finden, und in der Hoffnung, damit zugleich zur Förderung des notleidenden wertvollen deutschen Schrifttums beizutragen, stiften wir einen „Novellenpreis der neuen linie“ in Höhe von

15000 MARK

Und zwar sind zunächst auf die Dauer von 5 Jahren alljährlich 3000 M. für die drei besten Novellen ausgesetzt.

Im Jahr 1932 ist der Preis bestimmt für:

DIE BESTE DEUTSCHE GEGENWART-NOVELLE

1. Preis . . . . RM. 1500.–
2. Preis . . . . RM. 1000.–
3. Preis . . . . RM. 500.–

DIE NOVELLE DER NEUEN LINIE

verlangt ein lebendiges Verhältnis zur Gegenwart.

Wir wollen mit unserem Preisausschreiben ein Ziel erreichen: Es geht darum, festzustellen, ob sich im deutschen Schrifttum – auch unter den noch jungen unbekannten Kräften – eine bestimmte geistige Haltung findet, die beanspruchen kann, aus der Fülle der heutigen Produktion herausgehoben zu werden.

Wir suchen dabei keinerlei weltanschauliche, geschweige denn programmatische Dichtung, sondern wir verstehen unter geistiger Haltung, daß in jedem, wie immer auch gearteten Thema, das Gesicht und die Persönlichkeit des Autors spürbar werden.

Wir suchen eine Novelle, die in ihrem Ablauf und in ihren Bedingtheiten die neue linie unserer Zeit aufweist, sei es auch nur, daß sie an einer einzelnen winzigen Gelenkstelle das Gerüst, das Typische unserer Zeit ahnen läßt.

Wir lehnen aber eine Erzählung ab, die aus den Nöten der Gegenwart zu einer müden Resignation, zu einer quälenden Zerfaserung oder zu einer billigen Flucht aus der Zeit kommt, sondern wir suchen eine Novelle, die in jenem hohen Sinne „nahrhaft" ist, als sie das Lebensgefühl des Lesers, sei es auf direktem oder indirektem Wege, stärkt.

Erforderlich ist, daß die preisgekrönten Arbeiten lesbar sind für die Frau, die Trägerin der Rasse und des Blutes. Dabei scheidet jedoch von selbst jede „Frauenliteratur" aus, da eine Verniedlichung des Daseins oder eine Spezialisierung auf die ausschließlich weibliche Interessensphäre der heutigen Frau als Lesestoff nicht genügen kann.

Maßstab, an dem wir messen, ist nicht das schriftstellerische Talent – das setzen wir voraus –, sondern die Intensität, mit der Wirklichkeit und Vorstellungskraft ineinander verschmolzen werden. Eine solche Novelle wird im besten Sinne des Wortes „spannend" sein, weil die innere Spannung des Verfassers, dessen Atem zur intensiven Gestaltung eines Erlebnisses ausgereicht hat, sich von selber dem Leser mitteilt.

DIE BETEILIGUNG

an diesem Preisausschreiben steht jedem frei. Die eingesandten Manuskripte müssen geistiges Eigentum und Originalarbeiten des Verfassers sein (weder Bearbeitungen noch Übersetzungen), sie dürfen noch nicht veröffentlicht sein und während der Dauer des Preisausschreibens nicht anderweitig angeboten oder veröffentlicht werden.

Die Länge der Novellen darf 10000 Silben (ca. 20 Schreibmaschinenseiten à 30 Zeilen) nicht überschreiten. Jedes Manuskript muß in Maschinenschrift, einseitig und weitzeilig beschrieben, in DREI EXEMPLAREN, eingereicht werden. Es darf den Namen des Verfassers nicht tragen, sondern muß in der rechten oberen Ecke der ersten Seite mit einem Kennwort versehen sein. Ein beiliegendes verschlossenes Kuvert mit der Aufschrift des Kennwortes muß Name und Adresse des Verfassers sowie den Titel der Novelle enthalten.

Eingang der Manuskripte bis 31. Dezember 1931 mit der Aufschrift:

SCHRIFTLEITUNG DIE NEUE LINIE
BERLIN SW 68, CHARLOTTENSTR. 74/75
„NOVELLEN-PREIS"

Der Preisspruch erfolgt durch die Jury bis Ende März 1932 und ist unanfechtbar. Das Ergebnis wird im April-Heft der neuen linie öffentlich bekanntgegeben. Mit der Preiserteilung erwirbt der Verlag das Recht zum Erstabdruck in der neuen linie.

Eine Verpflichtung zur Preisverteilung besteht nur, insoweit eine genügende Anzahl brauchbarer Einsendungen vorliegt. Gegebenenfalls darf das Preisgericht die ausgesetzten Preise anders als vorgesehen aufteilen; der Verlag behält sich vor, weitere Preise in Mindesthöhe von je M. 300.— zu stiften und nicht preisgekrönte Novellen für „die neue linie" oder andere Zeitschriften des Verlages zu erwerben.

Eine Haftung für die eingesandten Arbeiten kann nicht übernommen werden. Rücksendung findet nur statt, wenn Rückporto beiliegt.

Durch die Einsendung erklärt sich jeder Bewerber mit den vorstehenden Bedingungen einverstanden.

VERLAG OTTO BEYER SCHRIFTLEITUNG DIE NEUE LINIE

ren alljährlich 3000 M. für die drei besten Novellen ausgesetzt. Im Jahr 1932 ist der Preis bestimmt für: Die beste deutsche Gegenwart-Novelle.
[...] Wir wollen mit unserem Preisausschreiben ein Ziel erreichen: Es geht darum, festzustellen, ob sich im deutschen Schrifttum – auch unter den noch jungen unbekannten Kräften – eine bestimmte geistige Haltung findet, die beanspruchen kann, aus der Fülle der heutigen Produktion herausgehoben zu werden. Wir suchen dabei keinerlei weltanschauliche, geschweige denn programmatische Dichtung, sondern wir verstehen unter geistiger Haltung, daß in jedem, wie auch immer gearteten Thema, das Gesicht und die Persönlichkeit des Autors spürbar werden. [...] Erforderlich ist, daß die preisgekrönten Arbeiten lesbar sind für die Frau, die Trägerin der Rasse und des Blutes. Dabei scheidet jedoch von selbst jede ›Frauenliteratur‹ aus, da eine Verniedlichung des Daseins oder eine Spezialisierung auf die ausschließlich weibliche Interessensphäre der heutigen Frau als Lesestoff nicht genügen kann.« L: die neue linie 3 (1931/32), H. 1, S. 6f.
Von 1933 an fällt die Einschränkung auf die »Novelle« weg (so lautet auch der neue Preisname ›Erzählerpreis der ›neuen linie‹‹): »Das Ergebnis des ersten Preisausschreibens war [...] aufschlußreich. Wir haben zunächst die Lehre daraus gezogen, daß es besser ist, auf allzu eng begrenzte Bedingungen zu verzichten. So scheint es uns, daß die ›Novelle‹ in ihrer eigentlichen Form zum mindesten nicht dem Wesen unserer Zeit entspricht, einer Zeit, die jedoch durchaus über eine Reihe bedeutender Erzähler verfügt. Auch die Beschränkung auf ein Thema der Gegenwart soll diesmal fortfallen.« L: die neue linie 4 (1932/33), H. 1, S. 11.
1939: »Auch diesmal stellen wir an die Erzählungen inhaltlich keine Bedingungen. Wieder geht es uns darum, auch unter noch jungen, unbekannten Kräften eine geistige Haltung zu finden, die beanspruchen kann, aus der Fülle der heutigen Produktion herausgehoben zu werden.« L: die neue linie 10 (1938/39), H. 1, S. 23.
B: »Die eingesandten Manuskripte müssen geistiges Eigentum und Originalarbeiten des Verfassers sein (weder Bearbeitungen noch Übersetzungen), sie dürfen noch nicht veröffentlicht sein und während der Dauer des Preisausschreibens nicht anderweitig angeboten oder veröffentlicht werden. [...] Mit der Preiserteilung erwirbt der Verlag das Recht zum Erstabdruck in der ›neuen linie‹.« L: die neue linie 3 (1931/32), H. 1, S. 7.
VF: 1932: 3000 RM. – 1933: 4500 RM. – 1936: 3000 RM. – 1938, 1939: 3500 RM. – 1941: 3800 RM; zusätzlich 500 RM für preisgekrönte Erzählungen von Wehrmachtsangehörigen. – 1942: 3350 RM
LP: Beiträge zum ›Novellenpreis‹ in der Zeitschrift ›die neue linie‹: 3 (1931/32), H. 1, S. 6f.; 3 (1931/32), H. 8, S. 10f.; 4 (1932/33), H. 1, S. 11; 10 (1938/39), H. 1, S. 23; 10 (1938/39), H. 7, S. 22f., 71; 13 (1941/42), H. 7, S. 16f., 36f. – Kü (1937/38), Sp. 255; Kü (1939), Sp. 247; Die Preiserzählung. [Auswahl von preisgekrönten Erzählungen]. Leipzig, Berlin 1939. (Bücher der ›neuen linie‹); Strallhofer (1994), S. 12, 75–77, 111–113. – Aut 6 (1931), Nr. 8, S. 10; Aut 6 (1931), Nr. 10, S. 11; Aut 10 (1935), Nr. 9, S. 20; DS 1 (1936), S. 20, 214; Aut 12 (1937), Nr. 2/3, S. 29; Aut 12 (1937), Nr. 8, S. 36; Aut 13 (1938), Nr. 9, S. 35; Bbl 105 (1938), S. 687; LE 41 (1938/39), S. 64; Aut 14 (1939), Nr. 4/5, S. 44; Aut 15 (1940), Nr. 9/10, S. 132f.; Aut 16 (1941), Nr. 10, S. 177; DS 6 (1941), S. 108; Aut 17 (1942), Nr. 10, S. 156; Strothmann (1963), S. 102.
T: 1932 1. Preis nicht vergeben. – *Pia Kamper* (geteilter 2. Preis, 500 RM, für ›Der Weg‹). – *Käthe Lübbert-Griese* (geteilter 2.

Preis, 500 RM, für ›Anna‹). – *M. O. Starck* (3. Preis, 500 RM, für ›Geburtstagsgeschichte‹). – *Georg Britting* (Zusatzpreis, 300 RM, für ›Das Waldhorn‹). – *Ernst Wiechert* (Zusatzpreis, 300 RM, für ›Regina Amstetten‹). – LTT: die neue linie 3 (1931/32), H. 8, S. 10f. – LE 34 (1931/32), S. 478. – Ju: Paul Fechter. – Helene von Nostitz. – Alfons Paquet. – Wilhelm von Scholz. – Bruno Erich Werner. – LJu: die neue linie 3 (1931/32), H. 8, S. 10f.; Aut 7 (1932), Nr. 8, S. 9.

1933 *Heinrich Zillich* (1. Preis, 1500 RM, für ›Der Urlaub‹). – *Werner Bergengruen* (2. Preis, 1000 RM, für ›Die Schnur um den Hals‹). – *Irmela Linberg* (3. Preis, 800 RM, für ›Das Kind des Kindes‹). – *Käthe Lübbert-Griese* (4. Preis, 400 RM, für ›Die Wende‹). – *Ernst E. Stein* (5. Preis, 400 RM, für ›Der Revuetänzer‹). – *Otto Maria Polley* (6. Preis, 400 RM, für ›Der Wald‹). – *Josef Martin Bauer* (zusätzlicher Preis, 300 RM, für ›Mutter und sonst gar nichts‹). – LTT: die neue linie 4 (1932/33), H. 8, S. 10f. – LE 35 (1932/33), S. 491. – Ju: Paul Fechter. – Helene von Nostitz. – Alfons Paquet. – Wilhelm von Scholz. – Bruno Erich Werner. – LJu: die neue linie 4 (1932/33), H. 8, S. 10. – LE 35 (1932/33), S. 59.

1934 *Maxim Ziese* (1. Preis, 1000 RM). – *Andreas Zeitler* (2. Preis). – *Werner Bergengruen* (3. Preis). – *Hubert Mumelter* (4. Preis). – *Eberhard Schulz* (5. Preis). – *Herbert Stifter* (6. Preis). – Ju: Paul Fechter. – Helene von Nostitz. – Wilhelm von Scholz. – Will Vesper. – Bruno Erich Werner. – LTT/LJu: LE 36 (1933/34), S. 487.

1935 *Heinrich Zillich* (1. Preis, 800 RM, für ›Der baltische Graf‹). – *Erich Naujoks* (2. Preis, 500 RM, für ›Die Nachtwache‹). – *Friedrich Michael* (3. Preis, 500 RM, für ›Die Schiffe verbrennen‹). – *Marianne Bruns* (4. Preis, 500 RM, für ›Tage der Reife‹). – *Werner Bergengruen* (5. Preis, 400 RM, für ›Legende von den zwei Worten‹). – *Willi Steinborn* (6. Preis, 300 RM, für ›Der Auftrag‹). – LTT: LE 37 (1934/35), S. 426; Aut 10 (1935), Nr. 3, S. 15. – Ju: Paul Fechter. – Helene von Nostitz. – Wilhelm von Scholz. – Will Vesper. – Bruno Erich Werner. – LJu: Aut 9 (1934), Nr. 8, S. 13; LE 37 (1934/35), S. 118.

1936 *Stefan Andres. – Werner Bergengruen. – Ottfried Graf Finckenstein. – Walther-Georg Hartmann. – Görge Spervogel. – Erwin Wittstock.* – LTT: LE 38 (1935/36), S. 350; Aut 11 (1936), Nr. 2/3, S. 21. – Ju: Paul Fechter. – Helene von Nostitz. – Wilhelm von Scholz. – Will Vesper. – Bruno Erich Werner. – LJu: LE 38 (1935/36), S. 50; DS 1 (1936), S. 66.

1937 *Marianne Bruns. – Carl Haensel. – Hubert Mumelter. – Eugen Roth. – August Scholtis. – Charlotte Schultz* (Kurzgeschichte). – *Carl Stephenson. – Otto Völckers* (Kurzgeschichte). – LTT: LE 39 (1936/37), S. 448; Aut 12 (1937), Nr. 2/3, S. 29; DS 2 (1937), S. 70; NL 38 (1937), S. 211f. – Ju: Werner Beumelburg. – Paul Fechter. – Helene von Nostitz. – Wilhelm von Scholz. – Bruno Erich Werner. – LJu: LE 39 (1936/37), S. 448.

1938 *Rudolf Kreutzer. – Rolf Mayr. – Eugen Roth. – August Scholtis. – Erwin Wittstock.* – LTT: LE 40 (1937/38), S. 448; Bbl 105 (1938), S. 203; NL 39 (1938), S. 215. – Ju: Werner Beumelburg. – Paul Fechter. – Helene von Nostitz. – Wilhelm von Scholz. – Bruno Erich Werner. – LJu: LE 40 (1937/38), S. 64.

1939 *Eugen Roth* (1. Preis, 600 RM, für ›Der Fischkasten‹). – *Georg von der Vring* (2. Preis, 600 RM, für ›Der Feuerüberfall‹). – *Ernst Scheibelreiter* (3. Preis, 500 RM, für ›Waldviertler Bilderbogen‹). – *Werner von Grünau* (4. Preis, 500 RM, für ›Einen Trunk dem Leben‹). – *Grete König* (5. Preis, 350 RM, für ›Gesegneter Strand‹). – *Karl Hein-*

rich Graff (6. Preis, 350 RM, für ›Der Legat und der Kaiser‹). – *G. v. Otten,* d.i. Georg Schröter (7. Preis, 300 RM, für ›Vom Teufel geholt‹). – *Ernst Johannsen* (8. Preis, 300 RM, für ›Stephenson‹). – LTT: die neue linie 10 (1938/39), H. 7, S. 22f., 71. – LE 41 (1938/39), S. 452; DS 4 (1939), S. 70; NL 40 (1939), S. 217. – Ju: Werner Beumelburg. – Paul Fechter. – Helene von Nostitz. – Wilhelm von Scholz. – Bruno Erich Werner. – LJu: die neue linie 10 (1938/39), H. 7, S. 22. – Bbl 105 (1938), S. 687; DS 3 (1938), S. 213; NL 39 (1938), S. 591.
1940 *Gustav von Festenberg. – Herta Grandt. – Alma Holgersen. – Otto Maria Polley. – Kurt Rose.* – LTT: Strallhofer (1994), S. 75. – Ju: Werner Beumelburg. – Paul Fechter. – Helene von Nostitz. – Wilhelm von Scholz. – Bruno Erich Werner. – LJu: DS 4 (1939), S. 204; Aut 15 (1940), Nr. 9/10, S. 132f.; NL 41 (1940), S. 255.
1941 *Gerhard Denecke. – Anny Berg von Linde. – Marga Taut. – Georg von der Vring. – Günther Wandel. – Gerhard Weise.* – LTT: DS 6 (1941), S. 36; LE 43 (1940/41), S. 376. – Ju: Paul Fechter. – Helene von Nostitz. – Wilhelm von Scholz. – Bruno Erich Werner. – LJu: DS 6 (1941), S. 36.
1942 *Alfred Richter* (1. Preis, 1000 RM, für ›Die Leibeigene‹). – *Arnold Ulitz* (2. Preis, 800 RM, für ›Der Fischer und sein Soldat‹). – *Heinz Horn* (3. Preis, 400 RM, für ›Das erste Erlebnis‹). – *Günther Wandel* (3. Preis, 400 RM, für ›Die eilige Aufstellung‹) – *Grete König* (4. Preis, 300 RM, für ›Es hat so seine Bewandtnis‹). – *Hugo Gabriel Lindner* (4. Preis, 300 RM, für ›Montavon‹). – LTT: die neue linie 13 (1941/42), H. 7, S. 16f., 36f. – Aut 17 (1942), Nr. 4, S. 63. – Ju: Paul Fechter. – Carl Haensel. – Helene von Nostitz. – Wilhelm von Scholz. – Bruno Erich Werner. – LJu: die neue linie 13 (1941/42), H. 7, S. 16f., 36f. – DS 6 (1941), S. 108; LE 44 (1941/42), S. 48.
1943 *Max Lippold* (700 RM, für ›Die Ablösung‹). – *Anny Berg von Linde* (600 RM, für ›Der dunkelste Tag‹). – *Wolfgang Weyrauch* (500 RM, für ›Begebenheit‹). – *Gerhard Denecke* (500 RM, für ›Das Frühstück mit den Kindern‹). – *Felix Peltzer* (400 RM, für ›Troßnacht‹). – *Heinz Risse* (300 RM, für ›Das seltsame Wissen‹). – LTT: Aut 18 (1943), Nr. 4, S. 66; DS 8 (1943), H. 4, S. 47: »Das Preisgericht […] verzichtete darauf, einen ersten Preis zu vergeben, und brachte durch die Höhe der übrigen Preise eine gewisse Gleichwertigkeit der preisgekrönten Arbeiten zum Ausdruck.« – Ju: Carl Haensel. – Eckart von Naso. – Wilhelm von Scholz. – Hermann Stahl. – Bruno Erich Werner. – LJu: Strallhofer (1994), S. 76.

Novellen-Preis des ›XX. Jahrhunderts‹

s. Preisausschreiben ›Die Novelle des ›XX. Jahrhunderts‹ ‹

NSDAP-Preis für Kunst und Wissenschaft

s. Preis der NSDAP für Kunst und Wissenschaft

Oberschlesier-Preis für deutsche Romanliteratur

J: [1927]
S: Gau Oberschlesien im Schutzverband Deutscher Schriftsteller
Ju: Walter von Molo. – Alfred Döblin. – L: LE 30 (1927/28), S. 559.
Z: Auszeichnung des »besten oberschlesischen Heimatroman[s]«. L: LE 29 (1926/27), S. 738; LE 30 (1927/28), S. 559.
VF: 20 000 M
LP: LE 29 (1926/27), S. 738; LE 30 (1927/28), S. 559.

Oberschlesische Kunstpreise

s. Oberschlesischer Schrifttumspreis

Oberschlesischer Schrifttumspreis (einer der ›Oberschlesischen Kunstpreise‹)

J: 1942 zum ersten Mal verliehen
S: Stiftung Oberschlesien, Schirmherr: Gauleiter und Oberpräsident Fritz Bracht, Kattowitz
VT: Jährlich
VF: 10000 RM
LP: Aut 16 (1941), Nr. 10, S. 177.
T: 1942 *Walter Stanietz.* LT: Aut 17 (1942), Nr. 6, S. 92; DS 7 (1942), H. 7, S. 84; NL 43 (1942), S. 168.
1944 *Kurt Eggers* (1943 gefallen). – *Bernhard Schwarz* (1941 gefallen). – LTT: Bbl 111 (1944), S. 88: »Landeshauptmann Kate überreichte die Urkunden an die Witwen der Gefallenen. Dabei würdigte er [...] die außerordentliche Tragweite der in der Stiftung Oberschlesien zusammengefaßten kulturellen und kulturpolitischen Bestrebungen, Oberschlesien mehr als bisher in seiner ganzen Eigenart als deutsches Kulturbollwerk nicht nur im gesamtdeutschen Raum zu berechtigter Geltung gelangen zu lassen. – Im Mittelpunkt dieser erhebenden Feierstunde, die die ganze Größe deutschen Schicksalsringens zum Ausdruck brachte, stand der richtungsweisende Vortrag ›Das Wort in Waffen‹ von Ministerialrat Wilfrid Bade, Berlin«; DS 9 (1944), H. 3, S. 34; [W. Bade: Laudatio]. In: DS 9 (1944), H. 3, S. 25–27.

Österreichischer Staatspreis auch: Großer Österreichischer Staatspreis

J: 1934. – Neubegründung 1950
S: Bundesministerium für Unterricht, Wien, als oberste österreichische Kunstverwaltungsbehörde
Ju: Bundesminister für Unterricht auf Vorschlag eines 7köpfigen Preisrichterkollegiums
VT: Jährlich. Verleihung im Dezember
Z: Würdigung des bisherigen Gesamtschaffens eines Komponisten und eines Dichters, sowie Förderung eines Komponisten und eines Dichters durch Anerkennung eines bestimmten Werkes
B: Preisvergabe nur an österreichische Bundesbürger, die in Österreich leben und arbeiten
VF: Literaturpreis: 2000 Schillinge, seit 1936: 4000 Schillinge, zu gleichen Teilen als Würdigungspreis für die literarische Gesamtleistung und als Förderungspreis für ein Werk aufgrund einer Preisbewerbung
LP: Friedbert Aspetsberger: Literarisches Leben im Austrofaschismus. Der Staatspreis. Königstein/Ts. 1980; Zur Geschichte des österreichischen Staatspreises. [Mit Abdruck des Gründungskommuniqués des Bundesministeriums für Unterricht aus dem Jahre 1934]. In: Viktor Suchy, Hrsg.: Hoffnung und Erfüllung. Eine Anthologie österreichischer Gegenwartsdichtung. Graz, Wien 1960. S. 233–238. – Aut 12 (1937), Nr. 2/3, S. 22; Kü (1937/38), Sp. 257.
T: Preisträger für Literatur (mit der jeweiligen Jury), nach Aspetsberger (1980) verzeichnet:
1934 *Karl Heinrich Waggerl* (Würdigungspreis). – *Ernst Scheibelreiter* (Förderpreis für die unveröffentlichte Gedichtsammlung ›Die frohe Ernte‹). LT: LE 37 (1934/35), S. 278. – LTT: LE 37 (1934/35), S. 326. – Ju:

Erhard Buschbeck. – Franz Karl Ginzkey. – Rudolf Henz. – Max Mell. – Josef Nadler. – Hans Nüchtern. – Guido Zernatto
1935 *Josef Friedrich Perkonig* (Würdigungspreis). LT: LE 38 (1935/36), S.251; DS 1 (1936) S.20. – Förderpreis nicht verliehen. – Ju: Hans Brečka-Stiftegger. – Erhard Buschbeck. – Rudolf Henz. – Wilhelm Klitsch. – Josef Nadler. – Hans Nüchtern. – Friedrich Schreyvogl
1936 *Josef Wenter* (Würdigungspreis). – *Maria Grengg* (Förderpreis). – LTT: LE 39 (1936/37), S.384; DS 2 (1937), S.46; NL 38 (1937), S.106. – Ju: Felix Braun. – Franz Karl Ginzkey. – Rudolf List. – Josef Nadler. – Hans Nüchtern. – Josef Friedrich Perkonig
1937 *Heinrich Suso Waldeck* (Würdigungspreis für sein Gesamtschaffen). – *Johannes Freumbichler* (Förderpreis für den Roman ›Philomena Ellenhub‹). – *Erich August Mayer* (Förderpreis für ›Paulusmarkt 17‹). LT: NL 39 (1938), S.101. – LTT: Bbl 105 (1938), S.9; DS 3 (1938), S.21. – Ju: Eduard Castle. – Franz Karl Ginzkey. – Ernst Lothar. – Josef Nadler. – Josef Friedrich Perkonig. – Ernst Scheibelreiter
1938–1949 nicht verliehen

Fortsetzung 1950ff

Ohnsorg-Preis
auch: Niederdeutscher Dichterpreis
s.a. Hermann Boßdorf-Preis

J: 1936. – Gestiftet zum 60. Geburtstag des Leiters der Niederdeutschen Bühne in Wandsbek, Richard Ohnsorg (1876–1947). – 1938: »Einer Anordnung des Reichsstatthalters [Karl] Kaufmanns entsprechend, nach der Preise nicht nach lebenden Personen – mit Ausnahme der führenden Persönlichkeiten in Partei und Staat – benannt werden sollen, ist der Richard Ohnsorg-Preis in Hermann Boßdorf-Preis umbenannt worden.« L: Mitteilungen aus dem Quickborn 31 (1938), S.120.
S: Stadt Wandsbek
VT: Jährlich
Z: Auszeichnung »des besten niederdeutschen Stücks, das im Lauf des Jahres in Wandsbek uraufgeführt wurde«. L: Aut 11 (1936), Nr.4/5, S.26.
VF: 500 RM
LP: Kü (1937/38), Sp.255; Kü (1939), Sp.251. – LE 38 (1935/36), S.450; Aut 11 (1936), Nr.4/5, S.26; Aut 12 (1937), Nr.7, S.21; Aut 13 (1938), Nr.3, S.46; Aut 13 (1938), Nr.7/8, S.49; Mitteilungen aus dem Quickborn 31 (1938), S.120; NL 40 (1939), S.217.
T: 1937 *Heinrich Deiters* (›Dat Meerwief‹). – *Elfriede Nissen* (›Lüttje Hex‹). – LTT: Bbl 105 (1938), S.139; Kü (1939), Sp.251.
1938 *Bruno Peyn* (›De Dröschmaschin‹). – *Friedrich Kreklow* (›Blank Hans‹). – LTT: LE 40 (1937/38), S.512; Bbl 105 (1938), S.292; DS 3 (1938), S.114; NL 39 (1938), S.266; Mitteilungen aus dem Quickborn 31 (1938), S.89.

Olympische Kunstwettbewerbe/Literatur

J: 1912, ausgeschrieben bis 1948
S: Internationales Olympisches Komitee, Lausanne
Ju: Expertenkomitees
VT: Alle vier Jahre
Z: Baron Pierre de Coubertin, der Begründer der Olympischen Spiele der Neuzeit, will mit der Einbeziehung von Kunst und Geistesleben in die Wettkämpfe an die Ideen des antiken Olympia anschließen: »Die Olympiaden haben nicht die Aufgabe, bloß die Muskelkraft zu steigern; sie sind geistig

und künstlerisch.« – Neben Wettbewerben in Malerei, Architektur, Skulptur und Musik werden Literaturwettbewerbe eingeführt: ›Dichtung jeder Art‹, ›Lyrische Werke‹, ›Dramatische Werke‹, ›Epische Werke‹. L: Hans Lenk: Werte, Ziele, Wirklichkeit der modernen Olympischen Spiele. 2. Aufl. Stuttgart 1972. S. 30. – Ausschreibung für 1940: Vorwettbewerb beim Deutschen Turn- und Sportfest Breslau, Juli 1938. »Zugelassen werden: A) Lyrische Werke [...] B) Dramatische Werke [...] C) Epische Werke [...] Es dürfen nur Werke – oder Teile eines Werkes – von nicht mehr als 20 000 Worten eingereicht werden, die eine Beziehung zum Sport aufweisen. [...] Wie in den Bestimmungen des Olympischen Kunstwettbewerbs vorgesehen, findet durch die Reichsschrifttumsstelle eine Sichtung der eingelieferten Arbeiten statt. Nur diejenigen Werke, die als schöpferischer Ausdruck sportlicher Art ausgewählt sind, nehmen an dem Wettbewerb in Breslau teil. Sie erhalten dort nach der Entscheidung des Preisgerichts, dessen Zusammensetzung noch bekanntgegeben wird, ebenso wie die sportlichen Bestleistungen die für das Turn- und Sportfest vorgesehenen Auszeichnungen mit der Bezeichnung: Turn- und Sportfestsieger. Die ausgewählten Werke der reichsdeutschen Wettbewerbsteilnehmer bilden eine Grundlage für die deutsche Abteilung der Kunstausstellung der XII. Olympischen Spiele 1940.« L: LE 40 (1937/38), S. 384.

B: Vorwettbewerb 1938: Zugelassen sind »alle Werke reichsdeutscher und volksdeutscher lebender Künstler, die im Verlauf der XI. Olympiade – d.h. nach dem 1. Januar 1936 – geschaffen sind und nicht am Wettbewerb der Spiele der XI. Olympiade in Berlin teilgenommen haben«. L: DS 3 (1938), S. 91f.

LP: Hans Lenk: Werte, Ziele, Wirklichkeit der modernen Olympischen Spiele. 2. Aufl. Stuttgart 1972. S. 30–43; Erich Kamper: Lexikon der 14 000 Olympioniken. Who's Who at the Olympics. Graz 1983. S. 633–635. – Bbl 105 (1938), S. 93; DS 3 (1938), S. 42f., 91–93.

T: Die Preisträger sind nach Kamper (1983) verzeichnet.

1912 5. Olympische Spiele in Stockholm. – Wettbewerbe in der Disziplin ›Dichtung jeder Art‹: *Georg Hohrod/Martin Eschbach*, d.i. Pierre Baron de Coubertin (Goldmedaille für Deutschland; ausgezeichnet: ›Ode an den Sport‹, Gedicht, in deutscher Sprache eingereicht)

1916 Die 6. Olympischen Spiele fallen aus.

1920 7. Olympische Spiele in Antwerpen. – Wettbewerbe in der Disziplin ›Dichtung jeder Art‹: *Raniero Nicolai* (Goldmedaille für Italien; ausgezeichnet: ›Olympische Lieder‹). – *Andrea Theodore Cook* (Silbermedaille für Großbritannien; ausgezeichnet: ›Olympische Spiele von Antwerpen‹). – *Maurice Bladel* (Bronzemedaille für Belgien; ausgezeichnet: ›Lob der Götter‹)

1924 8. Olympische Spiele in Paris. – Wettbewerbe in der Disziplin ›Dichtung jeder Art‹: *Géo Charles* (Goldmedaille für Frankreich; ausgezeichnet: ›Die Olympischen Spiele‹). – *Joseph Petersen* (Silbermedaille für Dänemark; ausgezeichnet: ›Euryale‹). – *Margaret Stuart* (Silbermedaille für Großbritannien; ausgezeichnet: ›Schwertgesang‹). – *Oliver Gogarty* (Bronzemedaille für Irland; ausgezeichnet: ›Ode an die Tailteam-Spiele‹). – *Charles Antoine Gonnet* (Bronzemedaille für Frankreich; ausgezeichnet: ›Dem olympischen Gott entgegen‹)

1928 9. Olympische Spiele in Amsterdam. – Wettbewerbe in der Disziplin ›Lyrische Werke‹: *Kazimierz Wierzynski* (Goldmedaille für Polen; ausgezeichnet: ›Olympischer Lorbeer‹). – *Rudolf G. Binding* (Silbermedaille für Deutschland; ausgezeichnet: ›Reitvorschrift für eine Geliebte‹). LT:

FZ Nr. 576 vom 3.8. 1928, S.3. – *Johann Weltzer* (Bronzemedaille für Dänemark; ausgezeichnet: ›Heroische Symphonie‹). – Wettbewerbe in der Disziplin ›Dramatische Werke‹ (Gold- und Bronzemedaille nicht vergeben): *Lauro De Bossi* (Silbermedaille für Italien; ausgezeichnet: ›Ikarus‹). – Wettbewerbe in der Disziplin ›Epische Werke‹: *Ferenc Mezö* (Goldmedaille für Ungarn; ausgezeichnet: ›Die Geschichte der Olympischen Spiele‹). – *Ernst Weiß* (Silbermedaille für Deutschland; ausgezeichnet: ›Boëtius von Orlamünde‹). LT: FZ Nr. 576 vom 3.8. 1928, S.3. – *Carel Theodorus Scharten, Margo Sybranda, E. Scharten-Antink* (Bronzemedaille für die Niederlande; ausgezeichnet: ›Der Narr aus den Maremmen‹)

1932 10. Olympische Spiele in Los Angeles. – Wettbewerbe in der Disziplin ›Dichtung jeder Art‹ (Bronzemedaille nicht vergeben): *Paul Bauer* (Goldmedaille für Deutschland; ausgezeichnet: ›Am Kangchenzöngha‹). – *Joseph Petersen* (Silbermedaille für Dänemark; ausgezeichnet: ›Die Argonauten‹)

1936 11. Olympische Spiele in Berlin. – Wettbewerbe in der Disziplin ›Lyrische Werke‹: *Felix Dhünen-Sondinger* (Goldmedaille für Deutschland; ausgezeichnet: ›Der Läufer‹). – *Bruno Fattori* (Silbermedaille für Italien; ausgezeichnet: ›Profili Azzurri‹). – *Hans H. Stoiber* (Bronzemedaille für Österreich; ausgezeichnet: ›Der Diskus‹). – Wettbewerbe in der Disziplin ›Dramatische Werke‹: kein Preis vergeben. – Wettbewerbe in der Disziplin ›Epische Werke‹: *Urho Karhumäki* (Goldmedaille für Finnland; ausgezeichnet: ›Ins freie Wasser‹). – *Wilhelm Ehmer* (Silbermedaille für Deutschland; ausgezeichnet: ›Um den Gipfel der Welt‹). LT: Bbl 105 (1938), S.607. – *Jan Parandowski* (Bronzemedaille für Polen; ausgezeichnet: ›Olympischer Diskus‹). – Ju: Werner Beumelburg. – Ch. Clerc. – Richard Euringer. – Hanns Johst. – Georg Schmückle. – Wismann (Ministerialrat). – Guido Zernatto. – LJu: NL 37 (1936), S.428.

1938 Vorwettbewerb in Breslau für die dann ausgefallenen Olympischen Spiele 1940. – *Clemens Laar* (›... reitet für Deutschland. Carl Friedrich Frhr. von Langen‹). – *Wolfgang Frank* (›Rudergänger war der liebe Gott‹). – *Günther Grell* (›Die Seejungfrau‹). – Ju: Heinrich Anacker. – Karl Heinz Hederich (Ministerialrat, Reichshauptamtsleiter). – Hanns Johst. – Erich Langenbucher. – Kurt O. Fr. Metzner. – LTT/LJu: Bbl 105 (1938), S.607; DS 3 (1938), S.189.

1940 Die 12. Olympischen Spiele fallen aus.

1944 Die 13. Olympischen Spiele fallen aus.

1948 14. Olympische Spiele in London. – Wettbewerbe in der Disziplin ›Lyrische Werke‹: *Aale Tynni* (Goldmedaille für Finnland; ausgezeichnet: ›Ruhm von Hellas‹). – *E. van Heerden* (Silbermedaille für Südafrika; ausgezeichnet: ›6 Gedichte‹). – *Gilbert Prouteau* (Bronzemedaille für Frankreich; ausgezeichnet: ›Rhythmus des Stadions‹). – Wettbewerbe in der Disziplin ›Dramatische Werke‹: kein Preis vergeben. – Wettbewerbe in der Disziplin ›Epische Werke‹: *Gianni Stuparich* (Goldmedaille für Italien; ausgezeichnet: ›Die Höhle‹). – *Joseph Petersen* (Silbermedaille für Dänemark; ausgezeichnet: ›Der Olympiasieger‹). – *Eva Földes* (Bronzemedaille für Ungarn; ausgezeichnet: ›Die Quelle der Jugend‹)

Ostdeutscher Erzählerwettbewerb

J: 1939

S: Die Danziger Zeitschriften ›Der Deutsche im Osten. Monatsschrift für Kultur, Politik und Unterhaltung‹ und ›Der Danziger Vorposten. Amtliches Organ der

NSDAP Reichsgau Danzig-Westpreußen. Verkündigungsblatt des Reichsstatthalters und seiner Behörden‹
Ju: Preisgericht unter dem Vorsitz von: Hans Friedrich Blunck. – Max Halbe. – Heinz Kindermann (Literatur- und Theaterwissenschaftler). – L: DiO 2 (1939/40), S. 8.
Z: »Die Einsendungen sollen sich in ihrer Themastellung möglichst auf jenen Landschaftsraum beschränken, dessen Umgrenzung auch die Voraussetzung für den Kreis der Einsender bildet.« L: DiO 2 (1939/40), H.9, S.7. – Meldung 1940: »Der ›Ostdeutsche Erzählerwettbewerb‹ wird [...] zu einer ständigen Schau ostdeutschen dichterischen Schaffens«. L: DiO 3 (1940), H.2, S. 89.
B: »Der Kreis der Einsender beschränkt sich auf die in den ehemaligen Grenzgebieten des deutschen Ostens geborenen oder dort lebenden Schriftsteller [...] Vor der Veröffentlichung der Preisträger dürfen die Arbeiten anderweitig weder veröffentlicht noch angeboten werden.« L: DiO 2 (1939/40), H.9, S. 7.
LP: Beiträge zu dem Wettbewerb in der Zeitschrift ›Der Deutsche im Osten‹: 2 (1939/40), H.9, S.7; 2 (1939/40), H.12, S. 18; 3 (1940), H.2, S. 89.
T: 1940 Der 1. Preis (800 RM) wird »erst im kommenden Jahre zusätzlich« verliehen. – *Hanns Gottschalk* (2. Preis, 500 RM, für ›Der Heimgang‹). – *Ewald Swars* (3. Preis, 300 RM, für ›Die Geige‹). – *Josef Wiesalla* (3. Preis, 300 RM, für ›Niemandsland‹). – *Fritz Krakow* (4. Preis, 200 RM, für ›Abschied von Wolhynien‹). – *Oswald Claassen* (4. Preis, 200 RM, für ›Die Butterblume‹). – *Alfred Hein* (4. Preis, 200 RM, für ›Erstes Geheimnis‹). – LTT: Aut 15 (1940), Nr. 4, S. 67.

Ostpreis deutscher Kultur des Generalgouvernements auch: Kulturpreis der NSDAP, Arbeitsbereich Generalgouvernement

J: 1943
S: Generalgouverneur Hans Frank, Krakau
VT: Jährlich. Vergabe im Rahmen des »Tages der NSDAP.«
Z: »Förderung von Leistungen [auf den Gebieten der Dichtung, der bildenden Kunst und der Musik], die für die deutsche Kultur im Generalgouvernement von Bedeutung sind. Der [...] Preis [...] stellt ein weiteres Zeugnis der unerschütterlichen deutschen Kulturkraft im Osten dar.« L: Bbl 111 (1944), S. 16f. – Auszeichnung besonderer kultureller Leistungen im Generalgouvernement, »die im Sinne der nationalsozialistischen Weltanschauung und der Volkstumsarbeit im Arbeitsbereich liegen«. – Der Preis »kann sowohl für kulturelle Leistungen auf Grund von besonderen Ausschreibungen wie auch für andere nicht durch Ausschreibungen veranlaßte kulturelle Leistungen zuerkannt werden«. L: Aut 18 (1943), Nr. 10, S. 185f.
VF: Meldung 1943: 50 000 Złoty. – Meldung 1944: 150 000 Złoty
LP: Aut 18 (1943), Nr. 10, S. 185f.; Bbl 111 (1944), S. 16f.
T: 1943 *Gustav Gulde* (Maler; Auszeichnung für sein Werk ›Der Altar des Ostens‹). LT: Bbl 111 (1944), S. 2; DS 9 (1944), H. 2, S. 23.

Ostpreußischer Dichterpreis

J: 1935 zum ersten Mal »im Rahmen des Ehrentages der ostpreußischen Dichtung [...] in Königsberg« verliehen
T: 1935 *Hans Joachim Haecker* (›Waffenaufnahme‹, Gedicht). LT: LE 38 (1935/36), S. 150.

Paracelsus-Preis

J: 1941. Erste Verleihung 1942. – Benannt nach dem Philosophen und Arzt Paracelsus (um 1494–1541)
S: Stadt Villach, Oberbürgermeister Oskar Kraus
Ju: Friedrich Rainer (Gauleiter und Reichsstatthalter von Kärnten). – Fünf anerkannte Männer der Kunst und Wissenschaft, vom Oberbürgermeister auf Lebenszeit berufen. – L: Strallhofer (1994), S. 68.
VT: Jährlich. Bekanntgabe am 24. September, dem Todestag von Paracelsus
Z: Preis »für besondere [bei einem Wettbewerb eingereichte] Leistungen auf dem Gebiete der Kunst oder der Wissenschaft, die unmittelbar oder mittelbar mit dem Werk und Wirken dieses großen Deutschen zusammenhängen«. L: Aut 17 (1942), Nr. 6, S. 93.
VF: 1500 RM
LP: Strallhofer (1994), S. 68–71. – Aut 17 (1942), Nr. 5, S. 93.
T: Die Preisträger sind nach Strallhofer (1994) verzeichnet.
1942 *Erwin Guido Kolbenheyer* (vom Gauleiter verdoppelter Preis, für die Romantrilogie ›Paracelsus‹). LT: Aut 17 (1942), Nr. 10, S. 156; DS 7 (1942), H. 12, S. 142; NL 43 (1942), S. 247.
1943 *Will-Erich Peuckert* (Kulturhistoriker, Volkskundler; ›Paracelsus‹). LT: Bbl 111 (1944), S. 17; DS 9 (1944), H. 3, S. 35.

Peter-Parler-Preis der Stadt Prag

J: 1943 zum ersten Mal verliehen. – Als Vorgänger zu vermuten: Kunst- und Wissenschaftspreise der Stadt Prag (s. S. 106). – Benannt nach dem Baumeister Peter Parler (1330–1399)
S: Stadt Prag / Peter-Parler-Kulturstiftung
Ju: »Über die Zuerkennung entscheidet ein Kuratorium, dessen Vorsitz der Präsident der Deutschen Akademie der Wissenschaft in Prag, Professor Dr. [Otto] Großer führt.« L: Bbl 111 (1944), S. 16.
VF: Hauptpreis: 100 000 Kronen, Förderpreise: 20 000 Kronen
LP: Strallhofer (1994), S. 94. – Bbl 111 (1944), S. 16.
T: Die Preisträger sind nach Strallhofer (1994) verzeichnet.
1943 *Karl Hans Strobl* (Hauptpreis). – *Otto Bertl* (Maler; Förderpreis). – *Karl Michael Komma* (Komponist, Leiter der Reichenberger Musikschule; Förderpreis). – *Rudolf Schreiber* (Stadtarchivar; Förderpreis). – LTT: Aut 18 (1943), Nr. 7, S. 128; DS 9 (1944), H. 2, S. 35.
1944 *Hans Felix Zimmermann*. – *Leo Blahak* (Bildhauer). – *Kurt Rudolf Seidel* (Komponist). – LTT: Bbl 111 (1944), S. 129 (hier heißt der preisgekrönte Komponist Rudolf Reidl).

Platen-Plakette

J: 1926. Benannt nach dem Schriftsteller August Graf von Platen (1796–1835)
S: Platen-Gesellschaft, Erlangen, ermöglicht durch eine Stiftung
VT: Jährlich
Z: 1926: Drei Plaketten sollen »nach dem Willen des Stifters« verliehen werden »an einen hervorragenden Dichter unserer Tage, an einen um das klassische Altertum verdienten Mann und an eine Persönlichkeit, die sich um das deutsche Geistesleben, unter besonderer Berücksichtigung des geistigen Lebens in den gefährdeten Gebieten unseres Vaterlandes, bedeutende Verdienste erworben hat«. L: Blätter der Platen-Gesellschaft [1] (1925/26), S. 160. – 1927: Verteilung von zwei Plaketten, »um damit vor aller Öffentlichkeit besondere Verdienste um das geistige Leben in Deutschland anzuerken-

nen und [...] zu belohnen«. L: Blätter der Platen-Gesellschaft 2 (1927), S. 49.
VF: Meldung 1926: »Die Platen-Plakette [...] wurde für die Platen-Gesellschaft durch den Bildhauer Ernst Penzoldt geschaffen.« L: Blätter der Platen-Gesellschaft [1] (1925/26), S. 135. – Meldung 1927: »Die in diesem Jahr zur Verteilung kommende Ehrengabe [...] ist geschaffen nach einem Medaillon [...], zu dem Platen im Jahre 1834 in Florenz dem Bildhauer Franz Woltreck gesessen hat [...].« L: Das Platen-Archiv 2 (1927), S. 49.
LP: Beiträge zur ›Platen-Plakette‹ in den ›Blättern der Platen-Gesellschaft‹ (Jg 2ff, 1927ff: Das Platen-Archiv): [1] (1925/26), S. 160–162; [Ernst Penzoldt: Platen-Plakette]: [1] (1925/26), H. 5, Frontispiz; [1] (1925/26), S. 135; 2 (1927), S. 49f.; 3 (1928), S. 83.
T: 1926 *Wilhelm Dörpfeld* (Archäologe). – *Thassilo von Scheffer*. – *Alexander Wyneken* (Zeitungsverleger, Königsberg). – LTT: Blätter der Platen-Gesellschaft [1] (1925/26), S. 160–162.
1927 *Ernst Reclam* (Verleger, Leipzig). – *Wilhelm von Scholz* . – LTT: Das Platen-Archiv 2 (1927), S. 49f.
1928 *Stefan George*. LT: LE 31 (1928/29), S. 174. – *Erich Petzet* (Bibliothekar, Platen-Forscher; postum verliehen). – LTT: Das Platen-Archiv 3 (1928), S. 83.
1930 *Thomas Mann*. LT: LE 33 (1930/31), S. 180.

Pommersche Kulturpreise

s. Ernst-Moritz-Arndt-Preis der Provinz Pommern

Preis der Adolf Häring-Stiftung

S: Kreditanstalt der Deutschen im Sudetenland; Verteilung durch Gauleiter und Reichsstatthalter Konrad Henlein, Reichenberg
T: 1943 *Rudolf Witzany* (Preis für Schrifttum). – *Heinrich Simbriger* (Preis für Musik). – *Anton Ohme* (Preis für bildende Kunst). – LTT: Bbl 111 (1944), S. 6; DS 9 (1944), H. 2, S. 24.

Preis der Augsburger Schillerstiftung
auch: Schillerpreis

J: [1883]
S: Augsburger Schillerstiftung, 1869 gegründet, 1942 aufgelöst. – Anscheinend keine Zweigstiftung der Deutschen Schillerstiftung in Weimar. – Finanzierung der Preise aus einem »Vermögen, dessen Grundstock [...] aus freiwilligen Gaben zusammengekommen war, die anläßlich des hundertsten Geburtstages von Friedrich von Schiller am 10. November 1859 und in der Folge von Freunden der deutschen Dichtung gestiftet worden waren mit dem Zweck, sie zur Förderung junger, aufstrebender Talente zu ver-

wenden«. L: Neue Augsburger Zeitung Nr. 305 vom 30. 12. 1942.

LP: LE 2 (1899/1900), Sp. 366; Arno Holz und Carossa erhielten Preise von ihr. Das Ende der Augsburger Schillerstiftung. In: Neue Augsburger Zeitung Nr. 305 vom 30. 12. 1942.

T: 1883 *Arno Holz* LT: Neue Augsburger Zeitung Nr. 305 vom 30. 12. 1942.

1886 *Arno Holz.* LT: Neue Augsburger Zeitung Nr. 305 vom 30. 12. 1942.

1887 *Paul Baehr* (200 M, für ›Das Neue Buch der Lieder‹). LT: Bbl 54 (1887), S. 5791.

1894 *Ewald Müller* (›Aus der Streusandbüchse‹, Gedichte). LT: Neue litterarische Blätter 3 (1894/95), S. 96.

[**1897**] *Georg Ruseler* (›Die Stedinger‹, Drama). LT: Kü (1898), Sp. 51f.

1899 nicht verliehen

1912 *Hans Carossa* LT: Neue Augsburger Zeitung Nr. 305 vom 30. 12. 1942.

1912/13 *Gustav W. Eberlein* (›Schloß Heidelberg‹). LT: LE 15 (1912/13), Sp. 438: »Dem in Zürich lebenden Schriftsteller [...] wurde für sein Märchendrama [...] der doppelte Schillerpreis der Städte Nürnberg und Augsburg zuerkannt.«

1915 *Carl Salm.* LT: LE 18 (1915/16), Sp. 457.

Weitere Preisträger: *Karl Bröger. – Otto Ernst. – Bernhard Kellermann. – Richard Zoozmann.* – LTT: Neue Augsburger Zeitung Nr. 305 vom 30. 12. 1942.

Preis der Conrad-Ferdinand-Meyer-Stiftung

J: 1937

S: Conrad-Ferdinand-Meyer-Stiftung, Zürich; gegründet von Camilla Meyer, der Tochter des Dichters C.F. Meyer (1825–1898); Stiftungskapital: 300 000 sfr

Ju: Das Stiftungskuratorium ersucht jeweils die Universität Zürich, die ETH Zürich, die Zürcher Kunstgesellschaft, den Schweizerischen Schriftstellerverein und andere Vereinigungen um Vorschläge zur Preisverleihung

VT: Jährlich

Z: Förderung junger im Kanton Zürich niedergelassener Gelehrter, Schriftsteller, Künstler

VF: ca. 3000 sfr

LP: Interne Liste der Conrad-Ferdinand-Meyer-Stiftung, Zürich; Vinz/Olzog (1965), S. 39. – LE 39 (1936/37), S. 320.

T: 1937 *Hermann Hiltbrunner*

1938 *Emil Gerber*

1939 *Max Frisch*

1940 *Albert Ehrismann*

1941 *Ernst Kappeler*

1942 *Paul Adolf Brenner*

1943 *Hans Schumacher*

1944 *Kurt Guggenheim*

1945 *Maria Drittenbass. – Hans Erhardt* (bildender Künstler). – *Sven Moeschlin* (bildender Künstler)

1946 *Hans Böhi* (Wirtschaftswissenschaftler). – *Gottlieb Heinrich Heer. – Charles Hug* (bildender Künstler). – *Heinrich Müller* (bildender Künstler)

1947 *Hans A. Aeschbacher* (bildender Künstler). – *Ernst Hess* (Komponist). – *Eugen Mattes*

1948 *Marcel Gero. – Max Hegetschweiler* (bildender Künstler). – *Nadjy Jollos*

1949 *Marcel Fischer. – Rolf Liebermann* (Komponist). – *Hermann A. Sigg* (bildender Künstler)

Fortsetzung 1950ff

Preis der Dr. August Specht-Stiftung

J: 1909. – Seit 1933 keine Preisverteilungen mehr. 1940: Auflösung der Stiftung

S: Dr. August Specht-Stiftung, Gotha. Testamentarisch festgelegt von Karl August Specht (1845–1909), 1871 Redakteur der ›Thüringer Presse‹, seit 1872 des ›Sonntagsblatts für Freidenker‹ und des ›Freidenker-Almanachs‹, seit 1876 der Leipziger ›Freien Glocken‹ und des ›Menschentums‹; auch Bühnenautor
Ju: Ein aus neun Mitgliedern bestehendes »Kuratorium entscheidet [...] über die Verteilung von Preisen an Schriftsteller, über Unterstützung von solchen [...]«. L: Testament von August Specht (Statut der Dr. August Specht-Stiftung). Landratsamt Gotha, Bestand August Specht-Stiftung. – Kuratorium 1938: Leo Gutmann (Rechtsanwalt; Vorstandsvorsitzender). – Heinrich Schmidt (Professor in Jena; Vorstandsmitglied). – Alex Wachtel (früher Landgerichtsdirektor; Vorstandsmitglied). – Gertrud Bäumer (Frauenrechtlerin, Schriftstellerin). – Wilhelm Bölsche. – Ludwig Quidde (Historiker). – Hermann Wendel. – Franz Werfel. – L: Alex Wachtel: Brief an den Bürgermeister von Gotha, 11.8.1938. Landratsamt Gotha, Bestand August Specht-Stiftung.
VT: Jährlich
Z: Aus dem Testament: »Mein gesamtes Vermögen soll einem idealen Zweck zugeführt werden. Die Erträgnisse dieses Vermögens sollen dazu bestimmt sein, in Form von Preisen an Schriftsteller verteilt zu werden, deren Werke sich durch literarische oder wissenschaftliche Bedeutung (auch populär-wissenschaftliche) auszeichnen und durch eine freie Geistesrichtung getragen sind. Außerdem können Schriftsteller dieser Richtung aus den Erträgnissen meines Vermögens im Falle ihrer Bedürftigkeit unterstützt werden.«
VF: Preis: »höchstens 3000 M«, Unterstützungen: »höchstens 1200 M«
LP: Landratsamt Gotha, Bestand August Specht-Stiftung. – Kü (1915), Sp. 57.
T: **1913** *Karl Henckell* (2000 RM für ›Im Weitergehen‹). – *Arno Holz* (Ehrengabe von 1000 RM anläßlich seines 50. Geburtstages). – LTT: LE 16 (1913/14), Sp. 657.
1918 Die Stiftung beschließt, »[...] in diesem Jahr von einer Verteilung des Preises abzusehen. Die Beträge sollen dagegen mit den anderen Mitteln der Stiftung zur Linderung der Not in Schriftstellerkreisen Verwendung finden. Die einzige literarische Ehrengabe von 1000 Mark wird *Grete Meisel-Heß* für das Werk ›Das Wesen der Geschlechtlichkeit‹ zuerkannt.« LT: LE 20 (1917/18), Sp. 497.

Preis der Dr. Johann Kanka'schen Stiftung zur Unterstützung von Künstlern und Schriftstellern deutscher Nationalität

s. Preis der Kanka-Stiftung

Preis der Eichendorff-Gedächtnisstiftung

s. Eichendorff-Preis [1]

Preis der Emanuel-Geibel-Stiftung

s. Emanuel-Geibel-Preis

Preis der Emil-Uellenberg-Stiftung zur Förderung bergischen Schrifttums

J: 1944. – Stiftung am 28.3. 1944 zum 70. Geburtstag des Schriftstellers Emil Uellenberg (1874–1944)
S: Stadt Wuppertal
VT: Jährlich
Z: Verteilung der Stiftungszinsen mit einem Zuschuß der Stadt »als Anerkennung für künstlerisches Schaffen an junge, verdiente

Schriftsteller, die aus dem Bergischen Land stammen, oder die sich durch die dichterische oder heimatkundliche Gestaltung bergischer Art ausgezeichnet haben«.
LP: Auskunft des Stadtarchivs Wuppertal
1947 Auflösung der Stiftung, Verteilung des Stiftungskapitals an: *Emil Ginkel* (1000 RM). – *Walter Liebmann* (1000 RM). – *Karl Hermann Limberg* (1000 RM). – *Martin Schaefer* (600 RM). – *Ellen Marga Schmidt* (500 RM). – *Friedrich Storck* (500 RM)

Preis der Ernst-Keil-Stiftung

J: 1919
S: Ernst-Keil-Stiftung, Leipzig. – Eingerichtet zum Andenken an Ernst Keil (1816–1878), den Gründer der Zeitschrift ›Die Gartenlaube‹, nach dem Wunsch seiner Tochter Elisabeth Teichmann. – Kooperation mit der Deutschen Schillerstiftung seit 1926: »Auf Grund eines vom Rat der Stadt Leipzig und vom Sächsischen Volksbildungsministerium genehmigten Abkommens sind die für Schriftsteller bestimmten Zuwendungen aus der Ernst-Keil-Stiftung in diesem Jahre erstmalig nach den Beschlüssen der Deutschen Schillerstiftung in Weimar erfolgt.« L: LE 29 (1926/27), S.498. – Meldungen über entsprechende Unterstützungsgaben, u.a.: LE 30 (1927/28), S.560; LE 34 (1931/32), S.598; LE 36 (1933/34), S.550.
Z: Nach der ursprünglichen Satzung sind 30% der Erträgnisse des Stiftungsbetrages für die Erteilung von Preisen zu verwenden. L: Goethe- und Schillerarchiv Weimar, Bestand Ernst-Keil-Stiftung, GSA 134/113, 1, I
T: 1921 *Arno Holz* (Ehrengabe, 4000 M, für das Pandämonium ›Die Blechschmiede‹). LT: LE 23 (1920/21), Sp.638. – *Alfred Brust* (Preis, 3000 M, für seine dramatischen Arbeiten ›Der ewige Mensch‹ und ›Spiele‹). LT: LE 23 (1920/21), Sp.574. – *Hermann Claudius* (Preis, 2000 M). LT: LE 23 (1920/21), Sp.1408.
1923 *Rudolf L. Heubner* (10000 M, für den Roman ›Jacob Siemering & Kompagnie‹). – *Heinrich Lilienfein* (10000 M, für das Drama ›Hildebrand‹). – *Gustav Schröer* (10000 M, für ›Der Schulze von Wolfenhagen‹). – *Kuni Tremel-Eggert* (10000 M, für den Roman ›Die Rotmansteiner‹). – LTT: Stadtarchiv Leipzig. Akte Ernst-Keil-Stiftung, Sign. Kap.36 K, Nr.39, Bd1, Bl.231.

Preis der Fastenrath-Stiftung

s. Preis der Johannes Fastenrath-Stiftung

Preis der ›Festspielstiftung der Stadt Bern‹
1923–1940: Stiftung für das Drama
1940 ff: Welti-Stiftung für das Drama
auch: Berner Dramenpreis, Dramatikerpreis der Stadt Bern, Schweizer Dramenpreis

J: 1892. – Vorangegangen: Aufführung eines ersten Festspiels 1891
S: 1892: Friedrich Emil Welti gründet die ›Festspielstiftung der Stadt Bern‹ mit einem Stiftungskapital von 20000 sfr; Verwaltung: Gemeinderat der Stadt Bern. L: JSS 35/1940 (1941), S.1; Unterlagen im Stadtarchiv Bern. – Seit 1923: Mitwirkung der Schweizerischen Schillerstiftung; neuer Name ›Stiftung für das Drama‹. L: JSS 18/1923 (1924), S.6–8. – Kurz vor seinem Tod (1940) erhöht Welti das Stiftungskapital auf 50000 sfr; neuer Beiname: ›Welti-Stiftung für das Drama‹. L: JSS 35/1940 (1941), S.1.
Ju: Meldung 1895: »Das Preisgericht besteht aus 5 Mitgliedern, von denen wenigstens drei schweizer Bürger sein müssen.

Dasselbe wird vom Gemeinderate der Stadt Bern bestellt, und zwar in der Weise, daß zwei Mitglieder aus den hervorragendsten Vertretern der deutschen Litteratur an den deutsch-schweizerischen Universitäten und die andern Mitglieder frei gewählt werden«. L: Kü (1895), Sp. 47f. – Seit 1923 liegt das Vorschlagsrecht bei der Schweizerischen Schillerstiftung: »Die Ausrichtung des Preises erfolgt gemäß Antrag der Schweizerischen Schillerstiftung, die mit der Prüfung der eingegangenen Werke eine [...] Jury betraut hat.« L: JSS 18/1923 (1924), S. 7.

VT: Alle drei Jahre. Verteilung am 1. Juli, Ausschreibung am 1. August des vorhergehenden Jahres

Z: 1892: Preisausschreiben für ein Drama anläßlich der Vollendung des Berner Münsters; Anlehnung des Stoffes an ein Festspiel von 1891, damals aufgeführt zur 700-Jahr-Feier der Stadt Bern. – Meldung 1895: »Auszeichnung eines in den vorangegangenen drei Jahren verfaßten nationalen Schauspiels.« L: Kü (1895), Sp. 47f. – 1923: »Konkurrenz behufs Prämierung eines in den letzten drei Jahren verfaßten Dramas [...] die Wahl von Stoff und Form bleibt den Verfassern anheimgestellt. [...] Die Werke können in deutscher, französischer, italienischer oder räto-romanischer Sprache geschrieben sein, oder auch in einer schweizerischen Mundart.« L: JSS 18/1923 (1924), S. 7.

B: 1895: »a) Der Stoff des Schauspiels muß der schweizerischen Geschichte oder Sage entnommen sein; b) das Schauspiel ist in deutscher Sprache und gebundener Rede zu verfassen und es sollen nach Art der antiken Dramen und des Berner Festspiels vom Jahre 1891 Chorgesänge einen wesentlichen Bestandteil derselben bilden. [...] Der Dichter des preisgekrönten Schauspiels verliert das daran haftende litterarische Eigentum.« L: Kü (1895), Sp. 47f. – 1923: »Die Verfasser müssen das schweizerische Bürgerrecht besitzen.« L: JSS 18/1923 (1924), S. 7.

VF: 3000 sfr

LP: Beiträge zu dem Preis in: Jahresbericht der Schweizerischen Schillerstiftung ⟨JSS⟩: 18/1923 (1924), S. 6–8; 19/1924 (1925), S. 13f.; 21/1926 (1927), S. 10f.; 22/1927 (1928), S. 10–12; 24/1929 (1930), S. 8; 25/1930 (1931), S. 16f.; 27/1932 (1933), S. 15f.; 28/1933 (1934), S. 17f.; 35/1940 (1941), S. 7; 36/1941 (1942), S. 7; 40/1944 (1945), S. 1f.; 43/1948 (1949), S. 2. – Kü (1895), Sp. 47f.; Kü (1937/38), Sp. 256. – LE 26 (1923/24), S. 59; LE 29 (1926/27), S. 58; LE 31 (1928/29), S. 746; Aut 8 (1933), Nr. 7, S. 10; Welti-Stiftung für das Drama. Der Gemeinderat der Stadt Bern. Bern, im Oktober 1993. [Faltblatt]

T: 1894 *Heinrich Weber* (›Adrian von Bubenberg‹). LT: Kü (1897), Sp. 53–56.

1895–1902 nicht verliehen. L: Unterlagen im Stadtarchiv Bern

1903 *Arnold Ott* (›Festdrama zur 4. Jahrhundert-Feier des Eintritts Schaffhausens in den Bund der Eidgenossen‹, ›Karl der Kühne und die Eidgenossen‹). LT: Unterlagen im Stadtarchiv Bern

1905 *Gottlieb Fischer* (›Arnold von Melchtal‹). LT: Unterlagen im Stadtarchiv Bern

1913 Vergabe durch das Zentralkomitee der Landesausstellung 1914: 1. Preis nicht verliehen. Einer der 2. Preise: *Carl Albrecht Bernoulli* (›Die Bundesburg‹). – Ju: Erweitertes Preiskomitee: Carl Albrecht Bernoulli. – Hans Bodmer. – Georg August Finsler. – Philippe Godet. – Alfred Huggenberger. – Th. ImHof. – Meinrad Lienert. – Harry Maync. – E. Milliet. – Carl Spitteler. – LT/LJu: Unterlagen im Stadtarchiv Bern

1924 nicht verliehen. – Ju: Hugo Marti. – Henri de Ziégler. – L: JSS 18/1923 (1924), S. 7f., 27–30; JSS 19/1924 (1925), S. 13f. – E[duard], K[orrodi]: Das Berner Preisaus-

schreiben für ein Drama. In: NZZ Nr. 1130 vom 30.7. 1924.
1927 *Georg Oltramare* (›Don Juan ou la Solitude‹). LT: JSS 22/1927 (1928), S. 10–12. – LE 29 (1926/27), S. 738. – Ju: Cäsar von Arx. – Hugo Marti. – Henri de Ziégler. – LJu: JSS 21/1926 (1927), S. 10f.
1930 *Cäsar von Arx* (›Die Geschichte vom General Johann August Suter‹). LT: JSS 25/1930 (1931), S. 16f. – Ju: Werner Johannes Guggenheim. – Hugo Marti. – Henri de Ziégler. – LJu: JSS 24/1929 (1930), S. 8.
1933 *Hans Mühlestein* (›Menschen ohne Gott‹). LT: JSS 28/1933 (1934), S. 17f. – Ju: Werner Johannes Guggenheim. – Hugo Marti. – Henri de Ziégler. – LJu: JSS 27/1932 (1933), S. 15f.
1936 *Cäsar von Arx* (›Der Verrat von Novarra‹). LT: Aut 11 (1936), Nr. 7, S. 15.
1939 *Alfred Gehri* (›Im sechsten Stock‹). LT: JSS 35/1940 (1941), S. 7.
1942 *René Morax*. LT: JSS 40/1944 (1945), S. 2. – Ju: Guido Calgari. – Alfred Gehri. – Jakob Welti. – Werner Wolff. – LJu: JSS 36/1941 (1942), S. 7.
1945 *Max Frisch* (›Santa Cruz‹). – Ju: Alfred Gehri. – Werner Johannes Guggenheim. – Walter Lesch. – LT/LJu: JSS 40/1944 (1945), S. 1f.
1948 *Friedrich Dürrenmatt* (›Es steht geschrieben‹). – Ju: Jean Kiehl. – E. F. Knuchel. – Walter Lesch. – LT/LJu: JSS 43/1948 (1949), S. 2.

Fortsetzung 1951ff

Preis der Fröbelstiftung

S: Fröbelstiftung, Wien
T: 1900 *Moritz Necker*. LT: LE 3 (1900/01), Sp. 430: »Dem Schriftsteller Dr. Moritz Necker wurde für seine Verdienste auf dem Gebiete der Kritik der diesjährige Preis der Fröbelstiftung in Wien im Betrage von 1000 Kronen zuerkannt. Er ist der erste Kritiker, dem diese Auszeichnung zuteil wird.«

Preis der ›Gruppe 47‹

J: 1949. Erste Verleihung 1950
S: ›Gruppe 47‹
Ju: »Über die Zuerkennung des Preises entscheidet kein besonderes Preisgericht. Auf der Frühjahrstagung lesen die Teilnehmer aus ihren unveröffentlichten Werken vor. Im Anschluß daran wählen sie durch Stimmabgabe den Preisträger.« L: Remy (1956), S. 394.
VT: Jährlich
Z: Auszeichnung eines lyrischen, epischen oder dramatischen Werkes eines jungen Schriftstellers
VF: Stiftungsbeträge von deutschen Verlagen, ca. 1000–2000 DM
LP: Remy (1956), S. 394; Kü (1958), S. 916.

Preis der Harry-Kreismann-Stiftung

J: 1924. Erste Verleihung 1928
S: Gestiftet von der 1922 verstorbenen Witwe des Generalkonsuls Kreismann. 1933 (?) übernommen durch das Preußische Kultusministerium, Berlin. – Meldung 1934: Verteilung durch Kultusminister Bernhard Rust. – Meldung 1939: Verteilung durch den Reichserziehungsminister
Z: Finanzielle Unterstützung jüngerer Künstler und Wissenschaftler
LP: Akademie der Künste, Berlin, Stiftung Archiv. Bestand Pr AdK 979. – Strothmann (1963), S. 102.
T: Unter den Geförderten:
1928: *Friedrich Griese*. LT: LE 31 (1928/29), S. 117.
1932 *Ernst Barlach*
1934 *Karl Benno von Mechow*. LT: LE 36 (1933/34), S. 487.

1937 *Ulrich Pretzel* (Literarhistoriker)
1939 *Herybert Menzel*. LT: Aut 15 (1940), Nr. 12, S. 183; NL 41 (1940), S. 319.

Preis der Johannes Fastenrath-Stiftung auch: Ehrengaben der Fastenrath-Stiftung

J: 1908
S: Johannes Fastenrath-Stiftung, Verwaltung durch die Stadt Köln. – Stiftungsvermögen von 300 000 Mark aufgrund einer letztwilligen Verfügung von Hofrat Johannes Fastenrath (1839–1908), dem Initiator der ›Kölner Blumenspiele‹ (s.S. 184)
Ju: Aus den ›Satzungen […]‹:
»Dem Stiftungsrat gehören im Ehrenamte an: a) Der jeweilige Oberbürgermeister der Stadt Cöln, oder eine vom Oberbürgermeister auf jedesmal drei Jahre zu ernennende Persönlichkeit, als Vorsitzender; b) Herr Walter Laué zu Cöln, solange er Beigeordneter der Stadt Cöln ist, oder für ihn nach seinem Ausscheiden aus dem Stiftungsrat ein von dem zu a) genannten Oberbürgermeister auf jedesmal drei Jahre zu wählender Beigeordneter der Stadt Köln als stellvertretender Vorsitzender; c) zwei von der Stadtverordneten-Versammlung der Stadt Cöln auf jedesmal drei Jahre zu wählende Persönlichkeiten; d) Freiherr Karl von Perfall zu Cöln auf Lebenszeit oder für ihn nach seinem Ausscheiden ein von dem Vorstande der Literarischen Gesellschaft zu Cöln auf jedesmal drei Jahre zu wählendes Mitglied dieser Gesellschaft; e) Herr Geheimrat Zitelmann zu Bonn auf Lebenszeit oder für ihn nach seinem Ausscheiden ein von dem Preisrichter-Kollegium der Kölner Blumenspiele auf jedesmal drei Jahre zu wählendes Mitglied dieses Kollegiums; f) die Schriftsteller / 1. Robert Bachem, Verleger der Kölnischen Volkszeitung, Cöln, / 2. Otto Ernst, Schriftsteller, Hamburg, / 3. Ludwig Fulda, Schriftsteller, Berlin, / 4. Max Halbe, Schriftsteller, München, / 5. Fedor von Zobeltitz, Schriftsteller, Berlin, alle auf Lebenszeit oder für einen jeden von ihnen nach seinem Ausscheiden eine von den sämtlichen übrigen Mitgliedern des Stiftungsrats auf jedesmal drei Jahre zu wählende literarisch hervorragende Person; von diesen zu Wählenden darf höchstens einer in Cöln wohnhaft sein; auch Frauen sind wählbar. Bei der Wahl dieser Mitglieder soll nach Möglichkeit darauf gesehen werden, dass die verschiedenen Richtungen in der Literatur vertreten sind; g) Frau Hofrath Dr. Fastenrath auf Lebenszeit; für sie tritt nach ihrem Ausscheiden ein neues Mitglied nicht ein.« L: JKB 10/1908 (1909), S. 784f.
VT: Jährlich. – Meldung 1937: Alle zwei Jahre
Z: »Es sollen Unterstützungen in Form von Ehrengaben solchen bedürftigen deutschen Schriftstellern, die von hervorragender Begabung und künstlerischer Bedeutung sind, zuerkannt werden, um ihnen eine Zeitlang die unbekümmerte, möglichst sorgenfreie Ausübung ihrer Kunst zu sichern oder zu erhalten.« L: Satzungen […]. In: JKB 10/1908 (1909), S. 783.
B: »Die religiöse, soziale oder politische Richtung soll ohne Einfluss sein.« L: Satzungen […]. In: JKB 10/1908 (1909), S. 784.
LP: Jahrbuch der Kölner Blumenspiele ⟨JKB⟩ 10/1908–16/1914 (1909–[1914]). – Kü (1913), Sp. 10f.; [Satzung]. In: LE 16 (1913/14), Sp. 1592; Aut 3 (1928), Nr. 10, S. 7; Kü (1937/38), Sp. 254; Ursula Vones-Liebenstein: Johannes Fastenrath. In: Rheinische Lebensbilder. Bd 12. Köln 1991. S. 157–178.
T: 1910 *Georg Busse-Palma*. – *Max Dauthendey*. – *Willrath Dreesen*. – *Otto Franz Gensichen*. – *Max Kretzer*. – *Alberta von Puttkamer*. – *Eugen Reichel*. – *Paul*

Scheerbart. – *Wilhelm Schmidtbonn.* – *Gustav Schüler.* – *Leo Tepe van Heemstede.* – *Karl von Thaler.* – *Hermann Wette.* – LTT: JKB 12/1910 (1910), S. 12.

1911 *Paul Barsch.* – *M. Herbert*, d.i. Therese Keiter. – *Agnes Miegel.* – *Hans Ostwald.* – *Otto Rennefeld.* – *Ludwig Scharf.* – *Wilhelm Schneider-Clauss.* – *Ernst Schur.* – *Maurice Reinhold von Stern.* – LTT: JKB 13/1911 (1911), S. 104f.

1912 *Hans Bethge.* – *Ottomar Enking.* – *Gustav Falke.* – *Christian Kraus.* – *Lulu von Strauß und Torney.* – *Theodor Stromer.* – LTT: JKB 14/1912 (1912), S. 14. – LE 14 (1911/12), Sp. 1245.

1913 *Arno Holz.* – *Frank Wedekind.* – *Gustav Meyrink.* – *Gerd von Bassewitz.* – *Maurice Reinhold von Stern.* – *Cajus Möller.* – *Heinrich Penn.* – LTT: JKB 15/1913 (1913), S. 136. – LE 15 (1912/13), Sp. 1237: »Frank Wedekind hat die ihm zugefallene Ehrengabe [...] von 1000 Mark zur Hälfte dem Schutzverband deutscher Schriftsteller, zur anderen Hälfte der Zeitschrift ›Kain‹ von Erich Mühsam überwiesen.«

1914 Ehrengaben, jeweils 1000 Mark: *Oskar Baum.* – *Georg Busse-Palma.* – *Paul Enderling.* – *Fritz Lienhard.* – *Karl Röttger.* – *Jakob Schaffner.* – *Ernst Frhr von Wolzogen.* – Ehrengabe, 500 Mark: *Rudolf von Delius.* – LTT: JKB 16/1914 [1914], S. 78.

1915 *Paul Apel.* – *Michael Georg Conrad.* – *Georg Hirschfeld.* – *Paul Ilg.* – *Wilhelm Schölermann.* – *Otto Stoeßl.* – *Will Vesper.* – LTT: LE 17 (1914/15), Sp. 1089.

1916 *Marthe Renate Fischer.* – *Hanns von Gumppenberg.* – *Kurt Moreck.* – *Christoph Ruths.* – *Johannes Schlaf.* – *Reinhard Johannes Sorge.* – *Hans Steiger.* – *Karl Wagenfeld.* – LTT: LE 18 (1915/16), Sp. 1163f.

1917 *Max Dauthendey.* – *Adolf Holst.* – *Timm Kröger.* – *Heinrich Lersch.* – *Ina Seidel.* – *Ilse Wackernagel.* – LTT: LE 19(1916/17), Sp. 1163.

1918 *Theodor Däubler* (1500 Mark). – *Max Ludwig* (1500 Mark). – *Peter Dörfler* (1000 Mark). – *Friedrich Alfred Schmid Noerr* (1000 Mark). – LTT: LE 20 (1917/18), Sp. 1138.

1919 *Paul Ernst* (1500 Mark). – *Julius Hart* (1500 Mark). – *Hermann Stehr* (1000 Mark). – *Emil Strauß* (1000 Mark). – *Franz Werfel* (1000 Mark). – *Else Lasker-Schüler* (500 Mark). – *Grete Meisel-Heß* (500 Mark). – LTT: LE 21 (1918/19), Sp. 1274.

1920 *Maria-Luise Becker-Strube.* – *Karl Bröger.* – *Hermann Horn.* – *Maria Janitschek.* – *Richard von Schaukal.* – *Paul Zech.* – LTT: LE 22 (1919/20), Sp. 1210.

1921 Ehrengaben im Gesamtbetrag von 7500 Mark: *Max Jungnickel.* – *Friede Henriette Kraze.* – *Arthur Silbergleit.* – *Ernst Frhr von Wolzogen.* – LTT: LE 23 (1920/21), Sp. 1151.

1922 Ehrengaben im Gesamtbetrag von 15 000 Mark: *Sophie Hoechstetter.* – *Rudolf Huch.* – *Paul Kornfeld.* – *Friedrich Seebrecht.* – *Leo Weismantel.* – LTT: LE 24 (1921/22), Sp. 1212.

1923 *Anselma Heine.* LT: LE 25 (1922/23), Sp. 1048: »Der Stiftungsrat [...] hat beschlossen, infolge der starken Geldentwertung [...] in diesem Jahre nur eine einzige Ehrengabe zu verleihen [...] daneben haben vier kölner Schriftsteller je eine kleine Zuwendung erhalten.«

1925 »Infolge der Geldentwertung können Zuwendungen an Schriftsteller aus dem von [...] Johannes Fastenrath seiner Zeit hinterlassenen Kapital nicht mehr gemacht werden.« L: Kü (1925), Sp. 1140.

1926 wie 1925. L: Kü (1926), Sp. 217.

1928 wie 1925 und 1926. L: Kü (1928), Sp. 240.

1929 »Die Johannes-Fastenrath-Stiftung,, deren in der Inflation verlorene Mittel nunmehr durch die Stadt Köln aufgewertet worden sind, hat für das laufende Jahr [...] Ehrengaben [...] verteilt«: *Hans Brandenburg.* – *Alfred Brust.* – *Gustav Dierks.* – *Fritz Diettrich.* – *Franz Dülberg.* – *Hans Henny Jahnn.* – *Rudolf Kassner.* – *Hans Leip.* – *Rudolf Paulsen.* – *Walther Siegfried.* – LTT: LE 31 (1928/29), S. 681.

1931 Ehrengaben im Gesamtbetrag von 7000 Mark: *Johannes R. Becher.* – *Günther Birkenfeld.* – *Dietzenschmidt*, d.i. Anton Franz Schmidt. – *Hans Heinrich Ehrler.* – *Herbert Eulenberg.* – *Fritz Fleck.* – *Gustav Halm.* – *Georg Hirschfeld.* – *Sophie Hoechstetter.* – *Klara Hofer-Höffner.* – *Ernst Kamnitzer.* – *Heinrich Lersch.* – *John Henry Mackay.* – *Friedrich von Oppeln-Bronikowski.* – *Josef Friedrich Perkonig.* – LTT: LE 33 (1930/31), S. 663.

1936 *Otto Urbach* (›Merope‹, Drama) LT: LE 38 (1935/36), S. 500.

Preis der Julius Reich-Stiftung

J: 1922

S: Julius Reich-Stiftung, Wien. – Testamentarische Stiftung des Kommerzialrates und Kunstsammlers Julius Reich

Ju: Preiskuratorium

VT: Jährlich. Verteilung in der ersten Hälfte des Dezember

Z: »Förderung begabter, aufstrebender Dichter durch Preise, wobei alle Gattungen der Dichtkunst gleichmäßig in Betracht kommen, künftig ab 1928 die Jugend (etwa bis 36 Jahre) in der Regel allein zu berücksichtigen sein wird.« L: Literarische Preise (1928), S. 362.

VF: Meldung 1928: 2000 Schillinge

LP: Literarische Preise (1928), S. 362.

T: 1925 *Adele Gerhard* (1000 Schillinge, für den Roman ›Pflüger‹). – *Philipp Langmann* (1000 Schillinge, für das Gesamtwerk). – *Anton Wildgans* (1000 Schillinge, für das Gesamtwerk). – LTT: LE 28 (1925/26), S. 380.

1926 *Franz Theodor Csokor.* – *Oskar Maurus Fontana.* – *Hans Leifhelm.* – *Friedrich Lichtnecker.* – LTT: Literarische Preise (1928), S. 362.

1927 *Ernst Fischer.* – *Max Fleischer.* – *Paula Ludwig.* – LTT: Literarische Preise (1928), S. 362.

1928 *Richard Duschinsky.* – *Walther Eidlitz.* – *Eberhard Wolfgang Möller.* – *Ernst Scheibelreiter* (›Aufruhr im Dorf‹, Drama). LT: Bbl 111 (1944), S. 151. – LTT: LE 31 (1928/29), S. 305.

1929 *Bruno Brehm.* – *Mela Hartwig.* – *Manfred Hausmann.* – *Theodor Kramer.* – LTT: Bbl 96 (1929), S. 1320; LE 32 (1929/30), S. 306.

1930 *Heinrich Hauser.* – *Erika Mitterer.* – *Karl Heinrich Waggerl.* – *Josef Weinheber.* LT: Friedrich Jenaczek: Alfons Petzold und Josef Weinheber. In: Jahresgabe Josef Weinheber-Gesellschaft Wien 1980/81, S. 28f.; Friedrich Jenaczek: Alfons Petzold und Josef Weinheber. In: Jahrbuch des Wiener Goethe-Vereins 95 (1991), S. 107f. – LTT: Aut 5 (1930), Nr. 12, S. 10; LE 33 (1930/31), S. 358.

1932 *Rudolf Brunngraber.* – *Hans Haidenbauer.* – *August Scholtis.* – *Friedrich Torberg.* – LTT: FZ Nr. 934/935 vom 15. 12. 1932, S. 3; LE 35 (1932/33), S. 304.

1934 *Hilde Spiel.* LT: Renate Wall: Verbrannt, verboten, vergessen. Kleines Lexikon deutschsprachiger Schriftstellerinnen 1933 bis 1945. Köln 1988. S. 180.

1935 *Rudolf Felmayer.* – *Walter Sachs.* – *Friedrich Schreyvogl.* – *Edith Zellweker.* – LTT: Aut 10 (1935), Nr. 12, S. 23; LE 38 (1935/36), S. 251.

1937 *Wilhelm Franke.* – *Erich Landgrebe.* – *Ernst Schönwiese.* – *Julius Vogel.* – LTT: Aut 12 (1937), Nr. 12, S. 41.

Preis der Jungen

J: 1947
S: Verlag Lothar Blanvalet, Berlin-Wannsee
VT: Jährlich
Z: Preis für ein bisher nicht veröffentlichtes Werk eines unbekannten Autors
LP: Autor (1947/48), H. 9, S. 13.

Preis der Kanka-Stiftung auch: Preis der Dr. Johann Kanka'schen Stiftung zur Unterstützung von Künstlern und Schriftstellern deutscher Nationalität

J: 1899. Erste Verleihung 1900. – Vermutlich benannt nach dem Juristen und Komponisten Johann Nepomuk Kanka (1772–1865)
S: Stiftung von Wilhelmine Apt-Kanka, Jetřichowitz/Böhmen, anläßlich des fünfzigjährigen Regierungsjubiläums von Kaiser Franz Joseph I.; Stiftungskapital: 20000 Gulden. – Verwaltung und Vergabe durch die 1891 in Prag gegründete ›Gesellschaft zur Förderung deutscher Wissenschaft, Kunst und Literatur in Böhmen‹, 1924ff ›Deutsche Gesellschaft der Wissenschaften und Künste für die Tschechoslowakische Republik‹
VT: Jährlich
Z: Meldung der ›Gesellschaft zur Förderung deutscher Wissenschaft, Kunst und Literatur in Böhmen: »Zum Genusse der Stiftung sind Künstler (und zwar ›Maler, Bildhauer, Musiker und sonstige Künstler‹) sowie Schriftsteller berufen, welche deutscher Nationalität und im Königreiche Böhmen gebürtig sind und daselbst auch wirken. Der Stiftungsgenuss soll zwischen Künstlern und Schriftstellern von Jahr zu Jahr wechseln, und es soll mit der Verleihung an einen Künstler begonnen werden. In der Regel soll nur eine Person in einem Jahre bedacht werden, ›um eine ausgiebige Unterstützung zu ermöglichen‹; nur ausnahmsweise können auch zwei Personen, nämlich entweder zwei Künstler oder zwei Schriftsteller jährlich bedacht werden. Im Uebrigen stellt der Stiftbrief die Vergebung in das freie Ermessen unserer zur Verwaltung berufenen Gesellschaft und überlässt es ihr namentlich, ob sie der jährlichen Verleihung einen Concurs vorangehen lassen und ob sie die Stiftung ›zum Lebensunterhalte oder zu einer Studienreise oder zur Herausgabe eines Werkes oder auf andere Weise‹ verwenden will.« L: Rechenschafts-Bericht über die Thätigkeit der Gesellschaft zur Förderung deutscher Wissenschaft, Kunst und Literatur in Böhmen im Jahre 1899 (1900), S. 15.
VF: 1600 Kronen
LP: Rechenschafts-Bericht über die Thätigkeit der Gesellschaft zur Förderung deutscher Wissenschaft, Kunst und Literatur in Böhmen [1924ff: Rechenschafts-Bericht der Deutschen Gesellschaft der Wissenschaften und Künste für die Tschechoslowakische Republik, 1929ff: Jahresbericht der Deutschen Gesellschaft der Wissenschaften und Künste für die Tschechoslowakische Republik] 1899 (1900)–1937 (1938); [Meldung über die Stiftung]. In: Rechenschafts-Bericht 1899 (1900), S. 15. – Deutsche Arbeit 9 (1909/10), S. 392; Deutsche Arbeit 10 (1910/11), S. 387.
T: 1900 *Emil Orlik* (Maler, Radierer; Finanzierung einer Studienreise nach Japan). LT: Rechenschafts-Bericht 1900 (1901), S. 8f.
1901 *Emil Faktor* (zur Ausführung eines dramatischen Märchenspiels). – *Julius Reinwarth* (zur Vollendung des Volksdramas ›Josef der Steiger‹). LT: Rechenschafts-Bericht 1901 (1902), S. 15, 31.
1902 *Heinrich Jakesch* (Maler). LT: Rechenschafts-Bericht 1902 (1903), S. 11.

1903 *Alois Fietz.* LT: Rechenschafts-Bericht 1903 (1904), S. 12.
1904 *Richard Teschner* (Maler, Radierer). LT: Rechenschafts-Bericht 1904 (1905), S. 4.
1905 *Ferdinand Bernt.* – *Oskar Wiener.* – LTT: Rechenschafts-Bericht 1905 (1906), S. 4. – Deutsche Arbeit 5,II (1905/06), S. 58.
1906 *August Brömse* (Maler). LT: Rechenschafts-Bericht 1906 (1907), S. 8. – Deutsche Arbeit 5,II (1905/06), S. 91.
1907 *Ferdinand Matras.* – *Wilhelm Oehl.* – LTT: Rechenschafts-Bericht 1907 (1908), S. 5. – Deutsche Arbeit 6 (1906/07), S. 483.
1908 *Adolph Mayerl* (Bildhauer). LT: Rechenschafts-Bericht 1908 (1909), S. 6. – Deutsche Arbeit 7 (1907/08), S. 744.
1909 *Josef Stibitz.* LT: Rechenschafts-Bericht 1909 (1910), S. 6. – Deutsche Arbeit 8 (1908/09), S. 538.
1910 *Alfred Justitz* (Maler). LT: Rechenschafts-Bericht 1910 (1911), S. 6. – Deutsche Arbeit 9 (1909/10), S. 584.
1911 *Hermann Wagner* (›Das Lächeln Mariä‹, Roman). LT: Rechenschafts-Bericht 1912 (1913), S. 54. – Deutsche Arbeit 10 (1910/11), S. 596; LE 13 (1910/11), Sp. 1497.
1912 *Willy Nowak* (Maler). – *Anton Schück* (Maler). – LTT: Rechenschafts-Bericht 1912 (1913), S. 17, 54. – Deutsche Arbeit 11 (1911/12), S. 53.
1913 *Johannes Thummerer.* LT: Rechenschafts-Bericht 1913 (1914), S. 16, 76. – Deutsche Arbeit 12 (1912/13), S. 454.
1914 *Robert Haas* (Komponist). – *Theodor Veidl.* – LTT: Deutsche Arbeit 13 (1913/14), S. 406; 14 (1914/15), S. 487.
1915 *Oskar Baum.* – *Hans Watzlik.* – LTT: Deutsche Arbeit 15 (1915/16), S. 62.
1916 *Karl Thiemann* (Maler). LT: Deutsche Arbeit 15 (1915/16), S. 425.
1917 *Hans Watzlik.* LT: Rechenschafts-Bericht 1917 (1918), S. 9. – Deutsche Arbeit 16 (1916/17), S. 327.
1918 *Paul Stuiber* (Komponist). LT: Deutsche Arbeit 17 (1917/18), S. 351.
1919 *Ernest Klee.* LT: Rechenschafts-Bericht 1924 (1925), S. 76.
1920 *Karl Wagner* (Maler). LT: Rechenschafts-Bericht 1920 (1921), S. 7.
1921 *Gustav Leutelt.* LT: Rechenschafts-Bericht 1921 (1922), S. 12.
1922 *Julius Pfeiffer* (Maler). LT: Rechenschafts-Bericht 1922 (1923), S. 22.
1923 *Karl Eisner-Eisenstein.* LT: Rechenschafts-Bericht 1923 (1924), S. 76.
1924 *Karl Krattner* (Maler). LT: Rechenschafts-Bericht 1924 (1925), S. 76: »1924 wurde die Stiftung Karl Krattner d.J. […], als dem Würdigsten zugesprochen, der Ertrag derselben jedoch dem akad. Bildhauer *Wilhelm Srb-Schloßbauer* in Karlsbad zugewendet.«
1925 *Karl Eisner-Eisenstein.* LT: Rechenschafts-Bericht 1925 (1926), S. 53.
1926 *Paul Stuiber* (Komponist). LT: Rechenschafts-Bericht 1926 (1927), S. 69.
1927 *Adolf Wildner.* LT: Rechenschafts-Bericht 1927 (1928), S. 78.
1928 *Erwin Müller* (Maler). LT: Rechenschafts-Bericht 1928 (1929), S. 57.
1929 *Heinrich Micko.* LT: Jahresbericht 1929 (1930), S. 59.
1930 *Fritz Stonner* (Maler). LT: Jahresbericht 1930 (1931), S. 70.
1931 *Wilhelm Pleyer.* LT: Jahresbericht 1931 (1932), S. 83.
1932 *Walter Kaufmann.* LT: Jahresbericht 1932 (1933), S. 75.
1933 *Robert Lindenbaum.* LT: Jahresbericht 1933 (1934), S. 67. – R. Pozorny: Robert Lindenbaum 70 Jahre. In: Sudetendeutsche Zeitung 18 (1968), Folge 1, S. 8.
1934 *Josef Vietze* (Graphiker). LT: Jahresbericht 1934 (1935), S. 81.
1935 *Hans Multerer.* LT: Jahresbericht 1935 (1936), S. 87.

1936 *Isidor Stögbauer* (Komponist). LT: Jahresbericht 1936 (1937), S. 74.
1937 *Ernst Frank* (›Not hämmert Menschen‹, Roman). LT: Jahresbericht 1937 (1938), S. 84. – Aut 12 (1937), Nr. 12, S. 42; LE 40 (1937/38), S. 320; NL 39 (1938), S. 46.

Preis der Kunstfreunde in den Ländern am Rhein

J: 1921
S: Verband der Kunstfreunde in den Ländern am Rhein, Düsseldorf
Z: Preis »für einen rheinländischen Dichter [...], der sich um das deutsche Schrifttum verdient gemacht« hat. L: FZ Nr. 829 vom 7. 11. 1921, S. 1.
VF: 5000 M
T: 1921 *Emil Strauß*: LT: Wilhelm Schäfer: [Würdigung des Preisträgers in Form eines Briefes an ihn]. In: FZ Nr. 829 vom 7. 11. 1921, S. 1; Otto Doderer: Emil Strauß. In: FZ Nr. 30 vom 12. 1. 1922, S. 1f.

Preis der Landeshauptstadt München zur Förderung der Literatur

s. Dichterpreis der Stadt München

Preis der Langhans-Stiftung

s. Ehrenpreis der Langhans-Stiftung (Gotha) zur Ehrung deutscher Dichter und Künstler

Preis der Leipziger Dichterstiftung

s. Dichterpreis der Stadt Leipzig

Preis der Max-Meßner-Stiftung

J: [1920]. – Benannt nach dem Dramatiker Max Meßner (1860–1906)
S: Max-Meßner-Stiftung, [Berlin?]
Z: Auszeichnung bisher nicht aufgeführter oder angenommener und im Buchhandel nicht erschienener dramatischer Dichtungen
VF: 6000 Mark
LP: LE 22 (1919/20), Sp. 1340.
T: 1921 *Emil Bernhard* (›Anna Boleyn‹). – *Ernst Bittlinger* (›Der Vagabund‹). – *Paul Gurk* (›Thomas Münzer‹). – Ju: Julius Bab. – Walter Harlan. – Walter von Molo. – Richard Schott. – LTT/LJu: LE 23 (1920/21), Sp. 1151; Deutsches Bühnen-Jahrbuch 33 (1922), S. 95.

Preis der NSDAP für Kunst und Wissenschaft
auch: NSDAP-Preis für Kunst und Wissenschaft

J: 1935
S: NSDAP / »Führer und Reichskanzler« Adolf Hitler
Ju: Aus der Stiftungsurkunde: »Die Träger des Preises [...] werden dem Führer von seinem Beauftragten für die gesamte geistige und weltanschauliche Erziehung der Bewegung vorgeschlagen und vom Führer bestimmt. Der Beauftragte des Führers ernennt einen Kultursenat, um mit seiner Hilfe alle schöpferischen Kräfte auf den Gebieten der Kunst und Wissenschaft zu überprüfen und auszulesen.« L: Aut 20 (1935), Nr. 9, S. 7.
VT: Jährlich. Die Verteilung erfolgt auf der Kulturtagung der Reichsparteitage der NSDAP
Z: Aus der Stiftungsurkunde: »Das Stipendium wird den Künstlern und Forschern, die Wesentliches zur Ausgestaltung der nationalsozialistischen Weltanschauung beigetragen haben, und aus deren Wirken eine solche Leistung für die Zukunft zu erhoffen ist, verliehen.« L: Aut 10 (1935), Nr. 9, S. 7.

VF: 20 000 RM, zu vergeben an einen oder mehrere Künstler und Forscher
LP: [Stiftungsurkunde]. In: Aut 10 (1935), Nr. 9, S. 7; Der Führer stiftet den Preis der NSDAP für Kunst und Wissenschaft. In: Der Parteitag der Freiheit vom 10.–16. September 1935. Offizieller Bericht [...]. München 1935. S. 49–69; DS 1 (1936), S. 20; Kü (1937/38), Sp. 255; Aut 13 (1938), Nr. 1/2, S. 20f.; Kü (1939), Sp. 245.
T: 1935 *Hanns Johst* (Preis für Kunst). LT: LE 38 (1935/36), S. 50. – *Hans F.K. Günther* (Rasseforscher; Preis für Wissenschaft). – LTT: Bbl 105 (1938), S. 138.
1936 *Heinrich Anacker* (Preis für Kunst). LT: LE 39 (1936/37), S. 64. – *Philipp Lenard* (Physiker; Preis für Wissenschaft). – LTT: Bbl 105 (1938), S. 138.

Preis der Peter Wilhelm Müller-Stiftung

S: Peter Wilhelm Müller-Stiftung, Frankfurt a.M.
VT: Widersprüchliche Meldungen: »Alle drei Jahre«, »alle zehn Jahre«
Z: Preis »für Dichtwerke«
VF: 9000 M, auch teilbar
LP: Die wichtigsten Preise der Akademien, Universitäten, Hochschulen etc. Deutschlands. [Beilage zum Artikel:] Preise und Medaillen. In: Meyers Großes Konversations-Lexikon. 6. Aufl. Bd 24. Jahres-Supplement 1911–1912. Leipzig, Wien 1913. S. VIII.
T: 1912 *Herbert Eulenberg*. – *Wilhelm Schmidtbonn*. – LTT: LE 14 (1911/12), Sp. 1167.

Preis der Provinz Hannover auch: Literaturpreis der Provinz Hannover

J: 1935
S: Provinz Hannover, Landeshauptmann Dr. Geßner, Hannover
Ju: Der Landeshauptmann nimmt »Vorschläge eines Beirats entgegen, den er aus den im kulturellen Leben Niedersachsens führenden Persönlichkeiten und amtlichen Stellen nach seinem Ermessen beruft«. L: Aut 10 (1935), Nr. 4, S. 20f.
VT: Jährlich. Verleihung am 30. Januar
Z: »Unterstützung des aus der Heimat erwachsenen künstlerischen Schaffens [...]. Der Preis kann auch an nicht in der Provinz Hannover geborene Schriftsteller verliehen werden, wenn das Werk auf epischem, dramatischem oder lyrischem Gebiete eine innere Verbundenheit mit der landschaftlichen Kultur der Provinz Hannover aufweist.« L: LE 37 (1934/35), S. 474.
VF: 2500 RM. – 1. Preis: 1200 RM, 2. Preis: 800 RM, 3. Preis: 500 RM
LP: LE 37 (1934/35), S. 474; Aut 10 (1935), Nr. 2, S. 21; Aut 10 (1935), Nr. 4, S. 20f.; DS 1 (1936), S. 20; Michael (1936), S. 14; Kü (1937/38), Sp. 254; Aut 13 (1938), Nr. 1/2, S. 20.
T: 1936 *Moritz Jahn* (1. Preis für ›Ulenspegel un Jan Dood‹, Gedichte). – *Alma Rogge* (2. Preis für ›Leute an der Bucht‹, Erzählungen). – *Wilhelm Scharrelmann* (3. Preis für ›Das Fährhaus‹, Roman). – Laudatio: Rudolf Erckmann (Reichspropagandaministerium), Dr. Geßner (Landeshauptmann). – LTT: LE 38 (1935/36), S. 300; Aut 11 (1936), Nr. 1, S. 23; Bbl 105 (1938), S. 138.
1937 nicht verliehen

Preis der Ralph-Beaver-Straßburger-Stiftung

J: 1931. Vorläuferpreis 1930
S: ›Ralph-Beaver-Straßburger-Stiftung in Deutschland‹, Berlin. Vorstand: Rudolf Kayser. – Stifter: Ralph-Beaver Straßburger (1883–1959), Philadelphia, Vorsitzender der Deutsch-Pennsylvanischen Gesellschaft. Gestiftet zum Andenken an seinen 1742 aus der Pfalz nach Amerika ausgewanderten Urahn
Ju: Wechselnde Meldungen über die Zusammensetzung der Jury. 1930–1933: Georg Graf von Arco (Ingenieur, Berlin). – Karl Oskar Bertling (Direktor des Amerika-Instituts, Berlin). – Albert Einstein. – Rudolf Kayser (Literaturkritiker, Redakteur). – Thomas Mann. – Heinrich Simon (Verleger, Frankfurt a.M.) – Jakob Wassermann. – Stefan Zweig. – L: LE 32 (1929/30), S. 616, 735; LE 35 (1932/33), S. 427; Aut 8 (1933), Nr. 2, S. 13. – Seit 1934: Karl Oskar Bertling. – Hanns Heinz Ewers. – Joseph Goebbels (Reichsminister). – Wolfgang von Gronau (Präsident des Aero-Klubs von Deutschland). – Ernst Franz Hanfstaengl (Leiter des Amtes Auslandspresse). – Wolfgang Loeff (Sekretär der Stiftung für Deutschland). – Franz von Papen (Vizekanzler, Gesandter). – Fritz Thyssen (Industrieller, Staatsrat). – L: Aut 8 (1933), Nr. 7, S. 14; DS 1 (1936), S. 114; Kü (1937/38), Sp. 258.
VT: Jährlich. »Der Spruch des Preisgerichts wird gefällt jeweils am Washingtontage – 22. Februar [dem Geburtstag George Washingtons] – und wird in den Zeitungen veröffentlicht.« L: DS 1 (1936), S. 114.
Z: Der Preis soll dem Schriftsteller oder Journalisten verliehen werden, »der durch seine in deutscher Sprache erschienene Veröffentlichung über Amerika sowohl im literarischen Sinne wie im Geiste der Völkerversöhnung besonders Wertvolles geleistet hat.« L: Bbl 97 (1930), S. 1146. – »Es kommen hauptsächlich Arbeiten politischer, wirtschaftlicher oder soziologischer Art in Betracht; solche belletristischer Art nur, wenn sie einen besonders großen literarischen Wert haben; solche fachwissenschaftlicher Art, wenn sie dem großen Publikum zugänglich gemacht worden sind oder gemacht werden können.« L: Aut 6 (1931), Nr. 1, S. 14.
B: Meldung 1936: »Nur im Laufe des Jahres veröffentlichte Arbeiten (Buch, Broschüre, Zeitungsaufsatz) kommen [für die Preisbewerbung] in Betracht.« L: DS 1 (1936), S. 114.
VF: 1000 Dollar
LP: Kü (1937/38), Sp. 258; Kü (1939), Sp. 254. – LE 32 (1929/30), S. 616; Bbl 97 (1930), S. 1146f.; LE 33 (1930/31), S. 663; Aut 6 (1931), Nr. 1, S. 14; Aut 6 (1931), Nr. 2, S. 11; Bbl 98 (1931), S. 40; Aut 7 (1932), Nr. 9, S. 9; LE 35 (1932/33), S. 118; DS 1 (1936), S. 114.
T: 1930 (Vorläuferpreis) *Arthur Holitscher* (›Wiedersehen mit Amerika‹). LT: LE 32 (1929/30), S. 735.

1931 *Manfred Hausmann* (›Kleine Liebe zu Amerika‹). LT: LE 33 (1930/31), S. 483; Bbl 98 (1931), S. 180; [Anzeige des S. Fischer Verlags, Berlin, mit der Entscheidungsbegründung]. In: Bbl 98 (1931), Anzeigenteil, S. 1289.

1932 *Walther Reinhardt* (›George Washington‹). LT: LE 34 (1931/32), S. 417f. (Entscheidungsbegründung); Aut 7 (1932), Nr. 2, S. 12.

1933 *Friedrich Schönemann* (›Die Vereinigten Staaten von Amerika‹). LT: LE 35 (1932/33), S. 427; Aut 8 (1933), Nr. 2, S. 13.

1935 *Ilse Kunz-Lack* (›Die deutsch-amerikanischen Beziehungen 1890–1914‹). LT: LE 38 (1935/36), S. 350.

MANFRED HAUSMANN

erhielt soeben den Preis der Ralph-Beaver-Straßburger Stiftung

Der Preis der Ralph-Beaver-Straßburger-Stiftung in Deutschland ist zum ersten Male an Manfred Hausmann für sein Buch „Kleine Liebe zu Amerika" verliehen worden. In der Begründung heißt es:

„In der großen deutschen Amerika-Literatur stellt Manfred Hausmanns Buch „Kleine Liebe zu Amerika" einen besonderen Wert dar, weil es weder theoretische Probleme behandelt noch sich mit objektiven Schilderungen begnügt, sondern in der persönlichen und leidenschaftlichen Weise eines jungen Dichters die menschliche und landschaftliche Atmosphäre der Staaten wiedergibt. Der Alltag der Straße, das Wunder einer Natur, die die mannigfaltigsten Landschaftsformen besitzt, die Buntheit eines Lebens, in der Wolkenkratzer, Eisenbahnen, Neger und Chinesen, Maschinen und Menschen von gleicher Bedeutung sind, werden von einem Dichter gestaltet, der mit großer und anmutiger Sprachkraft und tiefer Liebe zu diesem fremden Land seine Erlebnisse beschreibt. Wie in den anderen Büchern Manfred Hausmanns, steht auch im Mittelpunkt dieses Werkes die Natur, und amerikanische Natur ist es, die in allen Kapiteln des Buches, wovon immer sie auch handeln, sich offenbart. Amerikanische Natur aber ist eine Vorstellung, wie sie in Deutschland bisher fremd geblieben ist.

Man sieht in Amerika zumeist den Erdteil neuer zweckhafter Lebensordnungen, eines industrialisierten Daseins, einer Menschenrasse, die ganz und gar im Wirtschaftsleben steht. Daß wir aber auch ein anderes Amerika sehen können, in dem die Natur leuchtet, kleine Alltagswunder geschehen, zarte und ernste Menschlichkeiten sich auf jedem Schritt zeigen, das ist die besondere Gabe und der besondere Zauber von Manfred Hausmanns Buch.

Wir glauben deshalb, daß gerade dieses Werk innerhalb der Amerika-Literatur des letzten Jahres am meisten den Zweck der Stiftung erfüllt, und haben ihm deshalb den diesjährigen Preis zuerkannt."

Von Manfred Hausmann erschienen bei uns

Kleine Liebe zu Amerika

Ein junger Mann schlendert durch die Staaten

Mit 21 Illustrationen und einer mehrfarbigen Einbandzeichnung von Walter Müller
Geheftet 4 RM, in Ganzleinen 6 RM

Salut gen Himmel

Roman. Geheftet 5 RM, Ganzleinen 7 RM

S. FISCHER VERLAG / BERLIN

Auslieferung: Leipzig C 1, Reclamstraße 42, für die Schweiz: Vereinssortiment Olten, in Wien vorrätig bei R. Lechner & Sohn, in Budapest bei Béla Somló, in Amsterdam bei Richard Bing

Z

Preis der Sektion für Dichtkunst der Preußischen Akademie der Künste

J: 1929. – Nur einmal verliehen, dann Umwandlung in einen Werkhilfe-Fonds
S: Preußische Akademie der Künste, Sektion für Dichtkunst, Berlin
Ju: Die Mitglieder der Akademie: Hermann Bahr. – Theodor Däubler. – Alfred Döblin. – Max Halbe. – Hermann Hesse. – Ricarda Huch. – Georg Kaiser. – Bernhard Kellermann. – Erwin Guido Kolbenheyer. – Oskar Loerke. – Heinrich Mann. – Thomas Mann. – Walter von Molo. – Alfred Mombert. – René Schickele. – Wilhelm Schmidtbonn. – Wilhelm von Scholz. – Hermann Stehr. – Emil Strauß. – Eduard Stucken. – Jakob Wassermann. – L: Jens (1994), S. 211.
Z: Auszeichnung anerkannter repräsentativer Leistungen
VF: 5000 RM
LP: Inge Jens: Dichter zwischen rechts und links. Die Geschichte der Sektion für Dichtkunst an der Preußischen Akademie der Künste, dargestellt nach den Dokumenten. 2. erweiterte und verbesserte Aufl. Leipzig 1994. S. 172–174, 211, 322f.; Der Bestand Preußische Akademie der Künste. 1696–1945. Findbuch zur Mikrofiche-Edition. Hrsg. von der Stiftung Archiv der Akademie der Künste Berlin. München [usw.] 1995. S. 320–322, 325f., 335, 375f. – LE 28 (1925/26), S. 504; FZ Nr. 802 vom 27. 10. 1926, S. 2; LE 29 (1926/27), S. 246.
T: 1930 *Friedrich Schnack*. LT: LE 32 (1929/30), S. 553. – Die Unterlegenen: Hans Brandenburg, Bertolt Brecht, Hans Carossa, Albert Ehrenstein, Paul Ernst, Stefan George, Jakob Haringer, Adolf von Hatzfeld, Max Herrmann-Neisse, Ernst Jünger, Else Lasker-Schüler, Ernst Lissauer, Max Mell, Rudolf Pannwitz, Gabriele Reuter, Jakob Schaffner, Rudolf Alexander Schröder. L: Jens (1994), S. 211.

Preis der »Spiegelfeiern«

s. Dichterpreis der Stadt Halberstadt

Preis der Stadt Jena

s. Kunst- und Literaturpreis der Stadt Jena

Preis der Stadt Wuppertal

s. Bergischer Literaturpreis

Preis der Walther Rathenau-Stiftung

s. Rathenau-Preis

Preis der Westmark

s. Westmark-Preis

Preis des Bühnenvolksbunds

s. Dramatikerpreis des Bühnenvolksbunds

Preis des Deutschen Bühnen-Vereins

J: [1929]
S: Deutscher Bühnen-Verein, Berlin
VF: 5000 RM
LP: Aut 5 (1930), Nr. 6, S. 1–3.
T: 1929 *Alfred Hermann Unger* (›Menschen wie du und ich‹). LT: Aut 4 (1929), Nr. 10, S. 6f
1930 »Das Preisausschreiben des Deutschen Bühnen-Vereins unter Aussetzung von zwei Preisen in Höhe von 5000 und 3000 Mark für die beiden besten Bühnenwerke – über tausend Werke sind eingereicht worden – ist ergebnislos verlaufen. Schuld daran scheint auch die Zusammensetzung des Preisgerichts getragen zu haben.« L: LE 32 (1929/30), S. 675.

DER VON DER

PREUSSISCHEN AKADEMIE DER KÜNSTE

SEKTION FÜR DICHTKUNST

IM JAHRE 1929 GESTIFTETE

PREIS

FÜR EIN DICHTERISCHES GESAMTWERK

IST Friedrich Schnack

IN ANERKENNUNG seiner KÜNSTLERISCHEN LEISTUNGEN

GEMÄSS BESCHLUSS VOM 28. März 1930

VERLIEHEN WORDEN

BERLIN, DEN 31. Mai 1930

PREUSSISCHE AKADEMIE DER KÜNSTE

DER PRÄSIDENT

SEKTION FÜR DICHTKUNST
DER VORSITZENDE

Preis des Ebner-Eschenbach-Fonds
auch: Ehrenpreis der Marie Ebner von Eschenbach-Stiftung

J: 1910. Erste Verleihung 1911
S: »Zum 80. Geburtstag der Dichterin wurden 20 000 Kronen als ein Fonds bestimmt, dessen Zinsen nach einem von Marie von Ebner-Eschenbach gebilligten Stifts-Brief vom Wiener Zweig-Verein der deutschen Schillerstiftung alljährlich am 13. September verteilt werden sollen.« L: A[nton] B[ettelheim]: Die Zukunft des Ebner-Preises. In: FZ Nr. 693 vom 29. 9. 1922, S. 1.
VT: Jährlich
Z: Auszeichnung von »bemerkenswerten literarischen Leistungen [von Frauen]«. L: Anton Bettelheim: Marie von Ebner-Eschenbach's Wirken und Vermächtnis. Leipzig 1920. S. 289. – »Marie Ebner wünschte [...] den Preis als literarische Auszeichnung für anerkannte Größen und aufstrebende Talente zugesprochen zu sehen.« L: A[nton] B[ettelheim]: Die Zukunft des Ebner-Preises. In: FZ Nr. 693 vom 29. 9. 1922, S. 1.
VF: 1000 Kronen
LP: Anton Bettelheim: Marie von Ebner-Eschenbach's Wirken und Vermächtnis. Leipzig 1920. S. 289.
T: Die Preisträgerinnen sind (bis zum Jahr 1920) nach Bettelheim (1920) verzeichnet.
1911 *Isolde Kurz*. LT: LE 14 (1911/12), Sp. 146.
1912 *Emil Marriot*, d.i. Emilie Mataja. LT: LE 15 (1912/13), Sp. 142.
1913 *Hermine Villinger*. LT: LE 16 (1913/14), Sp. 70.
1914 *Enrica Freiin von Handel-Mazzetti*
1915 *Helene Böhlau*
1916 *Marie Eugenie Delle Grazie*. LT: LE 19 (1916/17), Sp. 196.
1917 *Ricarda Huch*
1918 *Gisela Freiin von Berger*
1919 *Hermine Cloeter*
1920 *Erika Spann-Rheinsch*
1921 *Lulu von Strauß und Torney*. LT: LE 24 (1921/22), Sp. 125.
1922 *Christiane Gräfin von Thun-Hohenstein*. LT: FZ Nr. 693 vom 29. 9. 1922, S. 1.
1923 *Marthe Renate Fischer*. LT: LE 26 (1923/24), Sp. 125.
1928 *Paula Grogger*. LT: LE 31 (1928/29), S. 117.
1933 *Dolores Viesèr*. LT: LE 36 (1933/34), S. 184.

Preis des Frauenbunds zur Ehrung rheinländischer Dichter
1915ff: Preis des Frauenbunds zur Ehre deutscher Dichter

J: 1909
S: Frauenbund zur Ehrung rheinländischer Dichter, Darmstadt. Seit 1915: Frauenbund zur Ehre deutscher Dichter. Vorsitzende: Ida Schoeller, Düren
Ju: 1913: Ein Lese-Ausschuß unter dem Vorsitz von Grete Litzmann, der Frau des Literarhistorikers Berthold Litzmann, prüft die von Hermann Hesse, Wilhelm Schäfer und Wilhelm Schmidtbonn empfohlenen Werke.
Z: Zweck des Frauenbunds ist es, »für seine Mitglieder die Erstausgabe des Buches eines rheinländischen Dichters zu besorgen und dem Verfasser ein Ehrenhonorar zu überweisen«. L: LE 12 (1909/10), Sp. 601. – 1915: Erweiterung der Ziele des Bundes; Umbenennung in ›Frauenbund zur Ehre deutscher Dichter‹. L: LE 17 (1914/15), Sp. 1474.
VF: Drucklegung eines bestimmten Werkes; »Ehrenhonorar« von 2000 M
LP: [Satzung und Mitgliederliste des Frauenbunds zur Ehrung rheinländischer Dichter]. In: Christian Wagner: Gedichte. Mün-

Kleine Dichtungen

von

Robert Walser

Erste Auflage hergestellt
für den Frauenbund
zur Ehrung rhein-
ländischer
Dichter

Leipzig

Kurt Wolff Verlag
1914

chen, Leipzig [1913]. – LE 12 (1909/10), Sp. 601; LE 17 (1914/15), Sp. 1474.

T: 1909 *Wilhelm Schmidtbonn* (›Der Zorn des Achilles‹, Drama). LT: LE 12 (1909/10), Sp. 601.

1910 *Benno Rüttenauer* (›Prinzessin Jungfrau‹, Roman). LT: LE 13 (1910/11), Sp. 920.

1911 *Herbert Eulenberg* (›Alles um Geld‹, Drama). LT: LE 13 (1910/11), Sp. 1498; Berthold Litzmann: Vorwort. In: H. Eulenberg: Alles um Geld. Ein Stück. Leipzig 1911. – *Ludwig Finckh* (›Die Reise nach Tripstrill‹, Roman)

1912 *Christian Wagner* (›Gedichte‹). LT: Die Rheinlande 13 (1913), S. 76; Christian Wagner, Hermann Hesse: Ein Briefwechsel 1909–1915. Hrsg. von Friedrich Pfäfflin. Marbach a.N. 1977. S. 11–26. (Marbacher Magazin 6/1977. Beiheft)

1913 *Alfons Paquet* (›Erzählungen an Bord‹). LT: Otto Doderer: Wilhelm Schäfer und der Rhein. In: Moselland (1941), Nr. 6, S. 8–19 (Erwähnung S. 16).

1914 *Robert Walser* (›Kleine Dichtungen‹). LT: R. Walser: Briefe. Genf 1975. S. 77–79. (Das Gesamtwerk. Bd XII, 2.); LE 17 (1914/15), Sp. 833.

1915 *Josef Winckler* (›Mitten im Weltkrieg‹, Gedichte). LT: LE 17 (1914/15), Sp. 1535.

1916/17 *Hermann Sinsheimer* (›Die drei

Frauenbund

zur Ehrung rheinländischer Dichter
gegründet 3. Juli 1909
zu Darmstadt

1914

Der geschäftsführende Vorstand:

Frau Guido Schoeller, Düren, 1. Vorsitzende
Frau Geheimrat Prof. Litzmann, Bonn, 2. Vorsitzende
Frau Prof. Trübner, Karlsruhe, 3. Vorsitzende
Frau Kom.-Rat Rudolph Schoeller, Düren, Schatzmeisterin
Frau Emma von Eynern, Düren, stellvertretende Schatzmeisterin
Frau Elisabeth Schäfer, Vallendar, Schriftführerin

Der erweiterte Vorstand:

Barmen: Frau Eduard Schulz
Bensheim: Frau Kommerzienrat Euler
Bielefeld: Frau Justizrat Ohly
Bonn: Frau Geheimrat Schultze
Coblenz: Frau Geh. Kommerzienrat von Oswald
" Frau Regierungsrat Snethlage
Cöln: Frau Kommerzienrat Louis Hagen
" Frau Dr. Richard Schnitzler
Crefeld: Frau Emil von Beckerath
" Fräulein Margarethe Hermes
Dortmund: Frau Konsul Robert Hoesch
Düsseldorf: Fräulein Minna Blanckertz
" Frau Prof. Julius Buths
" Frau Reg.-Präs. a. D. zur Nedden
Duisburg: Frau Oberbürgermeister Dr. Jarres
Elberfeld: Frau Addy Graf
Frankfurt a. M.: Fräulein Clara Roger
Hagen: Frau Irma Graeve
Hamm: Frau Christine Merkel
Langerwehe: Frau Irma Hasenclever
Mannheim: Frau Julie Bassermann
" Frau Kommerzienrat Röchling
" Frau Gerta Thorbecke
Merzig a. d. Saar: Frau Landrat Haniel
Minden: Frau Regierungsrat Moldehnke

Mülheim a. d. Ruhr: Frau M. Niebel
St. Johann-Saarbrücken: Frau Adolf Ehrhardt
Trier: Frau Prof. Dr. Hermine Hettner
Uerdingen: Frau Rudolf Wedekind
Wiesbaden: Frau Dr. H. Stempel
Worms: Fräulein Anna Reinhart
Zürich: Frau Dr. Ernst Schwarzenbach

Lesekommission:

Frau Geheimrat Prof. Litzmann, Bonn, Vorsitzende
Frau Geheimrat Clemen, Bonn
Frau Ida Dehmel, Blankenese bei Hamburg
Ihre Exzellenz Baronin von Heycking, Crossen in Sachsen
Frau Guido Schoeller, Düren
Frau Kommerzienrat Rudolph Schoeller, Düren
Frau Addy Graf, Elberfeld
Frau Christine Merkel, Hamm i. W.
Frau Dr. Eulenberg, Kaiserswerth
Frau Alice Trübner, Karlsruhe
Frau Elisabeth Schäfer, Vallendar
Fräulein Thekla Rudorff, Wiesbaden

Rechnungsprüfer:

Herr Gustav Renker, Düren

Kinder‹, Roman). – *Helene Christaller* (750 Mark). – *Anna Croissant-Rust* (750 Mark). – *Leonore Niessen-Deiters* (750 Mark). – LTT: LE 19 (1916/17), Sp. 1419; LE 20 (1917/18), Sp. 753.

Preis des ›Literarischen Förderungswerks der Stadt Essen‹

J: [1944]
S: Stadt Essen
VT: Jährlich
Z: »Förderung und Ehrung heimischen Schrifttums [...]. Es sollen in erster Linie Werke der Dichtkunst, also Roman, Lyrik, Epos, Drama, berücksichtigt werden; doch können auch Sachdarstellungen und wissenschaftliche Arbeiten heimischer Autoren einbezogen werden. Es sollen auch neben anerkannten junge, ringende Talente gefördert und angespornt werden.
Dem Förderungswerk steht der Gedanke voran, daß den Städten künftig nicht allein die Verpflichtung erwächst, ihre zerstörten Mauern wieder aufzurichten, sondern dieser veränderten äußeren Erscheinung auch die Seele der Stadt zu erhalten und neu zu entfalten in einem eigenwüchsigen Kulturleben.«
B: »Der Betrag soll jährlich vergeben werden an Dichter und Schriftsteller, die in Essen wirken, gegebenenfalls auch an Autoren, die außerhalb Essens tätig sind, deren Schaffen jedoch in Beziehung steht zur Stadt Essen oder ihrem Lebensraum.«
LP: Bbl 111 (1944), S. 106.
T: 1944 *Wolf von Niebelschütz*

Preis des Nietzsche-Archivs [1]

J: 1918
S: Nietzsche-Archiv, Weimar. Stiftung des Hamburger Großkaufmanns Christian Lassen; 1923 aus Inflationsgründen erloschen
Z: »Es erscheint ihm [Christian Lassen] in der Gegenwart als eine Notwendigkeit, den kleinen Kreis derer, die wirklich noch die Leidenschaft und das Gefühl der Verantwortung für die geistige Macht Deutschlands haben, auf literarische Werke hinzuweisen, die – gründlich und wiederholt gelesen – den Widerspruch gegen die unheilvolle geistige Verflachung ins hellste Licht rükken.« L: LE 21 (1918/19), Sp. 701.
VF: 5000 M
LP: David Marc Hoffmann: Zur Geschichte des Nietzsche-Archivs. Chronik, Studien und Dokumente. Berlin, New York 1991. S. 91; Roswitha Wollkopf: Die Gremien des Nietzsche-Archivs und ihre Beziehungen zum Faschismus bis 1933. In: Im Vorfeld der Literatur. Vom Wert archivalischer Überlieferung für das Verständnis von Literatur und ihrer Geschichte. Weimar 1991. S. 228f. – LE 21 (1918/19), Sp. 701.
T: 1918 *Ernst Bertram* (1500 M, für ›Nietzsche. Versuch einer Mythologie‹). – *Thomas Mann* (1500 M, für die ›Betrachtungen eines Unpolitischen‹). – *Gerhard von Mutius* (1500 M, für ›Die drei Reiche‹). – LTT: LE 21 (1918/19), Sp. 701.
1919 *Hermann Graf Keyserling* (›Reisetagebuch eines Philosophen‹). – *Oswald Spengler* (›Der Untergang des Abendlandes‹). – *Hans Vaihinger* (›Die Philosophie des Als-ob‹). – LTT: LE 22 (1919/20), Sp. 572.
1920 *Bruno Bauch* (›Immanuel Kant‹). – *Georg Dehio* (›Geschichte der deutschen Kunst‹). – *Leopold Ziegler* (›Gestaltwandel der Götter‹). – LTT: LE 23 (1920/21), Sp. 574.
1921 *Walter Dahms* (1500 M, für ›Die Of-

fenbarung der Musik; eine Apotheose Friedrich Nietzsches‹). – *Martin Havenstein* (1500 M, für ›Nietzsche als Erzieher‹). – *Richard Müller-Freienfels* (1500 M, für die ›Philosophie der Individualität‹). – LTT: LE 24 (1921/22), Sp. 705; Bbl 89 (1922), S. 105; FZ Nr. 171 vom 4. 3. 1922.

1922 *Ludwig Klages* (›Vom kosmogonischen Eros‹). LT: LE 25 (1922/23), Sp. 666. – *Robert Reininger* (›Nietzsches Kampf um den Sinn des Lebens‹). – *Heinrich Römer* (›Nietzsche‹). – LTT: LE 25 (1922/23), Sp. 756. – Ju: Bruno Bauch. – Elisabeth Förster-Nietzsche. – Harry Graf Kessler. – Adalbert Oehler (Oberbürgermeister, Weimar). – Ferdinand Sommer (Sprachwissenschaftler, München). – LJu: LE 24 (1921/22), Sp. 1020f.

Preis des Nietzsche-Archivs [2]

J: 1920

S: Nietzsche-Archiv, Weimar. Finanzierung durch eine Spende von Harry Graf Kessler (20 000 M)

VT: Vier Verleihungen vorgesehen: 1921, 1923, 1925, 1927. Verleihung am 15. Oktober, dem Geburtstag Friedrich Nietzsches

Z: Preis »für eine besonders wertvolle Veröffentlichung über eine bekannt zu gebende Aufgabe.« L: FZ Nr. 916 vom 10. 12. 1920.

VF: 5000 M, ungeteilt zu vergeben. »[...] sollte keine Arbeit preiswürdig sein, wird der [... Betrag] dem nächsten Preis zugeschlagen.«: FZ Nr. 916 vom 10. 12. 1920.

LP: David Marc Hoffmann: Zur Geschichte des Nietzsche-Archivs. Chronik, Studien und Dokumente. Berlin, New York 1991. S. 93; Roswitha Wollkopf: Die Gremien des Nietzsche-Archivs und ihre Beziehungen zum Faschismus bis 1933. In: Im Vorfeld der Literatur. Vom Wert archivalischer Überlieferung für das Verständnis von Literatur und ihrer Geschichte. Weimar 1991. S. 228f. – FZ Nr. 916 vom 10. 12. 1920; LE 23 (1920/21), Sp. 189f., 574.

T: 1921 »Der Preis des Jahres 1921 ist für eine Schrift bestimmt, welche die Beziehungen zwischen Einzelmensch und Gemeinschaft behandelt.« L: LE 23 (1920/21), Sp. 574. – Ju: Max Brahn (Psychologe, Leipzig). – Elisabeth Förster-Nietzsche. – Harry Graf Kessler. – Hermann Graf Keyserling. – Joseph Koeth (Wirtschaftspolitiker). – Adalbert Oehler (Oberbürgermeister, Weimar). – Alfred Weber (Soziologe, Heidelberg). – Nicht zur Verteilung gelangt, da sich »in den beim Nietzsche-Archiv eingereichten [...] Arbeiten [...] zwar gute Gedanken und Einzelheiten finden, keine aber so über die anderen emporragt, daß die Auszeichnung gerechtfertigt gewesen wäre«. L: LE 24 (1921/22), Sp. 705; FZ Nr. 171 vom 4. 3. 1922. – Konträre Darstellung: »Der Preis wird auf verschiedene der 102 eingegangenen Arbeiten verteilt.« L: David Marc Hoffmann: Zur Geschichte des Nietzsche-Archivs. Berlin, New York 1991. S. 93.

1923 Thema: »Welche Fingerzeige gibt die Sprachwissenschaft, insonderheit die etymologische Forschung, für die Entwicklungsgeschichte der moralischen Begriffe ab?« – »Das Preisausschreiben kommt nicht mehr zur Erledigung, die Inflation verschlingt das Stiftungsvermögen.« L: David Marc Hoffmann: Zur Geschichte des Nietzsche-Archivs. Berlin, New York 1991. S. 93.

Preis des Stabschefs der SA für Dichtung und Schrifttum, weitere ›Kulturpreise der SA‹

J: 1937. Erste Verleihung 1938

S: Oberste SA-Führung, München

VT: Jährlich. Verteilung am 23. Februar, dem Todestag Horst Wessels

Z: Die Kulturpreise »sollen zur Verteilung an die SA-Männer gelangen, die auf diesen Gebieten [Literatur, Musik und bildende Künste] die beste nationalsozialistische Arbeit des Jahres nachweisen.« L: Aut 12 (1937), Nr. 2/3, S. 28.
VF: 2000 RM
LP: Kü (1937/38), Sp. 256; Kü (1939), Sp. 252. – LE 39 (1936/37), S. 448; Aut 12 (1937), Nr. 2/3, S. 28; NL 38 (1937), S. 159; Aut 13 (1938), Nr. 12, S. 10; Bbl 105 (1938), S. 139; Wulf (1963), S. 268.
T: 1938 *Otto Paust* (›Land im Licht‹, Roman). – *Hans Zöberlein* (›Der Befehl des Gewissens‹, Roman). – LTT: LE 40 (1937/38), S. 448; Bbl 105 (1938), S. 167; NL 39 (1938), S. 157; Kü (1939), Sp. 252.
1939 *Walter Heitmüller* (bildender Künstler). – *Hannes Kremer* (›Gottes Rune‹). LT: LE 41 (1938/39), S. 452; NL 40 (1939), S. 216f. – LTT: DS 4 (1939), S. 70.
1940 *Elk Eber* (Maler). – *Erich Lauer* (Komponist). – *Herybert Menzel*. LT: LE 42 (1939/40), S. 312; Aut 15 (1940), Nr. 2, S. 39; DS 5 (1940), H. 3, Umschlag. – LTT: NL 41 (1940), S. 103.
1941 *Hans Snyckers* (›SA-Wehrmannschaften – Wehrbereites Volk‹ und ›Tagebuch eines Sturmführers‹). LT: LE 43 (1940/41), S. 376; Aut 16 (1941), Nr. 3, S. 55.

Preis des Verbandes deutscher Bühnenschriftsteller

J: 1910
S: Verband deutscher Bühnenschriftsteller, Berlin. Stiftung des Rittergutsbesitzers und Millionärs Leopold Hirschberg, Berlin (nicht der Bibliophile gleichen Namens!)
VT: Alle drei Jahre
Z: Der Preis soll »dem Verfasser des besten Stücks verliehen werden [...], das die Vertriebsstelle des Verbandes deutscher Bühnenschriftsteller im letzten Triennium in Vertrieb genommen hat«. L: LE 12 (1909/10), Sp. 1278.
B: »Es kommen nur Originalwerke reichsdeutscher Schriftsteller in deutscher Sprache [...] in Betracht, und zwar auch solcher, die nicht Mitglied des Verbandes deutscher Bühnenschriftsteller sind.« L: LE 13 (1910/11), Sp. 763.
VF: 1000 Mark
LP: LE 12 (1909/10), Sp. 1278; LE 13 (1910/11), Sp. 763; LE 15 (1912/13), Sp. 949.
T: 1914 *Walter Harlan* (›Das Nürnbergisch Ei‹). LT: LE 16 (1913/14), Sp. 1160: »Das Werk ist vom Deutschen Theater, Berlin, angenommen worden.«

Preis des Württembergischen Goethebundes
auch: Literatur- und Kunstpreis des Württembergischen Goethebundes

J: 1927
S: Württembergischer Goethebund, Stuttgart
VT: Jährlich
Z: »[...] jährlich abwechselnder Preis für das beste neuere Buch, Bildwerk oder Tonwerk eines württembergischen Künstlers.« L: Literarische Preise (1928), S. 363. – 1928: Ausschreibung als Ehrengabe für das »literarisch und in seiner Gattung wertvollste, für die allgemeine Bildung bedeutsamste Schriftwerk nichtdichterischer Art«. LT: LE 31 (1928/29), S. 428.
VF: 1000 RM
LP: LE 30 (1927/28), S. 433; Literarische Preise (1928), S. 363.
T: 1927 *Hans Heinrich Ehrler* (›Gesicht und Antlitz‹, Gedichte). LT: LE 30 (1927/28), S. 311; Literarische Preise (1928), S. 363.

1928 *Paul Sakmann* (›R.W. Emersons Geisteswelt‹). – Ju: Hermann Binder (Gymnasiallehrer). – Betty Binder-Asch. – Curt Elwenspoek (Dramaturg). – Hermann Hefele. – Martin Lang (Goethebund). – Georg Mühleisen (Goethebund). – Dora Gans Edle zu Putlitz. – LJu: LE 30 (1927/28), S. 433.

Preis für Lyrik

J: 1927
S: »Ein Freund lyrischer Dichtung [d.i. Hugo Simon, Bankier in Berlin ...]. Einsendungen sind [...] an den Schutzverband deutscher Schriftsteller, Berlin, [...] zu richten. [...] Für die Stiftung: Gottfried Bermann-Fischer, Ernst Blaß, George Grosz, Armin T. Wegner, Max Herrmann-Neisse, Oskar Loerke, Paul Wiegler, Alfred Wolfenstein.« L: LE 29 (1926/27), S. 377.
Ju: Fred Hildenbrandt. – Oskar Loerke. – Paul Wiegler
VT: Jährlich. Verteilung am 1. Mai
Z: »Der Zweck der Stiftung ist, lyrischen Persönlichkeiten zur Geltung zu verhelfen.« L: LE 29 (1926/27), S. 377.
B: Die Einsendungen sollen »mindestens zehn, höchstens fünfzehn ungedruckte Gedichte enthalten«. L: LE 29 (1926/27), S. 377.
VF: 1500 RM, ungeteilt zu vergeben
LP: LE 29 (1926/27), S. 377; FZ Nr. 67 vom 26.1. 1927, S. 2; Literarische Preise (1928), S. 363.
T: 1927 *Curt Wesse.* LT: LE 29 (1926/27), S. 612: »Zur engeren Wahl waren gestellt Gedichte von: Iwan Goll, Hermann Kasack, Theodor Kramer, Paula Ludwig, Walter Petry, Hans Rochocz, Martha Saalfeld, Herbert Schlüter.«; Aus einem Lyrik-Wettbewerb. In: FZ Nr. 376 vom 22.5. 1927, S. 1.

Preis für Tiroler Künstler

J: 1919
S: Tiroler Landtag, Innsbruck
Z: Der Preis soll »abwechselnd für Dichtkunst, bildende Kunst und Musik« verliehen werden.
VF: 2000 Kronen
LP: LE 22 (1919/20), Sp. 1532.
T: 1919 *Franz Kranewitter* (für seine Tiroler Erzählungen und Dramen). LT: LE 22 (1919/20), Sp. 1532.

Preis zur Förderung des Schrifttums in der Provinz Sachsen

J: 1936 zum ersten Mal verliehen
S: 1936: Verwaltung des Provinzialverbandes der Provinz Sachsen, Merseburg. – Meldung 1939: Landeshauptmann in Merseburg. L: Kü (1939), Sp. 252.
VT: Jährlich
VF: 1200 RM; kann geteilt werden
LP: Kü (1937/38), Sp. 254; Aut 13 (1938), Nr. 1/2, S. 20; Kü (1939), Sp. 252; Erckmann (1939/40), S. 84.
T: 1936 *Kurt Freiwald. – Martin von Katte.* – LTT: Aut 11 (1936), Nr. 11/12, S. 26; LE 39 (1936/37), S. 320; DS 2 (1937), S. 46; Bbl 105 (1938), S. 139; Kü (1939), Sp. 252.
1938 *Johannes Schlaf.* LT: LE 40 (1937/38), S. 448 (hier: Verleihung für 1937/38); Bbl 105 (1938), S. 120, 139; NL 39 (1938), S. 157; Kü (1939), Sp. 252.

Preisausschreiben der Bühnen der Stadt Düsseldorf

s. Preisausschreiben »Junge Dramatik«

Preisausschreiben der Siemens-Ring-Stiftung

J: 1938
S: Siemens-Ring-Stiftung, Berlin
VT: Mehrfach, wahrscheinlich ca. 1939–1943
Z: »Die Siemens-Ring-Stiftung hat sich die Aufgabe gestellt, das Andenken großer Männer der Technik durch Verbreitung von Biographien zu ehren. Um die Herausgabe derartiger geeigneter Lebensbeschreibungen zu fördern, hat sie das früher erlassene Preisausschreiben [...] verlängert.« L: LE 43 (1940/41), S. 376.
VF: 1000 RM
LP: Bbl 105 (1938), S. 120; LE 43 (1940/41), S. 376; Aut 16 (1941), Nr. 6, S. 108; DS 6 (1941), S. 35.

Preisausschreiben des Dramatischen Vereins Zürich

J: 1903 und 1909: Preisausschreibungen. 1915: Vorhaben regelmäßiger Wettbewerbe (nicht ausgeführt)
S: Dramatischer Verein, Zürich (gegründet 1866)
Ju: 1909: R. Gömöry (Rechtsanwalt). – Meinrad Lienert. – Fritz Marti (Redakteur). – Hermann Schollenberger. – Jacob Schurter. – Zwei Delegierte des Vorstands des Dramatischen Vereins Zürichs. – L: Preis-Ausschreibung (1909). Stadtarchiv Zürich, Bestand ›Dramatischer Verein Zürich‹, Sign. VII.197.
VT: Unregelmäßig. – Meldung 1915: Jährlich
Z: Auszeichnung von Theaterstücken im Zürcher Dialekt
B: 1909: »Schon veröffentlichte Stücke sind ausgeschlossen. [...] An den preisgekrönten Stücken erwirbt der Dramatische Verein Zürich das Ur-Aufführungsrecht.« L: Preis-Ausschreibung (1909). Stadtarchiv Zürich, Bestand ›Dramatischer Verein Zürich‹, Sign. VII.197.
VF: 1000 sfr
LP: Stadtarchiv Zürich, Bestand ›Dramatischer Verein Zürich‹, Sign. VII.197, u.a.: Preis-Ausschreibung (1909); LE 17 (1914/15), Sp. 1409.
T: 1903 1. Preis nicht verliehen, 2. Preis an *Emilie Locher-Werling* (›Wie's au cha ga‹) **1910** *J.F. Gyr-Hauser* (200 sfr, für ›Sturmwind‹). – *Emilie Locher-Werling* (100 sfr, für ›Ich‹). – *J. Wiss-Stäheli* (200 sfr, für ›En Damehuet im Auto‹; 100 sfr, für ›De Wittlig Benz‹)

Preisausschreiben des Gauleiters von Kärnten

s. Kärntner Literaturpreis

Preisausschreiben des Niederdeutschen Bühnenbundes

s. Niederdeutscher Bühnenpreis

Preisausschreiben ›Die Novelle des ›XX. Jahrhunderts‹ ‹ auch: Novellen-Preis des ›XX. Jahrhunderts‹

J: 1941, 1942
S: Eugen Diederichs Verlag, Jena; Schriftleitung der Monatsschrift ›Das XX. Jahrhundert‹
J: Preisgericht, bestehend aus drei bzw. vier Mitgliedern
Z: »Wenn wir uns entschlossen haben, ein Preisausschreiben [...] zu veranstalten, so hoffen wir, damit die Pflege der guten dichterischen Erzählung zu fördern und ihr innerhalb unserer Zeit zur Wirksamkeit zu

verhelfen. Inhaltlich sind dabei keinerlei Beschränkungen gegeben, doch es liegt in unserer Absicht, die Erwartungen zu berücksichtigen, die der besinnungssuchende Mensch unserer Zeit gegenüber der Dichtung als formende und klärende Lebensmacht hegt. [...] Wir hoffen dabei, auch einer jungen und noch unbekannten Generation Gelegenheit zum Hervortreten zu geben.« L: Das XX. Jahrhundert 2 (1940/41), H. 7 (Oktober), Beilage.
B: »Die eingereichten Manuskripte müssen Originalarbeiten von Verfassern deutscher Abstammung sein, die noch nicht anderweitig zum Abdruck angeboten wurden.« L: Das XX. Jahrhundert 2 (1940/41), H. 7 (Oktober), Beilage.
LP: Beiträge in der Monatsschrift ›Das XX. Jahrhundert‹ zu den Preisausschreiben: 2 (1940/41), H. 7 (Oktober), Beilage; 3 (1941/42), S. 62; 3 (1941/42), nach S. 416; 4 (1942), S. 292f. – Strallhofer (1994), S. 77f. – DS 5 (1940), S. 128; Aut 16 (1941), Nr. 12, S. 208; NL 43 (1942), S. 24.
VF: 1941: Gesamtsumme von 3000 RM. – 1942: »Das qualitative Ergebnis des Preisausschreibens erschien dem Preisgericht so hervorragend, daß der Verlag sich entschloß, die Preissumme von 3000 RM auf 3600 RM zu erhöhen.« L: Das XX. Jahrhundert 4 (1942), S. 292f.
T: 1941 *Karl Ude* (1. Preis, 800 RM, für ›Die Pferde auf Elsenhöhe‹). LT: DS 6 (1941), H. 6, Umschlag. – *Elisabeth Poppelbaum* (2. Preis, 600 RM, für ›Der Knabe Dagobert‹). – *Josef Martin Bauer* (400 RM, für ›Die Nachtwache‹). – *Erich Müller* (400 RM, für ›Die Eisscholle‹). – *Helmuth Schwabe* (400 RM, für ›Ein Überfall‹). – *Arnold Ulitz* (400 RM, für ›Septembernacht‹). – LTT: Das XX. Jahrhundert 3 (1941/42), S. 62. – LE 43 (1940/41), S. 528; Aut 16 (1941), Nr. 6, S. 108; DS 6 (1941), H. 6, Umschlag. – Ju: Lulu von Strauß und Torney. – Giselher Wirsing. – Heinrich Zillich. – LJu: Das XX. Jahrhundert 2 (1940/41), H. 7 (Oktober), Beilage; Das XX. Jahrhundert 3 (1941/42), S. 62. – DS 5 (1940), S. 128; NL 41 (1940), S. 288.
1942 *Stefan Andres* (1. Preis, 1000 RM, für ›Wirtshaus zur weiten Welt‹). – *Gertrud Fussenegger* (700 RM, für ›Eggebrecht‹). – *Werner Helwig* (700 RM, für ›Poseidons Wiederkehr‹). – *Elisabeth Poppelbaum* (700 RM, für ›Die Sonne‹). – *August Karl Stöger* (500 RM, für ›Der Zweikampf‹). – LTT: Das XX. Jahrhundert 4 (1942), S. 292f.; NL 43 (1942), S. 199. – Ju: Ernst Wilhelm Eschmann. – Lulu von Strauß und Torney. – Giselher Wirsing. – Heinrich Zillich. – LJu: Das XX. Jahrhundert 3 (1941/42), [nach S. 416]; Das XX. Jahrhundert 4 (1942), S. 292f. – Aut 16 (1941), Nr. 12, S. 208; NL 43 (1942), S. 24.

Preisausschreiben für ein Psychodrama

J: 1892
S: Stiftung eines Mitglieds der ›Litterarischen Gesellschaft Psychodrama‹, Bremen. (Zweigverein der ›Allgemeinen deutschen litterarischen Gesellschaft‹); Organ der Gesellschaft: ›Neue litterarische Blätter‹, 1892/93–1895/96, ›Monatsschrift für neuere Litteratur und Kunst‹, 1896/97–1897/98. – Meldung 1898: »›Litterarische Gesellschaft Psychodrama‹ 1. 8. 1898 eingegangen«. L: Kü (1899), Sp. 27.
Ju: Preisrichterkollegium, bestehend aus fünf bzw. sechs Mitgliedern
VZ: »[...] thunlichst in jedem Jahre«. L: Kü (1893), Sp. 47.
Z: 1892/93: Auszeichnung der beiden besten bei einem Wettbewerb eingereichten unveröffentlichten psychodramatischen Texte. »Der Umfang der psychodramati-

Das zweite Preisausschreiben des »XX. Jahrhunderts«

Das im November 1941 vom Verlag Eugen Diederichs und der Schriftleitung des XX. Jahrhunderts veröffentlichte zweite Preisausschreiben für die »Novelle des XX. Jahrhunderts« hat wiederum einen reichen Ertrag gebracht. 260 Arbeiten, von denen einige die zugestandene Länge erheblich überschritten, stellten die vier Preisrichter

Lulu von Strauß und Torney · Giselher Wirsing · Heinrich Zillich · Ernst Wilhelm Eschmann

vor eine nicht einfache Aufgabe. Der Reichtum der Motive war groß und ebenso die Verschiedenartigkeit ihrer Behandlung, die vom schlichten Bericht bis zum visionären Spiegelbild ging. Als wichtiges Ergebnis darf festgestellt werden, daß der Krieg die Grenzen der dichterischen Phantasie nicht eingeschränkt, sondern im Gegenteil erweitert zu haben scheint. Der Krieg selbst als Vorwurf ist allerdings in den betreffenden Versuchen nicht zur Gestaltung gelangt, so mutige und menschlich bewegende Ansätze sich auch darunter befanden.
Das qualitative Ergebnis des Preisausschreibens erschien dem Preisgericht so hervorragend, daß der Verlag sich entschloß, die Preissumme von 3000 RM. auf 3600 RM. zu erhöhen, wofür ihm an dieser Stelle noch besonders gedankt sei. Folgende fünf Arbeiten wurden preisgekrönt:

Stefan Andres: »Wirtshaus zur weiten Welt«	***M. 1000.–***
Elisabeth Poppelbaum: »Die Sonne«	***M. 700.–***
Gertrud Fussenegger: »Eggebrecht«	***M. 700.–***
Werner Helwig: »Poseidons Wiederkehr«	***M. 700.–***
August Karl Stöger: »Der Zweikampf«	***M. 500.–***

Die Erzählung von Stefan Andres ist in diesem Heft enthalten. Reifste Leistung unter den eingesandten Arbeiten, fügt sich das »Wirtshaus zur weiten Welt« würdig dem Werk des Autors an, der in der vorderen Reihe der modernen deutschen Literatur steht.

»Die Sonne« von Elisabeth Poppelbaum bewegt sich im selben afrikanischen Themenkreis wie ihre im vorigen Jahr preisgekrönte Novelle »Der Knabe Dagobert«. Wieder ist es Bewährung oder Versagen weißer Menschen in Afrika, das plastisch und unvergeßlich dargestellt wird.

»Eggebrecht« von Gertrud Fussenegger zeigt die reichen Möglichkeiten der Verfasserin, die aus der Berglandschaft ihrer Heimat mit dieser Geschichte zu einem Strom und seinem Schicksal kommt.

»Poseidons Wiederkehr« von Werner Helwig führt in den Bereich mythischer Gewalten, deren Herrschaft von der Antike über die christliche Zeit bis in die Gegenwart wirkt. In der Verschmelzung der heidnischen, christlichen und modernen Welt scheint uns der Hauptreiz dieser eigenartigen Erzählung zu liegen.

»Der Zweikampf« von August Karl Stöger schildert das innere Drama einer Knabenfreundschaft, die zugleich die Spannung zwischen Stadt und Land spiegelt.

Einige weitere Erzählungen wurden für die Veröffentlichung im »XX. Jahrhundert« erworben.

DIE KOLONNE

ZEITSCHRIFT FÜR DICHTUNG

NUMMER 1 1932 III. JAHRGANG

Herausgegeben von A. Artur Kuhnert und Martin Raſchke

Ergebnis des Preisausſchreibens

Preisträger Peter Huchel

INHALT

WOLFGANG JESS VERLAG DRESDEN

schen Dichtung wird nicht näher bestimmt, doch gilt Kürze, plastische Darstellung und packende Vortragsfähigkeit als ein Vorzug.« L: Neue litterarische Blätter 1 (1892/93), S. 2f. – 1893/94: Auszeichnung des besten humoristischen Psychodramas. L: Neue litterarische Blätter 2 (1893/94), S. 25.
B: Die Wettbewerbstexte müssen anonym eingereicht werden.
VF: 1892/93: 150 M, auch teilbar. – 1893/94: 100 M
LP: Neue litterarische Blätter 1 (1892/93), S. 2f., 14, 78f., 94, 110f.; 2 (1893/94), S. 25, 124. – Kü (1893), Sp. 45–47; Kü (1899), Sp. 27.
T: 1892/93 *Alice Freiin von Gaudy* (1. Preis, 90 M, für ›Sankta Julia‹). – *Peter Merwin*, d.i. vermutlich Wilhelm Schubert (2. Preis, 60 M, für seine ›Paganini-Phantasie‹). – LTT: Neue litterarische Blätter 1 (1892/93), S. 110–113 (mit Abdruck der preisgekrönten Texte). – Ju: Franziskus Hähnel. – Pauline Hoffmann von Wangenheim. – J. Jacobi. – Hermann Kiehne. – Richard von Meerheimb. – LJu: Neue litterarische Blätter 1 (1892/93), S. 14.
1893/94 nicht verliehen. – L: Neue litterarische Blätter 2 (1893/94), S. 171. – Ju: Rudolf Bunge. – Franziskus Hähnel. – Pauline Hoffmann von Wangenheim. – J. Jacobi. – Richard von Meerheimb. – Richard Schmidt-Cabanis. – LJu: Neue litterarische Blätter 2 (1893/94), S. 25.

Preisausschreiben für Lyrik

J: 1930, 1931
S: ›Die Kolonne. Zeitung der jungen Gruppe Dresden‹ in Verbindung mit dem Verlag Wolfgang Jeß, Dresden
Ju: Preisgericht mit fünf Mitgliedern
Z: 1930: »Die preisgekrönten Dichtungen sollen in der ›Jungen Reihe‹ des Verlages oder als Sondernummer der Kolonne veröffentlicht werden.« – 1931: »Die preisgekrönten Gedichte werden nach Ermessen als Band der ›Jungen Reihe‹ des Verlages Wolfgang Jeß veröffentlicht. Außerdem besteht für alle Bewerber die Möglichkeit, Aufnahme in einer Anthologie zu finden, die Martin Raschke im Sinne der ›Kolonne‹ für den Verlag Wolfgang Jeß herausgibt.«
B: 1930: »Es können sich alle jungen Schriftsteller beteiligen, soweit sie nicht in ausgedehntem Maße mit lyrischen Publikationen hervorgetreten sind.« – 1931: »Es kann sich jeder beteiligen, der noch nicht mit lyrischen Publikationen in Buchform hervorgetreten ist.«
VF: 300 Mark
LP: Die Kolonne 1 (1930), Nr. 3, Nr. 6; 2 (1931), Nr. 4, Nr. 5; 3 (1932), Nr. 1.
T: 1930 *Guido Zernatto*. LT: Die Kolonne 1 (1930), Nr. 6. – Ju: Richard Billinger (zurückgetreten). – Günter Eich. – Ernst Hardt. – Wolfgang Jeß. – Hermann Kasack. – LJu: Die Kolonne 1 (1930), Nr. 3.
1931 *Peter Huchel*. LT: Die Kolonne 3 (1932), Nr. 1. – Ju: Emil Belzner. – Wolfgang Jeß. – Edlef Köppen. – Martin Raschke. – Friedrich Schnack. – LJu: Die Kolonne 2 (1931), Nr. 4.

Preisausschreiben »Junge Dramatik«

J: [1937]
S: Städtische Bühnen Düsseldorf, Generalintendanz
Ju: »Der Prüfungsausschuß, der aus leitenden Männern der Bewegung, der Stadtverwaltung und der Städtischen Bühnen besteht, entscheidet über die Zuerkennung eines Preises. Falls kein Werk geeignet erscheint, kann die Zuerkennung eines Preises unterbleiben.« L: DS 2 (1937), S. 261.
VT: Jährlich
Z: »Den Städtischen Bühnen in Düsseldorf

kommt es nicht darauf an, die dramatische Produktion überhaupt anzukurbeln, welche ja gegenwärtig keiner besonderen Aufmunterung bedarf, sondern vielmehr darauf, jungen naturgemäß immer mit größeren Anfangsschwierigkeiten kämpfenden Talenten den ersten Schritt auf die Bühne zu erleichtern.« L: Aut 13 (1938), Nr. 5, 43f.

B: »Am Preisausschreiben können nur Verfasser teilnehmen, die das dreißigste Lebensjahr noch nicht erreicht haben und von denen noch kein Werk aufgeführt oder angenommen wurde. [...] Der Verfasser des Bühnenwerkes muß arischer und deutscher Abstammung sein.« L: DS 2 (1937), S. 261.

VF: 1. Preis, 2. Preis, 3. Preis, Lobende Anerkennung. – 1937: 1. Preis: 500 RM, 2. Preis: 300 RM, 3. Preis: 200 RM. L: DS 2 (1937), S. 261.

LP: Aut 12 (1937), Nr. 4/5, S. 34; Aut 12 (1937), Nr. 9, S. 46; NL 38 (1937), S. 591; Aut 13 (1938), Nr. 5, S. 43f.; Aut 13 (1938), Nr. 10, S. 6f.; DS 3 (1938), S. 238.

T: 1938 1. Preis nicht verliehen. – *Herbert Bracht* (2. Preis für ›Heimat‹). – *Ernst Drolinvaux* (2. Preis für ›Die Tochter der Kleopatra‹). – *Wolfgang Müller* (3. Preis für ›König Hamlet‹). – *Marianne Schmidt* (Lobende Anerkennung für ›Ich hab's gewagt, Ulrich von Hutten!‹). – *Bruno Johannes Wille* (Lobende Anerkennung für ›Luther der Deutsche‹). – *Helmut Heinrich Friedrich Willprecht* (Lobende Anerkennung für ›York‹). – LTT: Aut 13 (1938), Nr. 5, S. 43f.; LE 39 (1938), S. 373. – Ju: Hermann Brouwers (Gaukulturwalter). – Heinz Deinert (HJ.-Gebietsführer). – Ebel (Kunstdezernent der Stadt Düsseldorf). – Heinrich Fetkötter (Reichskultursenator, Hauptschriftleiter). – Erwin Hossfeld (Amtswalter der KdF., Gauamtsleiter). – Otto Krauß (Generalintendant). – Alexander Schneider (Chefdramaturg). – LJu: DS 3 (1938), S. 189.

1939 »Im Dramen-Preisausschreiben der Stadt Düsseldorf wurde kein Preis verteilt. Eine lobende Anerkennung erwarb sich *Heinz Bockhacker* (Berlin) für sein weltanschauliches Schauspiel ›Wir bauen den Turm‹. Es waren 243 Stücke eingereicht worden. Für 1940 erfolgt kein Preisausschreiben, sondern, auf Vorschlag von Dr. Goebbels, die Erteilung von Aufträgen an einzelne Autoren; der erste Auftrag wurde Ernst Bacmeister erteilt.« L: NL 40 (1939), S. 423.

Preisausschreiben »Nationalbühne Stuttgart«

J: 1933

S: Württembergische Staatstheater, Stuttgart, vertreten durch den Generalintendanten Otto Krauß; ›Kampfbund für Deutsche Kultur‹, Landesleitung Württemberg, vertreten durch Otto zur Nedden

Ju: Prüfungsausschuß unter dem Vorsitz des Kultministers Christian Mergenthaler. – Engerer Ausschuß: Fritz Kirchhoff (Oberspielleiter). – Otto Krauß. – Otto zur Nedden (Theaterwissenschaftler) – Weiterer Ausschuß: Gustav Bebermeyer (Literarhistoriker, Tübingen). – Ferdinand Drost (Kapellmeister, Stuttgart). – Heinrich Goebel (Übersetzer). – Karl Hasse (Komponist, Musikwissenschaftler, Tübingen). – Carl Leonhardt (Generalmusikdirektor, Stuttgart). – Karl Overdyck (Hauptschriftleiter des ›NS-Kurier‹, Stuttgart). – Erweiterung des Prüfungsausschusses wegen des »außerordentlich starke[n] Interesse[s] von deutschen Dramatikern und Bühnenschriftstellern«: Hermann Schneider (Literarhistoriker, Tübingen). – Kleinert (Studienrat, Beauftragter in Fragen von Kunst und Theater der Stadt Stuttgart). – Max Cruse (Verlags-

direktor). – Richard Krauss (Stadttheaterdirektor, Heilbronn). – Erwin Dieterich (Stadttheaterintendant, Ulm). – L: Preisausschreiben »Nationalbühne Stuttgart«. In: Schwäbische Thalia 14 (1932/33), S. 286–288.
VT: Jährlich, vorgesehen für vier Jahre
Z: 1933: Auszeichnungen von je 500 RM für eine ernste Oper, eine komische Oper, eine Tragödie, eine Komödie, ein Schauspiel; Auszeichnungen von je 300 RM für ein Lustspiel, einen Schwank, ein Volksstück, eine Spieloper und eine Operette. Die besten Werke sollen in einem Zyklus »Nationalbühne Stuttgart« zur Uraufführung gelangen. – 1934: Auszeichnung und Uraufführung von drei Opern und drei Schauspielen
B: »Der Verfasser des Werkes muß Deutscher sein. Ausländer und Juden sind von der Teilnahme an dem Wettbewerb ausgeschlossen. [...] Ausgeschlossen vom Wettbewerb bleibt jede tendenziöse, unkünstlerische, kolportagemäßige, pseudodramatische Dichtung, jede intellektualistische verjazzte undeutsche Komposition.« L: Preisausschreiben »Nationalbühne Stuttgart«. In: Schwäbische Thalia 14 (1932/33), S. 286. – 1934 als Bedingung hinzugekommen: Die eingereichten Arbeiten dürfen nicht vor dem 1. 1. 1930 entstanden sein.
LP: Preisausschreiben »Nationalbühne Stuttgart«. In: Schwäbische Thalia 14 (1932/33), S. 286. – Aut 8 (1933), Nr. 4, S. 10; Aut 8 (1933), Nr. 5, S. 9; Aut 9 (1934), Nr. 5, S. 21.
T: 1933 *Fritz Gottwald* (›Der Traktor‹). – *Paul Hensel-Haerdrich* (›Flammen empor‹, Volksstück). – *Wilhelm Lüdtke* (›Volk in der Schaukel‹). – *Bruno Prochalska* (›Nie allein‹). – *Marc André Souchay* (›Das Stuttgarter Hutzelmännlein‹, Oper). – *Hans Fritz von Zwehl* (›Frühlingsschlacht‹; frühere Titel: ›Führer‹, ›Unternehmen Michael‹). LT: Hans Fritz von Zwehl: Der doppelt verkaufte Pegasus. In: Aut 9 (1934), Nr. 3, S. 11. – LTT: Aut 8 (1933), Nr. 12, S. 16.
1934 *Max Stebich* (2. Preis, 300 RM, für ›Die Hexe‹). – *K. Weckert* (2. Preis, 300 RM, für ›Der Württemberger Hof‹). – *Karl Böhrig* (3. Preis, 200 RM, für ›Bußgang‹). – *B. von Borresholm* (3. Preis, 200 RM, für ›Spiel in Moll‹). – Lobende Erwähnungen: *Wolfgang Hartmann* (›Frau im Schloß‹). – *Rudolf Klutmann* (›Der Blumentopf‹). – *Willy Meckbach* (›Auf dem Rückzug‹). – *Ferdinand Schmid* (›Stefan Wirtz stürzt in den Tod‹). – *Karl Schöttle* (›Die Reise in das Glück‹). – LTT: Aut 10 (1935), Nr. 3, S. 12: » [...] eine Oper konnte nicht pramiiert werden. Das von Georg Schmückle in Stuttgart eingereichte Stück ›Engel Hiltensperger‹, das vor allen andern besonders hervorragt, konnte infolge eines Formfehlers bei der Einreichung nicht mit einem Preis bedacht werden.«

Preise der Hansischen Stiftung

s. Rembrandt-Preis
s. William Shakespeare-Preis
s. Henrik Steffens-Preis

J: 1935
S: Hansische Stiftung, Hamburg, gegründet 1935 als Teil der Stiftung F.V.S., Hamburg (gegründet 1931). Kapital zur Verfügung gestellt von Alfred C. Toepfer, Hamburg. – Verteilung durch die Hansische Universität, Hamburg
Z: Der Hansischen Stiftung »ist die Aufgabe gestellt worden, lebendige Kulturbeziehungen zwischen germanischen Völkern Nordeuropas und dem deutschen Volk zu pflegen und zu fördern dadurch, daß besonders hervorragende künstlerische oder wissenschaftliche Leistungen ausgezeichnet und damit dem deutschen und den anderen

germanischen Völkern näher gebracht werden.«
LP: Interne Liste der Stiftung F.V.S., Hamburg; Jan Zimmermann: Die Kulturpreise der Stiftung F.V.S. bis 1945. Hamburg 1995. (Magisterarbeit, Universität Hamburg)

Preise der Johann Wolfgang Goethe-Stiftung

s. Joseph Frhr von Eichendorff-Preis [2]
s. Joseph von Görres-Preis
s. Johann Gottfried Herder-Preis [1]
s. Nikolaus Kopernikus-Preis
s. Wolfgang Amadeus Mozart-Preis
s. Prinz Eugen von Savoyen-Preis
s. Erwin von Steinbach-Preis

J: 1935, 1937
S: Johann Wolfgang Goethe-Stiftung, Freiburg i.Br., gegründet 1935 als Teil der Stiftung F.V.S., Hamburg (gegründet 1931). Kapital zur Verfügung gestellt von Alfred C. Toepfer, Hamburg
Z: Aus der Satzung: »Die Stiftung umfaßt sieben Kulturpreise von je 10.000 Reichsmark, die sieben Kulturlandschaften gewidmet sind und von sieben Universitäten beziehungsweise Kuratorien betreut werden.« »Die Preisträger sollen Persönlichkeiten sein, die sich durch außerordentliche Leistungen im Schrifttum, in der Malerei, der Musik, der angewandten Kunst oder der Volkstumsforschung ausgezeichnet haben. Die Preise können sowohl für Einzelwerke wie für das Gesamtschaffen vergeben werden. Die Preisträger müssen mit ihrem Werk in der Landschaft, für die der Preis gilt, verwurzelt sein. Sie sollen im allgemeinen im Preisgebiet ihren regelmäßigen Wohnsitz haben.« L: Interne Liste der Stiftung F.V.S., Hamburg
LP: Interne Liste der Stiftung F.V.S., Hamburg; Strallhofer (1994), S.31–47, 118f.; Jan Zimmermann: Die Kulturpreise der Stiftung F.V.S. bis 1945. Hamburg 1995. (Magisterarbeit, Universität Hamburg). – LE 38 (1935/36), S.50; Aut 12 (1937), Nr.10, S.48; LE 40 (1937/38), S.192; Aut 13 (1938), Nr.1/2, S.20.

Preise der ›Kölner Blumenspiele‹

J: 1898. Erste Verleihung 1899
S: Literarische Gesellschaft, Köln (gegründet 1893). – Anläßlich des 5. Stiftungsfests der Gesellschaft stellt Hofrat Johannes Fastenrath (1839–1908, Jurist, Schriftsteller, Übersetzer) ein Kapital von 10000 Mark zur Verfügung, mit dessen Zinsen jährlich »Blumenspiele« (nach dem Vorbild der in romanischen Ländern traditionell abgehaltenen Dichterwettkämpfe) in Köln durchgeführt werden sollen.
Ju: Preisgericht, bestehend aus sieben Personen (in den ›Jahrbüchern der Kölner Blumenspiele‹ für jedes Jahr verzeichnet). 1899–1905: Gustav Delpy (Redakteur des ›Kölner Tageblattes‹). – Otto Dresemann (Redakteur der ›Kölnischen Volkszeitung‹). – Johannes Fastenrath (1908 gestorben). – Hermann Hüffer (1905 gestorben). – Frhr Karl von Perfall (Redakteur der ›Kölnischen Zeitung‹). – Ludwig Salomon (1907 ausgeschieden). – Ernst Scherenberg (1905 gestorben). – 1906: Ergänzung durch Arnold Schröer. – Ernst Zitelmann. - 1908: Ergänzung durch Theodor Herold. – 1909: Ergänzung durch Walter Laué. – 1910: Ergänzung durch Luise Fastenrath. – 1912: Ergänzung durch Rudolf Herzog. – Detmar Heinrich Sarnetzki. – Karl Wolff
VT: Jährlich. »Die [...] Preisverteilung soll mit einer Festlichkeit verbunden werden, und zwar soll das Fest der Blumenspiele am ersten Sonntag im Mai stattfinden.« L: LE 1 (1898/99), Sp.726.

Z: Auszeichnung »guter poetischer und litterarischer Leistungen«. Förderung »der Poesie, des Humors und der Novellette unter den Dichtern und Schriftstellern Rheinlands und Westfalens. Ihr Wahlspruch soll sein: Vaterland, Glaube, Liebe.« L: LE 1 (1898/99), Sp. 726. – Seit 1900: Verbrüderung der Blumenspiele in Zaragoza und Köln: »[...] von jetzt an [werden] die poetischen Turniere der spanischen Stadt immer ein ›Tema Colonia‹ für die Dichter germanischer Zunge und die Kölner Blumenspiele stets ein ›Tema Zaragoza‹ für spanische Poeten haben [...].« L: JKB 2/1900 (1901), S. 251.

B: »Die Preisbewerber müssen im Rheinland oder in Westfalen geboren sein oder in einer der Provinzen ihren ständigen Aufenthalt haben.« L: LE 1 (1898/99), Sp. 726.« – »Das glänzende Gelingen der im vorigen Jahre zum ersten Male in deutschen Landen gefeierten Blumenspiele bestimmte ihren Stifter, Hofrat Dr. Johannes Fastenrath, die für die Preisbewerbung auf Rheinland und Westfalen festgesetzte Begrenzung für die Folge auf alle Länder deutscher Zunge zu erweitern.« L: JKB 2/1900 (1901), S. 3.

VF: Jahreszinsen aus einem Stiftungskapital von 10 000 Mark. – »Die Preise sind ordentliche und außerordentliche. Zu den ersteren gehört die goldene Kornblume im Werte von 100 Mk., die für das beste Vaterlandsgedicht bestimmt ist. Dem Dichter des besten religiösen Gedichtes ist ein goldenes Veilchen im Werte von 100 Mk. gewidmet. Der beste ›Troubadour‹, d.h. wer das beste Liebesgedicht verfaßt, erhält lebende Blumen mit gestickter Schleife und damit das Recht, die Königin des Festes zu ernennen, der er die Blume samt Schleife überreicht. Weitere zwei Preise, eine goldene wilde Rose und eine goldene Rebenblüte im Werte von je 100 Mk., erhalten die Verfasser der besten Novellette und der besten Humoreske in Prosa oder Vers. Keine dieser Arbeiten darf dreitausend Worte übersteigen. Außerordentliche Preise sind diejenigen, die von Vereinen oder Privatpersonen außer den genannten ordentlichen Preisen gestiftet werden.« L: LE 1 (1898/99), Sp. 726f.

LP: Jahrbuch der Kölner Blumenspiele ⟨JKB⟩ 1/1899–16/1914 (1900–1914); Ursula Vones-Liebenstein: Johannes Fastenrath. In: Rheinische Lebensbilder. Bd 12. Köln 1991. S. 157–178. – Kü (1901), Sp. 51f.; Kü (1903), Sp. 53f.; Kü (1913), Sp. 42; Kü (1937/38), Sp. 254; Kü (1939), Sp. 248. – LE 1 (1898/99), Sp. 726f.; Bbl 66 (1899), S. 1165f.; LE 2 (1899/1900), Sp. 737; Bbl 67 (1900), S. 585; LE 10 (1907/08), Sp. 1033; LE 14 (1911/12), Sp. 1608; LE 17 (1914/15), Sp. 1474; LE 20 (1917/18), Sp. 1518f.; LE 31 (1928/29), S. 56; LE 38 (1935/36), S. 300.

T: SP = Stiftungspreis; AP = Außerordentlicher Preis

1899 *Emil Kaiser* (AP / Religiöses Gedicht, 2. Preis: ›Gottesdienst‹). – *L. Rafael,* d.i. H. Kiesekamp (SP/Monodrama: ›Judith‹). – *Georg Barthel Roth* (SP/Ballade: ›Ein kölnischer Brutus‹). – *Johannes Schmal* (SP/Vaterlandsgedicht: ›Mut‹). – *Mathieu Schwann* (SP/Novellette: ›Raja‹). – *Margarete Susman* (AP/Liebeslied, 2. Preis: ›Rosenliebe‹). – *Wilhelm Uhlmann-Bixterheide* (SP/Liebeslied, 1. Preis: ›Werbung‹). – *Clemens Wagener* (AP/Gedicht auf Köln: ›Der Krone am Rhein!‹). – *Henriette Zilcken* (SP/Religiöses Gedicht, 1. Preis: ›Gebet‹). – LTT: JKB 1/1899 (1900), S. 3–16.

1900 *Maximilian Böttcher* (SP/Patriotische Dichtung: ›Ein Wiedersehen‹). – *Hedwig Dransfeld* (AP/Liebeslied: ›Tote Liebe‹). – *Hans Eschelbach* (AP/Singbares Lied: ›Der Lenz und ich und du!‹). – *Otto Feldmann* (AP/Kölnische Ballade: ›Der Tanz auf dem Kriegmarkt‹). – *Stephanie von Goßlar* (SP/Religiöses Gedicht: ›Weihnachten‹). – *C. F. Hoffmann* (AP/Märchen: ›Die Wahrheit‹). –

Emil Kaiser (SP/Liebeslied: ›In der Stille‹). – *Isabelle Kaiser* (AP/Märchen ›Himmelsmärchen‹). – *Margarete Gräfin Keyserling* (SP/Novellette in Versen: ›Heloïse‹). – *Marie Constanze Freifrau von Malapert-Neufville* (AP/Novellette: ›Eine Serenade‹). – *Alfons Paquet* (AP/Novellette: ›Die Abendwölkchen‹). – *Rudolf Presber* (AP/Religiöses Gedicht: ›Dem Unbekannten!‹). – *Charlotte Roesing* (AP/Volkslied: ›Mein Glück‹). – *Georg Barthel Roth* (AP/Kölnische Ballade: ›Die Säule von St. Gereon‹). – *Alfred Sassen* (AP/Liebeslied: ›Wann?‹). – *Leo Tepe van Heemstede* (AP/Religiöses Gedicht: ›Dein bin ich, Herr‹). – *Emma Vely* (SP/Novellette: ›Schwesterchen‹). – LTT: JKB 2/1900 (1901), S.3–16. – LE 2 (1899/1900), Sp.1242. – Preis der Blumenspiele von Zaragoza für eine deutsche Ballade: *Georg Barthel Roth* (›Karls V. Seelenamt‹). LT: JKB 2/1900 (1901), S.219.

1901 *Else Becker* (AP/Rheinische Ballade: ›Der Schwesternfelsen‹). – *Maximilian Böttcher* (AP/Naturgedicht: ›Winternacht‹). – *Dr. Czarnikau* (AP für das Gedicht: ›Deutscher Gruß an Spanien‹). – *Guido Maria Dreves* (SP/Patriot. Dichtung: ›Iltis‹). – *Josephine Grach* (AP/Naturgedicht: ›Gewitter‹). – *Humbert von Heltersberg*, d.i. W. Wagner (SP/AP/Liebesgedicht: ›Ihr Fürsten, Könige und Kaiser‹). – *Fritz Hönig* (AP/Dichtung in Kölner Mundart: ›Nohbersch Lische‹). – *Gustav Humperdinck* (AP/Rheinische Ballade: ›Kaiser Heinrich II. im Kloster‹). – *Josef Klein* (AP/Kölnische Ballade: ›Die weiße Frau‹). – *Marie Constanze Freifrau von Malapert-Neufville* (SP/Religiöses Gedicht: ›Trost in Nacht‹). – *T. Resa*, d.i. Therese Gröhe (SP für das Gedicht ›Lethe‹). – *Irene von Schellander* (SP/Novellette: ›Der Neid der Götter‹). – *Johann Stader* (AP / Naturgedicht: ›Nordseebilder‹). – *Leo Tepe van Heemstede* (AP/Ballade: ›Der Verbannte‹). – LTT: JKB 3/1901 (1902), S.5–16. – LE 3 (1900/01), Sp.1224. – Preis der Blumenspiele von Zaragoza für das beste deutsche Gedicht: *Clemens Wagener* (›Bismarck‹). LT: LE 4 (1901/02), Sp.289.

1902 *Edwin Apitz* (SP/Liebesgedicht: ›Aventiure‹). – *Anna Behnisch-Kappstein* (SP/Religiöse Dichtung: ›In guter Stunde‹). – *Adolf Bessell* (AP/Kölnische Ballade: ›Richmondis von Aducht‹). – *Henriette Dévidé* (AP für die Novellette ›Blumenspiel‹). – *Karl Herold* (SP/Novellette: ›Das Pancratium‹). – *Clara Koeller* (AP/Religiöse Dichtung: ›Credo‹). – *Anton Ohorn* (SP/Patriotische Dichtung: ›In der Neujahrsnacht 1814‹). – *Erna Peickert-Graefinghoff* (AP für ›Ballade‹). – *Richard Schmidt-Cabanis* (AP/Humoristisches Gedicht: ›»Vielliebchen«-Warnung‹). – *Wilhelm Schneider-Clauss* (SP/Kölnisches: ›Der Plutemann un et Pitterche‹). – *A.C. Strahl* (AP/Rheinische Ballade: ›Der Fiedler von Mainz‹). – *Elisabeth Tilemann* (AP für das Gedicht ›Mutterglück‹). – LTT: JKB 4/1901 (1902), S.7–10. – LE 4 (1901/02), Sp.1225. – Preis der Blumenspiele von Zaragoza für das beste deutsche Gedicht: *Josef Buchhorn* (›Ein Burenritt‹). LT: JKB 4/1901 (1902), S.295. – LE 5 (1902/03), Sp.287; Kü (1903), Sp.53–56.

1903 *Otto Borngräber* (AP/Ballade aus der deutschen Geschichte: ›Über Attilas Grab‹). – *Friedrich Castelle* (SP/AP/Liebesgedicht: ›Mein Bote‹). – *Martin Greif* (AP/Liebesgedicht: ›Der Werwolf‹). – *Ernst Henrici* (AP/Ballade aus der deutschen Geschichte: ›Die Fullahmaid‹). – *Lorenz Krapp* (SP/Religiöse Dichtung: ›Christus‹). – *Lorenz Niessen* (AP/Kölnische Ballade: ›Der Wucherer‹). – *Georg Frhr von Ompteda* (AP/Novellette: ›Der Hut‹). – *Rudolf Presber* (AP/Liebesgedicht: ›Selige Stunde‹). – *Wilhelm Schneider-Clauss* (SP/Gedicht in Kölner Mundart: ›Der sooren Hunk‹). – *Christian Spielmann* (AP/Ballade aus der deutschen Geschichte: ›Görg v. Frundsberg und der Spielmann‹). –

Preisgekrönte Dichter und Dichterinnen.

Eva Gräfin von Baudissin. Kurt Arnold Findeisen. Irene von Schellander. Dr. Albert Mummenhoff. Dr. Roland Abramczyk. Prof. H. W. Baudis. Paul Zech.

A.C. Strahl (SP/Vaterländisches Gedicht: ›Friedrich der Große und Leutnant Stein‹). – *Elisabeth von Weitra* (SP/Novellette: ›Das Erbe‹). – LTT: JKB 5/1903 (1904), S. 5–27. – LE 5 (1902/03), Sp. 1227.

1904 *Edwin Apitz* (SP/AP/Liebesgedicht: ›Geburt der Liebe‹). – *Eva Gräfin von Baudissin* (AP/Novellette: ›Das göttliche Auge‹). – *Henriette Dévidé* (AP für die Parabel ›Der Eichbaum‹). – *Helene Görcke* (SP/Religiöses Gedicht: ›Erlösung‹). – *Georg Kiesau* (AP für das Gedicht ›Loblied auf das Landleben‹). – *Nanny Lambrecht* (SP/Novellette: ›Was im Venn geschah...‹). – *Anton Lindner* (AP/Liebesgedicht: ›Bergfahrt‹). – *Georg Muschner-Niedenführ* (AP/Naturgedicht: ›Frühlingsballade‹). – *Leonore Niessen-Deiters* (AP für ›Eine kleine Fabel vom Adler und vom Specht‹). – *Artur Pollack* (AP für das Gedicht ›Weinlied‹). – *T. Resa*, d.i. Therese Gröhe (AP/Ballade: ›Vom Baume der Erkenntnis‹). – *Wilhelm Schneider-Clauss* (AP/Kölnische Ballade: ›Der Gewaltherr‹; SP/Gedicht in Kölner Mundart: ›Meister Huppet Huhhot‹). – *Julius Stinde* (AP/Lied im Volkston: ›Husarenart‹). – *Hugo Stobitzer* (SP/Vaterlandsgedicht: ›Der Untötbare‹). – *Elisabeth von Weitra* (AP/Religiöses Gedicht: ›Himmelsmärchen‹). – *Dietz Frhr von Zedlitz und Neukirch* (AP/Novellette: ›Der Rottenschuster). – LTT: JKB 6/1904 (1905), S. 23–177. – LE 6 (1903/04), Sp. 1246.

1905 *Josef Buchhorn* (SP/Vaterlandsgedicht: ›Auf Wacht in Deutsch-Südwestafrika‹). – *August Bungert* (AP für das Gedicht ›Leben und Sterben am Rhein‹). – *Elisabeth Emanuel-Glas* (SP/Novellette: ›Vogelfrei‹). – *Max Herschel* (AP für das Gedicht ›Der Heurige von 1904‹). – *Karl Küpers* (SP/Kölner Mundartgedicht: ›Tant Fränz‹). – *Leonore Niessen-Deiters* (AP/Novellistische Skizze: ›Der Ball‹). – *Anton Pichler* (SP/Religiöse Dichtung: ›Gottsuchers Christnacht‹). – *Artur Pollack* (AP/Vaterlandsgedicht: ›Der Pauker von Hohenfriedberg‹). – *Alberta von Puttkamer* (AP für das Gedicht ›Kaiserin Adelheid‹). – *Luz Scheibe-Mervarid* (AP für das Gedicht ›Sehnsucht‹). – *Irene von Schellander* (SP/AP/Liebesgedicht: ›Lucifer‹). – *Wilhelm Schneider-Clauss* (AP/Kölnische Ballade: ›Verspielt‹) – *Nikolaus Welter* (AP/Naturpsalm: ›Eichentod‹). – Außerordentliche Preise für Gedichte zu Schillers 100. Todestag: *Max Bewer*. – *Hans Eschelbach*. – *Charlotte Francke-Roesing*. – *Georg Richard Roess*. – *Elisabeth von Weitra*. – Außerordentliche Preise für Gedichte zum Thema: »300 Jahre ›Don Quijote‹ von Cervantes«: *Friedrich Adler*. – *Heinrich Hart*. – *Otto Max Busse*. – *Charlotte Francke-Roesing*. – *Georg Kiesau*. – *Richard von Kralik*. – *Alberta von Puttkamer*. – *Christian Spielmann*. – *Leo Tepe van Heemstede*. – LTT: JKB 7/1905 (1906), S. 27–209. – LE 7 (1904/05), Sp. 1306.

1906 *Wolf Graf von Baudissin* (AP/Humoreske: ›Meiers Stiefel‹). – *Else Becker* (Ehrenpreis für die ›Liebesgedichte‹). – *Anna Behnisch-Kappstein* (SP/Novellette: ›Totenklage‹). – *Carl Busse* AP/Kölnische Ballade: ›Johann von Rheidt‹). – *Erika Dorn-Rheinsch* (AP für das Gedicht ›Ode an die Musik‹). – *Hans Eschelbach* (AP/Rheinische Ballade: ›Das Kreuz zu Stammheim‹). – *Wilhelm Henzen* (AP für das Gedicht ›Lerche und Nachtigall‹). – *M. Herbert*, d.i. Therese Keiter (AP für die ›Lieder der Liebe und Sehnsucht‹). – Paula Hey (Bücherpreise für die ›Liebesgedichte‹). – *Emil Jülich* (AP/Gedicht in Kölner Mundart: ›Zwei Fleege‹). – *Georg Kiesau* (AP/Liebesgedicht: ›Der Trunk der Liebe und des Todes‹). – *Maria Krause-Kinkel* (SP/Religiöses Gedicht: ›Gebet in der Waldschlucht‹). – *Lorenz Niessen* (AP für das Gedicht ›Feierabend‹). – *Artur Pollack* (AP/Rheinische Ballade: ›Der blinde Schütze‹). – *Alberta von Puttkamer* (AP für das Gedicht ›Sapphos letztes Liebeslied‹). –

Johannes Richter (AP/Vaterlandsgedicht: ›Heimkehr‹). – *Paul Sandhage* (AP für das Gedicht ›Der Sennerin Ave Maria‹). – *Johann Stader* (SP/Gedicht in Kölner Mundart: ›Et Marjännchen un der Chress‹). – *Maria Stona* (AP/Liebesgedicht: ›Die weißen Tauben‹). – *Georg Sylvester Viereck* (AP/ Märchen: ›Die andere Seite des Mondes‹). – *Sophie Gräfin Waldburg-Syrgenstein* (AP/ Religiöses Gedicht: ›Legende‹). – *Alfred Weisse* (AP für das Gedicht ›Zum Preise der Musik‹). – *Carl Friedrich Wiegand* (SP/Vaterlandsgedicht: ›Mein Vaterland‹). – LTT: JKB 8/1906 (1907), S. 27–148.

1907 *Edwin Apitz* (Ehrenpreis / Liebeslied: ›Du warst der Frühling‹). – *Elvira Greiner-Russalk* (SP/Novellette: ›Lilia‹). – *Mina Luening* (AP für ein ›Liebeslied‹). –*Wilhelm Schneider-Clauss* (AP/Novellette: ›Edelweiss‹). – *Elisabeth von Weitra* (AP, gestiftet von Papst Pius X. zur 700-Jahrfeier des Geburtstages der heiligen Elisabeth). – Weitere Preise, für Gedichte auf die heilige Elisabeth, werden verliehen u.a. an: *Nikolaus Welter* (›Die heilige Spinnerin‹). – *Edwin Apitz* (AP für die Gedichte ›Heimkehr‹ und ›Gebet‹). – *Else Becker* (AP für einen ›Gedichtzyklus‹). – *Carl Busse* (AP für ›Zwölf Vierzeiler‹). – *Georg Busse-Palma* (AP/Gedicht zur 700-Jahrfeier des Sängerkrieges auf der Wartburg: ›Landgraf Hermann und der Sängerkrieg auf der Wartburg‹). – *Helene Görcke* (AP/Gedicht auf den Kölner Dom: ›Dem Deutschen Dom‹). – *Heinrich Hack* (SP/Gedicht in Kölner Mundart: ›Et Kappesbooren-Bella‹). – *Alfons Krebs* (AP für das Gedicht ›Der römische Weinbau zu Neumagen – Das Weinschiff‹). – *Hans Ludwig Linkenbach* (AP für das Gedicht ›Deutsche Ehe‹). – *Lorenz Niessen* (AP für das Kinderlied ›Schneeliedchen‹). – *Leonore Niessen-Deiters* (AP/Kölnische Ballade: ›Die böse Wahl zu Grottorp‹). – *Paul Pochhammer* (AP für das Gedicht ›Goethe‹). – *Rudolf Presber* (AP für ›Zwölf Sprüche‹). – *Alberta von Puttkamer* (AP/Badische Ballade: ›Kloster Allerheiligen‹). – *Arthur Rehbein* (AP für ein ›Bergisches Lied‹). – *Johann Stader* (AP für das Gedicht ›Wir Zwei‹). – *Leo Tepe van Heemstede* (AP für ›Neumagener Rosengärtchen‹). – *Nikolaus Welter* (AP für das Gedicht ›Danksagung‹). – LTT: JKB 9/1907 (1908), S. 41–179.

1908 *Edwin Apitz* (AP für das Gedicht ›Sterbender Frühlingstag‹). – *Else Becker* (AP für ›Zwei Gedichte‹). – *Anna Behnisch-Kappstein* (AP/Novellette: ›Der lichte lange Tag‹). – *Karl Berner* (›AP für das Gedicht ›Letzte Fahrt‹). – *Carl Busse* (SP/Novellette: ›Koza‹) – *Eugen Croissant* (AP für das Gedicht ›Anadyomene‹). – *Alice Freiin von Gaudy* (AP/Kölnische Ballade: ›Der Gefangene‹). – *Helene Görcke* (AP für ein ›Sommerliedchen‹). – *Heinrich Hack* (AP/Gedicht in Kölner Mundart: ›Stemmungsbilder‹). – *Gertrud Hamm* (SP/Gedicht in Kölner Mundart: ›Noh fuffzig Jahr‹). – *Richard Hiecke* (AP/Vaterlandsgedicht: ›Deutscher Mahnruf‹). – *Sophie Kloerss* (AP/Ballade: ›Lachender Tod‹). – *Louis von Kamphoevener Pascha* (AP für das Gedicht ›Die Wacht am Rhein‹). – *Alfons Krebs* (AP für das Gedicht ›O Moselland!‹). – *Hans Ludwig Linkenbach* (Ehrenpreis/Liebeslied: ›Der Liebe Danklied‹). – *Margarethe Müller* (AP für ein ›Tanzlied‹). – *Alberta von Puttkamer* (SP/ Vaterlandsgedicht: ›Quitzow‹). – *Theodore von Rommel* (AP/Ballade: ›‹Die goldene Weise‹). – *Lina Schneider* (AP/Kölnische Ballade: ›Die Rosen und Tauben vom Kölner Dom‹). – *Adelheid Stier* (SP/Religiöses Gedicht: ›Am See Genezareth‹). – LTT: JKB 10/1908 (1909), S. 21–132. – LE 10 (1907/ 08), Sp. 1250.

1909 *Else Becker* (SP für › »Accorde«, ein Zyklus lyrischer Gedichte‹). – *Ralph Benatzky* (AP für das Gedicht ›Früher Winter‹). – *Helene Brehm* (AP/Kinderlied: ›Vor

der Reise‹). – *Georg Busse-Palma* (AP/Kölner Ballade: ›Der Teufel und die Musikanten‹). – *Peter Dochnahl* (SP/Vaterlandsgedicht: ›Freiherr vom Stein in der Verbannung‹). – *Max Geissler* (AP/Vaterlandsgedicht: ›Wir steh'n wie unsere Väter fest‹). – *Auguste Haarländer* (SP/Religiöses Gedicht: ›Gebet der Musik‹). – *Gertrud Hamm* (SP/Gedicht in Kölner Mundart: ›Dat versunke Huus‹). – *Max Hartung* (AP für das Gedicht ›Mosel-Sehnsucht‹). – *Hanns Haselbach* (Ehrenpreis/Liebesgedicht: ›Liebe‹). – *Anna Klopsch* (AP für ein ›Kinderliedchen‹). – *Erich Michael* (AP für das Gedicht ›Der Chevalier‹). – *Alberta von Puttkamer* (AP für die Gedichte ›Arria‹, ›Shakespeare‹, ›Studentenlied‹). – LTT: JKB 11/1909 (1909), S. 25–52. – LE 11 (1908/09), Sp. 1264 (nur wenige Preisträger genannt).

1910 *Heinrich Bredow* (SP/Humoreske: ›Eine Geburtstagsüberraschung‹). – *Margarete Bruch* (SP/AP für ein ›Minnelied‹). – *Georg Busse-Palma* (SP/Vaterländisches Gedicht: ›Ruhm und Ende der Glocke von Horbach‹). – *Walter Dittmann* (SP/Religiöses Gedicht: ›Wache!‹). – *Helene Görcke* (AP für ein ›Volkslied‹). – *Sophie Kloerss* (AP für das Gedicht ›Kölnische Treue‹). – *Rose Ilse-Munk* (AP/Ballade: ›Die Tänzerin von Paris‹). – *Alberta von Puttkamer* (AP für das Gedicht ›Mein Vaterland!‹). – *Werner Richter* (SP/Novellette: ›Die Ohnmacht des Vergessens‹). – *Detmar Heinrich Sarnetzki* (AP für ›Vier Liebeslieder‹). – *Luz Scheibe-Mervarid* (AP/Kinderlied: ›Gretel und die Sterne‹). – LTT: JKB 12/1910 (1910), S. 45–85. – LE 12 (1909/10), Sp. 1278.

1911 *Helene Görcke* (AP für ein ›Volkslied‹). – *Auguste Haarländer* (AP für das Gedicht ›Lied der Vefemten‹). – *Gertrud Hamm* (AP für ein ›Kinderliedchen‹). – *Hanns Haselbach* (SP/Novellette: ›Das Modell‹). – *Mathias Konrad Kann* (Preis der

Stadt Köln für das Gedicht ›Der Feuermann‹). – *Sophie Kloerss* (AP für das Gedicht ›Elfengeschlecht‹). – *Albert Mummenhoff* (SP für das Gedicht ›Ein Wiedersehen‹). – *Anton Pichler* (AP/Novellette: ›Die neue Kunst‹). – *Johann Pilz* (SP für das Gedicht ›Heimgefunden‹). – *Paul Richter* (AP für das Gedicht ›All, was ich denke …‹). – *Wilhelm Schneider-Clauss* (SP/Gedicht in Kölner Mundart: ›De Juffer Ann‹). – *Elisabeth von Weitra* (AP für ›Liebe. Zwei Balladen‹ und für das Gedicht ›Sieg!‹). – LTT: JKB 13/1911 (1911), S. 122f.

1912 *Roland Abramczyk* (AP für das Gedicht: ›Hermann Joseph und das Christuskind von St. Maria im Capitol‹). – *H. W. Baudis* (SP/Religiöses Gedicht: ›Vanitas vanitatum‹). – *Eva Gräfin von Baudissin* (SP/Novellette: ›Unter der Großstadt‹). – *Kurt Arnold Findeisen* (AP für das Gedicht ›Führe uns nicht in Versuchung‹). – *Albert Mummenhoff* (AP für das Gedicht ›Der Mutter Trost‹). – *Irene von Schellander* (SP/Vaterländisches Gedicht: ›Siegespreis‹). – *Paul Zech* (SP/Religiöser Gedichtzyklus: ›Einkehr‹, AP für den Gedichtzyklus ›Viola mystica‹). – LTT: JKB 14/1912 (1912), S. 35–55.

1913 *H. W. Baudis* (SP/Vaterlandsgedicht: ›Deutscher Scheidespruch‹). – *Otto Doderer* (AP für das Gedicht ›Die Flöte‹). – *Max Heckmann* (AP für das Drama ›Johann von Rheidt‹). – *Sophie Kloerss* (AP für das Gedicht ›Kniphofs Ende‹). – *Anna Moths* (SP/AP/Liebesgedicht: ›Liebe‹). – *Fritz Müller* (SP/Novellette: ›Der Bismarckfranzel‹). – *Wilhelm Stöppler* (SP/Dichtung in Kölner Mundart: ›Die vertuuschte Kinder‹). – *Else Wickert-Katterfeld* (SP/Religiöses Gedicht: ›Maria‹). – LTT: JKB 15/1913 (1913), S. 29–126.

1914 *Henriette Brey* (SP/Liebesgedicht: ›Letztes Glück‹). – *Valeska Cusig* (SP/Novellette: ›Jorrik, der Hund der Fürstin Anna Petrowna‹). – *Gerda Gymnich* (AP für ihre ›Balladen‹ und die Gedichte ›Weibeslieder‹). – *Sophie Kloerss* (SP/Religiöses Gedicht: ›Da stand der Stab in Blüten‹ und AP für das Gedicht ›Meister Johann‹). – *Franz Joseph Koch* (AP für das Gedicht ›Krautweih‹). – *Fritz Müller* (SP/Vaterländische Novelle: ›Bei uns in Amerika‹). – *Wilhelm Räderscheidt* (SP/Dichtung in Kölner Mundart, für das Gedicht ›Der missroode Son‹). – LTT: JKB 16/1914 [1914], S. 26–74.

Preise der Schweizerischen Schillerstiftung

J: 1908: Erstmals namentlich bekannt gegebene Ehrengaben
S: Schweizerische Schillerstiftung, Zürich. Domizil: Lesezirkel Hottingen. 1905 aus Anlaß von Schillers hundertstem Todestag gegründet
Z: Satzung 1909: Förderung der Literatur in einer der drei Sprachen der Eidgenossenschaft. Verleihung von Ehrengaben an schweizerische Dichter, »welche sich durch bemerkenswerte Leistungen hervorgetan haben, aber ökonomisch gehemmt sind [...]«. L: JSS 1–3/1905–1908 (1909), S. 45. – Satzung 1916: »Ehrung verdienter schweizerischer Dichter, denen das Schweizervolk für hervorragende Schöpfungen der Dichtkunst Dank schuldet [...]« und »Auszeichnung hervorragender Werke der schweizerischen Dichtkunst durch Preise [...]«. L: JSS 19/1924 (1925), S. 37.
B: »In der Regel sollen nur Personen bedacht werden, welche schweizerischer Nationalität sind und in der Schweiz wohnen. Ausnahmsweise können Zuwendungen auch an Schweizer im Auslande oder Ausländer, die schon mindestens fünf Jahre in der Schweiz wohnen, stattfinden.« L: JSS 1–3/1905–1908 (1909), S. 45.
VF: Dotationsarten: Ehrengaben/Ehrenspenden (Minimum 1000 sfr), Ehrengehälter, Preise, Buchpreise, Beiträge, Spenden etc.
LP: Jahresbericht [1–3: Bericht ...] der Schweizerischen Schillerstiftung ⟨JSS⟩. 1–3/1905–1908 (1909) – 44/1949 (1950). – LE 8 (1905/06), Sp. 753; LE 10 (1907/08), Sp. 1103; LE 13 (1910/11), Sp. 1262; Aut 5 (1930), Nr. 7, S. 9; LE 17 (1914/15), Sp. 1345; LE 19 (1916/17), Sp. 1548; LE 20 (1917/18), Sp. 1224f.; LE 21 (1918/19), Sp. 125–127; NZZ Nr. 27 vom 7. 1. 1920; NZZ Nr. 1844 vom 20. 9. 1921; E[duard] K[orrodi]: ›Schiller-Preis‹ und ›Ehrengabe‹. In: NZZ Nr. 553 vom 27. 4. 1922; LE 31 (1928/29), S. 746.
T: Berücksichtigt sind nur die eigentlichen Auszeichnungen: Ehrengaben/Ehrenspenden, Preise (erst nach der Statutenänderung 1916 verliehen; u. a. »Großer Schillerpreis«). L: JSS 16/1921 (1922), S. 7f. – Aus Gründen der Quantität sind nur die deutschsprachigen Preisträger aufgenommen; lediglich beim »Großen Schillerpreis« sind alle vier schweizerischen Landessprachen berücksichtigt. Komplette Listen finden sich im ›Jahresbericht der Schweizerischen Schillerstiftung‹.
1908 *Alfred Huggenberger* (Ehrengabe, 2000 sfr, für die Gedichte ›Hinterm Pflug‹). – *Arnold Ott* (Ehrenspende, 1000 sfr). LTT: JSS 1–3/1905–1908 (1909), S. 28.
1909 *Hermann Kurz* (Ehrengabe, 1000 sfr). – *Meinrad Lienert* (Ehrengabe, 1000 sfr). LT: JSS LE 11 (1908/09), Sp. 896. – LTT: JSS 4/1909 (1910), S. 5.
1911 *Isabelle Kaiser* (Ehrengabe, 1000 sfr). LT: JSS 6/1911 (1912), S. 18.
1912 *Jakob Schaffner* (Ehrengabe, 1500 sfr). LT: JSS 7/1912 (1913), S. 5. – LE 14 (1911/12), Sp. 1245.

1913 *Paul Ilg* (Ehrengabe, 1000 sfr). – *Felix Moeschlin* (Ehrengabe, 1000 sfr). – LTT: JSS 8/1913 (1914), S.4. – LE 15 (1912/13), Sp.1454.
1914 *Victor Hardung* (Ehrengabe, 1000 sfr, in Anerkennung »seiner reichen, von einem starken Talent zeugenden literarischen Produktion«). – *Paul Ilg* (Ehrengabe, 1000 sfr, für den Roman ›Das Menschlein Matthias‹). – LTT: JSS 9/1914 (1915), S.4. – LE 16 (1913/14), Sp.1304.
1915 *Adolf Attenhofer* (Ehrengabe, 1000 sfr, für die Gedichtsammlungen ›Ephemeriden‹ und ›Ego ipsissimus‹). – *Carl Albrecht Bernoulli* (Ehrengabe, 1000 sfr). – *Jakob Boßhart* (Ehrengabe, 1000 sfr, »für seine Verdienste um die Schweizer Literatur«). LT: LE 18 (1915/16), Sp.457. – *Heinrich Federer* (Ehrengabe, 1000 sfr). – *Siegfried Lang* (Ehrengabe, 1000 sfr, für die Gedichtsammlungen ›Neue Gedichte‹ und ›Verse‹). – *Maria Waser* (Ehrengabe, 1000 sfr, für den Roman ›Die Geschichte der Anna Waser‹). – LTT: JSS 10/1915 (1916), S.8f.
1916 *Alexander Castell* (Ehrengabe, 1000 sfr, für die Novelletten ›Capriccio‹) – *Dominik Müller* (Ehrengabe, 1000 sfr, für die Gedichtsammlungen ›Verse. Erstes Bändchen‹, ›Neue Verse‹ und ›Verse. Drittes Bändchen‹). – *Albert Steffen* (Ehrengabe, 1000 sfr, für die Romane ›Ott, Alois und Werelsche‹, ›Die Bestimmung der Rohheit‹ und ›Die Erneuerung des Bundes‹). – Zeitschrift ›*Die Schweiz*‹ (1000 sfr, die hauptsächlich als Honorarzuschuß Verwendung finden sollen). – LTT: JSS 11/1916 (1917), S.3f. – LE 18 (1915/16), Sp 1486.
1917 *Paul Ilg* (Preis, 1000 sfr, für den Roman ›Der starke Mann‹). – *Rudolf von Tavel* (Ehrengabe, 1000 sfr). – LTT: JSS 12/1917 (1918), S.4. – LE 19 (1916/17), Sp.1226.
1918 *Josef Reinhart* (Preis,1000 sfr, für die mundartlichen Versbücher ›Liedli ab em Land‹ und ›Im grüene Chlee‹). LT: LE 20 (1917/18), Sp.1202; LE 21 (1918/19), Sp.125–127. – *Paul Kaegi* (Ehrengabe, 1000 sfr). LT: LE 21 (1918/19), Sp.637. – *Plazidus Plattner* (Ehrengabe, 1000 sfr). LT: LE 21 (1918/19), Sp.637. – *Jost Winteler* (Ehrengabe, 1000 sfr). LT: LE 22 (1919/20), Sp.61f. – LTT: JSS 13/1918 (1919), S.3–5.
1919 *Simon Gfeller* (Ehrengabe, 1000 sfr, für seine mundartlichen Dichtungen). LT: JSS 14/1919 (1920), S.4f. – LE 21 (1918/19), Sp.1275.
1920 *Carl Spitteler* (»Großer Schillerpreis«, 5000 sfr, den der Autor der Schweizerischen Schillerstiftung zurückerstattete). – *Hermann Hesse* (Ehrengabe, 1000 sfr). – LTT: JSS 15/1920 (1921), S.5–7. – LE 22 (1919/20), Sp.1340.
1921 *Meinrad Lienert* (Preis, 3000 sfr, für die Mundartgedichte ›'s Schwäbelpfyffli‹). – *Fridolin Hofer* (Ehrengabe, 1000 sfr, für seine Gedichte). – *Adolf Vögtlin* (Ehrengabe, 1000 sfr, »in Anerkennung seiner trefflichen Leistungen auf dem Gebiet der schweizerischen Erzählungskunst«). LT: LE 23 (1920/21), Sp.828. – LTT: JSS 16/1921 (1922), S.5f.
1922 *Jakob Boßhart* (»Großer Schillerpreis«, 5000 sfr, für sein dichterisches Lebenswerk). LT: [Text der Verleihungsurkunde]. In: LE 24 (1921/22), Sp.1529. – *Carl Albrecht Bernoulli* (Preis, 1000 sfr). – *Heinrich Federer* (Preis, 1000 sfr). – LTT: JSS 17/1922 (1923), S.6f. – LE 24 (1921/22), Sp.1277.
1923 *Philippe Godet* (»Großer Schillerpreis«, 5000 sfr, postum verliehen). LT: E[duard] K[orrodi]. In: NZZ Nr.1007 vom 1.8.1922, Nr.1018 vom 3.8.1922, Nr.1051 vom 11.8.1922. – *Jakob Schaffner* (Preis, 2000 sfr, für ›Johannes. Roman einer Jugend‹). LT: E[duard] K[orrodi]: Der Schiller-Preis [!] für Jakob Schaffner. In: NZZ Nr.667 vom 17.5. 1923. – *Jakob*

Christoph Heer (Ehrengabe, 1000 sfr). – *Lisa Wenger* (Ehrengabe, 1000 sfr). – LTT: JSS 18/1923 (1924), S. 4. – LE 25 (1922/23), Sp. 1048; NZZ Nr. 667 vom 17. 5. 1923.

1924 *Walther Siegfried* (Preis, 2000 sfr). – *Jakob Wiedmer* (Ehrengabe, 1000 sfr). – *Carl Friedrich Wiegand* (Ehrengabe, 500 sfr). – LTT: JSS 19/1924 (1925), S. 10f. – LE 26 (1923/24), S. 764; NZZ Nr. 958 vom 27. 6. 1924; FZ Nr. 558 vom 28. 7. 1924.

1925 *Albert Steffen* (Preis, 2000 sfr, für sein dichterisches Werk). – *Otto Wirz* (Ehrengabe, 1000 sfr). – *Traugott Vogel* (Ehrengabe, 1000 sfr). – *Nanny von Escher* (Ehrengabe, 700 sfr). – *Cécile Lauber* (Ehrengabe, 500 sfr). – LTT: JSS 20/1925 (1926), S. 5.

1926 *Heinrich Federer* (Preis, 2000 sfr, für sein dichterisches Lebenswerk). – *Alfred Fankhauser* (Preis, 1000 sfr, für den Roman ›Die Brüder der Flamme‹). – *Hermann Hiltbrunner* (Preis, 1000 sfr, für die Lyrikbände ›Winter und Wende‹ und ›Von Sommer zu Herbst‹). – *Lilli Haller* (Ehrengabe, 500 sfr). – *Dominik Müller* (Ehrengabe, 500 sfr). – LTT: JSS 21/1926 (1927), S. 7. – LE 28 (1925/26), S. 684.

1927 *Alfred Huggenberger* (Ehrengabe, 2000 sfr, für sein dichteriches Gesamtwerk). – *Jakob Bührer* (Ehrengabe, 1000 sfr). – *Adolf Kölsch* (Ehrengabe, 1000 sfr). – *Max Pulver* (Ehrengabe, 1000 sfr). – *Carl Friedrich Wiegand* (Ehrengabe, 1000 sfr). – LTT: JSS 22/1927 (1928), S. 6f. – LE 29 (1926/27), S. 612.

1928 *Francesco Chiesa* (»Großer Schillerpreis«, 5000 sfr). – *Robert Faesi* (Preis, 1000 sfr, für die Gedichtsammlung ›Der brennende Busch‹). – *Grethe Auer* (Ehrengabe, 1000 sfr). – *Carl Albrecht Bernoulli* (Ehrengabe, 1000 Franken). – *Simon Gfeller* (Ehrengabe, 1000 sfr). – *John Knittel* (Ehrengabe, 1000 sfr). – LTT: JSS 23/1928 (1929), S. 7–11. – LE 30 (1927/28), S. 621.

1929 *Meinrad Inglin* (Preis, 1000 sfr, für den Roman ›Grand Hotel Excelsior‹). – *Guido Looser* (Preis, 1000 sfr, für den Roman ›Josuas Hingabe‹). – *Gotthard Jedlicka* (Preis, 500 sfr, für das Buch ›Toulouse-Lautrec‹). – *Max Geilinger* (Ehrengabe, 1000 sfr, für seine lyrischen Werke). – LTT: JSS 24/1929 (1930), S. 4. – LE 31 (1928/29), S. 617.

1930 *Jakob Schaffner* (»Großer Schillerpreis«, 5000 sfr, für seine Romane, besonders ›Der Dechant von Gottesbüren‹). LT: Bericht 25 (1931), S. 11–13 (mit Abdruck der Verleihungsurkunde). – *Rudolf von Tavel* (Preis, 2000 sfr, für den Roman ›Der Frondeur‹). – *Cécile Lauber* (Preis, 1000 sfr, für den Roman ›Die Wandlung‹). – *Cécile Ines Loos* (Preis, 1000 sfr, für den Roman ›Matka Boska‹). – *Clementina Gilli* (Preis, 500 sfr, für den Gedichtband ›Fruonzlas‹). – *Hugo Marti* (Ehrengabe, 500 sfr, »für sein kritisches und dichterisches Schaffen«). – *Max Rychner* (Ehrengabe, 500 sfr, »für sein literarisches Schaffen«). – LTT: JSS 25/1930 (1931), S. 10. – LE 32 (1929/30), S. 616.

1931 *Maria Waser* (Preis, 2000 sfr, für den Roman ›Land unter Sternen‹). – *Albert Jakob Welti* (Preis, 1000 sfr, für das Drama ›Servet in Genf‹). – *Hans Bloesch* (Ehrengabe, 1000 sfr). – *Fridolin Hofer* (Ehrengabe, 1000 sfr). – *Johannes Jegerlehner* (Ehrengabe, 1000 sfr). LTT: JSS 26/1931 (1932), S. 4. – LE 33 (1930/31), S. 604.

1932 *Grethe Auer* (Preis, 1000 sfr, für den Roman ›Bonvouloir‹). LT: LE 34 (1931/32), S. 597. – *Dominik Müller* (Preis, 1000 sfr, für den Roman ›Felix Grollimunds russisches Abenteuer‹). – *Walter Muschg* (Preis, 1000 sfr, für das Buch ›Gotthelf. Geheimnisse des Erzählers‹). – *Arnold Büchli* (Ehrengabe, 1000 sfr). – *Werner Johannes Guggenheim* (Ehrengabe, 1000 sfr). – *Fritz Lie-*

brich (Ehrengabe, 1000 sfr). – *Felix Moeschlin* (Ehrengabe, 1000 sfr). – *Albert Rheinwald* (Ehrengabe, 1000 sfr). – *Robert Seidel* (Ehrengabe, 1000 sfr). – LTT: JSS 27/1932 (1933), S. 12f.

1933 *Emil Ermatinger* (Preis, 1000 sfr, für das Buch ›Dichtung und Geistesleben der deutschen Schweiz‹). – *Robert Faesi* (Preis, 1000 sfr, für das Buch ›Spittelers Weg und Werk‹). – *Regina Ullmann* (Preis, 1000 sfr, für die Novellensammlung ›Vom Brot der Stillen‹). – *Otto Wirz* (Preis, 1000 sfr, für den Roman ›Prophet Müller-zwo‹). – *Marianne Tanner* (Preis, 500 sfr, für den Roman ›Begegnung im Spiegel‹). – *Konrad Falke* (Ehrengabe, 1000 sfr). – *Otto von Greyerz* (Ehrengabe, 1000 sfr). – *Siegfried Lang* (Ehrengabe, 1000 sfr). – *Johanna Zürcher-Siebel* (Ehrengabe, 1000 sfr). – LTT: JSS 28/1933 (1934), S. 13. – LE 35 (1932/33), S. 735.

1934 *Cäsar von Arx* (Preis, 1000 sfr, für das Drama ›Der Verrat von Novara‹). – *Meinrad Inglin* (Preis, 1000 sfr, für die Erzählungen ›Jugend eines Volkes‹). – LTT: LE 36 (1933/34), S. 610. – *Carl Albrecht Bernoulli* (Ehrengabe, 1000 sfr). – *Jakob Bührer* (Ehrengabe, 1000 sfr). LT: Ulrich Niederer: Geschichte des Schweizerischen Schriftsteller-Verbandes. Tübingen, Basel 1994. S. 253. – *Lilli Haller* (Ehrengabe, 1000 sfr). – *Rudolf Hunziker* (Ehrengabe, 1000 sfr). – *Gotthard Jedlicka* (Ehrengabe, 1000 sfr). – *Josef Reinhart* (Ehrengabe, 1000 sfr). – *Carl Friedrich Wiegand* (Ehrengabe, 1000 sfr). – LTT: JSS 29/1934 (1935), S. 14.

1935 *Rudolf Kuhn* (Preis, 1000 sfr, für den Roman ›Die Jostensippe‹). – *Josef Maria Camenzind* (Preis, 500 sfr, für die Erzählungen ›Mein Dorf am See‹). – *Max Frisch* (Preis, 500 sfr, für den Roman ›Jürg Reinhart‹). – *Guido Looser* (Preis, 500 sfr, für den Roman ›Die Würde‹). – *Hugo Marti* (Preis, 500 sfr, für das ›Davoser Stundenbuch‹). – *Traugott Vogel* (Preis, 500 sfr, für das Jugendbuch ›Die Spiegelknöpfler‹). – *Julius Schmidhauser* (Ehrengabe, 1000 sfr). – *Emanuel Stickelberger* (Ehrengabe, 1000 sfr). – *Walter Dietiker* (Ehrengabe, 500 sfr). – LTT: JSS 30/1935 (1936), S. 4f. – LE 37 (1934/35), S. 524.

1936 *Charles Ferdinand Ramuz* (»Großer Schillerpreis«, 5000 sfr). LT: K[orrodi, Eduard]: Die Schiller-Stiftung feiert C.F. Ramuz. In: NZZ Nr. 1799 vom 19. 10. 1936, S. 1f. – *Wilhelm Altwegg* (Preis, 1000 sfr, für das Buch ›Johann Peter Hebel‹). – *Hans Albrecht Moser* (Preis, 1000 sfr, für das Buch ›Geschichten einer eingeschneiten Tafelrunde‹). – *Marie Bretscher* (Preis, 500 sfr, für die Erzählung ›Der Wanderer gegen Abend‹). – *Kurt Guggenheim* (Preis, 500 sfr, für den Roman ›Sieben Tage‹). – *Rosalie Küchler-Ming* (Preis, 500 sfr, für die Erzählung ›Die Lauwiser und ihr See‹). – *Edwin Arnet* (Ehrengabe, 1000 sfr). – *Karl Friedrich Kurz* (Ehrengabe, 1000 sfr). – *Gustav Renker* (Ehrengabe, 1000 sfr). – *Gertrud Bürgi* (Ehrengabe, 500 sfr). – LTT: JSS 31/1936 (1937), S. 9f.

1937 *Hermann Hesse* (Preis, 1000 sfr, für die ›Neuen Gedichte‹). – *Albin Zollinger* (Preis, 500 sfr, für den Gedichtband ›Sternfrühe‹). – *Ernst Zahn* (Ehrengabe, 2000 sfr). – *Konrad Bänninger* (Ehrengabe, 1000 sfr). – *Fritz Ernst* (Ehrengabe, 1000 sfr). – *Alfred Huggenberger* (Ehrengabe, 1000 sfr). – *Siegfried Lang* (Ehrengabe, 1000 sfr). – *Elisabeth Müller* (Ehrengabe, 1000 sfr). – *Arthur Bertschi* (Ehrengabe, 500 sfr). – *Franz Odermatt* (Ehrengabe, 500 sfr). – LTT: JSS 32/1937 (1938), S. 10f.

1938 *Ruth Waldstetter* (Preis, 500 sfr, für die Erzählungen ›Die silberne Glocke‹). – *Georg Thürer* (Preis, 500 sfr, für die Gedichte ›Stammbuech‹). – *Maria Waser* (Ehrengabe, 2000 sfr). – *Lisa Wenger* (Ehrengabe, 2000 sfr). – *Jean-Paul Zimmermann*

(Ehrengabe, 1000 sfr). – *Walter Ackermann* (Ehrengabe, 500 sfr). – *Clara Holzmann-Forrer* (Ehrengabe, 500 sfr). – *Hans Roelli* (Ehrengabe, 500 sfr). – *Hermann Schneider* (Ehrengabe, 500 sfr). – LTT: JSS 33/1938 (1939), S. 14–16.

1939 *Meinrad Inglin* (Preis, 2000 sfr, für den Roman ›Schweizerspiegel‹). – *Jakob Bührer* (Preis, 1000 sfr, für den ersten Band des Romans ›Im roten Feld‹). LT: Ulrich Niederer: Geschichte des Schweizerischen Schriftsteller-Verbandes. Tübingen, Basel 1994. S. 253. – *Bernhard Diebold* (Preis, 1000 sfr, für den Roman ›Das Reich ohne Mitte‹). – *Fritz Ernst* (Preis, 500 sfr, für ›Wilhelm Tell‹). – *Walter Laedrach* (Preis, 500 sfr, für ›Passion in Bern‹). – *Traugott Meyer* (Ehrengabe, 1000 sfr). – *Albin Zollinger* (Ehrengabe, 1000 sfr). – *Olga Amberger* (Ehrengabe, 300 sfr). – LTT: JSS 34/1939 [1940], S. 6f.

1940 *Albert Bächtold* (Preis, 500 sfr, für das Buch ›De Tischtelfink‹). – *Max Frisch* (Preis, 500 sfr, für das Tagebuch ›Blätter aus dem Brotsack‹). – *Gottlieb Heinrich Heer* (Preis, 500 sfr, für die Novellen ›Fest im Grünen‹). – *Oskar Eberle* (Ehrengabe, 1000 sfr). – *Cécile Lauber* (Ehrengabe, 1000 sfr). – *Adolf Fux* (Ehrengabe, 500 sfr). – *Cécile Ines Loos* (Ehrengabe, 500 sfr). – *Olga Meyer* (Ehrengabe, 500 sfr). – LTT: JSS 35/1940 (1941), S. 4f.

1941 *Alfred Fankhauser* (Preis, 1000 sfr, für den Roman ›Der Messias‹). – *Simon Gfeller* (Preis, 700 sfr, für die Erzählung ›Eichbüehlersch‹). – *Paul Adolf Brenner* (Preis, 500 sfr, für den Gedichtband ›Das trostreiche Antlitz‹). – *Hans Mast* (Preis, 500 sfr, für das Buch ›Soldaten, Kameraden...‹). – *Karl Schölly* (Preis, 500 sfr, für das Buch ›Besinnliche Geschichten‹). – *Urs Martin Strub* (Preis, 500 sfr, für das Buch ›Dreiunddreißig Gedichte‹). – *Hermann Weilenmann* (Preis, 500 sfr, für das Buch ›Zusammenschluß zur Eidgenossenschaft‹). – *Erwin Heimann* (Ehrengabe, 1000 sfr). – *Walter Lesch* (Ehrengabe, 1000 sfr). – *Emil Schibli* (Ehrengabe, 1000 sfr). – *Adrien Turel* (Ehrengabe, 1000 sfr). – LTT: JSS 36/1941 (1942), S. 5.

1942 *Carl Jacob Burckhardt* (Preis, 1000 sfr, für die Essays ›Gestalten und Mächte‹). – *Walter Adrian* (Preis, 500 sfr, für das Buch ›Kämpfer in Fels und Sand‹). – *Hans Urs von Balthasar* (Preis, 500 sfr, für seine Übersetzungen von P. Claudel). – *Ruth Blum* (Preis, 500 sfr, für die Erzählung ›Blauer Himmel, grüne Erde‹). – *Kurt Guggenheim* (Preis, 500 sfr, für den Roman ›Wilder Urlaub‹). – *Rudolf Kuhn* (Preis, 500 sfr, für den Roman ›Junge Kräfte grünen‹). – *Franz Odermatt* (Preis, 500 sfr, für den Roman ›Veronika Gut‹). – *Max Rychner* (Preis, 500 sfr, für die Gedichtsammlung ›Freundeswort‹). – *Hans Schumacher* (Preis, 500 sfr, für den Gedichtband ›Brunnen der Zeit‹). – *Emil Staiger* (Preis, 500 sfr, für seine Übersetzungen antiker Tragiker). – *Konrad Bänninger* (Ehrengabe, 1000 sfr). – *Mary Lavater-Sloman* (Ehrengabe, 1000 sfr). – *Albert Jakob Welti* (Ehrengabe, 1000 sfr). – *Ernst Balzli* (Ehrengabe, 500 sfr). – *Ruth Waldstetter* (Ehrengabe, 500 sfr). – LTT: JSS 37/1942 (1943), S. 2f.

1943 *Peider Lansel* (»Großer Schillerpreis«, 5000 sfr, für seine Verdienste um die rätoromanische Literatur). LT: Bericht 38 (1944), S. 4–6 (mit Abdruck der Verleihungsurkunde). – *Cécile Ines Loos* (Preis, 1000 sfr, für den Roman ›Hinter dem Mond‹). – *Heinrich Stilling* (Preis, 1000 sfr, für den Roman ›Eine wahre englische Katze‹). – *Werner Zemp* (Preis, 1000 sfr, für seine ›Gedichte‹). – *Eugen Mattes* (Preis, 500 sfr, für den Roman ›Die vertauschten Schuhe‹). – *Erwin Schneiter* (Preis, 500 sfr, für die Gedichtsammlung ›Aus meinen Stunden‹). – *Charles Tschopp* (Preis, 500 sfr, für die Erzählung ›Ihr Gedicht‹). – *Hans Walter* (Preis, 500 sfr, für die Erzählung ›Das alte Fräulein‹). – *Hans Zulliger* (Preis, 500 sfr, für das Buch ›Buebebärg‹). – *Eduard Korrodi* (Ehrengabe, 2000 sfr). – *Albert Steffen* (Ehrengabe, 1000 sfr). – LTT: JSS 38/1943 (1944), S. 6f.

1944 *Hermann Hesse* (Preis, 2000 sfr, für den Roman ›Das Glasperlenspiel‹). – *Hans Barth* (Preis, 1000 sfr, für das Buch ›Fluten und Dämme‹). – *Arnold Kübler* (Preis, 1000 sfr, für den Roman ›Oeppi von Wasenwachs‹). – *Gustav Gamper* (Preis, 500 sfr, für den 3. Band seiner Werke). – *Max Geilinger* (Preis, 500 sfr, für den Gedichtband ›Der vergessne Garten‹). – *Meinrad Inglin* (Ehrengabe, 2000 sfr). – *Emanuel von Bodman* (Ehrengabe, 1000 sfr). – *Gottfried Bohnenblust* (Ehrengabe, 1000 sfr). – *Gottlieb Heinrich Heer* (Ehrengabe, 1000 sfr). – *Hans Zbinden* (Ehrengabe, 1000 sfr). – LTT: JSS 39/1944 (1945), S. 3.

1945 *Maria Drittenbass* (Preis, 1000 sfr, für die Erzählung ›Bunte Schatten‹). – *Ernst Howald* (Preis, 1000 sfr, für das Buch ›Wilhelm von Humboldt‹). – *Siegfried Lang* (Preis, 1000 sfr, für die Gedichte ›Vom andern Ufer‹). – *Regina Ullmann* (Preis, 1000 sfr, für die Erzählungen ›Madonna auf Glas‹). – *Maria Ulrich* (Preis, 1000 sfr, für den Roman ›Arm und reich‹). – *Kurt Leuthard* (Preis, 500 sfr, für die Gedichte ›Der stille Gast‹). – *Hans Wahl* (Preis, 500 sfr, für das Buch ›Der Unscheinheilige‹). – *Werner Weber* (Preis, 500 sfr, für die Gedichte ›Im Hof des Herbstes‹). – LTT: JSS 40/1945 (1946), S. 2f.

1946 *Gotthard Jedlicka* (Preis, 1000 sfr, für das Buch ›Begegnungen mit Künstlern‹). – *Fritz Strich* (Preis, 1000 sfr, für das Buch ›Goethe und die Weltliteratur‹). – *Werner Bula* (Preis, 700 sfr, für das Buch ›Die neui Chranket‹). – *Adolf Fux* (Preis, 700 sfr, für das Buch ›Hilarius‹). – *Erwin Heimann* (Preis, 700 sfr, für das Buch ›Die Brüder Andreae‹). – *Paul Wehrli* (Preis, 700 sfr, für den Roman ›Regula Wendel‹). – *Niklaus Bolt* (Ehrengabe, 1000 sfr). – *Karl Grunder* (Ehrengabe, 1000 sfr, »für seine Bemühungen um das bernische Volkstheater«). – *Werner Johannes Guggenheim* (Ehrengabe, 1000 sfr). – *Rudolf Jakob Humm* (Ehrengabe, 1000 sfr). – *Josef Reinhart* (Ehrengabe, 1000 sfr). – *Hermann Schneider* (Ehrengabe, 1000 sfr). – LTT: JSS 41/1946 (1947), S. 2.

1947 *Josef Vita Kopp* (Preis, 1000 sfr, für den Roman ›Sokrates träumt‹). – *Cécile Ines Loos* (Preis, 1000 sfr, für den Roman ›Jehanne‹). – *Emanuel Stickelberger* (Preis, 1000 sfr, für die ›Holbein-Trilogie‹). – *Marie Frei-Uhler* (Preis, 700 sfr, für den Roman ›Frauen im Thurgau‹). – *Max Pulver* (Preis, 700 sfr, für die Gedichtsammlung ›Übergang‹). – *Karl Schölly* (Preis, 700 sfr, für die Erzählungen ›Der ewige Wächter‹). – *Otto Zinniker* (Preis, 700 sfr, für den Roman ›Das Wunder im Bergholz‹). – *Ernst Zahn* (Ehrengabe, 2000 sfr). – *Albert Ehrismann* (Ehrengabe, 1000 sfr). – *Hermann Hiltbrunner* (Ehrengabe, 1000 sfr). – *Werner Kaegi* (Ehrengabe, 1000 sfr). – LTT: JSS 42/1947 (1948), S. 3.

1948 *Meinrad Inglin* (»Großer Schillerpreis«). – *Alfred Fankhauser* (Preis, 1000 sfr, für den Roman ›Denn sie werden das Erdreich besitzen‹). – *Marcel Gero* (Preis, 1000 sfr, für das Drama ›Berner Marsch‹). – *Ernst Hirt* (Preis, 1000 sfr, für das Buch ›Die Begegnungen des Gallus Peter‹). – *Gustav Keckeis* (Preis, 1000 sfr, für den Roman ›Die fremde Zeit‹). – *Albert Jakob Welti* (Preis, 1000 sfr, für den Roman ›Martha und die Niemandsöhne‹). – *Max Allenspach* (Preis, 500 sfr, für das Buch ›Hochwacht im Herbst‹). – *Gertrud Heizmann* (Preis, 500 sfr, für das Buch ›Christjohann und Keßlergret‹). – *Emil Balmer* (Ehrengabe,

1000 sfr, »für seine Mundartdichtung«). – *Hans Roelli* (Ehrengabe, 1000 sfr, für seine »sangbare Lyrik«). – *Toni Halter* (Ehrengabe, 500 sfr). – LTT: JSS 43/1948 (1949), S. 2f.

1949 *Rudolf Graber* (Preis, 1000 sfr, für die ›Basler Fährengeschichten‹). – *Gottfried Guggenbühl* (Preis, 1000 sfr, für die ›Geschichte der Schweizerischen Eidgenossenschaft‹). – *Erwin Heimann* (Preis, 1000 sfr, für den Roman ›Der letzte Optimist‹). – *Marguerite Janson* (Preis, 1000 sfr, für den Roman ›Gestern waren wir Kinder‹). – *Cäsar von Arx* (Ehrengabe, 2000 sfr, »für sein dramatisches Werk«). – *Werner Günther* (Ehrengabe, 1000 sfr, für seine Bücher über Gotthelf und Ramuz). – *Elisabeth Müller* (Ehrengabe, 1000 sfr, für ihre Jugendbücher). – *Hans Zulliger* (Ehrengabe, 1000 sfr, für sein dichterisches Schaffen). - *Rudolf Haegni* (Ehrengabe, 500 sfr, »für seine volkstümlichen Dichtungen«). – *Otto Hellmut Lienert* (Ehrengabe, 500 sfr, »für seine volkstümlichen Dichtungen«). – LTT: JSS 44/1949 (1950), S. 2.

Fortsetzung 1950ff

Preise der Stadt Wien für Dichtkunst auch: Literaturpreis der Stadt Wien (einer der ›Kunstpreise der Stadt Wien‹)

J: 1924. – Neubegründung 1947
S: Stadt Wien
Ju: Verteilung »durch den Stadtsenat auf Grund der begründeten Vorschläge eines Preisrichterkollegiums«. L: Literarische Preise (1928), S. 362.
VT: Jährlich. Verteilung am 1. Mai
Z: Gemeinderatsbeschluß 1923: Auszeichnung von Werken, die bei einem Wettbewerb »als beste anerkannt« werden. Möglich ist, »Preise auch an solche Künstler zu verleihen, die sich nicht ausdrücklich beworben haben«. Zitiert nach: Der Preis der Stadt Wien 1924. In: Robert Musil: Slowenisches Dorfbegräbnis. Wien 1992. S. 8f.
B: »Die Bewerbung steht nur in Wien lebenden und wirkenden Künstlern offen«. L: Literarische Preise (1928), S. 362.
VF: Gemeinderatsbeschluß 1923: 30 Millionen Kronen. – Meldung 1928: 3000 Schillinge. – Meldung 1947: 5000 Schillinge
LP: Literarische Preise (1928), S. 362; Herold Adreßbuch Wien. 42. Aufl. Ausgabe 1987; Murray G. Hall: Der Preis der Stadt Wien. (Mit einem unbekannten Brief Musils). In: Musil-Forum 15 (1989), S. 166–172; Der Preis der Stadt Wien 1924. In: Robert Musil: Slowenisches Dorfbegräbnis. Wien 1992. S. 8f.
T: Die Preisträger sind (mit Ergänzungen) nach dem Herold Adreßbuch Wien (1987) verzeichnet.

1924 *Richard Billinger* (Auszeichnung seines lyrischen Schaffens). LT: LE 26 (1923/24), S. 637. – *Walther Eidlitz* (›Der Berg in der Wüste‹, Drama). LT: LE 26 (1923/24), S. 637. – *Max Mell*. – *Robert Musil*. LT: Karl Dinklage: Musils Herkunft und Lebensgeschichte. In: Robert Musil. Leben, Werk, Wirkung. Zürich [usw.] 1960. S. 240. – *Otto Stoeßl*. – *Martina Wied* (Förderungspreis). – LTT: Literarische Preise (1928), S. 362; Der Preis der Stadt Wien 1924. In: Robert Musil: Slowenisches Dorfbegräbnis. Wien 1992. S. 8f.; Hall (1989), S. 166–172. – Ju: David Josef Bach. – Hugo von Hofmannsthal. – Hugo Thimig. – LJu: Hall (1989), S. 167.

1925 *Alma Johanna König* (›Der heilige Palast‹, Roman, ›Die Geschichte von Half dem Weibe‹). LT: LE 27 (1924/25), S. 701. – *Otto Marbach*. – *Josef Weinheber*. LT: Friedrich Jenaczek: Alfons Petzold und Josef Weinheber. In: Jahresgabe Josef Weinhe-

ber-Gesellschaft Wien (1980/81), S.28; Friedrich Jenaczek: Alfons Petzold und Josef Weinheber. In: Jahrbuch des Wiener Goethe-Vereins 95 (1991), S.116. – Ju: Josef Jarno. – Emil Lucka. – Emil Reich. – LTT/LJu: Hall (1989), S.172.
1926 *Fritz Brügel. – Robert Michel. – Ernst Scheibelreiter.* – LTT: Bbl 93 (1926), S.621, 644; Hall (1989), S.172. – Ju: Richard Beer-Hofmann. – Anton Bettelheim. – Franz Herterich. – LJu: Bbl 93 (1926), S.621; Hall (1989), S.172.
1927 *Hans Adler. – Franz Theodor Csokor. – Max Mell.* – LTT: LE 29 (1926/27), S.677; Hall (1989), S.172. – Ju: Leo Perutz. LJu: Hall (1989), S.172.
1928 *Oskar Maurus Fontana* (1000 Schillinge, für den Roman ›Gefangene der Erde‹). LT: LE 30 (1927/28), S.682. – *Theodor Kramer* (500 Schillinge, für seine Lyrik). – *Hermann Heinz Ortner* (1000 Schillinge, für seine Dramen). – *Heinrich Suso Waldeck* (500 Schillinge, für seine Lyrik). – LTT: Hall (1989), S.172.
1929 *Anton Wildgans* (3000 Schillinge). LT: LE 31 (1928/29), S.681; Hall (1989), S.172.
1930 *Emil Ertl* (3000 Schillinge). LT: Hall (1989), S.172.
1931 *Rudolf Hans Bartsch* (3000 Schillinge). LT: Hall (1989), S.172.
1947 *Felix Braun*
1948 *Erika Mitterer*
1949 *Alma Holgersen*

Fortsetzung 1950ff

Preise der Stiftung F.V.S.

s. Preise der Hansischen Stiftung
s. Preise der Johann Wolfgang Goethe-Stiftung

Preußischer Schillerpreis

s. Schillerpreis

Prinz Eugen von Savoyen-Preis

J: 1937. – Benannt nach dem österreichischen Feldherrn und Staatsmann Prinz Eugen von Savoyen (1663–1736). Es wurde erwogen, den Preis nach dem Hochmeister des Deutschen Ritterordens, Hermann von Salza, zu nennen.
S: Johann Wolfgang Goethe-Stiftung, Freiburg i.Br., gegründet 1935 als Teil der Stiftung F.V.S., Hamburg (gegründet 1931). Kapital zur Verfügung gestellt von Alfred C. Toepfer, Hamburg. – Mit der Verleihung beauftragt: Universität Wien auf Vorschlag eines Preisgerichts
Ju: Kuratorium unter dem Vorsitz von Hugo Hassinger (Geograph). L: Interne Liste der Stiftung F.V.S., Hamburg
VT: Jährlich oder alle zwei Jahre
Z: »Preis für das Deutschtum im Südosten.« – Aus der Satzung, gültig für alle Preise der Johann Wolfgang Goethe-Stiftung: »Die Preisträger sollen Persönlichkeiten sein, die sich durch außerordentliche Leistungen im Schrifttum, in der Malerei, der Musik, der angewandten Kunst oder der Volkstumsforschung ausgezeichnet haben. Die Preise können sowohl für Einzelwerke wie für das Gesamtschaffen vergeben werden. Die Preisträger müssen mit ihrem Werk in der Landschaft, für die der Preis gilt, verwurzelt sein.« L: Interne Liste der Stiftung F.V.S., Hamburg
VF: 10000 RM
LP: Interne Liste der Stiftung F.V.S., Hamburg; Memorandum (1991), Kap.II; Strallhofer (1994), S.31f.,119; Zimmermann (1995), S.215–219. – Aut 12 (1937), Nr.8, S.36; Aut 13 (1938), Nr.1/2, S.21; Bbl 105 (1938), S.139; Kü (1939), Sp.252.

T: Die Preisträger sind nach der internen Liste der Stiftung F.V.S., Hamburg, und nach Zimmermann (1995) verzeichnet.
1938 *Rudolf Spek* (Museumsdirektor, Auszeichnung für seine »vorbildliche Arbeit auf dem Gebiete der Volkstumsforschung« und seine »Verdienste um die volksdeutsche Wissenschaft und um das Bruckenthal'sche Museum in Hermannstadt«). – LT: Bbl 105 (1938), S. 611; Memorandum (1991), Kap.II (mit Abb. der Verleihungsurkunde).
1939 *Franz Ferch* (Maler, Perjamosch/Rumänien). LT: Memorandum (1991), Kap.II.
1940 (1941 verliehen) *Franz Basch* (Volkstumsforscher, Budapest). LT: Memorandum (1991), Kap.II.
1941 *Richard Huß* (Professor der Germanistik an der Universität Debrecen/Ungarn). – *Heinrich Schmidt* (Professor der Germanistik an der Universität Szeged/Ungarn). – LTT: Aut 15 (1940), Nr. 8, S. 118; Aut 15 (1940), Nr. 11, S. 166; Memorandum (1991), Kap.II.
1942 *Felix Millecker* (postum verliehen; Begründer des Museums von Werschetz, Banat). LT: Memorandum (1991), Kap.II.
1943 *Roland Steinacker* (Theologe, Professor an der Evang.-theolog. Hochschule Preßburg). LT: Memorandum (1991), Kap.II. – *Johann Lipták* (Leiter des Instituts für Heimatforschung in Käsmark). – LTT: Deutschtum im Ausland 26 (1943), S. 238; Bbl 111 (1944), S. 2; DS 9 (1944), H. 2, S. 23.

Prix International d'Art et de Littérature

J: 1928
VF: 10 000 Franken
LP: LE 32 (1929/30), S. 735.
T: 1928 *Richard Huelsenbeck* (›Hauptsache ist‹, Komödie). Ju: Edmond Lévy. LT/LJu: Aut 3 (1928), Nr. 4, S. 11: »Der Internationale Literaturpreis an einen Deutschen. Der in diesem Jahr unter dem Vorsitz von Edmond Lévy in Brüssel zum erstenmal zur Verteilung kommende Prix international d'Art et de Littérature in Höhe von 10 000 Franken wurde Richard Huelsenbeck [...] zuerkannt.« ; R. Huelsenbeck: Ich bin preisgekrönt. In: Die Literarische Welt 4 (1928), Nr. 16 vom 20.4., S. 1: (mit Anmerkung der Redaktion: »Richard Huelsenbeck erhielt kürzlich als erster Deutscher einen belgischen Literaturpreis.«)

Wilhelm-Raabe-Preis

s. Dichterpreis der Stadt Braunschweig

Raabe-Preis
auch: Münchener Volkspreis 1935–1939: Volkspreis für deutsche Dichtung, 1939ff: Volkspreis der deutschen Gemeinden und Gemeindeverbände für deutsche Dichtung

s.a. Dichterpreis der Stadt Braunschweig

J: 1932. – 1935: Umbenennung in ›Volkspreis für deutsche Dichtung‹. – Seit 1936 gekoppelt mit dem ›Dichterpreis der Stadt Braunschweig‹, 1936–1941 für dasselbe Werk vergeben. – 1939: Umbenennung in ›Volkspreis der deutschen Gemeinden und Gemeindeverbände für deutsche Dichtung‹
S: Verein Raabe-Stiftung, München, gegründet 1931. Vorstand: Werner Jansen, Börries Frhr von Münchhausen, Thaddäus Abitz-Schultze. – 1935 übernommen von der NS-Kulturgemeinschaft. – 1939 übernommen vom Deutschen Gemeindetag
Ju: »Beirat der Dichter«, 1932: Hans Friedrich Blunck. – Hermann Burte. – Ludwig

Finckh. – Gustav Frenssen. – Franz Karl Ginzkey. – Paula Grogger. – Hanns Johst. – Erwin Guido Kolbenheyer. – Isolde Kurz. – Karl Friedrich Kurz. – Wilhelm Schäfer. – Ina Seidel. – Hermann Stehr. – Karl Hans Strobl. – Helene Voigt-Diederichs. – »Beirat der Buchhändler«, 1932: Paul Nitschmann. – Friedrich Oldenbourg. – L: Der Raabe-Preis ein Volkspreis für deutsche Dichtung. [Hrsg.:] Verein Raabe-Stiftung. [Werbeprospekt]. München [1932]. – 1939: Kuratorium unter der Leitung des Vorsitzenden des Deutschen Gemeindetages, Reichsleiter Oberbürgermeister (der Stadt München) Karl Fiehler. »Literarischer Obmann«: Werner Jansen (SS-Sturmbannführer). – Kuratoriumsmitglieder: Wilhelm Baur (Börsenverein Deutscher Buchhändler). – Beaucamp (Landrat, Düren). – Alfred-Ingemar Berndt (Reichsministerium für Volksaufklärung und Propaganda). – Karl Cerff (Reichsführung SS). – Cors (Oberkommando der Wehrmacht). – Dähnhardt (Reichsministerium für Wissenschaft, Erziehung und Volksbildung). – Alfred Freyberg (Oberbürgermeister von Leipzig, später Staatsminister). – Hans Hagemeyer (Amt Schrifttumspflege der NSDAP). – Fritz Heiligenstaedt (Reichsstelle für das Volksbüchereiwesen). – Richard Hengst (Oberbürgermeister von Köthen/Anhalt). – Wilhelm Hesse (Oberbürgermeister von Braunschweig). – Kurt Jeserich (Geschäftsführender Präsident des Deutschen Gemeindetags). – Hanns Johst (Präsident der Reichsschrifttumskammer). – Karl Friedrich Kolbow (Landeshauptmann der Provinz Westfalen). – Fritz Leutloff (Amt Deutsches Volksbildungswerk). – Patutschnik (Hauptamt für Kommunalpolitik). – Franz Schattenfroh (Reichsministerium des Innern). – Karl Strölin (Oberbürgermeister von Stuttgart). – Stünke (Reichsjugendführung). – Zeitler (Oberste SA-Führung). – 1944 als

Der Raabe-Preis

ein Volkspreis für deutsche Dichtung

Wir glauben an eine Gesundung der deutschen Volksseele durch den Sieg der deutschen Dichtung.

Wir wollen die Verleihung eines Volkspreises für deutsche Dichtung. Er soll nicht in einer unmittelbaren Geldgabe an den Dichter bestehen, sondern in der Verbreitung einer möglichst hohen Auflage des gekrönten Werkes. Männer und Frauen aller Schichten sollen es erwerben und lesen und damit an der Verleihung dieses wahren Volkspreises teilhaben.

Wir schaffen es durch eine Buchgemeinde mit einer einzigen Jahresgabe, deren Ankauf in Höhe der Mitgliederzahl gleichzeitig den Volksehrenpreis darstellt. Zu dieser Jahresgabe kommt kostenlos „Das Jahrbuch der deutschen Dichtung“, das Beiträge, Lebensbeschreibungen und Bildnisse deutscher Dichter enthält.

Ersatz hinzugekommen: Otto Benecke (Deutscher Gemeindetag). – Wilhelm Haegert (Reichsministerium für Volksaufklärung und Propaganda). – Erich Hilgenfeldt (Leiter der Nationalsozialistischen Volkswohlfahrt). – Kreissl (Reichsministerium des Innern). – Bernhard Payr (Amt Schrifttumspflege der NSDAP). – Neue Vertreter des Oberkommandos der Wehrmacht und der Reichsjugendführung. – L: Bundesarchiv Koblenz, Bestand R 36/2414. Zitiert nach: Strallhofer (1994), S. 100f.

VT: Jährlich. – 1932: Verleihung am 8. September, dem Geburtstag Wilhelm Raabes. – 1939: »Die Verleihung erfolgt auf einer kulturpolitischen Kundgebung des Deutschen Gemeindetages, die alljährlich im Rahmen der Reichtagung des Amtes Schrifttum in Braunschweig stattfindet.« L: Aut 14 (1939), Nr. 7, S. 33.

Z: 1932: »Es ist nicht Sinn des Raabe-Preises, einen Dichter über den andern zu stellen; das überlassen wir der Zeit. Mit diesem Volkspreis wollen wir deutsche Dichtung an Stelle undeutscher Modeliteratur im Vaterlande wirksam machen.« L: Der Raabe-Preis ein Volkspreis für deutsche Dichtung. [Hrsg.:] Verein Raabe-Stiftung. [Werbeprospekt]. München [1932]. – 1939: »Der Volkspreis [...] wird wie bisher einem ungedruckten oder soeben erschienenen deutschen Werk verliehen.«

VF: 1932: Der Preis wird nicht als Geldsumme verliehen, »es soll vielmehr auf Grund einer Buchgemeinde dem preisgekrönten Werk denkbar große Verbreitung gesichert werden«. L: LE 34 (1931/32), S. 719. – »[...] für den Jahresbeitrag von Mk. 6.- [erhalten die Mitglieder des Vereins Raabe-Stiftung] das jeweilige Preisbuch gleichen Wertes; dazu ein Jahrbuch deutscher Dichtung im Werte von etwa Mk. 2.- [...].« L: Der Raabe-Preis ein Volkspreis für deutsche Dichtung. Verein Raabe-Stiftung. [Werbeprospekt]. München [1932]. – 1939: 3000 RM. L: Kü (1939); Sp. 254; Erckmann (1939/40), S. 84.

LP: Der Raabe-Preis ein Volkspreis für deutsche Dichtung. Verein Raabe-Stiftung. [Werbeprospekt]. München [1932]; Bernhard Mewes: Geschichte des Volkspreises für deutsche Dichtung. In: Die kulturpolitische Tagung [1941], S. 135–142; Hanns Bernhard Lauffer, Hrsg.: Die Wilhelm-Raabe-Runde. Anthologie der Raabe-Preisträger. Braunschweig 1947; Hans Gransow: Zur Geschichte des Wilhelm-Raabe-Preises der Stadt Braunschweig. In: H. Gransow: Literaturwürdigung in Braunschweig. Braunschweig 1984. S. 29–43; Hanna Leitgeb: Der ausgezeichnete Autor. Städtische Literaturpreise und Kulturpolitik in Deutschland 1926–1971. [Goethe-Preis der Stadt Frankfurt a.M., Lessing-Preis der Freien und Hansestadt Hamburg, Wilhelm-Raabe-Preis der Stadt Braunschweig]. Berlin, New York 1994. – Kü (1937/38), Sp. 255; Kü (1939), Sp. 254; Strallhofer (1994), S. 99–104. – SuM (1935), S. 163f.; Aut 13 (1938), Nr. 1/2, S. 20; SuM (1938), S. 117f.; Aut 14 (1939), Nr. 7, S. 33; Lahn (1951), S. 7f.; Strothmann (1963), S. 101.

T: Die Preisträger sind nach Strallhofer (1994) verzeichnet.

1932 *Ernst Wiechert* (›Die Magd des Jürgen Doskocil‹, Roman). LT: LE 35 (1932/33), S. 58.

1933 *Gustav Frenssen* (›Meino, der Prahler‹, Roman). LT: DA (1933), S. 125f.; LE 36 (1933/34), S. 184; Bbl 105 (1938), S. 139.

1934 *Karl Friedrich Kurz* (›Tyra, die Märcheninsel‹, Roman). LT: Aut 9 (1934), Nr. 12, S. 21; LE 37 (1934/35), S. 278; Aut 10 (1935), S. 15; Bbl 105 (1938), S. 139.

1935 *Anton Dörfler* (›Der tausendjährige Krug‹, Roman). LT: LE 38 (1935/36), S. 200; SuM (1936), S. 146f.; Bbl 105 (1938), S. 139.

1936 *Hans Künkel* (›Schicksal und Liebe des Niklas von Cues‹, Roman). – Laudatio: Georg Stammler: Der Dichter und die deutsche Gegenwart. – LT: Aut 11 (1936), Nr. 11/12, S. 26; DS 1 (1936), S. 287; LE 39 (1936/37), S. 255; Bbl 105 (1938), S. 139; Die kulturpolitische Tagung [1941], S. 138.

1937 *Heinrich Eckmann* (›Der Stein im Acker‹, Roman). – Laudatio: Heinz Kindermann: Die Dichtung im Lebensraum der Nation. – LT: LE 40 (1937/38), S. 192; Bbl 105 (1938), S. 139; Die kulturpolitische Tagung [1941], S. 138.

1938 *Ottfried Graf Finckenstein* (›Die Mutter‹, Roman). – Laudatio: Herbert Cysarz: Führender oder dienender Geist. – LT: Bbl 105 (1938), S. 910; DS 3 (1938), S. 286; NL 39 (1938), S. 662; LE 41 (1938/39), S. 194; Die kulturpolitische Tagung [1941], S. 139.

1939 *Friedrich Griese* (›Die Wagenburg‹,

Roman). – *Joseph Georg Oberkofler* (›Der Bannwald‹, Roman). – LTT: Franz Koch: Was bleibet aber, stiften die Dichter. Ansprache anläßlich der Verleihung des Volkspreises der deutschen Gemeinden. In: Bücherkunde 7 (1940), S. 5–9. – Aut 14 (1939), Nr. 10/11, S. 17; DS 4 (1939), S. 223; NL 41 (1940), S. 27.

1940 *Hans Venatier* (›Vogt Bartold, der Zug nach dem Osten‹, Roman). – *Ulrich Sander* (Nebenpreis für den Roman ›Der Mann vom See‹). – LTT: Aut 15 (1940), Nr. 12, S. 183; LE 43 (1940/41), S. 206; DS 6 (1941), H. 1, Umschlag; Erika Kupfer: Hans Venatier – Ulrich Sander und ihre preisgekrönten Werke. In: Die kulturpolitische Tagung [1941], S. 49–56; NL 42 (1941), S. 31.

JOSEPH GEORG OBERKOFLER
erhielt den Volkspreis für Deutsche Dichtung

1941 *Berchtold Gierer*, d.i. Walter Scheidt (›Geschlechter am See‹, Roman). – *Karl Götz* (›Die große Heimkehr‹, Roman). – LTT: LE 44 (1941/42), S. 174; DS 7 (1942), H. 2, Umschlag; NL 43 (1942), S. 24.

1942 *Werner Jansen* (›Die Insel Heldentum‹, Roman). – *Kurt Kluge* (›Die Zaubergeige‹, Roman). LT: Wieland Schmidt: Kurt Kluge (Raabe-Preisträger – postum 1942). In: Jahrbuch der Raabe-Gesellschaft 1982, S. 171–192. – LTT: Aut 18 (1943), Nr. 3, S. 44; NL 44 (1943), S. 88.

1943 *Kleo Pleyer* (1942 gefallen; Auszeichnung des Kriegstagebuchs ›Volk im Felde‹). – *Ell Wendt* (›Die stolze Nymphe‹, Roman). – LTT: Bbl 111 (1944), S. 151; Bernhard Payr: Zwei bedeutende Dichterpreise vergeben. In: Bücherkunde 11 (1944), S. 88f.

Raimund-Preis

J: [1895]

S: Raimund-Theater, Wien. Ins Leben gerufen von Adam Müller-Guttenbrunn, 1893–1896 Direktor des Raimund-Theaters. Grundkapital von 10 000 Gulden, gestiftet von dem Kaufmann und Komponisten Alfred Strasser

VT: Jährlich

Z: »Pflege heimatlicher [dramatischer] Produktion«. L: Pichler (1967), S. 10.

B: Bis 1914 nur an Autoren des Raimund-Theaters verliehen. Auf Vorschlag der Schriftstellervereinigung ›Concordia‹ wird die Beschränkung 1914 aufgehoben.

LP: Gustav Pichler: Der Raimund-Preis und seine Geschichte. In: Raimund-Almanach [5] (1967), S. 10f.; Hans Weresch: Adam Müller-Guttenbrunn. Freiburg 1975. S. 268f. – Karl Bleibtreu: Wie werden Dichterpreise und Dichterruhm verteilt? In: Die Fackel 4 (1902/03), Nr. 101, S. 13–18 (Erwähnung S. 13).

T: Die Preisträger sind nach Pichler (1967) verzeichnet.
1896 *Karl Karlweis* (›Der kleine Mann‹)
1899 nicht verliehen
1900 *Max Burckhard* (›s' Katerl‹)
1901 *Heinrich Schrottenbach* (›Die Schröderischen‹). LT: LE 3 (1900/01), Sp. 1302; Kü (1902), Sp. 51f.
1903 »Der Raimund-Preis kommt in diesem Jahr nicht zur Verleihung, da sich die Preisrichter über die preiszukrönenden Arbeiten nicht einigen konnten; vorgeschlagen waren ›Der Kreuzwegstürmer‹ von Josef Werkmann, ›Neues Leben‹ von Skuravi und ›Der Herr Gemeinderat‹ von Schrottenbach.« L: LE 5 (1902/03), Sp. 1300.
1904 *Rudolf Hawel* (›Die Politiker‹). LT: LE 6 (1903/04), Sp. 1387.
1906 *Oskar Bendiener* (›Die Strecke‹). LT: LE 8 (1905/06), Sp. 1336.
1908 *Kurt Frieberger* (›Das Glück der Vernünftigen‹). LT: LE 10 (1907/08), Sp. 1324.
1910 nicht verliehen. L: LE 12 (1909/10), Sp. 1423.
1914 *Arthur Schnitzler* (›Der junge Medardus‹). – *Rudolf Holzer* (›Die guten Mütter‹). – LTT: LE 16 (1913/14), Sp. 1086: »Der Raimund-Preis, der seit 1908 nicht verliehen worden ist, kam zur Verteilung, nachdem der Journalisten- und Schriftstellerverein Concordia eine Änderung des Statuts durchgesetzt hatte, daß der Preis auch für literarische Stücke verliehen werden kann, die nicht im Raimund-Theater, sondern auf einer anderen wiener Bühne zur Aufführung gelangen. Dem Preisgericht standen, da der Preis zweimal nicht vergeben wurde, mit den Zinsen zwei Preise von je 2000 Kronen zur Verfügung [...].«
1916 *Anton Wildgans* (›Armut‹). LT: LE 18 (1915/16), Sp. 1229.
1918 *Julius Bittner* (›Der liebe Augustin‹). LT: Hermann Abert, Hrsg.: Illustriertes Musiklexikon. Stuttgart 1927. S. 354.
1921 *Richard Beer-Hofmann* (2200 Kronen, für ›Jaakobs Traum‹). LT: Bei Pichler (1967) nicht genannt, jedoch in: LE 23 (1920/21), Sp. 1278; Paul Emödi, Robert Teichl, Hrsg.: Wer ist wer? Lexikon österreichischer Zeitgenossen. Wien 1937. S. 311.

Raimund-Preis der Stadt Wien

J: 1941
S: Stadt Wien. Verteilung durch Reichsstatthalter Baldur von Schirach
Ju: Ehrenamtliches Preisrichtergremium mit Beraterfunktion; identisch mit dem des ›Grillparzer-Preises der Stadt Wien‹
VT: Jährlich. Verteilung am 1. Juni, dem Geburtstag Ferdinand Raimunds
Z: Preis für ein »hervorragendes dramatisches oder lyrisches Werk«. L: Verordnungs- und Amtsblatt für den Reichsgau Wien vom 7. 11. 1942. Zitiert nach: Strallhofer (1994), S. 56.
VF: 5000 RM
LP: Strallhofer (1994), S. 55–57.
T: 1941 *Hans Baumann* (›Alexander‹, Drama). – *Rudolf Kremser* (›Der Komet‹, Trauerspiel). – *Hermann Stuppäck* (›Unter dem wachsenden Mond‹, Gedichte). LT: DS 6 (1941), H. 8, Umschlag. – *Ingeborg Teuffenbach* (›Saat und Reife‹, Gedichte). – LTT: LE 43 (1940/41), S. 528; NL 42 (1941), S. 238.
1942 *Hans Kloepfer* (Auszeichnung des Gesamtwerks). LT: Aut 17 (1942), Nr. 7, S. 107; DS 7 (1942), H. 7, Umschlag; NL 43 (1942), S. 168.
1943 *Richard Billinger*. LT: Aut 18 (1943), Nr. 7, S. 126: »Reichsleiter Baldur von Schirach empfing Richard Billinger am Ballhausplatz und überreichte ihm die Urkunde mit Worten der Bewunderung für sein reiches Lebenswerk und mit herzlichen Wünschen für sein weiteres dichterisches Schaffen.«

1944 *Ernst Scheibelreiter*. LT: Bbl 111 (1944), S. 151.

Rathenau-Medaille

J: 1930 zum ersten Mal verliehen
S: Walther Rathenau-Gesellschaft, Berlin, gegründet 1928
VF: Silbermedaille nach einem Entwurf von Hermann Hahn
LP: Gerhard Schuster, Margot Pehle: Harry Graf Kessler. Tagebuch eines Weltmannes. Eine Ausstellung des Deutschen Literaturarchivs im Schiller-Nationalmuseum. Marbach a.N. 1988. (Marbacher Kataloge 43.) S. 392.
T: 1930 *Friedrich Gaus* (Jurist, Leiter der Rechtsabteilung im Auswärtigen Amt). LT: LE 33 (1930/31), S. 419.
1931 *Harry Graf Kessler*. – *Carl Melchior* (Bankier). – LTT: LE 34 (1931/32), S. 539.
1932 *Gerhart Hauptmann*. LT: LE 35 (1932/33), S. 118.

Rathenau-Preis

J: 1929 zum ersten Mal verliehen
S: Walther Rathenau-Gesellschaft, Berlin, gegründet 1928
T: 1929 *Hermann Stehr* (3000 RM). LT: Aut 4 (1929), Nr. 12, S. 13; Bbl 96 (1929), S. 1320; LE 32 (1929/30), S. 374.
1930 *Friedrich Kayßler* (Schauspieler). – *Kurt Singer* (der Nationalökonom, 1886–1962?). – LTT: LE 33 (1930/31), S. 419.
1931 »Der Geldpreis wurde in diesem Jahr nicht verliehen, sondern wegen der Notlage der Zeit an mehrere Schriftsteller als Werkbeitrag verteilt.« L: LE 34 (1931/32), S. 539.

Julius Reich-Stiftung

s. Preis der Julius Reich-Stiftung

Rembrandt-Preis

J: 1935
S: Hansische Stiftung, Hamburg, gegründet 1935 als Teil der Stiftung F.V.S., Hamburg (gegründet 1931). Kapital zur Verfügung gestellt von Alfred C. Toepfer, Hamburg. – Verteilung durch die Hansische Universität Hamburg
VT: Jährlich
Z: Auszeichnung für Leistungen im Bereich des »niederdeutschen Volkstums in Belgien, Holland und im Reich«. L: Kü (1939), Sp. 251. – Der Preis »[...] wird vorwiegend für Leistungen auf dem Gebiet des Schrifttums verliehen, kann aber auch für Werke der bildenden Künste, der Musik und der Philosophie zuerkannt werden.« L: Aut 11 (1936), Nr. 1, S. 24.
VF: 10 000 RM
LP: Interne Liste der Stiftung F.V.S., Hamburg; Zimmermann (1995), S. 219. – Kü (1937/38), Sp. 255; Kü (1939), Sp. 251. – LE 37 (1934/35), S. 574; DS 1 (1936), S. 20; Aut 13 (1938), Nr. 1/2, S. 21; Aut 13 (1938), Nr. 10, S. 41.
T: Die Preisträger sind nach der internen Liste der Stiftung F.V.S., Hamburg, und nach Zimmermann (1995) verzeichnet.
1935/36 (1936 verliehen) *René de Clercq*. – *Stijn Streuvels*. – *Cyriel Verschaeve*. – LTT: LE 38 (1935/36), S. 300; Bbl 105 (1938), S. 139; Kü (1939), Sp. 251.
1937 nicht verliehen. Die Preissumme geht an die Friesische Akademie Leuwarden. L: Zimmermann (1995), S. 219.
1938 (1939 verliehen) *Willem Mengelberg* (Dirigent). LT: NL 39 (1938), S. 661; Kü (1939), Sp. 251.
1939 (1940 verliehen) *Hendrik Luyten* (Maler). LT: Aut 15 (1940), Nr. 12, S. 183f.
1940 (1941 verliehen) *Rafael Verhulst*. LT: Aut 15 (1940), Nr. 12, S. 183f.; Aut 16 (1941), Nr. 4, S. 72; LE 43 (1940/41), S. 206.

1941 *Henk Badings* (Komponist). LT: Aut 16 (1941), Nr. 11, S. 195.
1942 *Felix Timmermans*. LT: Aut 17 (1942), Nr. 6, S. 92; DS 7 (1942), H. 8, S. 96; NL 43 (1942), S. 144.
1943 (1944 verliehen) *Jan de Vries* (Nordist). LT: Bbl 112 (1945), S. 7.

Rheinischer Literaturpreis
auch: Rheinischer Dichterpreis

J: 1935
S: Landeshauptmann der Rheinprovinz, Heinrich Haake, Köln
Ju: Im Beirat des vom Landeshauptmann geleiteten Preisrichterkollegiums: Richard Euringer und Heinz Steguweit. L: LE 37 (1934/35), S. 524.
VT: Jährlich
Z: Auszeichnung für »künstlerisch hochwertige, mit der rheinischen Landschaft verbundene Dichtungen […]. Es ist nicht nötig, daß die Preisträger aus dem Rheinland stammen oder dort wohnhaft sind«. L: LE 37 (1934/35), S. 426.
VF: 1935: 2500 RM. – 1938: Ankündigung eines zusätzlichen Förderpreises für »junge, hoffnungsvolle Talente«, der erstmals 1939 verliehen werden sollte. L: Bbl 105 (1938), S. 995. – 1944: Auf 10 000 RM erhöht
LP: Bufkin (1980), S. 139; Kü (1937/38), Sp. 255; Kü (1939), Sp. 251; Literaturpreis-Ztg (1995), S. [1]. – LE 37 (1934/35), S. 426; Aut 10 (1935), Nr. 4, S. 20; Michael (1936), S. 14; Aut 13 (1938), Nr. 1/2, S. 20.
T: 1935 *Heinrich Lersch* (›Mit brüderlicher Stimme‹, Gedichte). LT: LE 38 (1935/36), S. 150; Aut 12 (1937), Nr. 11, S. 48; Bbl 105 (1938), S. 139; Kü (1939), Sp. 251.
1936 *Josef Ponten*. LT: LE 39 (1936/37), S. 128; Aut 12 (1937), Nr. 10, S. 47; Bbl 105 (1938), S. 139; Kü (1939), Sp. 251.

Wilhelm Schäfer aus Ottrau erweist sich in seinem Lebenswerk als Künder und Wahrer echten deutschen Glaubens.

Fern aller Hast des Alltags, nur bestimmt von dem Verantwortungsgefühl gegenüber seinem Volk und Vaterland, hat er in Wort und Schrift mit einer meisterhaften Sprache des Reiches Macht und Herrlichkeit besungen und dabei in symbolhafter Weise unser völkisches Sein ergründet.

Die erhabene Natur und die reiche Kultur der Rheinlande nährten seinen Geist und ließen ihn den Gipfel ewiger Kunst erreichen, von dem aus in klarer Erkenntnis der Gesetze eines organischen Lebens richtungweisend für die Zukunft Entscheidungen fallen.

Im besten Sinne des Wortes ist er ein politischer, ein soldatischer Dichter, ein Dichter des gesamten deutschen Volkes.

Das Rheinland sieht in ihm sein künstlerisches Gewissen, den Vertreter seines bewegten Geistes, dem neben dem Ernst seiner hohen Verantwortung der goldene Humor zu eigen ist.

In Anerkennung seines Kampfes um die deutsche Sache und in Würdigung seiner eigenständigen, dichterischen Leistung, verleihe ich ihm, dem großen Deutschen rheinischen Geistes, in Dankbarkeit und Verehrung

den Rheinischen Literaturpreis

1937.

1937 *Wilhelm Schäfer*. LT: Wilhelm Schäfer: Mein Lebenswerk. Dankrede bei der Verleihung des Rheinischen Literaturpreises in Köln am 13. November 1937. [Mit der Laudatio:] Der Landeshauptmann der Rheinprovinz Heinz Haake an den Dichter. München 1938. – LE 40 (1937/38), S. 256; Aut 12 (1938), Nr. 11, S. 48; Bbl 105 (1938), S. 139; DS 3 (1938), S. 21; Kü (1939), Sp. 251.
1938 *Heinz Steguweit*. LT: Aut 13 (1938), Nr. 11, S. 26; Bbl 105 (1938), S. 995; NL 39 (1938), S. 661; LE 41 (1938/39), S. 322; Kü (1939), Sp. 251.
1939 *Hermann Stegemann*. LT: Aut 14 (1939), Nr. 12, S. 13; LE 42 (1939/40),

S. 216; S. 312: »Hermann Stegemann hat auf den ihm mit dem Rheinischen Literaturpreis 1939 zufallenden Betrag von 5000 Mark zugunsten des Deutschen Roten Kreuzes verzichtet«; Aut 15 (1940), Nr. 12, S. 183; DS 5 (1940), H. 2, Umschlag; NL 41 (1940), S. 55, S. 104.

1940 *Curt Langenbeck* (für sein dramatisches Werk, insbesondere für die Dramen ›Der Hochverräter‹ und ›Das Schwert‹). LT: Curt Langenbeck: Tragödie und Gegenwart. Die Rede des Preisträgers des Rheinischen Literaturpreises [gehalten am 17. November 1940 im Kölner Gürzenich]. München 1940. – Aut 15 (1940), Nr. 12, S. 183 (mit Auszug aus der Verleihungsurkunde:) »Langenbecks Bemühungen um das Drama aus dem Geist unserer Zeit versprechen einen bleibenden Erfolg in der deutschen Dichtung.«; LE 43 (1940/41), S. 206; DS 6 (1941), S. 24; NL 42 (1941), S. 31.

OTTO BRÜES

VON DER VOLKSTÜMLICHKEIT

Rede bei der Verleihung des Rheinischen Literaturpreises im Kölner Gürzenich am 13. Dezember 1942

1941 *Wilhelm Schmidtbonn.* LT: Aut 17 (1942), Nr. 1, S. 12; LE 44 (1941/42), S. 174; DS 7 (1942), H. 4, S. 48; Hans Pott: Wilhelm Schmidtbonn. Träger des Rheinischen Literaturpreises. In: Moselland (1942), S. 14f.; NL 43 (1942), S. 48.

1942 *Otto Brües.* LT: Otto Brües: Von der Volkstümlichkeit. Rede bei der Verleihung des Rheinischen Literaturpreises im Kölner Gürzenich am 13. Dezember 1942. [Köln 1943]; Fr.P.K.: Der Rheinische Literaturpreis 1942. In: Moselland (1943), S. 39. – NL 43 (1942), S. 272; Aut 18 (1943), Nr. 1, S. 11.

1943 *Ernst Bertram.* LT: Bbl 111 (1944), S. 151: »Landeshauptmann Haake würdigte das Werk dieses Dichters, wobei er darauf hinwies, daß es eine Fundgrube von tiefen schönen Gedanken sei, die nicht niedergeschrieben wurden zum Ergötzen des einzelnen, sondern zu seiner Bildung und Formung als dienendes Glied in der Nation.«; DS 9 (1944), H. 2, S. 23; Moselland (1944), S. 42.

Romanpreis des Heimatwerkes Sachsen

J: [1938]

S: Heimatwerk Sachsen. Verein zur Förderung des sächsischen Volkstums, Dresden; Geldmittel aus der Wilhelm- und Bertha von Baensch-Stiftung, Dresden. – Verteilung durch Reichsstatthalter und Gauleiter Martin Mutschmann, Dresden

Z: Auszeichnung von Romanen »mit historischen und zeitgebundenen Themen aus sächsischem Raum und Volkstum«

LP: Kü (1939), Sp. 251.

T: 1938 *Albert Liebold* (1000 RM, für den Roman ›Der Held im Labyrinth‹ um Kurfürst Moritz von Sachsen). – *Max Dehnert* (600 RM, für den Bergmannsroman aus Freiberg ›Anton Möllenthin. Geschichte eines Arbeiters‹). – *Elly Schmidt-Graubner* (400 RM, für ›Die Neuberin. Passion einer Rebellin‹). – *Hanna Klose-Greger* (200 RM, für ›Barbara Uttmann‹). – LTT: DS 3 (1938), S. 189, 213; Kü (1939), Sp. 251.

Romanpreisausschreiben des ›Völkischen Beobachters‹

J: Erste Ausschreibung: 1939, Verleihung: 1941. – Zweite Ausschreibung: 1942, Verleihung 1944. – Dritte Ausschreibung: 1944
S: Zentralverlag der NSDAP, Franz Eher Nachf., München (Verlag der Zeitung ›Völkischer Beobachter‹)
Ju: »Das Preisgericht setzt sich aus dem Präsidium [den Reichsleitern Max Amann und Alfred Rosenberg] und nachstehendem Arbeitsausschuß zusammen: Hauptschriftleiter Wilhelm Weiß, SA.-Obergruppenführer, Staatsrat Hanns Johst, Präsident der Reichsschrifttumskammer, Verlagsdirektor Wilhelm Baur, Vizepräsident der Reichsschrifttumskammer, Reichsamtsleiter Hans Hagemeyer, Leiter des Amtes Schrifttumspflege, denen auf Vorschlag des Arbeitsausschusses die letzte Entscheidung über den Wert der Einsendungen zusteht.« L: DS 4 (1939), S. 162.
Z: Erste Ausschreibung: »Mit einem großen Roman-Preisausschreiben wendet sich der ›Völkische Beobachter‹ an alle deutschen Dichter, Schriftsteller und an alle berufenen deutschen Volksgenossen im In- und Ausland, die glauben, einem Schicksal aus unserer Zeit im großen Zeitroman Form und Gestalt geben zu können. Diese Themenstellung ist nicht so aufzufassen, daß nur das Schicksal eines einzelnen Menschen Darstellung und Ausdruck finden darf, denn gerade in einer Zeit der sich bildenden deutschen Volksgemeinschaft wird sich das Schicksal bestimmter Menschengruppen in dichterischer Gestaltung formen lassen.« L: NL 40 (1939), S. 423. – Zweite Ausschreibung 1942: »Nachdem schon das erste Romanpreisausschreiben des ›Völkischen Beobachters‹ [...] eine wertvolle Bereicherung unseres Romanschrifttums brachte, hat nunmehr der Reichsleiter für die Presse der NSDAP., Max Amann, verfügt, daß der ›Völkische Beobachter‹ einen Betrag von 100 000 M. für die Durchführung eines zweiten und dritten Romanpreisausschreibens zur Verfügung stellt. Es ist die Aufgabe dieses zweiten und dritten Romanpreisausschreibens, die geschichtliche Größe unserer Zeit, deren revolutionäre Kraft wir im gemeinsamen Kampf der erwachten Völker Europas erleben, im großen Zeitroman kommenden Geschlechtern zu überliefern. Die beiden ersten Preise betragen je M. 20 000«. L: LE 44 (1941/42), S. 216. – »Vor allem unsere junge Dichtergeneration, der sich in der Kameradschaft der Front und in der Härte ihres Soldatentums der Geist unserer Zeit offenbart, ruft dieser Appell der ältesten nationalsozialistischen Kampfzeitung und größten Zeitung des Reiches auf.« L: DS 7 (1942), H. 1, Umschlag.
B: »Selbstverständlich sind nichtarische Einsender ausgeschlossen. [...] Ueber das Werk muß der Einsender, dessen geistiges Eigentum unbestritten sein muß, in jeder Beziehung frei verfügen können. Es darf noch nicht – auch nicht auszugsweise – veröffentlicht sein und soll wenigstens 90 000 bis 100 000 Silben umfassen. [...] Für die mit einem der vorstehend genannten Preise ausgezeichneten Arbeiten geht das Verlagsrecht zur Veröffentlichung in eigenen Zeitungen oder Zeitschriften an den Zentralverlag der NSDAP. über. Eine Verpflichtung zur Veröffentlichung besteht jedoch für den

Verlag nicht. Der Verfasser überläßt dem Verlag weiterhin das Recht des beliebigen Nachdruckes in Buchform. Macht der Verlag von diesem Recht Gebrauch, so erhält der Verfasser ein angemessenes Honorar. [...] Für alle nicht mit einem Preis ausgezeichneten Arbeiten steht dem Verlag ein Vorkaufsrecht zur beliebigen Verwendung zu. Die Honoraransprüche regeln sich in diesem Falle nach den Bestimmungen der Reichsschrifttumskammer.« L: DS 4 (1939), S. 163.
VF: 1939 (vergeben 1941): 1. Preis: 20 000 RM, 2. Preis: 10 000 RM, 3. Preis: 8000 RM, 4. Preis: 5000 RM, 5. Preis: 3500 RM, 6. Preis: 3500 RM. L: DS 4 (1939), S. 162. – 1942: Bereitstellung von 100 000 RM für zwei weitere Preisausschreiben
LP: Strallhofer (1994), S. 94–97. – Aut 14 (1939), Nr. 7, S. 8f.; DS 4 (1939), S. 162f.; DS 5 (1940), H. 2, Umschlag; DS 5 (1940), S. 128; NL 41 (1940), S. 55; LE 44 (1941/42), S. 216; DS 7 (1942), H. 1, Umschlag; NL 43 (1942), S. 48; Aut 18 (1943), Nr. 3, S. 44; Aut 18 (1943), Nr. 6, S. 96.
T: 1941 *Annaliese Spriegel* (15 000 RM). – *Ines Widmann* (15 000 RM). – LTT: LE 43 (1940/41), S. 480. – Weitere Preise: *Max Dreyer* (3. Preis, 8000 RM). – *Willi Harms* (4. Preis, 5000 RM). – *Willi Gutting* (5. Preis, 3500 RM). – *Hans Janson* (6. Preis, 3500 RM). – LTT: Aut 16 (1941), Nr. 6, S. 95; DS 6 (1941), H. 6, Umschlag.
1944 *Annemarie Fromme-Bechem*. – *Annemarie Herbst*. – *Paul-Johannes Jens*. – *Margarete Reimann*. – LTT: Bbl 111 (1944), S. 181.
1945 vermutlich nicht mehr verliehen. – Einsendeschluß für das dritte Preisausschreiben: 31. 12. 1944. – L: Bbl 111 (1944), S. 181.

Rostocker Kunstpreise auch: Stiftung der Seestadt Rostock zur Förderung niederdeutschen Kunstschaffens, Stiftung der Stadt Rostock zur Förderung junger Kulturschaffender

J: [1936]
S: Stadt Rostock
VT: Jährlich. Verteilung bei der Eröffnung der ›Rostocker Kulturwoche‹ (in der Regel am letzten Sonntag im Monat August)
Z: Förderung junger Kulturschaffender aus Mecklenburg
VF: Abteilung Literatur: 1937 und 1938: 500 RM; 1939: 1000 RM
LP: Aut 13 (1938), Nr. 9, S. 35; Kü (1939), Sp. 251f.
T: 1937 *Reinhardt Bohsack* (Bildhauer). – *Otto Brinckmann* (Maler). – *Theodor Jakobs*. LT: Bbl 105 (1938), S. 139; Kü (1939), Sp. 252. – *Hans Schreiter* (Komponist). – LTT: DS 2 (1937), S. 212; NL 38 (1937), S. 534.
1938 *Kurt Beck* (Komponist). – *Ursula Schneider-Zabel*. LT: Kü (1939), Sp. 252. – LTT: Aut 13 (1938), Nr. 9, S. 35.
1939 *Artur Jost Pfleghar*. LT: Aut 14 (1939), Nr. 8/9, S. 22; DS 4 (1939), S. 204; LE 42 (1939/40), S. 40.
1940 *Rudolf Ahlers*. – *Paul Andresen* (Musiker). – *Max Schenk* (Graphiker, Maler). – *Sepp Elmer* (Holzbildhauer). – *Erwin Fuchs* (Maler, Bildhauer). – LTT: Aut 15 (1940), Nr. 9, S. 144.
1941 *Carl von Bremen* (gefallen). LT: DS 6 (1941), S. 132; LE 44 (1941/42), S. 48.

Rückert-Preis (Teil des ›Mainfränkischen Kunstpreises‹)

J: [1937}
S: Gau Main-Franken, Gauleiter Otto Hellmuth, Würzburg
VT: Jährlich
VF: 3000 RM
LP: DS 2 (1937), S.70; Kü (1939), Sp.252.
T: 1937 *Nikolaus Fey* (Florian-Geyer-Festspiel). LT: LE 39 (1936/37), S.640; Aut 12 (1937), Nr.4/5, S.34; DS 2 (1937), S.143; NL 38 (1937), S.318; Bbl 105 (1938), S.139; Kü (1939), Sp.252.
1939 *Sigmund Graff.* LT: Aut 14 (1939), Nr.8/9, S.22; DS 4 (1939), S.204; NL 40 (1939), S.472; LE 42 (1939/40), S.40.
1942 (1943 verliehen) *Julius Maria Becker.* LT: Aut 18 (1943), Nr.3, S.44: »Der [...] Dichter erhielt diese Auszeichnung in Anerkennung seiner Verdienste um die deutsche Kultur, als zielbewußter Förderer und Interpret mainfränkischen Kunststrebens und in Würdigung seines erfolgreichen schriftstellerischen und dichterischen Schaffens.«; DS 9 (1944), H.3, S.35.
1943 *Wilhelm Weigand.* LT: Bbl 111 (1944), S.16; DS 9 (1944), H.3, S.35.

SA-Kulturpreise

s. Preis des Stabschefs der SA

Sächsischer Staatspreis für Literatur auch: Lessing-Preis

J: [1929]. – In der Gründungsphase als ›Lessing-Preis‹ bezeichnet
S: Sächsische Landesregierung, Dresden. – Zur Vorgeschichte: »Die Nationalsozialisten haben im Haushaltsausschuß des Sächsischen Landtages die Bewilligung von 50000 M. zur Schaffung eines sächsischen Staatsliteraturpreises beantragt. Der Preis soll in zehn Teilen zu 5000 M. an zehn Dichter und Komponisten der jüngeren Generation verteilt werden. Das Vorschlagsrecht sollen zehn Dichter und Komponisten haben.« L: Aut 4 (1929), Nr.10, S.7.
Ju: »Die Regierung wird sich von einer aus Fachleuten zusammengesetzten Kommission Vorschläge machen lassen.« L: Aut 6 (1931), Nr.2, S.11.
VT: »Möglichst häufig«. L: LE 31 (1928/29), S.428.
Z: Auszeichnung sächsischer Schriftsteller, »die im Lande tätig sind und durch ihr Werk der sächsischen Heimat anerkennenswerte Dienste erwiesen haben; wobei von der Konfession und Parteifrage abgesehen werden soll«. L: LE 31 (1928/29), S.428.
B: Empfänger müssen in Sachsen geboren sein oder dort wohnen
LP: LE 31 (1928/29), S.428; Aut 4 (1929), Nr.10, S.7; Aut 6 (1931), Nr.2, S.11.
T: 1929 *Kurt Arnold Findeisen* (2500 M, »in Anerkennung seiner literarischen Verdienste, insbesondere um die sächsische Heimat«). – *Friedrich Schnack* (2500 M, »in Würdigung seiner Leistungen, namentlich auf dem Gebiete der lyrischen und epischen Dichtung«). – LTT: LE 31 (1928/29), S.681.
1932 »Staatspreise zu je 500 Mark«: *Max Barthel. – Friedrich Kurt Benndorf. – Rudolf Glaser. – Franz Kuhn. – A. Artur Kuhnert.* – LTT: LE 34 (1931/32), S.478.
1934 *Hans Christoph Kaergel* (›Hockewanzel‹). LT: LE 37 (1934/35), S.227. – *Johannes Linke. – Karl Söhle.* – LTT: Der Oberschlesier 16 (1934), S.734.
1939 *Gerhard Heilfurth* (›Neustädtel im Erzgebirge‹ und ›Anton Günther‹). LT: Aut 14 (1939), Nr.1/2, S.45.

Hermann von Salza-Preis

s. Prinz Eugen von Savoyen-Preis

Salzburger Kulturpreis

s. Kulturpreis der Gauhauptstadt Salzburg

Hans-Schemm-Preis für das deutsche Jugendschrifttum

J: 1937 zum ersten Mal verliehen. – Benannt nach dem tödlich verunglückten Gründer und Reichsamtsleiter des NS-Lehrerbundes, dem bayerischen Kultusminister und Gauleiter der Bayerischen Ostmark Hans Schemm (1891–1935)
S: Reichsamtsleitung des NS-Lehrerbunds, Bayreuth, Reichsamtsleiter Fritz Wächtler
Ju: Preisgericht
VT: Jährlich
Z: Auszeichnung der besten Jugendbücher des Jahres. – »Die zu wertenden Bücher müssen von unserer Jugend im Alter von 3–14 Jahren erschlossen werden können. Jede für diese Altersstufe in Frage kommende Gestaltungsform [...] und jedes Stoffgebiet werden in den Bereich der Urteilsbildung des Preisgerichts einbezogen.« L: Fritz Wächtler: Das Deutsche Jugendbuch 1940/41. Zitiert nach: Aley (1967), S. 69.
B: »Jedes in Frage kommende Buch [...] muß weltanschaulich zuverlässig, künstlerisch einwandfrei und in der Ausstattung gediegen sein. Verfasser, Bebilderer und Verleger müssen arischen Blutes und Angehörige des deutschen Volkes sein.« L: Fritz Wächtler: Das Deutsche Jugendbuch 1940/41. Zitiert nach: Aley (1967), S. 69.
VF: 1936–1940: 1. Preis: 2000 RM, 2. Preis: 1000 RM, 3. Preis: 500 RM. – 1940/ 41: Drei Preise zu je 2000 RM. – 1941/42: 1. Preis: 2000 RM, 2. Preise zu je 1000 RM
LP: Kü (1937/38), Sp. 255; Kü (1939), Sp. 252; Aley (1967), S. 68–75; Strallhofer (1994), S. 80f. – LE 38 (1935/36), S. 400; Aut 13 (1938), Nr. 10, S. 41; Strothmann (1963), S. 104; Wulf (1963), S. 268.
T: 1936/37 *Leopold Weber* (1. Preis »für seine Neugestaltung deutscher und nordischer Sagenstoffe«). – *Hjalmar Kutzleb* (2. Preis für das Jugendbuch ›Ein Paar Reiterstiefel‹). – *Clemens Laar* (3. Preis für das Buch ›... reitet für Deutschland‹). – LTT: Aut 12 (1937), Nr. 10, S. 48; Bbl 105 (1938), S. 139.
1937/38 *Gottfried Rothacker*, d.i. Bruno Nowak (1. Preis, 2000 RM, für ›Die Kinder von Kirwang‹). LT: Aut 18 (1943), Nr. 9, S. 157. – *Alfred Zacharias* (2. Preis, 1000 RM, für ›Der Bauernzorn‹). – *Alfred Weidenmann* (3. Preis, 500 RM, für die Trilogie ›Jungen im Dienst‹). – LTT: Bbl 105 (1938), S. 856; NL 39 (1938), S. 662; LE 41 (1938/39), S. 194.
1938/39 *Fritz Steuben*, d.i. Erhard Wittek (1. Preis »für seine geschichtlichen Indianererzählungen und insbesondere für den Schlußband ›Tecumsehs Tod‹ «). LT: LE 42 (1939/40), S. 216. – *Bernhard Voigt* (für sein »koloniales Schrifttum«). – *Friedrich Bochmann* (Preis »für drei Bilderbücher«). – LTT: Aut 15 (1940), Nr. 1, S. 17; DS 5 (1940), H. 2, Umschlag; NL 41 (1940), S. 55.
1939/40 *Hans Watzlik* (›Roswitha oder die Flucht aus Böhmen‹). LT: DS 5 (1940), S. 140; LE 43 (1940/41), S. 152. – *Otto Boris*. – *Marianne Baumann-Scheel*. – LTT: Aut 15 (1940), Nr. 11, S. 166.
1940/41 *Günther Prien* (1. Preis für ›Mein Weg nach Scapa Flow‹). – *Erika Müller-Hennig* (2. Preis für ›Die Jungen vom deutschen Doktor‹, ›Abenteuer um Saratow‹, ›Wolgakinder‹ und ›Wolgakinder im Baltenland‹). – *Ernst Ludwig Cramer* (›Die Kinderfarm‹). – LTT: Aut 16 (1941), Nr. 12,

S. 208; LE 44 (1941/42), S. 175; NL 43 (1942), S. 24.

1941/42 *Hanns Maria Lux* (›Felix und die Gesellschaft der roten Laternen‹). LT: Bbl 111 (1944), S. 21; DS 9 (1944), H. 1, S. 12; DS 9 (1944), H. 3, S. 36. – *Franz Bauer* (›Ingrid aus der Pfalz‹, ›Ursula, die Enkelin des Veit Stoß‹). – *Gerhard Drabsch* (›Die Burg‹). – LTT: Aley (1967), S. 80.

1942/43 *Franz Graf Zedtwitz* (1942 gefallen; postum verliehen für ›Die rote Sippe‹ und ›Der Pelzjäger‹). LT: Bbl 111 (1944), S. 21; DS 9 (1944), H. 2, S. 23; DS 9 (1944), H. 3, S. 36.

Schillerpreis

J: 1859. – Neubegründung 1920

S: Wilhelm, Prinz von Preußen (d.i. der spätere Wilhelm I., 1861–1888 König von Preußen, 1871–1888 Deutscher Kaiser), im Namen Friedrich Wilhelms IV., König von Preußen. 1888–1918: Wilhelm II., seit 1888 Deutscher Kaiser und König von Preußen. – 1920: Freistaat Preußen, Ministerium für Wissenschaft, Kunst und Volksbildung, Berlin. – 1927: Der Staat Preußen betraut die Preußische Akademie der Künste/Sektion Dichtkunst mit der Verleihung. – 1937: Preußischer Kultusminister. L: Kü (1937/38), Sp. 255. – 1939: Reichsminister für Wissenschaft, Erziehung und Volksbildung. L: Kü (1939), Sp. 252.

Ju: Satzung 1859: Der Minister der geistlichen, Unterrichts- und Medizinal-Angelegenheiten bildet eine neunköpfige Preiskommission, die »theils aus ordentlichen Mitgliedern der Königlichen Akademie der Wissenschaften, theils aus anderen dazu einzuladenden Notabilitäten Deutschlands« besteht. »Der von der Kommission gefaßte Beschluß wird […] Unserm Minister […] angezeigt und von diesem Uns zur Bestätigung vorgelegt.« L: Zitiert nach: Sowa (1988), S. 345. – Satzung 1920: »Eine aus sieben Mitgliedern bestehende Kommission wird vom Minister für Wissenschaft, Kunst und Volksbildung jedesmal zu Anfang des Jahres gebildet, in dem der Preis erteilt werden soll.« »Die jedesmaligen Entscheidungen über die Preiskrönung bedürfen der Bestätigung durch das Staatsministerium.« L: Akademie der Künste, Berlin, Stiftung Archiv. Bestand PrAdK 2.1/242.

VT: Satzung 1859: Alle drei Jahre. – Satzungsänderung 1901: Alle sechs Jahre

Z: Aus der Satzung 1859: »Die hundertjährige Geburtstagsfeier Friedrichs v. Schiller hat in Uns den Wunsch hervorgerufen, das Andenken des großen Dichters durch eine zur Förderung des geistigen Lebens im Deutschen Volke geeignete Stiftung zu ehren. Deshalb haben Wir beschlossen: / für das beste in dem Zeitraum von je drei Jahren hervorgetretene Werk der Deutschen dramatischen Dichtkunst einen Preis […] zu bestimmen.« – »Zur Auswahl werden nur solche in Deutscher Sprache verfaßte neue Originalwerke der dramatischen Literatur zugelassen, welche durch eigenthümliche Erfindung und gediegene Durchbildung in Gedanken und Form einen dauernden Werth haben. Dabei sind solche Werke besonders zu berücksichtigen, welche zur Aufführung auf der Bühne sich vorzugsweise eignen, ohne doch dem vorübergehenden Geschmack des Tages zu huldigen.« L: Zitiert nach: Sowa (1988), S. 345f. – »Ist kein preiswürdiges Werk vorhanden, so soll der Preis das nächste Mal verdoppelt oder es sollen dann zwei Preise verliehen werden. Bei längerem Mangel preiswürdiger Dramen kann der Preis auf andere Weise zur Anerkennung und Förderung deutscher Dichtkunst verwendet werden.« L: Kü (1898), Sp. 51f.

B: Satzung 1859: »[…] für die […] Preisertheilungen sind jedesmal die neueren, seit dem letzten Zusammentreten der Kommission bekannt gewordenen Werke besonders zu berücksichtigen. Werke, welche vor dem Beginn des jedesmaligen dreijährigen Zeitraums herausgegeben oder auf der Bühne erschienen sind, bleiben jedenfalls ausgeschlossen.« Zitiert nach: Sowa (1988), S. 346. – Satzungsänderung 1901: »Für den Preis kommen [...] die dramatischen Werke lebender deutscher Dichter in Betracht, welche in den letzten zwölf Jahren bis zu der Beschlußfassung der Kommission herausgegeben oder in dieser Zeit zum ersten Male auf der Bühne aufgeführt worden sind, desgleichen solche Werke, welche in diesem Zeitraum verfaßt sind und der Kommission besonders eingereicht werden.« Zitiert nach: Sowa (1988), S. 350. – Satzung 1920: »Für den Preis kommen dramatische Werke lebender deutscher Dichter in Betracht, die in den letzten 10 Jahren vor der Beschlußfassung der Kommission erschienen oder in dieser Zeit zum ersten Male auf der Bühne aufgeführt worden sind.« L: Akademie der Künste, Berlin, Stiftung Archiv. Bestand PrAdk 2.1/242.

VF: Satzung 1859: »Eintausend Thaler Gold [3400 M] nebst einer goldenen Denkmünze«. – Satzungsänderung 1901: »Zweitausend Thaler Gold nebst einer goldenen Denkmünze«. – 1920: 7000 M

LP: Wolfgang Sowa: Der Staat und das Drama. Der Preußische Schillerpreis 1859–1918. Eine Untersuchung zum literarischen Leben im Königreich Preußen und im deutschen Kaiserreich. Frankfurt a.M. [usw.] 1988. – Kü (1892), Sp. 87f.; Kü (1895), Sp. 47f.; Kü (1897), Sp. 53f.; Kü (1898), Sp. 51f.; Kü (1902), Sp. 51f.; Kü (1903), Sp. 55f.; Meyers Großes Konversations-Lexikon. 6. Aufl. Leipzig, Wien 1909. S. 801f.; Satzung des Schillerpreises [1920]. Akademie der Künste, Berlin, Stiftung Archiv. Bestand PrAdk 2.1/242; Kü (1937/38), Sp. 255; Kü (1939), Sp. 252; Wilhelm Kosch: Deutsches Literatur-Lexikon. 2. Aufl., Bd 3. Bern 1956. S. 2471. – Theodor Barth: Preiskrönungen. In: Die Nation 11 (1893/94), S. 239; [Maximilian Harden:] Der Schillerpreis. In: Die Zukunft 6 (1894), S. 48; Neue litterarische Blätter 4 (1895/96), S. 176; Bbl 66 (1899), S. 8887; LE 2 (1899/1900), Sp. 366, 737; LE 4 (1901/02), Sp. 325f.; LE 4 (1901/02), Sp. 459–466; LE 5 (1902/03), Sp. 398; LE 5 (1902/03), Sp. 725; Josef Ettlinger: Brauchen wir Dichterpreise? In: LE 7 (1904/05), S. 1227–1232, 1305, 1419f., 1704; M. Behr: Schillerstiftung und Dichterpreise. In: Literarische Warte 6 (1905), S. 690–692; LE 10 (1907/08), Sp. 1400; LE 11 (1908/09), Sp. 303; Ernst Schultze: Literarische Ehrenpreise. In: Germanisch-romanische Monatsschrift 4 (1912), S. 521–536; LE 22 (1919/20), Sp. 1120f.; LE 22 (1919/20), Sp. 1149; FZ Nr. 316 vom 30. 4. 1920, S. 1; FZ Nr. 42 vom 16. 1. 1922, S. 1; LE 25 (1922/23), Sp. 476; LE 29 (1926/27), S. 612; Elster (1930), S. 593–599; Hans Daiber: Hinter ihm in wesenlosem Scheine. Hundert Jahre Schillerpreis. In: Deutsche Zeitung, Nr. 179 vom 31. 10. / 1. 11. 1959; Wulf (1963), S. 255f.

T: Die Preisträger und Juroren sind nach Sowa (1988) verzeichnet.

1860 nicht verliehen. – Ju: August Böckh (Klassischer Philologe). – Ernst Curtius (Archäologe). – Eduard Devrient (Schauspieler, Regisseur). – Johann Gustav Droysen (Historiker). – Georg Gottfried Gervinus (Literarhistoriker). – Heinrich Gustav Hotho (Kunsthistoriker). – Botho von Hülsen (Theaterintendant). – Theodor Mommsen (Historiker). – Leopold von Ranke (Historiker)

1863 *Friedrich Hebbel* (voller Preis für ›Die Nibelungen‹). – *Otto Ludwig* (Geldsumme;

Auszeichnung des Gesamtwerks). – Ju: Heinrich Abeken (Geheimer Legationsrat im Preußischen Außenministerium). – August Böckh. – Ernst Curtius. – Eduard Devrient. – Gustav Freytag. – Heinrich Gustav Hotho. – Botho von Hülsen. – Theodor Mommsen. – Moritz Eduard Pinder (Verwalter der Universitätsbibliothek, Berlin)

1866 *Albert Lindner* (voller Preis für ›Brutus und Collatinus‹). – Ju: Heinrich Abeken. – August Böckh. – Ernst Curtius. – Eduard Devrient. – Johann Gustav Droysen. – Heinrich Gustav Hotho. – Botho von Hülsen. – Moritz Eduard Pinder. – Leopold von Ranke

1869 *Emanuel Geibel* (voller Preis für ›Sophonisbe‹). – *Heinrich Kruse* (Medaille für Kunst und Wissenschaft). – Ju: Ernst Curtius. – Eduard Devrient. – Johann Gustav Droysen. – Hermann Hettner (Literarhistoriker). – Heinrich Gustav Hotho. – Botho von Hülsen. – Rudolf Köpke (Historiker). – Leopold von Ranke. – Gustav Schöll (Kunsthistoriker)

1872 nicht verliehen. – Ju: Ernst Curtius. – Johann Gustav Droysen. – Hermann Hettner. – Heinrich Gustav Hotho. – Botho von Hülsen. – August zu Putlitz. – Leopold von Ranke. – Gustav Schöll. – Anton Heinrich Springer (Kunsthistoriker)

1875 nicht verliehen. – Ju: Ernst Curtius. – Herman Grimm (Kunst- und Literarhistoriker). – Hermann Hettner. – Botho von Hülsen. – August zu Putlitz. – Wilhelm Scherer (Literarhistoriker). – Julian Schmidt (Literarhistoriker). – Gustav Schöll. – Heinrich von Treitschke

1878 *Ludwig Anzengruber* (Geldsumme; Auszeichnung des Gesamtwerks). – *Franz Nissel* (Geldsumme für ›Agnes von Meran‹). – *Adolf von Wilbrandt* (Geldsumme für ›Kriemhild‹). – LTT: Wilhelm Scherer: Die Schillerpreise. In: Deutsche Rundschau 17 (1878), S. 484–488; Julian Schmidt: Der Schillerpreis. In: Preußische Jahrbücher 42 (1878), S. 626–635; Paul Lindau: Julian Schmidt und der ›Schillerpreis‹. In: Nord und Süd 8 (1879), S. 118–140; Anton Bettelheim: Ludwig Anzengruber und der Schillerpreis. Eine Richtigstellung. In: Die Nation 5 (1887/88), Nr. 15, S. 210f. – Ju: Ernst Curtius. – Otto Devrient. – August Förster. – Gustav Freytag. – Herman Grimm. – Botho von Hülsen. – August zu Putlitz. – Julian Schmidt. – Heinrich von Treitschke

1881 nicht verliehen. – Ju: Otto Devrient (Schauspieler, Regisseur). – August Förster (Schauspieler, Regisseur). – Gustav Freytag. – Herman Grimm. – Botho von Hülsen. – Wilhelm Scherer. – Julian Schmidt. – Heinrich von Treitschke. – Alfred von Wolzogen

1884 *Ernst von Wildenbruch* (Geldsumme; Auszeichnung des Gesamtwerks). – *Paul Heyse* (Geldsumme; Auszeichnung des Gesamtwerks). – Ju: Otto Devrient. – Gustav Freytag. – Herman Grimm. – Botho von Hülsen. – August zu Putlitz. – Wilhelm Scherer. – Julian Schmidt. – Heinrich von Treitschke. – Ernst Wichert

1887 nicht verliehen. – Ju: Otto Devrient. – Gustav Freytag. – Herman Grimm. – Paul Heyse. – Bolko von Hochberg (Komponist, Theaterintendant). – August zu Putlitz. – Erich Schmidt (Literarhistoriker). – Heinrich von Treitschke. – Julius von Weizsäcker (Historiker). – Ernst Wichert

1890 *Theodor Fontane* (Geldsumme; Auszeichnung des Gesamtwerks). – *Klaus Groth* (Geldsumme; Auszeichnung des Gesamtwerks). – LTT: Wilhelm Bölsche: Der Schillerpreis. In: Freie Bühne für modernes Leben 2 (1891), S. 417–421; M. Kent: Theater. In: Die Nation 8 (1890/91), S. 470f.; Joachim Hartig, Inge Bichel (Mitarb.): Vor hundert Jahren. Klaus Groth im Jahre 1891. In: Jahresgabe Klaus-Groth-

Gesellschaft 33 (1991), S. 33–62. – Ju: Otto Devrient. – Wilhelm Dilthey (Philosoph). – Gustav Freytag. – Herman Grimm. – Paul Heyse. – Bolko von Hochberg. – Erich Schmidt. – Heinrich von Treitschke. – Karl Weinhold (Literarhistoriker, Sprachwissenschaftler)

1893 nicht verliehen. L: Neue Deutsche Rundschau (Freie Bühne) 5 (1894), S. 179. – Ju: Albert Bürklin. – Wilhelm Dilthey. – Gustav Freytag. – Paul Heyse. – Bolko von Hochberg. – Jakob Minor (Literarhistoriker). – Erich Schmidt. – Heinrich von Treitschke. – Karl Weinhold

1896 *Ernst von Wildenbruch* (voller Preis in doppelter Höhe für ›Heinrich und Heinrichs Geschlecht‹). LT: Bbl 63 (1896), S. 7502, 7546, 7593, 7635; Max Osborn: Der Schillerpreis und seine Kandidaten. In: Monatsschrift für Neue Litteratur und Kunst 1 (1896/97), S. 300–303. – Ju: Albert Bürklin (Theaterintendant, Karlsruhe). – Wilhelm Dilthey. – Bolko von Hochberg. – Reinhold Koser (Historiker). – Heinrich von Treitschke. – Jakob Minor. – Berthold Litzmann (Literarhistoriker). – Julius Rodenberg. – Erich Schmidt. – G.W. Hippolyt von Vignau (Theaterintendant, Weimar)

1899 nicht verliehen. – L: Peter Schlemihl, d.i. Ludwig Thoma: Der Schillerpreis. [Gedicht]. In: Simplicissimus 4 (1899/1900), S. 399. – Ju: Friedrich von Bezold (Historiker). – Alfred Wilhelm Dove (Historiker, Essayist). – Bolko von Hochberg. – Ernst Höpfner. – Gustav Kettner. – Reinhold Koser. – Berthold Litzmann (Literarhistoriker). – G.W. Hippolyt von Vignau. – Ulrich von Wilamowitz-Moellendorff (Klassischer Philologe)

1902 nicht verliehen. – Ju: Hermann Baumgart (Literarhistoriker). – Ernst Elster (Literarhistoriker). – Bolko von Hochberg. – Ernst Höpfner (Lehrer, Tätigkeiten in Kulturbehörden). – Gustav Kettner (Gymnasiallehrer, Herausgeber von Schillers dramatischem Nachlaß). – Max Lenz (Historiker). – G.W. Hippolyt von Vignau. – Friedrich Vogt (Literarhistoriker). – Ulrich von Wilamowitz-Moellendorff

1908 *Karl Schönherr* (voller Preis für ›Erde‹). – *Ernst Hardt* (voller Preis für ›Tantris der Narr‹). – Ju: Ernst Höpfner. – Georg Graf von Hülsen-Haeseler (Theaterintendant). – Adolf Matthias (Regierungsrat im Preußischen Kultusministerium). – Gustav Roethe (Literarhistoriker). – Erich Schmidt. – Julius Schwering (Literarhistoriker). – G.W. Hippolyt von Vignau. – Ulrich von Wilamowitz-Moellendorff

1914 nicht verliehen. – Ju: Reinhold Koser. – Eugen Kühnemann (Philosoph, Literarhistoriker)

1921 Widersprüchliche Meldungen über die Verteilung des Preises: *Reinhard Goering* (›Seeschlacht‹). LT: Meyers Lexikon. 8. Aufl. Leipzig 1942. Sp. 1083f.; Sowa (1988), S. 281. – *Fritz von Unruh* (›Ein Geschlecht‹). – LTT: LE 24 (1921/22), S. 826: »Der Schillerpreis, der bereits am 10. November fällig gewesen war, ist von der Kommission mit einer Mehrheit von vier gegen drei Stimmen Fritz von Unruh fur seine Tragödie ›Ein Geschlecht‹ und Reinhard Göring für seine ›Seeschlacht‹ zuerkannt worden. Die Entscheidung des preußischen Kultusministeriums steht befremdlicherweise noch immer aus.«; FZ Nr. 124 vom 15. 2. 1922, S. 1; FZ Nr. 119 vom 14. 2. 1923, S. 1: »Das preußische Staatsministerium hat beschlossen, die Verteilung des Schillerpreises auszusetzen. Gleichzeitig hat es dem Antrag des preußischen Kultusministers auf Verdoppelung des Preises für den nächsten Termin zugestimmt. Die für die diesmalige Verteilung des Schillerpreises gebildete Kommission hat sich in ihren Vorschlägen nicht einigen können. Während der engere Ausschuß die Tragödie ›Seeschlacht‹ von Reinhard Göring krönen wollte, ist von mehreren Mitgliedern des Gesamtausschusses der Dramatiker Burte für das Schauspiel ›Katte‹ in Vorschlag gebracht worden. Vier von den sieben Mitgliedern der Kommission sprachen sich auch für eine Teilung des Preises zwischen Fritz v. Unruh und Göring aus.«; Arthur Eloesser: Schillerpreis der Republik. In: Vossische Zeitung Nr. 77 vom 15. 2. 1938. – Ju: Theodor Däubler. – Arthur Eloesser (Theaterkritiker, Essayist). – Gerhart Hauptmann. – Heinrich Lilienfein. – Julius Petersen (Literarhistoriker). – Hans Pfitzner. – Max Reinhardt. – LJu: FZ Nr. 42 vom 16. 1. 1922.

1927 *Hermann Burte. – Fritz von Unruh. – Franz Werfel.* LT: Die Akademie der Künste und der Schillerpreis. In: FZ Nr. 95 vom 4. 2. 1928, S. 2. – LTT: Der Schillerpreis. In: FZ Nr. 840 vom 11. 11. 1927, S. 1; LE 30 (1927/28), S. 247. – Ju: Ludwig Fulda. – Gerhart Hauptmann. – Friedrich Kayßler. – Heinrich Lilienfein. – Walter von Molo. – Julius Petersen (Literarhistoriker). – Wilhelm von Scholz. – LJu: LE 29 (1926/27), S. 612.

1933 »Der Schillerpreis, der alle sechs Jahre einem deutschen Dramatiker verliehen wird, wird statt im laufenden Jahr erst im Jahre 1934, am 175. Geburtstag Schillers, zur Verteilung gelangen.« L: LE 35 (1932/33), S. 611.

1935 »Der [...] Schillerpreis [...] wird nach Entschließung der von Reichsminister Rust einberufenen Kommission in diesem Jahre nicht vergeben.« L: LE 37 (1934/35), S. 474. – »Reichsminister Dr. Rust hatte [...], der Satzung des Preises entsprechend, eine Preisverteilungskommission berufen, die sich aus Dr. Hermann Stehr, Dr. Rudolf G. Binding, Dr. Agnes Miegel, Werner Beumelburg, Reichsdramaturgen Dr. Rainer Schlösser, Universitätsprofessor Dr. Petersen und Staatsschauspieler Friedrich Kayßler zusammensetzte. Mit Rücksicht darauf, daß für die Verteilung dieser außergewöhnlichen staatlichen Anerkennung nur ein im nationalsozialistischen Geist schaffender Dichter größten Formats in Frage kommen kann, ein entscheidendes Übergewicht aber zur Zeit noch bei keinem Werk bzw. keiner Dichtererscheinung vorliegt, hat die Kommission vorgeschlagen, den Preis als solchen diesmal nicht zu vergeben, sondern nach Artikel 11 der Satzung als Werkhilfen oder in anderer Weise für dramatische Dichter zu verwenden. Reichsminister Dr. Rust hat sich in seiner Eigenschaft als preußischer Minister für Wissenschaft, Erziehung und Volksbildung diesem Vorschlag angeschlossen und hat dem Ministerpräsidenten empfohlen, ihm gleichfalls zuzustimmen. Der Ministerpräsident hat die Zustimmung erteilt. Demgemäß wird die Preissumme der Notgemeinschaft des Deutschen Schrifttums zur Verteilung an notleidende Schriftsteller überwiesen.« L: Aut 10 (1935), Nr. 4, S. 9.

Schillerpreis/Augsburg

s. Preis der Augsburger Schillerstiftung

Schillerpreis/Nürnberg

T: 1912/13 *Gustav W. Eberlein* (›Schloß Heidelberg‹). LT: LE 15 (1912/13), Sp. 438. »Dem in Zürich lebenden Schriftsteller [...] wurde für sein Märchendrama [...] der doppelte Schillerpreis der Städte Nürnberg und Augsburg zuerkannt.«

Schillerpreis/Schweiz

s. Preise der Schweizerischen Schillerstiftung

Schillerpreis/Wien [1]

J: 1859 zum 100. Geburtstag und 1905 zum 100. Todestag Schillers ausgeschrieben
S: Österreichische Akademie der Wissenschaften, Wien
LP: Dokumentation zur österreichischen Akademie der Wissenschaften 1847–1972. Bd 3: Die Mitglieder und Institutionen der Akademie. Bearb. von Ludmilla Krestan. Wien 1972. S. 163.
T: 1861 *Karl Tomaschek*
1908 *Albert Ludwig* (Gymnasiallehrer, Lichtenberg bei Berlin; Preis für seine Arbeit zum Thema »Schiller im Urteile der deutschen Nachwelt«). LT: Neue Freie Presse vom 31.5. 1908.

Schillerpreis/Wien [2]

s. Volkstheaterpreis

Schlesischer Literaturpreis 1942: Niederschlesischer Schrifttumspreis

J: 1936
S: Der Oberpräsident der Provinzen Ober- und Niederschlesien, Karl Hanke, Breslau. – Die Provinzialverwaltungen von Ober- und Niederschlesien. – Stadt Breslau
Ju: Der Oberpräsident oder ein von ihm bestimmter Vertreter. – Der Landeshauptmann von Niederschlesien. – Der Landeshauptmann von Oberschlesien. – Der Oberbürgermeister von Breslau. – Der Landesleiter Schlesien der Reichsschrifttumskammer. – Aus Schlesien stammende Senatoren des Reichskultursenats. – Der Leiter der Landesstelle Schlesien des Reichsministeriums für Volksaufklärung und Propaganda. – Der Leiter der Reichsstelle zur Förderung des deutschen Schrifttums in Schlesien
VT: Jährlich
Z: Auszeichnung dichterischer Werke aus und über Schlesien, die seit 1933 im Druck erschienen sind. Die Arbeiten werden von den Autoren selbst eingereicht. »Der Preis soll das Schaffen junger, schöpferischer Kräfte anregen, die in Schlesien beheimatet sind«, L: LE 39 (1936/37), S. 512, »oder denen Schlesien die Anregung zu ihrem Schaffen gegeben hat und deren Werk in Verbindung mit Schlesien steht«, L: Bbl 105 (1938), S. 148. – »Die Ausdehnung auf musikalische Werke, insbesondere zur Schaffung volkstümlicher Lieder, ist für spätere Jahre vorgesehen.« L: DS 1 (1936), S. 66.
VF: 1938: 3000 RM. – 1942: 5000 RM
LP: Kü (1937/38), Sp. 255; Kü (1939), Sp. 252. – Aut 11 (1936), Nr. 2/3, S. 20; LE 39 (1936/37), S. 512; Aut 12 (1937), Nr. 2/3, S. 28; Aut 13 (1938), Nr. 1/2, S. 20; Bbl 105 (1938), S. 148; DS 3 (1938), S. 65; Konrad Gajek: August Scholtis und der Schlesische Literaturpreis 1938. In: Mitteilungen des Beuthener Geschichts- und Museumsvereins 50 (1992), S. 138–160.
T: 1936 kein Gesamtpreis vergeben. Lobende Anerkennung (je RM 1000): *Waldemar Glaser* (›Ein Trupp SA‹). – *Erich Hoinkis* (›Er und seine Kompanie‹, ›Nacht uber Flandern‹). LT: DS 2 (1937), S. 20. – *Stefan Sturm* (›Mensch auf dem Amboß‹). – LTT: Aut 11 (1936), Nr. 11/12, S. 26; LE 39 (1936/37), S. 320; DS 2 (1937), S. 46; NL 38 (1937), S. 159; Bbl 105 (1938), S. 139; Kü (1939), Sp. 252.
1937 *Hans Niekrawietz* (›Oderlieder‹ und ›Bauern- und Bergmannsgesänge‹). LT: Aut 12 (1937), Nr. 12, S. 53; LE 40 (1937/38), S. 320; Bbl 105 (1938), S. 9; DS 3 (1938), S. 21; NL 39 (1938), S. 46; Kü (1939), Sp. 252.
1938–1941 nicht verliehen
1942 letzte Verleihung als ›Niederschlesischer Schrifttumspreis‹ an: *Gerhart Hauptmann*. LT: DS 7 (1942), H. 12, S. 142: »Un-

ter den vielfachen Ehrungen, die Gerhart Hauptmann anläßlich seines 80. Geburtstages zuteil wurden, verdient die Verleihung des schlesischen Schrifttumspreises durch Gauleiter Hanke besonders hervorgehoben zu werden.«; NL 43 (1942), S. 272; [Gauleiter und Oberpräsident Karl Hanke: Laudatio]. In: Die Gerhart-Hauptmann-Tage in Breslau vom 11. bis 15. November 1942. Ein Buch der Erinnerung. Breslau 1943. S. 48–52: »Mit diesem Niederschlesischen Schrifttumspreis ist zum ersten Male die Überreichung des Siling-Ringes verbunden [...]« (S. 52).

Schleswig-Holsteinischer Kunstpreis

s. Literaturpreis der Provinz Schleswig-Holstein

Schleswig-Holsteinischer Literaturpreis

s. Literaturpreis der Provinz Schleswig-Holstein

Schleswig-Holsteinischer Schrifttumspreis

s. Literaturpreis der Provinz Schleswig-Holstein

Schrifttumspreis des Gauleiters der NSDAP in Kärnten auch: Kärntner Schrifttumspreis

J: 1943
S: Gau Kärnten, Gauleiter Friedrich Rainer, Klagenfurt
Z: Auszeichnung von Kärntner Autoren
VF: 5000 RM
LP: Strallhofer (1994), S. 72f. – Bbl 111 (1944), S. 6.
T: 1943 *Hans Sittenberger*. LT: Strallhofer (1994), S. 72. – DS 9 (1944), H. 3, S. 34.

Schrifttumspreis des Sudetengaues

s. Sudetendeutscher Schrifttumspreis

Carl Schünemann-Preis

J: 1927
S: Carl und Walther Schünemann, Inhaber des Carl Schünemann-Verlags, Bremen
Ju: »Das Preisrichteramt hat ›Die Kogge, Norddeutscher Dichterkreis‹, übernommen. Jedes Mitglied der ›Kogge‹ hat das Recht, bis zum ersten Juli jeden Jahres ein Werk für den Preis vorzuschlagen. Auf dieses Recht kann verzichtet werden. Durch einen von der ›Kogge‹ alljährlich neu zu wählenden Preisrichter wird unter den vorgeschlagenen Werken das auszuzeichnende bestimmt. Der Preisrichter hat kein Vorschlagsrecht und ist an die ihm vorzulegende Liste gebunden.« L: Der Carl Schünemann Preis. [Statuten. Faltblatt des Verlages Carl Schünemann]. Bremen, am 1.10. 1927.
VT: Jährlich, zunächst für die Dauer von fünf Jahren. Verteilung am 1. Oktober
Z: Preis »für ein wertvolles, deutsches Romanwerk lebensbejahender Art. – Die Stifter gingen davon aus: einmal, daß nicht genug getan werden könne zur Stützung der deutschen Dichtung gegen eine Überfremdung des Büchermarktes mit ausländischem Schrifttum, und zum anderen davon: einer unzweifelhaft heraufkommenden, neuen, zukunftweisenden Dichtergeneration die Wege zu ebnen. Es handelt sich also darum, ein in deutscher Sprache geschriebenes Romanwerk zu finden, das – ohne etwa in

seichten Optimismus zu verfallen – vor allem einmal Ja sagt zu allen Vielfältigkeiten dieses Daseins und somit unserem heutigen Volksbewußtsein neuen, tätig befreienden Auftrieb zu geben vermag.« L: Der Carl Schünemann Preis. [Statuten. Faltblatt des Verlages Carl Schünemann]. Bremen, am 1.10. 1927.
B: »Für die Preisverteilung kommen alle seit dem 1. Juli des voraufgegangenen Jahres veröffentlichten Romanwerke in deutscher Sprache in Frage. Bisher nur in Zeitschriften veröffentlichte oder nur erst im Manuskript vorliegende Romane sowie Übersetzungen und bereits preisgekrönte Werke sind von der Preisverteilung ausgeschlossen.« L: Der Carl Schünemann Preis. [Statuten. Faltblatt des Verlages Carl Schünemann]. Bremen, am 1.10. 1927.
VF: 2000 RM. Ungeteilt zu vergeben
LP: Der Carl Schünemann Preis. [Statuten. Faltblatt des Verlages Carl Schünemann]. Bremen, am 1.10. 1927; LE 30 (1927/28), S.122 f.; Literarische Preise (1928), S.363; Bufkin (1980), S.141. – Carl-Schünemann-Preis 1928. In: Die literarische Welt 4 (1928), Nr.42, S.4; Carl Schünemann-Preis. In: Aut 2 (1927), Nr.11, S.9f.; Der Carl Schünemann-Preis. In: Aut 4 (1929), Nr.5, S.11; Carl Schünemann-Preis 1933 verschoben. In: Aut 8 (1933), Nr.10, S.16.
T: 1928 *Friedrich Griese* (›Winter‹). – Ju und Laudatio: Wilhelm Scharrelmann. – LT/Ju: Carl-Schünemann-Preis 1928. In: Die literarische Welt 4 (1928), Nr.42, S.4; LE 31 (1928/29), S.117 (aus der Begründung des Preisrichterurteils): »Wie in diesem Werke mit nordischer Kraft und unerschütterlicher Ruhe des echten Epikers ein Geschehen erzählt und in den Bereich wah-

rer Dichtung hinaufgehoben, ja, durch die tiefe Naturverbundenheit des Verfassers ins Mythische gesteigert ist, verdient unbedingt Anerkennung und freudige Erwartung auf das, was uns von diesem jungen Dichter weiterhin kommen wird.«

1929 *Friedrich Alfred Schmid Noerr* (›Frau Perchtas Auszug‹). – Ju und Laudatio: Detmar Heinrich Sarnetzki. – LT/LJu: LE 32 (1929/30), S. 179f. (aus der Begründung des Preisrichterurteils): »Es handelt sich in dem ›mythischen Roman‹ Frau Perchtas Auszug [...] um ein Dichtwerk von außerordentlich hohem Rang, das, ganz abseitig aller Gegenwartsdichtung individualistischer oder intellektueller Richtung, abseitig im Stofflichen wie in Sinndeutung und Sprachgeist, einen Mythos deutscher Vergangenheit belebt: den Kampf der altgermanischen Heidengötter gegen das vordringende Christentum [...].«

1930 *Hermann Eris Busse* (›Schlafendes Feuer‹; ›Markus und Sixta‹; ›Der letzte Bauer‹, Romantrilogie). LT: LE 33 (1930/31), S. 179 (aus der Begründung des Preisrichterurteils): »Busse hat in diesen Arbeiten nichts von schwächlicher Heimattümelei seines Anfangs an sich. [...] er bereicherte [...] unser Schrifttum um eine der schönsten und, überschaut man das ganze Werk, gewaltigsten Darstellungen deutschen Bauerntums.« – Ju: Hans Friedrich Blunck. LJu: LE 32 (1929/30), S. 735.

1931 nicht verliehen, »[...] weil sich unter den in diesem Jahr vorgeschlagenen Werken keins befand, das den Absichten der Stiftung völlig entsprach.« L: LE 34 (1931/32), S. 180. – Ju: August Hinrich. LJu: LE 33 (1930/31), S. 603.

1932 *Ernst Wiechert* (›Jedermann, Die Geschichte eines Namenlosen‹). LT: LE 35 (1932/33), S. 118. – Ju: Hans Franck. LJu: LE 35 (1932/33), S. 59: »Das Preisrichteramt [...] übernimmt in diesem Jahr Hans Franck und ist dabei nicht mehr an die Vorschläge der ›Kogge‹, des niederdeutschen Dichterkreises, gebunden, sondern wird selbständig entscheiden.«

1933 nicht verliehen. – Ju: Hans Grimm. LJu: LE 35 (1932/33), S. 672; [Anzeige des Verlages Wilh. Gottl. Korn, Breslau]. In: Bbl 100 (1933), S. 5280; Aut 8 (1933), Nr. 7, S. 13; Aut 8 (1933), Nr. 10, S. 16; Karl Rauch: Carl Schünemann-Preis wird nicht verteilt. In: Die literarische Welt 9 (1933), Nr. 42, S. 1; Karl Rauch: Neue Literaturkritik. Forderung und Beginn. In: Die Tat 25 (1933/34), S. 630–639; LE 36 (1933/34), S. 123.

1934 *Wilhelm Pleyer* (›Der Puchner‹). LT: Aut 9 (1934), Nr. 10, S. 18; [Anzeige des Verlags A. Langen – G. Müller, München]. In: Das Deutsche Wort. Der literarischen

Bitte zurück an H. G. – Lippoldsberg

Um den Schünemann=Preis

schreibt „Die Tat", November 1933, Seite 635:

Mit Verwunderung und Bedauern müssen wir zur Kenntnis nehmen, daß Hans Grimm die nach dem Erscheinungstermin für diesen Preis in Frage stehenden neuen Romane von Grabenhorst, Bruno Brehm, Dwinger als dieses Preises unwürdig erachtet.

Es handelt sich hier um das Buch von

Georg Grabenhorst

Merve

Der Roman eines jungen Mädchens

Ganzleinen RM 5.50, kartoniert RM 4.—

Hellmuth Langenbucher schrieb im Juni über die „Merve":
„Eines der schönsten Bücher des letzten Winters ist Georg Grabenhorsts ‚Merve', das wir dem Einsatz des Buchhändlers besonders empfehlen möchten."

Leider konnte noch im letzten Winter ein Buch wie dieses durch die „Emigrantenliteratur" an die Wand gedrückt werden. In diesem Winter werden Sie, Herr Kollege, das Buch leicht durchsetzen. Gerade der künstlerisch anspruchsvolle Leser wird Ihnen für eine Empfehlung der „Merve" dankbar sein. Benützen Sie das sehr günstige Vorzugsangebot.

Z

WILH·GOTTL·KORN VERLAG BRESLAU

Welt N.F. 10 (1934), Nr. 44, S. 11; LE 37 (1934/35, S. 180). – Ju: Hans Grimm. LJu: Aut 9 (1934), Nr. 10, S. 18.

Schwäbischer Dichterpreis

J: 1935
S: Württembergischer Ministerpräsident und Kultminister, Christian Mergenthaler, Stuttgart
Ju: »Die Entscheidung über die Preiszuteilung bestimmt der Kultminister nach Anhörung eines Preisgerichts. Die Zusammensetzung des Preisgerichts und den Zeitpunkt seines Zusammentretens bestimmt der Kultminister.« L: DS 1 (1936), S. 88.
VT: Jährlich
Z: Auszeichnung der besten Leistung schwäbischer Dichter und Dichterinnen oder Angehöriger des schwäbischen Kulturkreises
B: 1936: »Bewerbungsberechtigt sind in Württemberg geborene oder ansässige Dichter und Dichterinnen mit ihren Werken [...], die in der Zeit vom 1. September 1935 bis 31. August 1936 erschienen sind oder erscheinen. Als erschienen gelten Werke, die in Buchform veröffentlicht sind, dramatische Werke auch dann, wenn sie bis 31. August 1936 aufgeführt worden sind. [...] Ein Werk, das bereits anderweitig ausgezeichnet ist, wird nicht zugelassen.« L: DS 1 (1936), S. 88.
VF: 3000 RM
LP: Kü (1937/38), Sp. 256; Kü (1939), Sp. 253; Bufkin (1980), S. 141f. – Aut 10 (1935), Nr. 2, S. 21; LE 37 (1934/35), S. 326; Aut 11 (1936), Nr. 2/3, S. 20; Michael (1936), S. 14; Aut 12 (1937), Nr. 2/3, S. 28; Aut 13 (1938), Nr. 1/2, S. 20; DS 4 (1939), S. 70; Aut 15 (1940), Nr. 2, S. 39; NL 41 (1940), S. 103; Aut 17 (1942), Nr. 3, S. 47.
T: 1935 *Georg Schmückle* (für die dramatisierte Form seines Romans ›Engel Hiltensperger‹). – *Gerhard Schumann* (›Fahne und Stern‹, Gedichte). – Lobende Erwähnung: *Helmut Paulus* (›Die Geschichte von Gamelin‹). – *Max Reuschle* (›Volk, Land und Gott‹, Gedichte). – *Wilhelm Schloz* (›Vom ewigen Krieg‹, Gedichte). – LTT: Aut 10 (1935), Nr. 11, S. 21; LE 38 (1935/36), S. 200; DS 1 (1936), S. 18; Bbl 105 (1938), S. 139; Kü (1939), Sp. 253.
1936 *Ludwig Finckh* (›Trommler durch die Welt‹, Gedichte). LT: Verleihungsurkunde. DLA Marbach, Handschriftenabt.: »Ich verleihe einen Preis im Betrag von 1000 RM an Dr. Ludwig Finckh in Gaienhofen, den deutschbewußten Erzähler, den Wegbereiter der Ahnenforschung, den Vorkämpfer für das Auslanddeutschtum und für deutsche Art in Sprache und Schrift, für sein gesamtes dichterisches Schafen. Mergenthaler, Ministerpräsident und Kultminister«. – *August Lämmle* (›Schwäbisches, Allzuschwäbisches‹). – *Anna Schieber* (›Wachstum und Wandlung‹, Roman). – *Albert Schramm* (›Der innere Kreis. Kriegstagebuch eines Arztes‹). – LTT: Aut 11 (1936), Nr. 10, S. 27; Bbl 105 (1938), S. 139; Kü (1939), Sp. 253.
1937 *Veit Bürkle*, d.i. Karl Heinrich Bischoff (›Bis zur Heimkehr im Sommer‹, Roman). LT: DS 2 (1937), S. 262; Bbl 105 (1938), S. 139; [Auszug aus der Laudatio von Christian Mergenthaler]. In: DS 3 (1938), S. 44; Kü (1939), Sp. 253. – Lobende Erwähnung: *Olaf Saile*. – *Auguste Supper*. – *Ludwig Tügel*. – LTT: LE 40 (1937/38), S. 256.
1938 *Hans Heinrich Ehrler* (eingereicht: ›Mit dem Herzen gedacht. Betrachtungen‹; Preisverleihung für das Gesamtwerk). – Laudatio: Christian Mergenthaler. – LT: Bbl 105 (1938), S. 901, 910; DS 4 (1939), S. 20; NL 39 (1938), S. 662; LE 41 (1938/39), S. 258; Kü (1939), Sp. 253.

1939 *Heinrich Lilienfein* (›In Fesseln frei. Ein Schubartroman‹). LT: LE 42 (1939/40), S. 176; Aut 14 (1939), Nr. 10/11, S. 17; NL 40 (1939), S. 559; DS 5 (1940), H. 1, Umschlag.
1940 *Max Reuschle* (›Brudergestirn‹, Gedichte, ›Deutsche Gesänge: Volk, Staat und Gott‹, Gedichte). – *Georg Stammler* (›Streit und Stille‹, Gedichte, ›Was uns stark macht. Gedanken zur deutschen Aufgabe‹). – LTT: Aut 15 (1940), Nr. 12, S. 183; LE 43 (1940/41), S. 206; DS 6 (1941), H. 1, Umschlag; NL 42 (1941), S. 31.
1941 *Otto Rombach* (›Der junge Herr Alexius‹, Roman). LT: Aut 16 (1941), Nr. 12, S. 208; DS 6 (1941), S. 144; LE 44 (1941/42), S. 136; DS 7 (1942), H. 2, Umschlag; NL 43 (1942), S. 24.
1942 *Auguste Supper*. LT: DS 7 (1942), H. 12, S. 142; NL 43 (1942), S. 272.

Schweizer Dramenpreis

s. Preis der ›Festspielstiftung der Stadt Bern‹

Schweizerische Schillerstiftung

s. Preise der Schweizerischen Schillerstiftung

William Shakespeare-Preis

J: 1935
S: Hansische Stiftung, Hamburg, gegründet 1935 als Teil der Stiftung F.V.S., Hamburg (gegründet 1931). Kapital zur Verfügung gestellt von Alfred C. Toepfer, Hamburg. – Verteilung durch die Hansische Universität Hamburg
VT: Jährlich
Z: Aus der Satzung: »Preisträger sollen Persönlichkeiten sein aus dem Angelsachsentum, die sich ausgezeichnet haben durch außerordentliche Leistungen im Schrifttum, in der Malerei, der Musik oder angewandten Kunst.« L: Interne Liste der Stiftung F.V.S., Hamburg. – Aus der Satzung, gültig für alle Preise der Hansischen Stiftung: »[Der Stiftung ist] die Aufgabe gestellt worden, lebendige Kulturbeziehungen zwischen germanischen Völkern Nordeuropas und dem deutschen Volk zu pflegen und zu fördern dadurch, daß besonders hervorragende künstlerische oder wissenschaftliche Leistungen ausgezeichnet und damit dem deutschen und den anderen germanischen Völkern näher gebracht werden.«
VF: 10 000 RM
LP: Interne Liste der Stiftung F.V.S., Hamburg; Kü (1937/38), Sp. 256; Kü (1939), Sp. 253; Bufkin (1980), S. 143; Strallhofer (1994), S. 31–33,40,119. – LE 37 (1934/35), S. 574; DS 1 (1936), S. 20.
T: 1937 *Ralph Vaughan Williams* (Komponist). LT: Aut 12 (1937), Nr. 10, S. 48; Memorandum (1991), Kap. I.
1938 *John Masefield*. LT: Aut 13 (1938), Nr. 10, S. 41; Bbl 105 (1938), S. 910; Kü (1939), Sp. 253.

Silberne Wartburgrose
auch: Wartburgrose

J: [1932]
S: Wartburg-Stiftung, Eisenach
Ju: Mitglieder des Kunstrats: Otto Erler. – Börries Frhr von Münchhausen. – Frank Thieß
VT: Jährlich. Verleihung während der Dichtertreffen auf der Wartburg
Z: Aus der Satzung: »Für Ehrengaben kommen deutsche Dichter in Betracht, deren Schaffen im deutschen Volkstum wurzelt und eine Förderung der deutschen Dich-

tung bedeutet.« L: Mittenzwei (1992), s. u. In: Sinn und Form 44 (1992), S. 581.
LP: Werner Mittenzwei: Börries, Freiherr von Münchenhausen – der heimliche Gegenspieler. Der Wartburgkrieg gegen die Preußische Akademie der Künste. In: Sinn und Form 44 (1992), S. 566–589; Werner Mittenzwei: Der Untergang einer Akademie oder Die Mentalität des ewigen Deutschen. Der Einfluß der nationalkonservativen Dichter an der Preußischen Akademie der Künste 1918 bis 1947. Berlin, Weimar 1992. S. 172–177, 409–411, 418–425.
T: 1932 *Paul Ernst. – Erwin Guido Kolbenheyer. – Heinrich Lilienfein. – Börries Frhr von Münchhausen. – Hermann Stehr.* – LTT: LE 34 (1931/32), S. 659.
1933 *Hans Friedrich Blunck. – Max Dreyer. – Hanns Johst. – Agnes Miegel.* – LTT: LE 35 (1932/33), S. 672; DA (1933), S. 115–124.
1936 *Jakob Schaffner.* LT: Aut 11 (1936), Nr. 8, S. 18; DS 1 (1936), S. 214; LE 39 (1936/37), S. 64.

August Specht-Stiftung

s. Preis der Dr. August Specht-Stiftung

Staatspreis der Preußischen Regierung

S: Preußische Regierung, Berlin
T: 1926 *Volksverband der Bücherfreunde, Wegweiser-Verlag G.m.b.H.*, Berlin-Charlottenburg. LT: LE 29 (1926/27), S. 247: »Der Volksverband der Bücherfreunde […] wurde anläßlich der ›Großen Polizei-Ausstellung , Berlin 1926‹, von der Preußischen Staatsregierung in Anerkennung hervorragender Verdienste um die Bekämpfung der Schundliteratur als einziger Buchverband mit dem Staatspreis der Preußischen Regierung ausgezeichnet.«

Stavenhagen-Preis

J: 1929. – Benannt nach Fritz Stavenhagen (1876–1906), Verfasser plattdeutscher Volksstücke
S: Niederdeutscher Bühnenbund / NORAG (Norddeutsche Rundfunk-Arbeitsgemeinschaft)
VT: Meldung 1929: Alle zwei Jahre. – Meldung 1939: Jährlich
Z: Auszeichnung plattdeutscher Theaterstücke
LP: Kü (1939), Sp. 253. – FZ Nr. 841 vom 10. 11. 1929, Literaturblatt Nr. 43, S. 2.
T: 1929 *Alma Rogge* (›In de Möhl‹). LT: Deutsche Allgemeine Zeitung 1936 (undatierter Zeitungsausschnitt); Waldemar Augustiny: Alma Rogge. In: Niedersächsische Lebensbilder. Bd 7. Hildesheim 1971. S. 241 (hier: Niederdeutscher Literaturpreis 1930).
1931 *Heinrich Behnken. – Hans Ehrke. – Paul Schurek.* – LTT: LE 34 (1931/32), S. 119.
1934 *Bruno Peyn* (›Luechtfuer‹). LT: LE 37 (1934/35), S. 118.
1938 *August Hinrichs.* LT: Aut 13 (1938), Nr. 10, S. 41; Bbl 105 (1938), S. 827; NL 39 (1938), S. 591; LE 41 (1938/39), S. 194; Kü (1939), Sp. 253.

Henrik Steffens-Preis

J: 1935
S: Hansische Stiftung, Hamburg, gegründet 1935 als Teil der Stiftung F.V.S., Hamburg (gegründet 1931). Kapital zur Verfügung gestellt von Alfred C. Toepfer, Hamburg. – Verteilung abwechselnd durch die Universitäten Kiel, Hamburg, Rostock, Greifswald. – Meldung 1939: Verteilung durch die Reichsschrifttumskammer und die Universität Hamburg. L: Kü (1939), Sp. 253.

VT: Jährlich
Z: »Preis für skandinavische Literatur und Kunst«. – Aus der Satzung, gültig für alle Preise der Hansischen Stiftung: »[Der Stiftung ist] die Aufgabe gestellt worden, lebendige Kulturbeziehungen zwischen germanischen Völkern Nordeuropas und dem deutschen Volk zu pflegen und zu fördern dadurch, daß besonders hervorragende künstlerische oder wissenschaftliche Leistungen ausgezeichnet und damit dem deutschen und den anderen germanischen Völkern näher gebracht werden.« L: Interne Liste der Stiftung F.V.S., Hamburg
VF: 10000 RM
LP: Interne Liste der Stiftung F.V.S., Hamburg; Kü (1937/38), Sp. 256; Kü (1939), Sp. 253; Bufkin (1980), S. 143; Strallhofer (1994), S. 31, 33, 40, 120; Zimmermann (1995), S. 219. – LE 37 (1934/35), S. 574; DS 1 (1936), S. 20; Aut 12 (1937), Nr. 4/5, S. 34; Aut 13 (1938), Nr. 1/2, S. 21; Aut 13 (1938), Nr. 10, S. 41.
T: Die Preisträger sind nach der internen Liste der Stiftung F.V.S., Hamburg, nach Bufkin (1980) und Zimmermann (1995) verzeichnet.
1936 (1937 verliehen) *Olav Duun* (Norwegen; ›Die Juwikinger‹, Roman). LT: LE 39 (1936/37), S. 256, 512; Bbl 105 (1938), S. 139; Kü (1939), Sp. 253.
1937 *Gunnar Gunnarsson* (Island). LT: Aut 12 (1937), Nr. 10, S. 48; NL 38 (1937), S. 317 f.; Bbl 105 (1938), S. 139; Kü (1939), Sp. 253; Memorandum (1991), Kap. I.
1938 (1939 verliehen) *Verner von Heidenstam* (Schweden). LT: Bbl 105 (1938), S. 827; NL 39 (1938), S. 661; Kü (1939), Sp. 253.
1939 (1940 verliehen) *Maila Talvio* (Finnland). LT: NL 41 (1940), S. 288; LE 43 (1940/41), S. 152.
1940 (1941 verliehen) *Erik Rooth* (Germanist, Schweden). – *Sven Tunberg* (Rektor der Hochschule in Stockholm). LT: Aut 17 (1942), Nr. 1, S. 12.
1941 *Svend Borberg* (Dänemark). LT: Aut 16 (1941), Nr. 11, S. 195; NL 42 (1941), S. 310; LE 44 (1941/42), S. 136.
1942 (1944 verliehen) *Veikko Antero Koskenniemi* (Finnland). LT: Aut 17 (1942), Nr. 6, S. 92; NL 43 (1942), S. 144.

Erwin von Steinbach-Preis

J: 1935. – Benannt nach dem Straßburger Baumeister Erwin von Steinbach (um 1244–1318)
S: Johann Wolfgang Goethe-Stiftung, Freiburg i.Br., gegründet 1935 als Teil der Stiftung F.V.S., Hamburg (gegründet 1931). Kapital zur Verfügung gestellt von Alfred C. Toepfer, Hamburg. – Verteilung durch die Albert-Ludwigs-Universität Freiburg i.Br.
Ju: Universität Freiburg. – Reichsschrifttumskammer. – Kuratorium unter dem Vorsitz von Kurt Bauch (Kunsthistoriker) bzw. Joseph Müller-Blattau (Musikwissenschaftler)
VT: Jährlich
Z: »Der Preis soll an hervorragende Persönlichkeiten verliehen werden, die dem alemannischen Volkstum entstammen und in ihren Werken Zeugnis ablegen von ihrer Verbundenheit mit Landschaft und Volkstum in diesem Raum, vor allem an seinen Grenzen. [...] Name und Leistung des großen Baumeisters Erwin von Steinbach sollen den Menschen dieses Raumes ein Ansporn sein [...].« L: Zur Erinnerung an die Verleihung des Erwin von Steinbach-Preises 1939 an Paul Schmitthenner. Kolmar [1942]. S. 3. – Aus der Satzung, gültig für alle Preise der Johann Wolfgang Goethe-Stiftung: »Die Preisträger sollen Persönlichkeiten sein, die sich durch außerordentliche Leistungen im Schrifttum, in der Malerei, der Musik, der angewandten Kunst oder der Volkstumsfor-

schung ausgezeichnet haben. Die Preise können sowohl für Einzelwerke wie für das Gesamtschaffen vergeben werden. Die Preisträger müssen mit ihrem Werk in der Landschaft, für die der Preis gilt, verwurzelt sein.« L: Interne Liste der Stiftung F.V.S., Hamburg

VF: 10000 RM

LP: Interne Liste der Stiftung F.V.S., Hamburg; Zur Erinnerung an die Verleihung des Erwin von Steinbach-Preises. [H. 1–9.] Hamburg-Wandsbek, Kolmar 1936-[1945. Inhalt: Festfolge, Ansprachen, Bibliographie zum Preisträger]; Kü (1939), Sp. 253; Memorandum (1991), Kap. I; Strallhofer (1994), S. 31,119; Zimmermann (1995), S. 215–219. – Aut 10 (1935), Nr. 9, S. 20; Michael (1936), S. 14; Aut 13 (1938), Nr. 1/2, S. 21; Strothmann (1963), S. 104.

T: Die Preisträger sind nach der internen Liste der Stiftung F.V.S., Hamburg, und den Heften ›Zur Erinnerung an die Verleihung des Erwin von Steinbach-Preises‹ verzeichnet.

1936 *Emil Strauß*. LT: Feierliche Verleihung des Erwin von Steinbach-Preises an Emil Strauß. [Freiburg i.Br. 1936.]. – LE 38 (1935/36), S. 299; Aut 11 (1936), Nr. 1, S. 23; Bbl 105 (1938), S. 139; Kü (1939), Sp. 253. – Ju: Kurt Bauch (Vorsitzender des Preisgerichts)

1937 *Othmar Schoeck* (Komponist). LT: Aut 12 (1937), Nr. 2/3, S. 29; Bbl 105 (1938), S. 139; Friedrich Metz: Ansprache bei der Verleihung des Erwin von Steinbach-Preises an Othmar Schoeck. In: Das Bodenseebuch 26 (1939), S. 76f.; Kü (1939), Sp. 253; Memorandum (1991), Kap. I.

1938 *Andreas Heusler* (Germanist). LT: LE 40 (1937/38), S. 640; Bbl 105 (1938), S. 434.

1939 (1941 verliehen) *Paul Schmitthenner* (Architekt)

1940 (1941 verliehen) *Paul Leschhorn* (Maler). – *Oskar Wöhrle*. LT: LE 42 (1939/40), S. 436; DS 5 (1940), H. 7, Umschlag; LE 43 (1940/41), S. 480. – LTT: Aut 15 (1940), Nr. 5, S. 81; DS 5 (1940), H. 9, Umschlag; NL 42 (1941), S. 166.

1941 *Paul Cölestin Ettighoffer*. – *Josef Simon* (Komponist). – LTT: LE 43 (1940/41), S. 624; Aut 16 (1941), Nr. 9, S. 156; NL 42 (1941), S. 238.

1942 *Alfred Huggenberger*. LT: Aut 17 (1942), Nr. 9, S. 139; NL 43 (1942), S. 222; Franz Beyerle: Ansprache zur Verleihung des Erwin von Steinbach-Preises 1942 an Alfred Huggenberger. In: Bodenseebuch 31 (1944), S. 114–116.

Stiepel-Preis zur Förderung deutscher Dichtkunst in den Sudetenländern

J: 1928

S: Verlag Gebr. Stiepel, Reichenberg, Böhmen. – Deutsche Wissenschaftliche Gesellschaft, Reichenberg

Ju: Hermann Stehr (Vorsitz). – Erwin Guido Kolbenheyer. – L: LE 31 (1928/29), S. 55.

Z: »Preis [...] für einen Roman eines sudetendeutschen Schriftstellers [...] Die ausgezeichnete Handschrift wird [...] vom Verlage zur Veröffentlichung angekauft.« L: LE 30 (1927/28), S. 433.

B: »Zur Einreichung sind nur Schriftsteller berechtigt, die auf dem jetzigen Gebiete der Tschechoslowakei geboren wurden und das 40. Lebensjahr bis zum Ablauf der Einreichungsfrist noch nicht überschritten haben. Der Preis ist also ein Jugendpreis, ist unteilbar und wird somit in der ganzen Höhe [...] nur dem Verfasser der besten Arbeit verliehen.« L: LE 30 (1927/28), S. 433.

VF: 10000 Kronen

LP: Rudolf Fischer: Anmerkungen zu ei-

nem Preisausschreiben. In: Deutsche Arbeit 27 (1927/28), S. 199f.; LE 31 (1928/29), S. 55.
T: 1929 »Das Stiepel-Preisausschreiben zur Förderung deutscher Dichtkunst in der tschechoslowakischen Republik konnte im abgelaufenen Jahr nicht wirksam werden, da sich die eingereichten Manuskripte als unzureichend erwiesen. Das Ausschreiben wird unter den gleichen Bedingungen ohne Altersbegrenzung für das Jahr 1930 wiederholt.« L: LE 32 (1929/30), S. 121.

Adalbert-Stifter-Preis [1]

J: 1925
S: Deutsche Gesellschaft der Wissenschaften und Künste für die Tschechoslowakische Republik, Prag
Ju: Die Verteilung erfolgt »auf Beschluß der Abteilung für deutsche Dichtung der genannten Gesellschaft«. L: Literarische Preise (1928), S. 362.
VT: Meldung 1926: Alle zwei Jahre. – Meldung 1933: Alle fünf Jahre. – Meldung 1936: Alle sechs Jahre
Z: Preis für »hervorragende Leistungen auf

dem Gebiete der sudetendeutschen Dichtkunst«. L: Rechenschafts-Bericht 1925 (1926), S. 7. – »Förderung der sudetendeutschen Dichtkunst. [...] Der Preis ist bestimmt für hervorragende, in den letzten 2 Jahren vor der Preisverleihung entstandene, im Druck erschienene oder in der Handschrift vorliegende Arbeiten auf dem Gebiete der sudetendeutschen Dichtkunst.« L: Literarische Preise (1928), S. 362.
B: Der Preis »kann jedem, dem Gebiete der tschechoslowakischen Republik entstammenden, wo immer lebenden deutschen Dichter verliehen werden«. L: Literarische Preise (1928), S. 362.
VF: 5000 Kronen
LP: Rechenschafts-Bericht der Deutschen Gesellschaft der Wissenschaften und Künste für die Tschechoslowakische Republik, [1929ff: Jahresbericht ...] 1925 (1926) – 1937 (1938); [Meldung über die Stiftung des Preises]. In: Rechenschafts-Bericht 1925 (1926), S. 7, 55. – Literarische Preise (1928), S. 362; Kü (1937/38), Sp. 257f.; Kü (1939), Sp. 254.
T: 1926 *Erwin Guido Kolbenheyer* (›Das dritte Reich des Paracelsus‹, Roman). LT: LE 28 (1925/26), S. 504. – Ju: Friedrich Adler. – Emil Hadina. – Hugo Salus. – Hans Watzlik. – LT/LJu: Rechenschafts-Bericht 1926 (1927), S. 7.
1928 *Robert Michel* (›Jesus im Böhmerwald‹, Roman). LT: Rechenschafts-Bericht 1928 (1929), S. 7. – LE 30 (1927/28), S. 559.
1930 *Ernst Weiß* (›Boëtius von Orlamünde‹, Roman). LT: Jahresbericht 1930 (1931), S. 9. – LE 32 (1929/30), S. 615.

Adalbert-Stifter-Preis [2]

s. Sudetendeutscher Schrifttumspreis des Bundes der Deutschen

Adalbert-Stifter-Preis [3]

J: 1940. Erste Verleihung 1941
S: Zeitschrift ›Böhmen und Mähren‹, Prag: Verlag Volk und Reich
VT: Jährlich
Z: »[...] der von der Zeitschrift ›Böhmen und Mähren‹ geschaffene Adalbert Stifter-Preis [will] ein Aufruf an die deutschen Dichter und Schriftsteller sein, den Fragen des böhmisch-mährischen Raumes nachzugehen und diesen alten deutschen Reichsraum im Bereich der deutschen Dichtung wieder heimisch zu machen. Die staatliche Heimkehr muß auch zur geistigen werden. [...] ›Böhmen und Mähren‹ will nun mit dem Adalbert-Stifter-Preis diese Verbundenheit in Dichtung und Erzählung festigen und auch jungen und aufstrebenden Kräften den Weg bereiten.« L: Böhmen und Mähren 1 (1940), S. 227.
B: »Die Beteiligung steht allen Dichtern und Schriftstellern deutscher Abstammung offen. Voraussetzung ist, daß die eingesandten Arbeiten in Beziehung zum böhmisch-mährischen Raum oder seinen Problemen stehen.« L: Böhmen und Mähren 1 (1940), S. 227. – Ausschreibung des Preises für 1942: »[Der Adalbert Stifter-Preis...] hat heute ein Recht, weitherzig genug zu sein, um literarisch reife Arbeiten sowohl beim Erzählerpreis wie beim Gedichtpreis, die in den geistigen Gesamtraum des Reiches hinübergreifen, von der Zuerkennung der Preise nicht mehr auszuschließen.« L: Böhmen und Mähren 2 (1941), S. 301.
VF: Preise in einer Gesamthöhe von 5000 RM. – 5 Preise für Erzählungen (insgesamt 4000 RM); 3 Preise für Gedichte (insgesamt 1000 RM).
LP: Böhmen und Mähren 1 (1940), S. 227, 359; Böhmen und Mähren 3 (1942), S. 98; Im Kranz der Berge. Das Adalbert Stifter-Preisbuch 1941. Prag 1942; Begegnung und

Heimkehr. Das Adalbert Stifter-Preisbuch 1942. Prag 1943; Strallhofer (1994), S. 73–75. – Aut 15 (1940), Nr. 11, S. 156f.; DS 5 (1940), S. 140; NL 41 (1940), S. 319; LE 43 (1940/41), S. 152; Das XX. Jahrhundert 2 (1940/41), S. 511.

T: 1941 Erzählerpreise: *Hans Watzlik* (1. Preis, 1200 RM, für ›Das hölzerne Haus‹). – *Stefan Sturm* (2. Preis, 1000 RM, für ›Ballade am Berg‹). – *Herbert Zschelletzschky* (3. Preis, 800 RM, für ›Johannes, der Stadtschreiber von Saaz‹). – *Walter Pollak* (4. Preis, 600 RM, für ›Ein Bürger in Prag‹). – *Leo Hans Mally* (5. Preis, 400 RM, für ›Die Meister von Prag‹). – Lyrikpreise: *Hans Stolzenburg* (1. Preis, 400 RM, für ›Traum in Glas‹). – *Herbert Wessely* (2. Preis, 350 RM, für ›Bäuerin 1914‹). – *M.D. Hauska-Brichta* (3. Preis, 250 RM, für ›Die verlassene Burg‹). – LTT: Böhmen und Mähren 2 (1941), S. 301; DS 6 (1941), H. 8, Umschlag; NL 42 (1941), S. 238; Im Kranz der Berge. Das Adalbert Stifter-Preisbuch 1941. Prag 1942. – Ju: Karl Hermann Frank (Staatssekretär). – Hans Friedrich Blunck. – Karl Alexander Frhr von Gregory (Hauptschriftleiter). – Friedrich Heiß. – Karl Franz Leppa. – Eberhard Wolfgang Möller. – August Friedrich Velmede. – LJu: Böhmen und Mähren 1 (1940), S. 359.

1942 Erzählerpreise: *Heinrich Bachmann* (›Der Hauslehrer‹). – *Josef Schneider* (›Largo‹). – *Leo Hans Mally* (›Das Spatzenparadies‹). – *Heinrich Zerkaulen* (›Die Begegnung zu Teplitz‹). – *Hanns Lerch* (›Der schwarze Reiter von Eger‹). – Lyrikpreise: *Leo Hans Mally* (›Sonette um Prag‹). – *René Schwachhofer* (›Böhmerland‹). – *Hans Leo Sittauer* (›Böhmische Heimat‹). – LTT: Aut 18 (1943), Nr. 2, S. 27; Begegnung und Heimkehr. Das Adalbert Stifter-Preisbuch 1942. Prag 1943. – Ju: Karl Hermann Frank. – Veit Bürkle. – Karl Alexander Frhr von Gregory. – Friedrich Heiß. – Karl Franz Leppa. – Hugo Scholz. – August Friedrich Velmede. – LJu: Böhmen und Mähren 2 (1941), S. 301.

1943 Erzählerpreise: *Franz Jantsch* (1250 RM, für ›Sein Schatten‹). – *M.D. Hauska-Brichta* (1250 RM, für ›Das Haus im Schatten‹). – *Josef Schneider* (1250 RM, für ›Abschied und Heimkehr‹). – *Karl-Alfred Langer-Reuth* (1250 RM, für ›Der Geier‹). – Lyrikpreise: *Wilhelm Pleyer* (1. Preis, 600 RM für ›Kohlenrevier‹ und ›Soldatengräber an der Rollbahn‹). – *Josef Schneider* (2. Preis, 500 RM, für ›Auf ein altes Bild von Prag‹). – *Hans Leb* (3. Preis, 400 RM, für ›Der Korb-

Die neue, in Inhalt und Ausstattung **vielseitige** Monatsschrift

„BÖHMEN UND MÄHREN“

das Blatt des Reichsprotektors, **ruft** die deutschen **Dichter** und **Schriftsteller zur** Beteiligung am Wettbewerb um den

Adalbert-Stifter-Preis

Er wird als Erzähler- und Lyrik-Preis in einer Gesamthöhe von **RM 5000.—** verteilt und soll dazu anregen, ein lebendiges Schrifttum zu schaffen, das den alten deutschen Reichsraum Böhmen und Mähren wieder so eng mit dem gesamtdeutschen Geistesleben verknüpft wie das in früheren Jahrhunderten — es sei hier nur an Johannes von Schüttwa, Goethe und vor allem an Adalbert Stifter erinnert — der Fall war. Die deutschen Dichter und Schriftsteller werden in vorderster Front stehen, wenn es gilt, einen Raum geistig zu sichern, der politisch längst gewonnen ist!

Fordern Sie umgehend die Bedingungen aus dem Dezember-(Weihnachts-)Heft von „Böhmen und Mähren“ von

Volk und Reich Verlag • Prag XII

Schwerinstraße 3

flechter‹). – *Alfred Görgl* (4. Preis, 300 RM, für ›Böhmische Landschaft‹). – LTT: Böhmen und Mähren 5 (1943), Mai/Juni-H., nach S. 92; Bbl 111 (1944), S. 151. – Ju: Karl Hermann Frank. – Friedrich Heiß. – Erwin Guido Kolbenheyer. – Herybert Menzel. – Erwin Wittstock. – LJu: Böhmen und Mähren 5 (1944), Mai/Juni-H., nach S. 92. – Zusätzlich genannt: Wilfrid Bade (Redakteur, Publizist). LJu: Aut 18 (1943), Nr. 8, S. 146.

Adalbert-Stifter-Preis [4]

J: 1943
S: Stadt Wien. Gründung »als besondere Anerkennung für die Arbeit der [Adalbert-Stifter-]Gesellschaft«
Z: »Förderungsgabe für junge Wiener Dichtkunst«
LP: Aut 18 (1943), Nr. 2, S. 27.

Stiftung der Seestadt Rostock zur Förderung niederdeutschen Kunstschaffens

s. Rostocker Kunstpreise

Stiftung der Stadt Rostock zur Förderung junger Kulturschaffender

s. Rostocker Kunstpreise

Stiftung F.V.S.

s. Preise der Hansischen Stiftung
s. Preise der Johann Wolfgang Goethe-Stiftung

Stiftung für das Drama

s. Preis der ›Festspielstiftung der Stadt Bern‹

Stiftungsgabe der ›neuen linie‹

s.a. Novellenpreis der Zeitschrift ›die neue linie‹

J: 1937
S: Verlag Otto Beyer, Leipzig. – Schriftleitung der Zeitschrift ›die neue linie‹, Berlin
Ju: Die Präsidenten der Reichskammer der bildenden Künste, der Reichsmusikkammer und der Reichsschrifttumskammer schlagen die Stiftungsempfänger für ihren Bereich vor.
VT: Jährlich, zunächst für drei Jahre
Z: Auszeichnung von jungen Künstlern, »deren Begabung einmal Bedeutung für die Allgemeinheit zu erlangen verspricht«. L: DS 2 (1937), S. 285.
B: Die Stiftungsempfänger müssen Mitglieder der Reichskammer der bildenden Künste, der Reichsmusikkammer oder der Reichsschrifttumskammer sein.
VF: 1800 RM werden auf je drei begabte junge Künstler der Bereiche Literatur, bildende Kunst und Musik verteilt.
LP: DS 2 (1937), S. 285.
T: **1937** Preise für Literatur: *Hanns Gottschalk*. – *Ferdinand Oppenberg*. – *Adolf Woderich*. – Preise für bildende Kunst: *Heinrich Hartmann*. – *Diether Hoffmann*. – *Robert Stieler*. – Preise für Musik: *Konrad Frank*. – *Johannes Liese*. – *Hans-Ulf Scharlau*. – LTT: DS 2 (1937), S. 285.

Ralph-Beaver-Straßburger-Stiftung

s. Preis der Ralph-Beaver-Straßburger-Stiftung

Strindberg-Preis

J: 1920. – Benannt nach dem schwedischen Schriftsteller August Strindberg (1849–1912)
S: Stiftung von August Strindbergs Kin-

dern, Strindbergs Übersetzer (Emil Schering) und Strindbergs Verleger (Georg Müller, München)
Ju: »Strindbergs Freund, Professor Dr. Karl [Carl] Ludwig Schleich [† 1922] hat das Amt des Preisrichters übernommen. Etwaige Einsendungen von Büchern oder Manuskripten sind an den Verlag Georg Müller nach München zu richten.« L: Bbl 87 (1920), S. 1272. – Meldung 1921: Das Preisrichteramt wurde von Emil Schering übernommen. L: Bbl 88 (1921), S. 236.
VT: Jährlich. Verleihung an Strindbergs Geburtstag (22. Januar)
Z: »Die Katastrophe des Weltkrieges hat Strindbergs Kinder, Strindbergs Übersetzer und Strindbergs Verleger veranlaßt, für die beste Dichtung oder Schrift in deutscher Sprache, die die Versöhnung der Völker fördert, einen Preis zu stiften [...].« L: Bbl 87 (1920), S. 1272.
VF: 3000 M
LP: Bbl 87 (1920), S. 1272; Bbl 88 (1921), S. 236.
T: 1921 *Theodor Lessing* (›Geschichte als Sinngebung des Sinnlosen‹). LT: LE 23 (1920/21), Sp. 768; Bbl 88 (1921), S. 236.
1922 *Maximilian Harden* (›Krieg und Friede‹). LT: Bbl 89 (1922), S. 203; [Anzeige des Erich Reiss Verlags, Berlin]. In: Die Zukunft 30 (1922), Nr. 24, Anzeigenteil.
1923 *Hellmut von Gerlach*. LT: LE 25 (1922/23), Sp. 666.
1924 *Karl Federn* (›Dante und seine Zeit‹). LT: LE 26 (1923/24), S. 380; Bbl 91 (1924), S. 776.
1925 *Ernst Barthel* (›Lebensphilosophie‹). LT: LE 27 (1924/25), S. 381; Bbl 92 (1925), S. 1254.

Sudetendeutsche Preise für Schrifttum, Volkskunde und Volkstumsarbeit auch: Sudetendeutscher Kulturpreis

J: 1937 zum ersten Mal verliehen
S: Deutscher Kulturverband, Prag
Ju: Der Prüfungsausschuß setzt sich zusammen »aus dem fachzuständigen Vertreter der deutschen Hochschulen zu Prag, dem Berichterstatter der Volksbildungsabteilung des Deutschen Kulturverbandes und einem Schaffenden des betreffenden Sachgebietes«. L: SuM (1937), S. 53.
VT: Jährlich
Z: Preise für »Leistungen auf dem Gebiete des Schrifttums, der Musik, der darstellenden Kunst, der Volkskunde und der Volkstumsarbeit«. »[...] die Zuerkennung der Preise [wird] nicht im Wege eines Wettbewerbes erfolgen [...] sondern [...sie werden] von einem eigenen Prüfungsausschuß [...] auf Grund einer unabhängigen und sachlichen Wertung der vorliegenden Gesamtleistungen verliehen werden. [...] Vor allem sollen junge, aufstrebende Talente gefördert werden.« L: SuM (1937), S. 53.
VF: Jeweils 5000 Kronen
LP: SuM (1937), S. 53; Kü (1937/38), Sp. 258.
T: 1937 *Hermann Braß* (Begründer des Bundes der Deutschen in Nordmähren). – *Josef Hanika* (Lehrer, Volkskundler). – *Karl Franz Leppa*. LT: LE 39 (1936/37), S. 640. – *Karl Wagner* (Maler). – *Bruno Weigl* (Musiklehrer, Komponist). – LTT: SuM (1937), S. 388f.
1938 *Franz Josef Beranek* (Volkskundler, Mundartforscher). – *Paul Gebauer* (Maler). – *Konrad Henlein* (Gauleiter, Preis auf dem Gebiet »Volkstumsarbeit«). – *Robert Lindenbaum*. LT: LE 40 (1937/38), S. 640; Bbl 105 (1938), S. 559; Deutsches Leben 4 (1939), S. 81–89. – *Isidor Stögbauer* (Komponist). – LTT: SuM (1938), S. 443f.

Sudetendeutscher Gaukulturpreis

J: 1939
S: Gau Sudetenland, Gauleiter Konrad Henlein, Reichenberg
T: 1940 *Robert Lindenbaum* (›September in Böhmen. Haberspirker Chronik‹). LT: Aut 15 (1940), Nr. 4, S. 67; DS 5 (1940), H. 7, Umschlag; NL 41 (1940), S. 152.
1942 *Otto Pietsch* (Meistergraveur). LT: Gaukulturpreis 1942. Ehrung des sudetendeutschen Kunsthandwerks. In: SuM (1942), S. 304–306.

Sudetendeutscher Kulturpreis

s. Sudetendeutsche Preise für Schrifttum, Volkskunde und Volkstumsarbeit

Sudetendeutscher Schrifttumspreis auch: Schrifttumspreis des Sudetengaues

J: 1942
S: Gau Sudetenland, Gauleiter Konrad Henlein, Reichenberg
VT: Alle zwei Jahre
Z: Auszeichnung junger Autoren
VF: 10 000 RM
LP: Strallhofer (1994), S. 97f.; Undatierte Zeitungsausschnitte in der Dokumentationsstelle des Deutschen Literaturarchivs, Marbach a.N.
1942 *Franz Tumler*. – Ju: Bruno Brehm. – LT/LJu: Strallhofer (1994), S. 97f.; NL 43 (1942), S. 199.

Sudetendeutscher Schrifttumspreis des Bundes der Deutschen

J: 1938. Gegründet aus Anlaß des 60. Todestages von Adalbert Stifter, zunächst auch ›Adalbert-Stifter-Preis‹ genannt
S: Bund der Deutschen in der Tschechoslowakei, Prag
Ju: »Die Bestimmung des Preisträgers behält sich die Bundesleitung des Bundes der Deutschen vor u. zw. nach Anhörung zuständiger Stellen und Persönlichkeiten des Sudetendeutschtums.« L: SuM (1938), S. 274.
VT: Kann jährlich, muß aber alle drei Jahre verliehen werden
Z: Auszeichnung besonderer Leistungen sudetendeutschen Schrifttums. »Mit dem Preis [...] sollen Dichter, Schriftsteller oder Wissenschaftler sudetendeutscher Abstammung ausgezeichnet werden für ein bestimmtes Werk oder für ihr Gesamtschaffen, wenn es besonders wertvoll ist für die kulturelle und völkische Entwicklung der sudetendeutschen Volksgruppe.« L: Bbl 105 (1938), S. 292. – »Falls mehrere Bewerber vorgeschlagen werden, entscheidet bei sonst gleichen Voraussetzungen die soziale Lage der Schaffenden.« L: SuM (1938), S. 274.
VF: 15 000 Kronen
LP: Aut 13 (1938), Nr. 3, S. 46; Bbl 105 (1938), S. 298; SuM (1938), S. 274.
T: 1938 *Karl Franz Leppa*. LT: LE 40 (1937/38), S. 704; Bbl 105 (1938), S. 559, 759; NL 39 (1938), S. 427; Karl Franz Leppa – der erste Träger des Sudetendeutschen Schrifttumspreises. [Mit der Dankrede von K. F. Leppa]. In: SuM (1938), S. 441f.; Deutsches Leben 4 (1939), S. 51–81; Aut 18 (1943), Nr. 2, S. 30.

Tiedge-Stiftung

s. Ehrengabe der Tiedge-Stiftung

Tschechischer Staatspreis für schöne Literatur
auch: Tschechoslowakischer Staatspreis für Werke in deutscher Sprache

J: 1920
S: Tschechoslowakische Regierung, Ministerium für Schulwesen und Volkskultur, Prag
Ju: Fünfköpfiges Preisgericht, jedes Jahr vom Unterrichtsamt bestellt. – Meldung 1928: »Der tschechische Minister für Schulwesen und Volksbildung ernannte zu Mitgliedern der Jury Friedrich Adler, Camill Hoffmann und Otto Pick.« L: LE 30 (1927/28), S. 433.
VT: Jährlich. Verleihung am 28. Oktober, dem Jahrestag der Unabhängigkeitserklärung der Tschechoslowakei 1918
Z: »Dieser Staatspreis soll den Ausdruck der staatlichen Anerkennung für hervorragende Werke der schönen Literatur bedeuten und eine materielle Unterstützung darstellen, damit zugleich auch auf andere Bestrebungen dieser Art anspornend und beispielgebend wirken.« L: Literarische Preise (1928), S. 361.
B: »Der Staatspreis für schöne Literatur ist allen tschechoslowakischen Staatsbürgern ohne Unterschied der Nationalität offen und wird ohne Bewerbung über Antrag der Preisrichter für für ein Werk, das zwischen dem 1. August des vorausgehenden und dem 31. Juli jenes Jahres, in dem der Preis zuerkannt wird, als abgeschlossenes Ganzes oder als letzter Teil eines abgeschlossenen Ganzen erstmalig in Buchform erschienen ist, erteilt. Für deutsche Werke wurde die Ausnahme zugelassen, daß auch Werke, die in Zeitschriften oder in tschechischer Übertragung erschienen sind, mit in Betracht gezogen werden können.« L: Literarische Preise (1928), S. 361.
VF: 5000 Kronen
LP: Heinrich Werth: Der Staatspreis für deutsche Literatur in der Tschechoslowakei. In: Das Wort 2 (1937), H. 1, S. 107f.; Heinrich Werth: Der Staatspreis für deutsche Literatur in der ČSR. In: Das Wort 3 (1938), H. 1, S. 156f.
T: Die deutschsprachigen Preisträger:
1927 *Franz Werfel*. LT: LE 30 (1927/28), S. 433; Literarische Preise (1928), S. 361.
1928 *Dietzenschmidt*, d.i. Anton Franz Schmidt. LT: Aut 3 (1928), Nr. 12, S. 5; FZ Nr. 807 vom 27. 10. 1928, S. 2; LE 31 (1928/29), S. 174.
1929 *Erwin Guido Kolbenheyer* (›Alb-Sonate‹, Gedichtzyklus). LT: Aut 4 (1929), Nr. 11, S. 10; FZ Nr. 805 vom 28. 10. 1929, S. 3; LE 32 (1929/30), S. 244.
1930 *Max Brod* (›Rëubeni‹, Roman). LT: LE 33 (1930/31), S. 180.
1931 *Hans Watzlik* (›Der Pfarrer von Dornloh‹, Roman). LT: LE 34 (1931/32), S. 180.
1932 *Oskar Baum*. LT: FZ Nr. 816/817 vom 1. 11. 1932, S. 3.
1935 *Emil Pirchan* (Regisseur am Deutschen Theater in Prag). LT: LE 38 (1935/36), S. 150.
1936 *Emil Merker* (für sein lyrisches Schaffen). LT: DS 1 (1936), S. 261; LE 39 (1936/37), S. 320; DS 2 (1937), S. 47; Heinrich Werth: Der Staatspreis für deutsche Literatur in der Tschechoslowakei. In: Das Wort 2 (1937), H. 1, S. 107f.
1937 *Robert Michel*. LT: Aut 12 (1937), Nr. 10, S. 37. – LT/LJu: Heinrich Werth: Der Staatspreis für deutsche Literatur in der ČSR. In: Das Wort 3 (1938), H. 1, S. 156f.

Emil-Uellenberg-Stiftung zur Förderung bergischen Schrifttums

s. Preis der Emil-Uellenberg-Stiftung zur Förderung bergischen Schrifttums

Velhagen & Klasings Novellenpreisausschreiben auch: Velhagen & Klasings Preisausschreiben für eine Meisternovelle

J: 1933. – Vorangegangen: Preisausschreiben 1924
S: Verlag Velhagen & Klasing, Berlin, Bielefeld und Leipzig
Ju: 1924: Schriftleitung von ›Velhagen & Klasings Monatsheften‹ unter dem Vorsitz des Herausgebers, unter »Zuwahl von namhaften Literarhistorikern und anderen Fachleuten«. L: Velhagen & Klasings Monatshefte 39 (1924/25), [Beilage zum Januarheft 1925]. – Seit 1933: »Das Preisgericht [...] erfolgt nicht durch die Schriftleitung, sondern durch die Leser unserer Hefte, und zwar am Schluß des Kalenderjahres. [...] Diejenigen Leser, die durch die sich ergebende Mehrheit dem Dichter den 3000 Mark-Preis zuerkennen, erhalten für ihre Beteiligung am Preisgericht und ihr das Übergewicht bildende Urteil als Dank der Schriftleitung und des Verlages 150 sorgfältig von diesem ausgewählte Bücherspenden, deren Verteilung das Los entscheidet.« L: Velhagen & Klasings Monatshefte 47 (1932/33), Bd 1, S. 538.
Z: Vorläuferpreis 1924: Preisausschreiben »zur Förderung der deutschen Novellenkunst«. – Seit 1933: Auszeichnung der besten im Lauf des Kalenderjahres (seit 1937/38: des Jahrgangs-Jahrs) in ›Velhagen & Klasings Monatsheften‹ gedruckten Novelle. »Es soll auch den Berühmtheiten der Feder unbenommen bleiben, sich an diesem Wettbewerb zu beteiligen. Größten Wert legt die Schriftleitung aber darauf, daß besonders junge, bisher unbekannte starke Begabungen ihre besten, innerlich reifsten [...] Werke einreichen.« L: Velhagen & Klasings Monatshefte 47 (1932/33), Bd 1, S. 538. – »Die Geschichte soll deutschem Empfinden entsprungen, soll ein Stück deutschen Geistes sein.« L: s.o., S. 537.
B: 1924: Zugelassen sind bisher unveröffentlichte Originalarbeiten bis zu einem Druckbogen Umfang. – Seit 1933: Die Novelle muß vor dem Erscheinen in ›Velhagen & Klasings Monatsheften‹ ungedruckt geblieben sein.
VF: 1924: Zunächst mit 10 000 RM angekündigt, dann Erhöhung auf 15 000 RM; teilbar. – 1933: 3000 RM; teilbar. – Seit 1934: 1000 RM
LP: Beiträge in ›Velhagen & Klasings Monatsheften‹ zu den Preisausschreiben: 39 (1924/25), [Beilage zum Januarheft 1925]; 47 (1932/33), Bd 1, S. 537f.; 47 (1932/33), Bd 2, S. 278, 400; 48 (1933/34), Bd 1, S. 281, 380; 48 (1933/34), Bd 2, S. 265f., 576; 49 (1934/35), Bd 1, S. 492; 49 (1934/35), Bd 2, S. 260f.; 50 (1935/36), Bd 1, S. 133, 454; 52 (1937/38), Bd 1, S. 31; 53 (1938/39), Bd 1, S. 455f.; 53 (1938/39), Bd 2, S. 520; 55 (1940/41), S. 159, 448; 56 (1941/42), S. 295, 508. – LE 27 (1924/25), S. 56; Aut 9 (1934), Nr. 4, S. 20; Aut 9 (1934), Nr. 7, S. 14; Aut 10 (1935), Nr. 11, S. 21; Aut 12 (1937), Nr. 10, S. 48.
T: 1925 *Wolfgang Goetz* (5000 RM, für ›Der Vater‹). – *Oskar Jellinek* (5000 RM, für ›Der Bauernrichter‹). – *Friede Henriette Kraze* (5000 RM, für ›Das wahre Gesicht‹). – LTT: Velhagen & Klasings Monatshefte 39 (1924/25), [Beilage zum Januarheft 1925]. – LE 27 (1924/25), S. 315. – Ju: Martin Frehsee. – Paul Oskar Höcker. –Viktor von Kohlenegg. – Paul Mahn. – Alfred Se-

merau. – Karl Strecker. – Paul Weiglin (Herausgeber von ›Velhagen & Klasings Monatsheften‹). – Hans-Caspar Zobeltitz. – LJu: Velhagen & Klasings Monatshefte 39 (1924/25), [Beilage zum Januarheft 1925].
1933 *Werner Beumelburg* (›Der Feigling‹). LT: Velhagen & Klasings Monatshefte 48 (1933/34), Bd 2, S. 265. – LE 36 (1933/34), S. 549.
1934 *Bruno Wellenkamp* (›Lauter Sonntage‹). LT: Velhagen & Klasings Monatshefte 49 (1934/35), Bd 2, S. 260. – LE 37 (1934/35), S. 474, 524; Aut 10 (1935), Nr. 4, S. 21.
1935 *Ruth Kristekat* (›Ende eines Sommers‹). LT: Velhagen & Klasings Monatshefte 50 (1935/36), Bd 2, S. 303. – LE 38 (1935/36), S. 450.
1936 kein Preisausschreiben
1937/38 *Viktor von Kohlenegg* (›Die schönen Frauen im Berghaus‹). LT: : Velhagen & Klasings Monatshefte 53 (1938/39), Bd 1, S. 455f.
1938/39 *Otto Lampe* (›Ferien luv und lee‹). LT: Velhagen & Klasings Monatshefte 54 (1939/40), S. 322. – Aut 15 (1940), Nr. 1, S. 18.
1939/40 *Heinz Steguweit* (›Saskia mit dem leichtem Glanz‹). LT: Velhagen & Klasings Monatshefte 55 (1940/41), S. 448.
1940/41 *Ernst Flessa* (›Das Streichquartett‹). LT: Velhagen & Klasings Monatshefte 56 (1941/42), S. 508.

Verdunpreis

J: 1844. Gestiftet »zur Erinnerung an das seit dem Vertrag von Verdun (843) [über die Teilung des Fränkischen Reiches] verflossene Jahrtausend deutscher Geschichte«. L: Meyers Großes Konversationslexikon. 6., gänzlich neubearb. und vermehrte Aufl. Bd 20. Leipzig, Wien 1909. S. 44.
S: König Friedrich Wilhelm IV. von Preußen. – 1939 als Preisverteiler genannt: Reichsminister für Wissenschaft, Erziehung und Volksbildung (nach einem ›Verzeichnis der deutschen Literaturpreise‹ des Reichsministers für Volksaufklärung und Propaganda, aufbewahrt im Bundesarchiv Koblenz, (Bestand R 55: 122. Zitiert nach: Jan Zimmermann: »Kultur(preis)stiftungen im Dritten Reich«. Hamburg 1994. Anhang J.)
Ju: »Es wird eine aus neun Mitgliedern bestehende Kommission zusammentreten; sie wird von Unserm Minister der Geistlichen, Unterrichts- und Medizinal-Angelegenheiten jedesmal zu Anfang desjenigen Jahres, in welchem der Preis erteilt werden soll, aus ordentlichen Mitgliedern der Königl. Akademie der Wissenschaften und ordentlichen Professoren der hiesigen Königl. Universität gebildet. [...] Der von der Kommission gefaßte Beschluß wird in einem, von allen Mitgliedern unterzeichneten, Berichte Unserm Minister der Geistlichen, Unterricht- und Medizinal-Angelegenheiten angezeigt, und von diesem Uns zur Bestätigung vorgelegt.« L: [Stiftbrief vom 18. 6. 1844]. In: Bbl 11 (1844), S. 3139.
VT: Alle fünf Jahre
Z: Auszeichnung des besten während der letzten fünf Jahre erschienenen Werks über deutsche Geschichte
»Zur Auswahl werden nur solche Werke [...] zugelassen, welche durch eindringende und umfassende Forschung sowohl, als durch Wahrheit und Leben der Darstellung sich auszeichnen. [...] Uebrigens ist es gleich, ob die Werke die allgemeine deutsche Geschichte, oder einen besonderen Theil derselben, behandelt haben.« L: [Stiftbrief]. In: Bbl 11 (1844), Sp. 3139.
VF: 1000 Taler Gold und eine goldene Denkmünze auf den Vertrag von Verdun
LP: [Stiftbrief vom 18. 6. 1844]. In: Bbl 11 (1844), Sp. 3138f.; Theodor Barth: Preiskrönungen. In: Die Nation 11 (1893/94),

S. 239; Bbl 65 (1898), S. 665; Bbl 66 (1899), S. 131; Meyers Großes Konversations-Lexikon. 6. gänzlich neubearb. und vermehrte Aufl. Bd 20. Leipzig, Wien 1909. S. 44; Der Große Brockhaus. 15. Aufl. Bd 19. Leipzig 1934. S. 456; Sowa (1988), S. 347–350.
T: Die Preisträger bis zum Jahr 1894 sind verzeichnet nach einer Liste in Bbl 66 (1899), S. 131.
1854 *Alexander von Höpfner* (›Der Krieg von 1806 und 1807‹)
1859 *Wilhelm von Giesebrecht* (›Geschichte der deutschen Kaiserzeit‹)
1864 *Ludwig Häusser* (›Deutsche Geschichte seit dem Tode Friedrichs des Großen‹)
1869 *Ernst Dümmler* (›Geschichte des ostfränkischen Reiches‹)
1874 *Johann Gustav Droysen* (›Geschichte der preußischen Politik‹, Bd IV, Abt.2–4)
1879 *Großer Generalstab, kriegsgeschichtliche Abteilung* (›Geschichte des deutsch-französischen Krieges‹)
1884 *Heinrich von Treitschke* (›Deutsche Geschichte im 19. Jahrhundert‹)
1889 *Max Lehmann* (Biographie Scharnhorsts)
1894 *Bernhard Erdmannsdörffer* (›Deutsche Geschichte vom Westfälischen Frieden bis zum Regierungsantritt Friedrichs des Großen 1648 bis 1740‹)
1899 *Albert Hauck* (›Kirchengeschichte Deutschlands‹). LT: Bbl 66 (1899), S. 762, 929, 1199.
1904 *Reinhold Koser* (›Friedrich der Große‹). LT: Meyers Großes Konversations-Lexikon. 6. Aufl. Bd 2: Ergänzungen und Nachträge. Leipzig, Wien 1909. S. 947.
1909 *Sigmund Riezler* (›Geschichte Baierns‹). LT: Meyers Großes Konversations-Lexikon. 6. Aufl. Bd 2: Ergänzungen und Nachträge. Leipzig, Wien 1909. S. 947.
Meldung 1934: »Zuletzt 1913 verliehen«. L: Der Große Brockhaus. 15. Aufl. Bd 19. Leipzig 1934. S. 456. – Meldung 1936: »Seit 1914 war der Preis nicht mehr zur Verteilung gelangt.« L: NL 37 (1936), S. 185.
1936 *Karl Alexander von Müller* (›Deutsche Geschichte und deutscher Charakter‹). LT: DS 1 (1936), S. 41; NL 37 (1936), S. 185.

Volksdeutscher Schrifttumspreis der »Stadt der Auslandsdeutschen« auch: Auslandsdeutscher Schrifttumspreis

J: 1935
S: Stadt Stuttgart. – Deutsches Ausland-Institut, Stuttgart
Ju: Zusammensetzung des Preisgerichts: Der Oberbürgermeister der Stadt Stuttgart als Vorsitzender. – Der Leiter des Deutschen Ausland-Instituts. – Der Präsident der Reichsschrifttumskammer. – Weitere Persönlichkeiten, die vom Oberbürgermeister der Stadt Stuttgart berufen werden.
VT: Jährlich. Verteilung am 9. Mai, dem Todestag Friedrich Schillers
Z: »Der […] beste Roman oder die beste Erzählung volksdeutschen Inhalts wird […] ausgezeichnet. […] Zugelassen zum Wettbewerb ist jede Erzählung in deutscher Sprache, die auslanddeutsches Schicksal zum Inhalt hat.« L: [Stiftungsurkunde]. In: Der Auslandsdeutsche 18 (1935), S. 113.
B: »Bewerbungsberechtigt sind sämtliche Werke, die im Lauf des der Preisverteilung vorhergehenden Jahres erschienen sind.« L: [Stiftungsurkunde]. In: Der Auslandsdeutsche 18 (1935), S. 113.
VF: 2000 RM
LP: Volksdeutscher Schrifttumspreis der Stadt Stuttgart und des D.A.I. [Mit Abdruck der Stiftungsurkunde]. In: Der Auslandsdeutsche 18 (1935), S. 110–114; Kü (1937/38), Sp. 256; Kü (1939), Sp. 254; Bufkin

(1980), S. 145f.; Strallhofer (1994), S. 106f. – LE 37 (1934/35), S. 326, 329; Aut 10 (1935), Nr. 2, S. 21; Heinrich Zillich: Schaffung eines volksdeutschen Schrifttumspreises. In: Klingsor 12 (1935), S. 118f.; Wulf (1963), S. 256f.; Stimpfig (1983), S. 135–157.

T: Die Preisträger sind nach Bufkin (1980) und Strallhofer (1994) verzeichnet.

1935 *Karl Götz* (›Das Kinderschiff‹). LT: LE 37 (1934/35), S. 474; Aut 10 (1935), Nr. 4, S. 21; Volksdeutscher Schrifttumspreis 1935. [Mit Abdruck der Reden von Georg Schmückle und Karl Strölin]. In: Der Auslandsdeutsche 18 (1935), S. 279–285; Klingsor 12 (1935), S. 252; Bbl 105 (1938), S. 139; Kü (1939), Sp. 254. – Ju: Hans Friedrich Blunck (Präsident der Reichsschrifttumskammer). – Richard Csaki (Leiter des Deutschen Ausland-Instituts). – Drück (Oberregierungsrat, Württembergisches Kultministerium). – Hans Grimm. – Ernst Franz Hanfstaengl (Auslandspressechef der NSDAP). – Georg Schmückle (Landesleiter der Reichsschrifttumskammer). – Karl Strölin (Oberbürgermeister der Stadt Stuttgart). – Erwin Wittstock. – LJu: Heinrich Zillich: Schaffung eines volksdeutschen Schrifttumspreises. In: Klingsor 12 (1935), S. 118 f.

1936 *Erwin Wittstock* (›Die Freundschaft von Kockelburg‹). LT: Bbl 105 (1938), S. 139; Kü (1939), Sp. 254. – Ju: Hans Friedrich Blunck. – Richard Csaki. – Drück. – Hans Grimm. – Ernst Franz Hanfstaengl. – Hanns Johst (Präsident der Reichsschrifttumskammer). – Georg Schmückle. – Gerhard Schumann. – Karl Strölin. – LT/LJu: Erwin Wittstock. Der Träger des Volksdeutschen Schrifttumspreises 1936. In: Der Auslandsdeutsche 19 (1936), S. 384–387.

1937 *Heinrich Zillich* (›Zwischen Grenzen und Zeiten‹). LT: LE 39 (1936/37), S. 576; Heinrich Zillich – Träger des Volksdeutschen Schrifttumspreises 1937. In: Der Auslandsdeutsche 20 (1937), S. 313; Bbl 105 (1938), S. 139; Kü (1939), Sp. 254. – Ju: Hans Friedrich Blunck. – Richard Csaki. – Drück. – Hans Grimm. – Hanns Johst. – Georg Schmückle. – Gerhard Schumann. – Karl Strölin. – Erwin Wittstock. – LT/LJu: Werner Lincke: Volk über Zeiten und Grenzen. Anmerkungen zur Verleihung des Volksdeutschen Schrifttumspreises der »Stadt der Auslandsdeutschen« 1937. In: Der Auslandsdeutsche 20 (1937), S. 468–478.

1938 *Friedrich Bodenreuth* (›Alle Wasser Böhmens fließen nach Deutschland‹). LT: Aut 13 (1938), Nr. 4, S. 50; Bbl 105 (1938), S. 458; DS 3 (1938), S. 142; Kü (1939), Sp. 254; NL 39 (1938), S. 321.

1939 *Karl Götz* (›Brüder über dem Meer‹). LT: LE 41 (1938/39), S. 644, 708; DS 4 (1939), S. 141.

1940 *Ernst Moritz Mungenast* (›Der Zauberer Muzot‹). LT: LE 42 (1939/40), S. 436; Aut 15 (1940), Nr. 5, S. 81; DS 5 (1940), H. 7, Umschlag; NL 41 (1940), S. 152.

1941 *Wilhelm Pleyer* (›Das Tal der Kindheit‹). LT: LE 43 (1940/41), S. 480; Aut 16 (1941), Nr. 6, S. 107; DS 6 (1941), H. 8, Umschlag; NL 42 (1941), S. 166; Wulf (1963), S. 267.

1942 *Egon H. Rakette* (›Planwagen‹). LT: Aut 17 (1942), Nr. 6, S. 92; Karl Pöschel: Im Planwagen gen Osten. In: Deutschtum im Ausland 25 (1942), S. 120–123; DS 7 (1942), H. 7, S. 84; NL 43 (1942), S. 168.

Volkspreis der deutschen Gemeinden und Gemeindeverbände für deutsche Dichtung

s. Raabe-Preis

Volkspreis für deutsche Dichtung

s. Raabe-Preis

Volks-Schillerpreis

J: 1902: Gründungs-Aufruf, unterzeichnet vom Goethe-Bund, Berlin. – Erste Verleihung 1905. – Endgültige Satzung 1909
S: Deutsche Goethe-Bünde (gegründet 1900); Sitz der Preisstiftung: Bremen
Ju: Preisgericht, bestehend aus einer Sachverständigenkommission, einer Delegiertenkommission der deutschen Goethe-Bünde und den preisgekrönten Dichtern, die dann tatsächlich kaum vertreten waren.
VT: Alle drei Jahre. Verleihung am 10. November, dem Geburtstag Friedrich Schillers
Z: »Preis [...] für ein hervorragendes während der letzten drei Jahre vor der Preisverteilung durch Aufführung, Druck oder durch Einreichung im Manuskript bekanntgewordenes Werk der deutschen dramatischen Dichtkunst.« L: [Satzung]. Zitiert nach: Sowa (1988), S.352. – Gedacht als Oppositionspreis gegen den staatlichen ›Schillerpreis‹ und die konservativen Verleihungsgrundsätze Wilhelms II. – Aus dem ›Aufruf!‹ der Goethe-Bünde: »[...] dem von Wilhelm I. hochherzig gestifteten Schillerpreise [...] sind bestimmte Schranken gezogen. Der König als Spender ist in gutem Recht, wenn er nur ein seiner persönlichen Kunstanschauung entsprechendes Werk gekrönt sehen will [...] Dieser Volkspreis sei ein Wahrzeichen dafür, dass seit den Tagen unserer Klassiker die selbstbewusste Unabhängigkeit des deutschen Geistes ungemindert fortlebt; er sei ein Ehrenmal am Wege der freien deutschen Kunst!« Zitiert nach: Ungern-Sternberg (1987), S. B 106.
B: »Werke eines schon einmal mit dem Preise ausgezeichneten Schriftstellers bleiben von der nächsten Preisverteilung ausgeschlossen.« L: [Satzung]. Zitiert nach: Sowa (1988), S.352.
VF: 3000 Mark
LP: Bufkin (1980), S.146; Wolfgang von Ungern-Sternberg: Zur Geschichte des Volksschillerpreises (1902–1918). Ein Dramenpreis im wilhelminischen Deutschland. [Mit Abdruck des ›Aufrufs‹ zur Gründung 1902]. In: Buchhandelsgeschichte 1987, S.B 104–113; Sowa (1988), S.265–272, 351–353. – Ferdinand Avenarius: Vom »deutschen Volks-Schillerpreis.« In: Der Kunstwart 15, II (1901/02), S.11–13; LE 4 (1901/02), Sp.646; LE 5 (1903/04), Sp.398; LE 7 (1904/05), Sp.302, 347, 603; Josef Ettlinger: Brauchen wir Dichterpreise? In: LE 7 (1904/05), Sp.1227–1232, 1305, 1419f., 1704; M. Behr: Schillerstiftung und Dichterpreise. In: Literarische Warte 6 (1905), S.690–692; Fritz Goetze: Die Goethebünde in Stuttgart. In: Das Blaubuch 1 (1906), S.1036–1042; LE 10 (1907/08), Sp.598, 1324; LE 11 (1908/09), Sp.381; LE 14 (1911/12), Sp.220, 1320; LE 15 (1912/13), Sp.362; Elster (1930), S.593–599.
T: Die Preisträger und Jurymitglieder sind nach Ungern-Sternberg (1987) verzeichnet.
1905 *Richard Beer-Hofmann* (›Der Graf von Charolais‹). – *Carl Hauptmann* (›Bergschmiede‹). – *Gerhart Hauptmann* (›Rose Bernd‹). – LTT: [Ferdinand Avenarius:] Der Volksschillerpreis In: Der Kunstwart 18, II (1904/05), S.265–267. – Ju: Sachverständigenkommission: Alfred Frhr von Berger. – Heinrich Bulthaupt. – Franz Diederich. – Albert Köster (Literarhistoriker). – Jakob Minor (Literarhistoriker). – Joachim Gans Edler zu Putlitz. – Paul Schlenther (Literaturkritiker). – Johannes Volkelt (Philosoph). – Delegiertenkommission: Hermann Diez (Chefredakteur; Goethebund Hamburg). – Max Diez (Kunsthistoriker; Württembergischer Goethebund). – Ottomar Enking (Goethebund Dresden). – Erich

Goethe=Bund.

Aufruf!

Deutschlands dramatische Dichtung hat in den letzten Jahrzehnten durch den politischen und kulturellen Aufschwung der Nation, durch die Loslösung von fremdländischer Geistesherrschaft und ein energisches Sich=auf=sich=selbst=besinnen das Reich ihres Wirkens in bedeutsamer Weise erweitert und sich mit neuen künstlerischen Formen zugleich auch neue, tief in das Leben des Volkes eindringende Stoffgebiete erobert.

Die gedeihliche Fortentwicklung des deutschen Dramas erscheint heute nicht blos als eine Forderung schöngeistiger Interessen, sondern weithingreifend als eine Frage des Volkswohls.

Wenn auch das freie künstlerische Schaffen seinen besten Lohn in sich selbst findet, muss es uns doch im Hinblick auf andere Kunstgattungen und den edlen Brauch unserer Nachbarn beschämen, dass dem deutschen Dichter in seinem Vaterlande öffentliche Ehrungen versagt sind, die alle Stimmen des Beifalls und Dankes zum einhelligen Spruch zusammenfassen und ihm das Gelingen besiegeln.

Der einzigen Auszeichnung, die er bis jetzt geniessen kann, dem von Wilhelm I. hochherzig gestifteten Schillerpreise, sind bestimmte Schranken gezogen. Der König als Spender ist in gutem Recht, wenn er nur ein seiner persönlichen Kunstanschauung entsprechendes Werk gekrönt sehen will oder wenn ihm der patriotische Stempel einer Dichtung des gleichen Lohnes würdig erscheint wie der ästhetische Werth.

Um so stärker regt sich gerade jetzt das Bedürfnis, diesem Dichterpreis einen vom deutschen Volk gestifteten ergänzend an die Seite zu stellen.

Schiller, der Heros des deutschen Dramas, der Volksdichter im edelsten Sinn, das stolze Vorbild für jene Selbstherrlichkeit des Schaffens, die allein von dem eigenen Künstlergewissen Recht und Gesetz empfängt, wird in wenigen Jahren das erste Jahrhundert seiner Unsterblichkeit vollendet haben. Der platten Mittelmässigkeit feind, war er durchdrungen von dem steten freien Fortschritt aller lebendigen Kunst:

Es wär' ein eitel und vergeblich Wagen,
Zu fallen ins bewegte Rad der Zeit.

Wir glauben seinen nahen hundertsten Todestag nicht besser feiern und zugleich dem Gedanken, der unsern Bund ins Leben gerufen hat, nicht erspriesslicher dienen zu können, als indem wir alle kunstliebenden deutschen Männer und Frauen aufrufen, einen

Deutschen Volks-Schillerpreis

zu gründen, der in regelmässigen Zeitabschnitten von einer frei waltenden Jury dem Schöpfer des besten deutschen Dramas zuerkannt werden soll.

Das Volk in allen Schichten soll der Stifter sein. Deshalb ist auch das kleinste Scherflein willkommen.

Dieser Volkspreis sei ein Wahrzeichen dafür, dass seit den Tagen unserer Klassiker die selbstbewusste Unabhängigkeit des deutschen Geistes ungemindert fortlebt; er sei ein Ehrenmal am Wege der freien deutschen Kunst!

Berlin, den 1. März 1902.

Der Goethe=Bund, Berlin.

Beiträge werden hier entgegengenommen.

Freund (Redakteur; Goethebund Breslau). – Ludwig Fulda (Goethebund Berlin). – Otto Harnack (Historiker, Literarhistoriker; Hessischer Goethebund). – Gerhard Hellmers (Literarhistoriker; Goethebund Bremen). – Emil Krause (Redakteur, Theaterkritiker; Goethebund Königsberg). – Fedor Mamroth (Redakteur; Goethebund Mainz). – Hermann Sudermann (Goethebund Berlin). – Bruno Wille (Goethebund Bremen)

1908 *Ernst Hardt* (›Tantris der Narr‹). LT: Briefe an Ernst Hardt. Eine Auswahl aus den Jahren 1898–1947. In Verbindung mit Tilla Goetz-Hardt hrsg. von Jochen Meyer. Marbach 1975. S. 68–70, 169–171. – Ju: Sachverständigenkommission: Alfred Frhr von Berger. – Carl Hauptmann. – Jakob Minor. – Joachim Gans Edler zu Putlitz. – Paul Schlenther. – Delegiertenkommission: Eberhard Buchner (Redakteur; Goethebund Hannover). – Franziska Freifrau von Ellmenreich (Schauspielerin; Goethebund Hamburg). – Ottomar Enking (Goethebund Dresden). – Ludwig Goldstein (Redakteur; Goethebund Königsberg). – Otto Harnack (Württembergischer Goethebund). – Gerhard Hellmers (Goethebund Bremen). – Hermann Sudermann (Goethebund Berlin)

1912 *Herbert Eulenberg* (›Belinde‹). – Ju: Sachverständigenkommission: Alfred Frhr von Berger. – Carl Hauptmann. – Jakob Minor. – Joachim Gans Edler zu Putlitz. – Paul Schlenther. – Delegiertenkommission: Erich Freund (Goethebund Breslau). – Ludwig Goldstein. – Otto Harnack. – Gerhard Hellmers. – Alfred Klaar (Theaterkritiker; Goethebund Berlin). – Friedrich Kummer (Literarhistoriker; Goethebund Dresden). – Max Martersteig (Dramaturg, Theaterhistoriker; Goethebund Bremen). – Willy Nordau (Goethebund Kassel). – Henry Seedorf (Historiker, Bibliothekar; Goethebund Delmenhorst). – Carl Müller-Rastatt

Volkstheaterpreis
auch: Literaturpreis des Deutschen Volkstheaters in Wien

J: 1905. – Zu Friedrich Schillers 100. Todestag zunächst Ausschreibung eines ›Schillerpreises‹, in weiteren Meldungen ›Deutscher Volkstheaterpreis‹ genannt. – 1910: Neugründung; erste Verleihung 1912

S: Deutscher Volkstheater Verein, Wien

Ju: Sigmund Ehrlich (Journalist). – Karl Glossy (Bibliothekar, Literarhistoriker). – Richard Fellner (Dramaturg). – Jakob Minor (Literarhistoriker). – A. Oelwein. – Emil Reich (Philosoph, Literarhistoriker). – Robert Steinhauser. – L: LE 12 (1909/10), Sp. 1423.

VT: Meldung 1905: Alle drei Jahre. – Meldung 1910: Alle zwei Jahre

Z: 1905: Auszeichnung für ein »künstlerisch wertvolles, abendfüllendes Stück«. L: LE 7 (1904/05), Sp. 820. – 1910: »Zur Förderung und Auszeichnung namentlich jüngerer dramatischer Talente«. L: LE 12 (1909/10), Sp. 1423.

B: 1910: Auszeichnung »eines in deutscher Sprache verfaßten und am Deutschen Volkstheater zur ersten Aufführung gelangten Bühnenwerk[s]«. L: LE 12 (1909/10), Sp. 1423.

VF: Meldung 1905: 2000 Kronen. – Meldung 1910: 3000 Kronen

LP: LE 7 (1904/05), Sp. 820; LE 8 (1905/06), Sp. 978, 1194f.; LE 12 (1909/10), Sp. 1423.

T: 1906 Preis nicht verliehen, lediglich Ehrengaben: *Marie Eugenie Delle Grazie* (›Ver sacrum‹). LT: LE 8 (1905/06), Sp. 1469f. – *Leo Feld* (›Der Stein von Pisa‹). LT: LE 8 (1905/06), Sp. 1469f. – *Helene Hirsch* (›Die Versöhnung‹). LT: LE 8 (1905/06), Sp. 1394. – LTT: LE 8 (1905/06), Sp. 1480.

1912 *Karl Schönherr* (›Glaube und Heimat‹). LT: LE 15 (1912/13), Sp. 217.
1914 *Anton Gustav Streicher* (›Traumland‹). LT: LE 17 (1914/15), Sp. 319.
1916 *Anton Wildgans* (›Armut‹). LT: LE 19 (1916/17), Sp. 262.
1919 *Herbert Eulenberg* (›Leidenschaft‹). LT: LE 21 (1918/19), Sp. 637.
1920 *Arthur Schnitzler* (›Professor Bernhardi‹). LT: LE 23 (1920/21), Sp. 249.
1924 *Raoul Auernheimer* (›Casanova in Wien‹). LT: LE 27 (1924/25), S. 187.
1926 *Hans von Chlumberg* (›Eines Tages...‹). LT: Hans von Chlumberg: Autobiographische Skizze. (Undatierter Einblattdruck in der Dokumentationsstelle des Deutschen Literaturarchivs, Marbach a.N.); Aut 5 (1930), Nr. 10, S. 8 (hier fälschlicherweise: ›Grillparzerpreis‹); Elisabeth Pablé: Der vergessene Welterfolg: Hans von Chlumberg. In: Literatur und Kritik 4 (1969), S. 382–395 (S. 385: Verleihung für 1927).
1931 *Friedrich Forster* (›Der Graue‹). LT: LE 34 (1931/32), S. 299.
1934 *Stephan von Kamare* (›Der junge Baron Neuhaus‹). LT: Aut 9 (1934), Nr. 11, S. 13; LE 37 (1934/35), S. 227.
1937 *Andreas Thom* (›In der stillen Seitengasse‹). LT: Aut 12 (1937), Nr. 11, S. 39.

Karl-Wagenfeld-Preis der Stadt Soest
s. Westfälischer Heimatpflegepreis

Wartburgrose
s. Silberne Wartburgrose

Welti-Stiftung für das Drama
s. Preis der ›Festspielstiftung der Stadt Bern‹

Westfälischer Heimatpflegepreis auch: Heimatpflegepreis der Stadt Soest, 1940 ff: Karl-Wagenfeld-Preis der Stadt Soest

J: 1938. – 1940: Zur Erinnerung an den niederdeutschen Schriftsteller Karl Wagenfeld (1869–1939) umbenannt in ›Karl-Wagenfeld-Preis‹
S: Stadt Soest. Ausschreibung und Verteilung im Einvernehmen mit dem Bürgermeister durch den Landeshauptmann der Provinz Westfalen, Karl Friedrich Kolbow, Münster. L: Satzung (1938). Stadtarchiv Soest, Akte D 1090.
Ju: »Der Landeshauptmann kann zur Beurteilung der Preislösungen einen oder mehrere Preisrichter bestellen, sowie einen Beirat berufen, falls in Frage steht, ob der Preis, statt ausgeschrieben zu werden, für bereits vorliegende Leistungen verliehen werden soll. Dieser Beirat besteht dann aus Beiratsmitgliedern des Westfälischen Heimatbundes; ihm gehört außerdem stets der Bürgermeister der Stadt Soest an.« L: Satzung (1938). Stadtarchiv Soest, Akte D 1090.
VT: Alle zwei Jahre. »Die Verkündigung erfolgt in Abwechslung mit dem ›Westfälischen Literaturpreis‹ auf dem Westfalentag.« L: Satzung (1938). Stadtarchiv Soest, Akte D 1090.
Z: Aus der Satzung (1938): »[Der] Zweck [des Preises] ist in erster Linie, schöpferische Kräfte zum Einsatz zu bringen für solche Forderungen, die das vielseitig sich entwikkelnde Leben der heimatlichen Kulturpflege als der echten Förderin des westfälischen Volkstums immer wieder stellt. Der Preis wird also in der Regel für die Lösung einer bestimmten, jeweils zu stellenden Aufgabe ausgeschrieben. In besonderen Fällen kann der Preis auch für eine Lebensarbeit in der westfälischen Kulturpflege oder für besondere Verdienste auf einem ihrer Teilgebiete

verliehen werden.« L: Stadtarchiv Soest, Akte D 1090. – Sonderbestimmungen für den ›Westfälischen Heimatpflegepreis‹ 1938: »Der Preis 1938 wird ausgeschrieben für ein Laienspiel, das im Grundgedanken wie in der Durchführung ein hinreißendes Bekenntnis ist zu den Worten von Familie und Heimat im Sinne der nationalsozialistischen Idee. Einem Schriftsteller, der nicht von Geburt Westfale ist, kann der Preis verliehen werden, wenn sein Werk westfälischer Art verbunden ist. Bei dichterisch gleichwertigen Leistungen wird einer mundartlichen Dichtung der Vorzug gegeben.« L: Stadtarchiv Soest, Akte D 1090. – Ausschreibung 1940: »Für das Jahr 1940 wurde als Aufgabe gestellt die Schaffung eines möglichst in niederdeutscher Sprache verfaßten Laienspiels, das die Werte von Volkstum und Familie im Sinne der nationalsozialistischen Idee darstellt. [...] Durch Beschluß des Bürgermeisters der Stadt Soest soll der Preis trotz des Krieges auch für das Jahr 1942 ausgeschrieben werden, und zwar diesmal für eine Aufgabe auf dem engeren Gebiete der Volkstumspflege.« L: Karl Friedrich Kolbow: Der Karl Wagenfeld-Preis der Stadt Soest. In: Heimat und Reich 7 (1940), H. 5, S. 124f.

VF: 2000 RM

LP: Satzung (1938). Stadtarchiv Soest, Akte D 1090; Sonderbestimmungen für den ›Westfälischen Heimatpflegepreis‹ 1938. Stadtarchiv Soest, Akte D 1090; Ernst Heiss: Der Westfälische Heimatpflegepreis 1938. Gedanken zu seiner Verleihung. In: Westfälische Landeszeitung/Rote Erde (Dortmund), Sonderbeilage [zum ›Westfalentag‹, 8.-10. 7. 1938]. – Aut 13 (1938), Nr. 4, S. 49.

T: 1938 *Franz Große-Perdekamp* (›Das westfälische Spiel vom ungetreuen und getreuen Bauern‹). – *Spielgemeinde Nettelstedt, Kreis Lübbecke* (für die Darstellung des Spiels ›Der Werwolf‹). – *Wilhelm Warning* (›Bauernblut‹, Theaterstück). LT: Die Preisträger des Heimatpflege-Preises. (Zeitungsausschnitt ohne nähere Angaben, 1938). – Aut 13 (1938), Nr. 7/8, S. 49.

1940 *Martin Simon* (›Die Westfälinger‹, Volksspiel). – *Franz Mehring* (niederdeutscher Schriftsteller, 1894–1952; Preis für ›De Brügge. Niederdeutsches Trauerspiel‹). – *Leo Schmidt* (lobende Erwähnung für das »Feierspiel« ›Füerbrand‹). – LTT: Karl Friedrich Kolbow: Der Karl-Wagenfeld-Preis der Stadt Soest. [Ansprache, gehalten bei der Überreichung der Urkunden]. In: Heimat und Reich 7 (1940), H. 5, S. 124. – Aut 14 (1940), Nr. 5, S. 81.

1942 nach Auskunft des Stadtarchivs Soest nicht verliehen

1945 »Die Stadt Soest wird im Einvernehmen mit dem Landeshauptmann der Provinz Westfalen den seinerzeit nach dem westfälischen Dichter Karl Wagenfeld gestifteten Wagenfeld-Preis in Höhe von 2000 RM zur Anspornung für Kalendererzähler verteilen.« L: Bbl 112 (1945), S. 7.

Westfälischer Literaturpreis 1946ff: Annette-von-Droste-Hülshoff-Preis

J: 1934. Erste Verleihung 1935

S: Landeshauptmann der Provinz Westfalen, Karl Friedrich Kolbow, Münster. – Seit 1946: Landschaftsverband Westfalen-Lippe

Ju: 1934: Entscheidung durch Landeshauptmann Karl Friedrich Kolbow nach Beratung mit einem Beirat. Zum Beirat gehören die »beiden Landesstellenleiter des Ministeriums für Volksaufklärung und Propaganda in Westfalen, die beiden Kulturwarte der NSDAP für Westfalen-Nord und -Süd, die beiden Gauführer des Reichsverbandes Deutscher Schriftsteller Westfalen-Nord

und -Süd, der Vorsitzende des Landesausschusses des Westfälischen Heimatbundes, der Direktor der Stadt- und Landesbibliothek Dortmund, der Schriftleiter der Zeitschrift ›Heimat und Reich‹ sowie zwei freie Schriftsteller«. L: Ditt (1992), s. u., S. 330.
VT: Alle zwei Jahre
Z: Förderung des westfälischen Schrifttums
VF: 2500 RM
LP: Kü (1937/38), Sp. 256; Kü (1939), Sp. 254; Remy (1956), S. 391; Karl Ditt: Der Westfälische Literaturpreis im Dritten Reich. Die Förderung westfälischer Schriftsteller/innen zwischen Literatur-, Heimat- und Parteipolitik. In: Westfälische Forschungen 42 (1992), S. 324–345; Literaturpreis-Ztg (1995), S.[1], [3]. – LE 37 (1934/35), S. 278; Michael (1936), S. 14; Aut 12 (1937), Nr. 7, S. 21; Aut 13 (1938), Nr. 1/2, S. 20.
T: 1935 *Josefa Berens-Totenohl* (›Der Femhof‹, ›Frau Magdlene[!]‹). LT: LE 38 (1935/36), S. 299; Aut 11 (1936), Nr. 1, S. 23; Bbl 105 (1938), S. 139.
1937 *Maria Kahle*. LT: LE 39 (1936/37), S. 640; DS 2 (1937), S. 191; Bbl 105 (1938), S. 139.
1939 *Karl Wagenfeld*. LT: LE 41 (1938/39), S. 516; Aut 14 (1939), Nr. 4/5, S. 44; DS 4 (1939), S. 141; NL 40 (1939), S. 375.
1941 *Heinrich Luhmann*. LT: Aut 17 (1942), Nr. 1, S. 12; LE 44 (1941/42), S. 175; DS 7 (1942), H. 4, S. 48.
1943 *Christine Koch*. LT: Bbl 111 (1944), S. 152 (Text der Urkunde): »Der Westfälische Literaturpreis für das Jahr 1943 wird der Dichterin Christine Koch zuerkannt, die in der Einsamkeit ihrer sauerländischen Berge aus dem echten Empfinden einer deutschen Frau und Mutter Lieder und Gedichte von großer Innigkeit des Gemüts geschaffen hat. Die ganze Vielseitigkeit des deutschen Volksliedes und die schlichte Naturverbundenheit der deutschen Seele offenbaren sich in dieser Dichtung, die, in der Sprache des Sauerlandes gestaltet, zum Besten gehört, was Niederdeutschland zum Schatz deutscher Lyrik beigetragen hat.«
1945 nicht verliehen. L: Bufkin (1980), S. 118.
1946 *Augustin Wibbelt*. – *Margarete Windthorst*. – LTT: Bufkin (1980), S. 118.
1947–1952 nicht verliehen

Fortsetzung 1953ff

Westmark-Preis (für Literatur: Kurt-Faber-Preis, für bildende Kunst: Albert-Weisgerber-Preis, für Musik: Johann-Stamitz-Preis)

s. Kurt-Faber-Preis

Würzburger Dichterpreis

s. Dichterpreis der theologischen Fakultät der Universität Würzburg

Anhang

Literaturverzeichnis

Neben allgemeiner Literatur zum Thema sind hier nur Bücher, Periodica und Beiträge aufgenommen, die bei der Beschreibung von mehr als einem Preis zu zitieren waren. Die im Text verwendeten Kürzel werden dabei in Spitzklammern hinter der jeweiligen Titelbeschreibung angegeben. Literatur, die sich nur auf einen Preis bezieht, ist lediglich dort (bei der Beschreibung des Preises, nach den Kürzeln »L«, »LP«, »LT«, »LTT«, »LJu«) zu finden.

Aley, Peter: Jugendliteratur im Dritten Reich. Dokumente und Kommentare. Mit einem Vorw. von Klaus Doderer. Gütersloh 1967. ⟨Aley⟩

Amann, Klaus: Die literaturpolitischen Voraussetzungen und Hintergründe für den »Anschluß« der österreichischen Literatur im Jahre 1938. In: Zeitschrift für deutsche Philologie 101 (1982), S. 216–244. ⟨Amann⟩

Amtliche Bekanntmachung der Reichsschrifttumskammer Nr. 127. [Punkt] 5: Verteilung von Schrifttumspreisen. In: Börsenblatt für den Deutschen Buchhandel 105 (1938), S. 429f.

Die Arbeitsgemeinschaft der Stiftungen und Verteiler literarischer Preise. In: Handbuch der Reichskulturkammer. Berlin 1937. S. 197.

Aspetsberger, Friedbert: Literarisches Leben im Austrofaschismus. Der Staatspreis. Königstein/Ts. 1980. (Literatur in der Geschichte, Geschichte in der Literatur. Bd 2) ⟨Aspetsberger⟩

Der Autor. Mitteilungen des Verbandes deutscher Bühnenschriftsteller und Bühnenkomponisten... Berlin. Jg 1 (1926), Nr. 1–3; Jg 2 (1927) – Jg 19 (1944), Nr. 9/10. ⟨Aut⟩

Der Autor. Zeitschrift des Schutzverbandes Deutscher Autoren in der Gewerkschaft für Kunst und Schrifttum. Berlin. Jg [1] (1947/48) – Jg [3] (1949/50). ⟨Autor⟩

Barbian, Jan-Pieter: Literaturpolitik im »Dritten Reich«. Institutionen, Kompetenzen, Betätigungsfelder. In: Archiv für Geschichte des Buchwesens 40 (1993), S. 1–394. ⟨Barbian⟩

Barbian, Jan-Pieter: Die Reichsschrifttumskammer im »Dritten Reich«. Ein institutionengeschichtlicher Beitrag zur nationalsozialistischen Schrifttumspolitik zwischen 1933 und 1945. Magisterarbeit, Universität Trier 1986.

Barth, Theodor: Preiskrönungen. In: Die Nation 11 (1893/94), S. 239.

Becker, Eva D. / Dehn, Manfred: Literarisches Leben. Eine Bibliographie. Auswahlverzeichnis von Literatur zum deutschsprachigen literarischen Leben von der Mitte des 18. Jahrhunderts bis zur Gegenwart. Hamburg 1968.

Belzner, Emil: Vom Lotteriespiel der Literatur-Preise. In: Das literarische Deutschland 1 (1950), Nr. 2, S. 1.

Berndt, Alfred-Ingemar: Gegen die Inflation der Kunstpreise. Grundsätzliche Rede von Ministerialdirigent Berndt. In: Der Autor 14 (1939), Nr. 4/5, S. 7.

Bleibtreu, Karl: Wie werden Dichterpreise und – Dichterruhm verteilt? In: Die Fackel 4 (1902/03), Nr. 101, S. 13–18.

Börsenblatt für den Deutschen Buchhandel. Leipzig. Jg 1 (1834) – Jg 112 (1945). ⟨Bbl⟩

Buergel-Goodwin, Ulrike: Die Reorganisation der westdeutschen Schriftstellerverbände 1945–1952. In: Archiv für Geschichte des Buchwesens 18 (1977), Sp. 361–524. ⟨Buergel-Goodwin⟩

Bufkin, E.C., Ed.: Foreign Literary Prizes. Romance and Germanic Languages. New York, London 1980. ⟨Bufkin⟩

Castle, Eduard: Geschichte der deutschen Literatur in Österreich-Ungarn im Zeitalter Franz Josephs I. Ein Handbuch. Bd 2. Wien [1937].

Conrad, Michael Georg: Vom Elend der Literaturpreis-Wirtschaft. In: Deutsches Literaturblatt 4 (1914), H. 4, S. 1–8.

Der deutsche Almanach für Kunst und Wissenschaft. Hrsg.: Ferdinand Mentzen. ... unter Mitarb. des Reichsministeriums für Volksaufklärung und Propaganda [u.a.] Berlin. Jg 1, 1933 [1934]. ⟨DA⟩

Deutsche Arbeit. Monatsschrift für das geistige Leben der Deutschen in Böhmen. Hrsg. im Auftrage der Gesellschaft zur Förderung deutscher Wissenschaft, Kunst und Literatur in Böhmen. Prag. Jg 5 (1905/06) – Jg 16 (1916/17).

Der Deutsche im Osten. Monatsschrift für Kultur, Politik und Unterhaltung. Danzig. Jg 1 (1938/39) – Jg 5 (1942). ⟨DiO⟩

Deutsche Literaturpreise. Eine wichtige und aufschlußreiche Zusammenstellung. In: Der Autor 13 (1938), Nr. 1/2, S. 20f.

Deutsche Literaturpreise. In: Börsenblatt für den Deutschen Buchhandel 105 (1938), S. 137–139.

Der deutsche Schriftsteller. Zeitschrift für die in der Reichsschrifttumskammer eingegliederten Schriftsteller. Berlin. Jg 1 (1936) – Jg 9 (1944). ⟨DS⟩

Deutsches Literatur-Lexikon. Begründet von Wilhelm Kosch. 3., völlig neu bearb. Aufl. Bern, München, Stuttgart 1968ff. ⟨Kosch 3⟩

Die deutschsprachigen Literaturpreise. Redaktion: Marianne Brunner. In: Dokumentation deutschsprachiger Verlage. Hrsg. von Curt Vinz und Günter Olzog. 2. Ausg. München, Wien 1965. S. 35–73. ⟨Vinz/Olzog⟩

Die deutschsprachigen Literaturpreise. In: Dokumentation deutschsprachiger Verlage. Hrsg. von Curt Vinz und Günter Olzog. 3. Ausg. München, Wien 1968. S. 37–71. ⟨Vinz/Olzog⟩

Dichterbelohnungen. In: Börsenblatt für den Deutschen Buchhandel 8 (1841), Sp. 1622.

Edschmid, Kasimir: Erzählungsliteratur. In: Frankfurter Zeitung Nr. 68 vom 26. 1. 1922, S. 1f.

Elster, Hanns Martin: Reformiert die Dichterpreise! In: Die Horen 6 (1930), Nr. 8/9, S. 593–599. ⟨Elster⟩

Engelke, Andrea: Literaturpreise in Deutschland. Eine Darstellung der Entwicklung im 20. Jahrhundert. Diplomarbeit im Studiengang Bibliothekswesen an der Fachhochschule Hannover. Hannover 1988.

Erckmann, Rudolf: Deutsche Literaturpreise. In: Taschenbuch für den großdeutschen Buchhandel. Berlin 1939/40. S. 82–85. ⟨Erckmann⟩

Ettlinger, Josef: Brauchen wir Dichterpreise? In: Das litterarische Echo 7 (1904/05), Sp. 1227–1232.

Fohrbeck, Karla / Wiesand, Andreas Johannes: Handbuch der Kulturpreise und der individuellen Künstlerförderung in der Bundesrepublik Deutschland 1978. Im Auftrage des Bundesministeriums des Innern erstellt von Karla Fohrbeck und Andreas Johannes Wiesand. Köln 1978. ⟨Fohrbeck⟩

Fohrbeck, Karla: Handbuch der Kulturpreise und der individuellen Künstlerförderung in der Bundesrepublik Deutschland 1979–1985. Im Auftrage des Bundesministeriums des Innern erstellt von Karla Fohrbeck, Zentrum für Kulturforschung/Bonn. Köln 1985.

Frankfurter Zeitung. 1919–1933. ⟨FZ⟩ – Dankbar benutzt wurde die Datenbank des Tübinger Erschließungsprojekts von Almut Todorow ›Das Feuilleton der Frankfurter Zeitung während der Weimarer Republik‹.

Fröhlich, Lothar: Literaturpreise der Deutschen Demokratischen Republik. In: Börsenblatt für den Deutschen Buchhandel (Leipzig) 129 (1962), Beiheft 3.

Fuhrmann, Ernst: Über Literaturpreise. Einige Vorschläge. In: Frankfurter Zeitung Nr. 202 vom 16. 3. 1930, Literaturblatt Nr. 11, S. 6.

Hillesheim, Jürgen / Michael, Elisabeth: Lexikon nationalsozialistischer Dichter. Biographien – Analysen – Bibliographien. Würzburg 1993.

Hopster, Norbert / Josting, Petra: Preise/Förderungen. In: Hopster, N. / Josting, P.: Literaturlenkung im »Dritten Reich«. Eine Bibliographie. Bd 1. Hildesheim [usw.] 1993. S. 189–192.

Jahrbuch der Kölner Blumenspiele. Hrsg.: Litterarische Gesellschaft in Köln. Köln. 1/1899 (1900)–16/1914 [1914]. ⟨JKB⟩

Jahresbericht [1–3: Bericht …] der Schweizerischen Schillerstiftung. Zürich. 1–3/1905–1908 (1909)–44/1949 (1950). ⟨JSS⟩

Kolbow, [Karl Friedrich]: Die landschaftliche Kulturpflege im Kriege. In: Die kulturpolitische Tagung des deutschen Gemeindetages im Rahmen der 7. Reichsarbeitstagung der Dienststelle des Reichsleiters Rosenberg in Braunschweig am 23. und 24. November 1940. Hrsg. vom Oberbürgermeister der Landeshauptstadt Braunschweig. Braunschweig [1941]. S. 58–96.

Kröll, Friedhelm: Literaturpreise nach 1945. Wegweiser in die Restauration. In: Nachkriegsliteratur in Westdeutschland 1945–49. Schreibweisen, Gattungen, Institutionen. Hrsg. von Jost Hermand [u.a.] Berlin 1982. S. 143–164.

Kürschner, Joseph: Deutscher Litteratur-Kalender auf das Jahr..., Jg 25ff: Kürschners deutscher Litteratur-Kalender..., Jg 28ff Kürschners Deutscher Literatur-Kalender. [Wechselnde Orte]. Jg 13 (1891) – Jg 54 (1963). ⟨Kü⟩

Die kulturpolitische Tagung des deutschen Gemeindetages im Rahmen der 7. Reichsarbeitstagung der Dienststelle des Reichsleiters Rosenberg in Braunschweig am 23. und 24. November 1940. Hrsg. vom Oberbürgermeister der Landeshauptstadt Braunschweig. Braunschweig [1941]. ⟨Die kulturpolitische Tagung⟩

Die Kulturpreise. Die erste Bibliographie in Manuskriptlieferungen für Redaktionen, Archive, Bibliotheken, Institute und Persönlichkeiten des Kulturlebens. Reihe A: Deutschland. Folge 1: Stiftungen der Gegenwart. Lieferung 1 vom 25. Juli 1948. Celle [1948]. ⟨Kulturpreise⟩

Lahn, Wilhelm: Deutsche Literaturpreise. Eine Bibliographie der deutschen Literaturpreis-Stiftungen... Hrsg. von der Schriftleitung ›Publikation‹. 1951. ⟨Lahn⟩

Leitgeb, Hanna: Der ausgezeichnete Autor. Städtische Literaturpreise und Kulturpolitik in Deutschland 1926–1971. [Goethe-Preis der Stadt Frankfurt a.M., Lessing-Preis der Freien und Hansestadt Hamburg (mit Dietrich-Ekkart-Preis), Wilhelm-Raabe-Preis der Stadt Braunschweig]. Berlin, New York 1994. ⟨Leitgeb⟩

Lienhard, Friedrich: Dichterpreise? In: Der Türmer 14 (1911/12), S. 727f.

Literarische Preise und Stiftungen. Erste Liste. Zweite Liste. In: Die schöne Literatur 29 (1928), S. 220–222, 360–363. ⟨Literarische Preise⟩

Literaturpreise in der Bundesrepublik zum Zeitpunkt der Neuausschreibung des Georg-Büchner-Preises. In: Der Georg-Büchner-Preis 1951–1978. Eine Ausstellung des Deutschen Literaturarchivs Marbach und der Deutschen Akademie für Sprache und Dichtung Darmstadt. Wissenschaftszentrum Bonn-Bad Godesberg 11. 10.-26. 11. 1978. Marbach a.N. 1978. S. 39f.

Literatur- und Musikpreise. In: Der Autor 12 (1937), Nr. 11, S. 48.

Literaturpreis-Zeitung. [Veröffentlichung zur Ausstellung:] Poeten von heute treffen Heine und die Droste. Literaturpreise in Nordrhein-Westfalen nach 1945. Eine Ausstellung des Heinrich-Heine-Instituts im Rahmen der Veranstaltungsreihe '45ff vom 8. Oktober 1995 bis 14. Januar 1996. Ausstellungskonzeption: Bernd Kortländer und Inge Sauer. [Düsseldorf 1995]. ⟨Literaturpreis-Ztg⟩

Das litterarische Echo. Halbmonatsschrift für Litteraturfreunde. [Jg 8–25: Das literarische Echo, Jg 26–44: Die Literatur]. Berlin, [Jg 23ff: Stuttgart, Berlin]. Jg 1 (1898/99) – Jg 44 (1941/42). ⟨LE⟩

Memorandum über die Stiftungen des Alfred C. Toepfer und deren Zusammenarbeit mit der Universität Wien. Hrsg. von Christian Michelides. Wien 1991. ⟨Memorandum⟩

Michael, Friedrich: Dichterpreise. In: Deutsche Zukunft 4 (1936), Nr. 9 vom 1.3., S. 14. ⟨Michael⟩

Milch, Werner: Literaturpreise im heutigen Deutschland. In: Börsenblatt für den Deutschen Buchhandel 97 (1930), Nr. 113, S. 3–6.

Münchhausen, Börries Frhr von: Dichterpreise. In: Deutsche Zukunft 4 (1936), Nr. 8 vom 23.2., S. 15.

Münchhausen, Börries Frhr von: Junge Dichter und Dichterpreise. In: Deutsche Allgemeine Zeitung Nr. 252 vom 31. 5. 1936.

Die Neue Literatur. Leipzig. Jg 39 (1938) – Jg 44 (1943), H. 3. ⟨NL⟩

Neue Zürcher Zeitung. 1920–1937. ⟨NZZ⟩ – Benutzt wurde: Helen Münch-Küng: Eduard Korrodi. Gesamtverzeichnis NZZ-Feuilleton-Beiträge 1914–1950. [Berikon] 1995.

Preise und Medaillen. In: Meyers Großes Konversations-Lexikon. 6. Aufl. Bd 24. Jahres-Supplement 1911–1912. Leipzig, Wien 1913. S. 755–757. Beilage: Die wichtigsten Preise der Akademien, Universitäten, Hochschulen etc. Deutschlands. S. I-VIII.

Raabe, Paul: Lorbeerkranz und Denkmal. Wandlungen der Dichterhuldigung in Deutschland. In: Festschrift für Klaus Ziegler. Hrsg. von Ekkehard Catholy und Winfried Hellmann. Tübingen 1968. S. 411–426.

Remy, Ewald W.: Die deutschen Kulturpreise. In: Der Journalist 2 (1956), S. 383–416. ⟨Remy⟩

Remy, Ewald W.: Wesen und Wirken der Kulturpreise. Versuch einer Rechtfertigung ihrer Bedeutung. In: Die Kulturpreise. Die erste Bibliographie in Manuskriptlieferungen ... Reihe A, Folge 1, Lieferung 1. Celle [1948].

Schultze, Ernst: Literarische Ehrenpreise. In: Germanisch-romanische Monatsschrift 4 (1912), S. 521–536.

Sowa, Wolfgang: Der Staat und das Drama. Der Preußische Schillerpreis 1859–1918. Eine Untersuchung zum literarischen Leben im Königreich Preußen und im deutschen Kaiserreich. Frankfurt a.M., Bern [usw.] 1988. ⟨Sowa⟩

Stimpfig, Alexandra: Literaturpreise. Eine Auswahl. In: Klassiker in finsteren Zeiten. 1933–1945. Eine Ausstellung des Deutschen Literaturarchivs im Schiller-Nationalmuseum Marbach am Neckar. Bd 2. Marbach a.N. 1983. S. 135–157. ⟨Stimpfig⟩

Stockhorst, Erich: Fünftausend Köpfe. Wer war was im Dritten Reich. Velbert, Kettwig 1967.

Strallhofer-Mitterbauer, Helga: NS-Literaturpreise für österreichische Autoren. Eine Dokumentation. Wien, Köln, Weimar 1994. ⟨Strallhofer⟩

Streubel, Curt: Deutsche Literatur- und Kulturpreise. In: Börsenblatt für den Deutschen Buchhandel 111 (1944), S. 106f., 128f., 151f.

Strothmann, Dietrich: Die Regie des Autoreneinsatzes. In: Strothmann, D.: Nationalsozialistische Literaturpolitik. Ein Beitrag zur Publizistik im Dritten Reich. 2. Aufl. Bonn 1963. S. 100–113. ⟨Strothmann⟩

Stübs, Albin: Preisgekrönte. In: Die neue Weltbühne 34 (1938), S. 864–872.

Sudetendeutsche Monatshefte. [1935–1938: Zeitschrift des Bundes der Deutschen. 1941–1944: Hrsg. vom Deutschen Heimatbund, Gauverein Sudetenland.] Teplitz-Schönau. Jg [1] (1935) – Jg [10] (1944). ⟨SuM⟩

Tgahrt, Reinhard: Zur bibliographischen Erschließung der deutschen Literatur von 1880–1945. In: Beiträge zur bibliographischen Lage in der germanistischen Literaturwissenschaft. Referate eines Kolloquiums der deutschen Forschungsgemeinschaft, Deutsches Literaturarchiv Marbach a.N., 5.-7. März 1980. Hrsg.: Hans-Henrik Krummacher. Boppard 1981. S. 121–154.

Toepfer, Alfred C.: Die Stiftung F.V.S. zu Hamburg und allgemeine Betrachtungen zum Stiftungsgedanken. In: Lebensbilder deutscher Stiftungen. Bd 3. Tübingen 1974. (Stiftungen aus Vergangenheit und Gegenwart. Bd 2.) S. 311–317.

Die Versteuerung eines Preises. Der Unterschied zwischen Werkpreis und Ehrenpreis. In: Der Autor 17 (1942), Nr. 3, S. 39.

Verteilung von Schrifttumspreisen. In: Handbuch der Reichsschrifttumskammer. Hrsg. von Wilhelm Ihde. Leipzig 1942. S. 45.

Wasserman, Paul/Wasserman, Krystyna: Awards, Honors, & Prizes. An International Directory of Awards and Their Donors. 5th ed. Vol. 2: International and Foreign. Detroit/Michigan 1982.

Wiesand, Andreas Johannes: Handbuch der Kulturpreise 1986–94. Preise, Ehrungen, Stipendien und individuelle Projektförderungen für Künstler, Publizisten und Kulturvermittler. Im Auftrag der Kulturabteilung des Bundesinnenministeriums hrsg. von Andreas Johannes Wiesand beim Zentrum für Kulturforschung. Bonn 1994.

Wittmann, Reinhard: Die bibliographische Situation für die Erforschung des literarischen Lebens im 19. Jahrhundert (1830–1880). In: Beiträge zur bibliographischen Lage in der germanistischen Literaturwissenschaft. Referate eines Kolloquiums der Deutschen Forschungsgemeinschaft, Deutsches Literaturarchiv Marbach a.N., 5.-7. März 1980. Hrsg.: Hans-Henrik Krummacher. Boppard 1981. S. 171–198.

Wulf, Joseph: Preise. In: Wulf, J.: Literatur und Dichtung im Dritten Reich. Eine Dokumentation. Gütersloh 1963. S. 253–269. ⟨Wulf⟩

Zimmermann, Jan: Die Kulturpreise der Stiftung F.V.S. bis 1945. Magisterarbeit, Universität Hamburg 1995. Anhang S. 215–219. ⟨Zimmermann⟩

Zimmermann, Jan: »Kultur(preis)stiftungen im Dritten Reich«. Forschungsauftrag für die Stiftung F.V.S. Hamburg 1994.

Chronologische Übersicht

Der Berichtszeitraum ist in vier historisch sinnfällige Abschnitte gegliedert. Zu Beginn eines jeden neuen Abschnitts werden die weiter existierenden Preise aufgeführt. Änderungen des Namens werden hier – aus Gründen der Übersichtlichkeit – in der Regel nicht angegeben; sie sind beim Haupteintrag des Preises nachzulesen.
Das Gründungsjahr eines mit * gekennzeichneten Preises konnte nicht festgestellt werden; eingeordnet wird er dann unter dem Jahr der ersten ermittelten Ausschreibung oder der ersten bekannt gewordenen Preisverleihung.

Preisstiftungen bis 1918

1803 – Dichterpreis der Stadt Halberstadt

1844 – Verdunpreis

1859 – Schillerpreis
– Schillerpreis/Wien [1]

1872 – Grillparzer-Preis

1883 – Preis der Augsburger Schillerstiftung *

1890 – Ehrengabe der Tiedge-Stiftung *

1892 – Preis der ›Festspielstiftung der Stadt Bern‹
– Preisausschreiben für ein Psychodrama

1895 – Raimund-Preis *

1896 – Bauernfeldpreis

1898 – Preise der ›Kölner Blumenspiele‹

1899 – Preis der Kanka-Stiftung

1900 – Nobelpreis / Nobelpreis für Literatur
– Preis der Fröbelstiftung *

1901 – Dichterpreis der theologischen Fakultät der Universität Würzburg *

1902 – Volks-Schillerpreis

1903 – Hebbel-Stiftungsgabe
– Preisausschreiben des Dramatischen Vereins Zürich

1905 – Volkstheaterpreis (Wien)

1908 – Niederösterreichischer Landesautorenpreis *
– Preis der Johannes Fastenrath-Stiftung
– Preise der Schweizerischen Schillerstiftung

1909 – Preis der Dr. August Specht-Stiftung
– Preis des Frauenbunds zur Ehrung rheinländischer Dichter

1910 – Preis des Ebner-Eschenbach-Fonds
– Preis des Verbandes deutscher Bühnenschriftsteller

1911 – Kleist-Preis [1]

1912 – Olympische Kunstwettbewerbe/Literatur
– Preis der Peter Wilhelm Müller-Stiftung *
– Schillerpreis/Nürnberg *

1913 – Fontane-Preis [1]

1914 – Hölderlin-Preis

1917 – Ehrengabe der Gesellschaft ›Das junge Deutschland‹

1918 – Mejstrik-Preis
– Minor-Preis
– Preis des Nietzsche-Archivs [1]

Preisstiftungen nach dem Ersten Weltkrieg bis 1932

Noch bestehende Preise (mit ihren Gründungsjahren)

– Bauernfeldpreis (1896)

- Dichterpreis der Stadt Halberstadt (1803)
- Dichterpreis der theologischen Fakultät der Universität Würzburg (1901)
- Ehrengabe der Gesellschaft ›Das junge Deutschland‹ (1917)
- Fontane-Preis [1] (1913)
- Grillparzer-Preis (1872)
- Hebbel-Stiftungsgabe (1903)
- Kleist-Preis (1911)
- Mejstrik-Preis (1918)
- Minor-Preis (1918)
- Niederösterreichischer Landesautorenpreis (1908)
- Nobelpreis/Nobelpreis für Literatur (1900)
- Olympische Kunstwettbewerbe/Literatur (1912)
- Preis der Augsburger Schillerstiftung (1883)
- Preis der ›Festspielstiftung der Stadt Bern‹ (1892)
- Preis der Johannes Fastenrath-Stiftung (1908)
- Preis der Kanka-Stiftung (1899)
- Preis des Ebner-Eschenbach-Fonds (1910)
- Preis des Nietzsche-Archivs [1] (1918)
- Preise der Schweizerischen Schillerstiftung (1908)
- Raimund-Preis (1895)
- Schillerpreis (1859)
- Verdunpreis (1844)
- Volkstheaterpreis (Wien) (1905)

1919
- Ehrenpreis der Langhans-Stiftung des Deutschbundes (Gotha) zur Ehrung deutscher Dichter und Künstler *
- Preis der Ernst-Keil-Stiftung
- Preis für Tiroler Künstler

1920
- Preis der Max-Meßner-Stiftung *
- Preis des Nietzsche-Archivs [2]
- Strindberg-Preis
- Tschechischer Staatspreis für schöne Literatur

1921
- Chemnitzer Dichterpreis
- Gottfried Keller-Preis
- Preis der Kunstfreunde in den Ländern am Rhein

1922
- Adlerschild des Deutschen Reiches
- Eichendorff-Preis [1] *
- Gerhart-Hauptmann-Preis
- Preis der Julius Reich-Stiftung

1923
- John Brinckman-Preis
- Georg-Büchner-Preis
- Ehrengabe der Bodmer-Stiftung

1924
- Preise der Stadt Wien für Dichtkunst

1925
- Bremer Bühnenpreis
- Jugendpreis deutscher Erzähler
- Adalbert-Stifter-Preis [1]

1926
- Burgtheater-Ring
- Ehrenpreise der deutsch-österreichischen Schriftsteller-Genossenschaft
- Goethe-Preis der Stadt Frankfurt am Main
- Platen-Plakette
- Staatspreis der Preußischen Regierung *

1927
- Dichterpreis der Stadt München
- Literaturpreis des Landes Mähren *
- Oberschlesier-Preis für deutsche Romanliteratur *
- Preis des Württembergischen Goethebundes
- Preis für Lyrik
- Carl Schünemann-Preis

1928
- Dramenpreis des Deutschen Theaterjahrbuchs *
- Preis der Harry-Kreismann-Stiftung *
- Prix International d'Art et de Littérature
- Stiepel-Preis zur Förderung deutscher Dichtkunst in den Sudetenländern

1929
- Heidelberger Festspielpreis
- Lessing-Preis der Freien und Hansestadt Hamburg

- Literaturpreis der europäischen Zeitschriften
- Preis der Sektion für Dichtkunst der Preußischen Akademie der Künste
- Preis des Deutschen Bühnen-Vereins *
- Rathenau-Preis
- Sächsischer Staatspreis für Literatur *
- Stavenhagen-Preis

1930
- Deutscher Übersetzerpreis
- Dichterpreis der Stadt Leipzig *
- Dramatikerpreis des Bühnenvolksbunds
- Literaturpreis des Deutschen Staatsbürgerinnenverbandes
- Literaturpreis gegen den Krieg *
- Preisausschreiben für Lyrik
- Rathenau-Medaille

1931
- Lessing-Preis [2]
- Literaturpreis des Völkerbundes *
- Novellenpreis der ›neuen linie‹
- Preis der Ralph-Beaver-Straßburger-Stiftung

1932
- Goethe-Medaille für Kunst und Wissenschaft
- Goethe-Plakette der Stadt Frankfurt am Main
- Literaturpreis der Stadt Zürich
- Mährisch-schlesischer Landespreis *
- Raabe-Preis (München)
- Silberne Wartburgrose *

Preisstiftungen 1933–1945

Noch bestehende Preise (mit ihren Gründungsjahren)

- Adlerschild des Deutschen Reiches (1922)
- Bremer Bühnenpreis (1925)
- John Brinckman-Preis (1923)
- Burgtheaterring (1926)
- Chemnitzer Dichterpreis (1921)
- Dichterpreis der Stadt Halberstadt (1803)
- Dichterpreis der Stadt Leipzig (1930)
- Dichterpreis der Stadt München (1927)
- Ehrengabe der Bodmer-Stiftung (1923)
- Ehrenpreise der deutsch-österreichischen Schriftsteller-Genossenschaft (1926)
- Goethe-Medaille für Kunst und Wissenschaft (1932)
- Goethe-Plakette der Stadt Frankfurt am Main (1932)
- Goethe-Preis der Stadt Frankfurt am Main (1926)
- Grillparzerpreis (1872)
- Heidelberger Festspielpreis (1929)
- Gottfried Keller-Preis (1921)
- Lessing-Preis der Freien und Hansestadt Hamburg (1929)
- Literaturpreis der Stadt Zürich (1932)
- Literaturpreis des Landes Mähren (1927)
- Mährisch-schlesischer Landespreis (1932)
- Nobelpreis / Nobelpreis für Literatur (1900)
- Novellenpreis der ›neuen linie‹ (1931)
- Olympische Kunstwettbewerbe/ Literatur (1912)
- Preis der Augsburger Schillerstiftung (1883)
- Preis der ›Festspielstiftung der Stadt Bern‹ (1892)
- Preis der Harry-Kreismann-Stiftung (1928)
- Preis der Johannes Fastenrath-Stiftung (1908)
- Preis der Julius Reich-Stiftung (1922)
- Preis der Kanka-Stiftung (1899)
- Preis der Ralph-Beaver-Straßburger-Stiftung (1931)
- Preis des Ebner-Eschenbach-Fonds (1910)
- Preise der Schweizerischen Schillerstiftung (1908)

- Raabe-Preis (München) (1932)
- Sächsischer Staatspreis für Literatur (1929)
- Schillerpreis (1859)
- Carl Schünemann-Preis (1927)
- Silberne Wartburgrose (1932)
- Stavenhagen-Preis (1929)
- Tschechischer Staatspreis für schöne Literatur (1920)
- Verdunpreis (1844)
- Volkstheaterpreis (Wien) (1905)

1933
- Dietrich-Eckart-Preis der Freien und Hansestadt Hamburg
- Nationaler Buchpreis
- Preisausschreiben »Nationalbühne Stuttgart«
- Velhagen & Klasings Novellenpreisausschreiben

1934
- Kunst- und Literaturpreis der Stadt Jena
- Literarische Wettbewerbe der Büchergilde Gutenberg
- Lyrikpreis der ›Dame‹
- Österreichischer Staatspreis
- Westfälischer Literaturpreis

1935
- Bergischer Literaturpreis
- Deutscher Übersee-Preis
- Joseph Frhr von Eichendorff-Preis [2]
- Kurt-Faber-Preis
- Joseph von Görres-Preis
- Johann Peter Hebel-Preis
- Johann Gottfried Herder-Preis [1]
- Immermann-Literaturpreis der Stadt Düsseldorf
- Literaturpreis der Provinz Schleswig-Holstein *
- Literaturpreis der Stadt Berlin
- Literatur- und Dichterpreis der Stadt Babenhausen (Hessen)
- Agnes-Miegel-Preis
- Wolfgang Amadeus Mozart-Preis
- Ostpreußischer Dichterpreis
- Preis der NSDAP für Kunst und Wissenschaft
- Preis der Provinz Hannover
- Rembrandt-Preis
- Rheinischer Literaturpreis
- Schwäbischer Dichterpreis
- William Shakespeare-Preis
- Henrik Steffens-Preis
- Erwin von Steinbach-Preis
- Volksdeutscher Schrifttumspreis der »Stadt der Auslandsdeutschen«

1936
- Dichterpreis der Stadt Braunschweig
- Max Eyth-Preis
- Gaukulturpreis Baden
- Heinrich Heine-Preis [1]
- Herder-Preis [2]
- ›Hilf mit!‹-Preis
- Kurmark-Stiftung zur Förderung des kurmärkischen Schrifttums
- Agnes-Miegel-Plakette
- Ohnsorg-Preis
- Preis zur Förderung des Schrifttums in der Provinz Sachsen *
- Rostocker Kunstpreise *
- Schlesischer Literaturpreis

1937
- Ernst-Moritz-Arndt-Preis der Provinz Pommern
- Hermann Billung-Preis der Stadt Lüneburg
- Deutscher Nationalpreis für Kunst und Wissenschaft
- Ehrenring deutscher Frontdichtung
- Goldener Spatz von Wuppertal
- Nikolaus Kopernikus-Preis
- Kulturpreis der Stadt Nordhausen
- Kunstpreis der Landeshauptstadt Dresden
- Kunstpreis des Westmarkgaues
- Kurhessischer Kulturpreis
- Kurmärkischer Komödienpreis
- Niederdeutscher Bühnenpreis *
- Preis der Conrad-Ferdinand-Meyer-Stiftung
- Preis des Stabschefs der SA für Dichtung und Schrifttum
- Preisausschreiben »Junge Dramatik« *
- Prinz Eugen von Savoyen-Preis
- Rückert-Preis *

– Hans-Schemm-Preis für das deutsche Jugendschrifttum *
– Stiftungsgabe der ›neuen linie‹
– Sudetendeutsche Preise für Schrifttum, Volkskunde und Volkstumsarbeit *

1938 – Hermann Boßdorf-Preis
– Erzählerpreis der ›Badischen Presse‹
– Johann Hinrich Fehrs-Preis
– Hörspiel-Preisausschreiben
– Mecklenburgischer Literaturpreis
– Preisausschreiben der Siemens-Ring-Stiftung
– Romanpreis des Heimatwerkes Sachsen *
– Sudetendeutscher Schrifttumspreis des Bundes der Deutschen
– Westfälischer Heimatpflegepreis

1939 – Anerkennungspreise für Leipziger Dichter und Schriftsteller *
– Gaukulturpreis des Gaues Hessen-Nassau *
– Gaukulturpreis des Gaues Westfalen-Süd *
– Klaus-Groth-Preis
– Kärntner Literaturpreis
– Kunstpreis der Danziger NSDAP
– Literaturpreis der Stadt Bern
– Literaturpreis der Stadt Königsberg *
– Literaturpreis der Stadt Warschau *
– Magdeburger Kulturpreis *
– Ostdeutscher Erzählerwettbewerb
– Romanpreisausschreiben des ›Völkischen Beobachters‹
– Sudetendeutscher Gaukulturpreis

1940 – Bruckner-Preis
– Emanuel-Geibel-Preis
– Großer Dichterpreis der Stadt Wien
– Max-Halbe-Preis der Stadt Danzig
– Kolonialer Schrifttums- und Filmpreis *
– Kulturpreis der Stadt Passau *
– Kulturpreise von Oberdonau
– Kunst- und Wissenschaftspreise der Stadt Prag *
– Literaturpreis der Stadt Kassel
– Adalbert-Stifter-Preis [3]

1941 – Hermann Allmers-Preis
– Clausewitzpreis *
– Förderungspreis des Deutschen Scheffelbundes für die Dichtung am Oberrhein
– Grillparzer-Preis der Stadt Wien
– Kant-Preis *
– Kantate-Dichterpreis der Reichsmessestadt Leipzig
– Kulturpreis der Stadt Mülhausen/Elsaß *
– Kulturpreis des Reichsprotektors in Böhmen und Mähren *
– Kunstpreis des Mosellandes *
– Hermann-Löns-Preis
– Paracelsus-Preis
– Preisausschreiben »Die Novelle des ›XX. Jahrhunderts‹ «
– Raimund-Preis der Stadt Wien

1942 – Donaueschinger Dichterpreis
– Hanse-Preis der Stadt Dortmund
– Jugendbuchpreis von Weimar
– Kriegskulturpreis Bayreuth
– Kulturpreis der Gauhauptstadt Salzburg
– Kunstpreis der Stadt der Volkserhebung (Graz)
– Kunstpreis des Gaues Weser-Ems
– Literaturpreis der Stadt Linz
– Marienburger Dichterring
– Oberschlesischer Schrifttumspreis
– Sudetendeutscher Schrifttumspreis

1943 – Beethoven-Medaille der Stadt Bonn
– Dichterpreis des Gohliser Schlößchens
– Dichterpreis des Harzbundes
– Enßlin-Preis
– Otto-Erler-Preis
– Gaukulturpreis des Gaues Westfalen-Nord *
– Gaukulturpreis Halle-Merseburg *
– Gaukulturpreis von Sachsen

- Jugendbuchpreis der Schweiz
- Theodor Körner-Plakette
- E. G. Kolbenheyer-Preis der Stadt Karlsbad
- Kulturpreis der Stadt Bonn
- Kulturpreis der Stadt Budweis
- Kulturpreis der Stadt Zwickau *
- Kulturpreis für bäuerliches Schrifttum
- Ostpreis deutscher Kultur des Generalgouvernements
- Peter-Parler-Preis der Stadt Prag *
- Preis der Adolf Häring-Stiftung *
- Schrifttumspreis des Gauleiters der NSDAP in Kärnten
- Adalbert-Stifter-Preis [4]

1944
- Dichterpreisausschreiben des Riesengebirgsvereins
- Ehrengabe der Emil Bührle-Stiftung für das Schweizerische Schrifttum
- Gutenberg-Plakette
- Klopstock-Preis *
- Kulturehrengabe der Stadt Troppau *
- Justus-Möser-Medaille
- Münchhausen-Preis für deutsche Lyrik
- Preis der Emil-Uellenberg-Stiftung zur Förderung bergischen Schrifttums
- Preis des ›Literarischen Förderungswerks der Stadt Essen‹ *

Preisstiftungen nach dem Ende des Zweiten Weltkriegs bis 1949

Noch bestehende Preise (mit ihren Gründungsjahren)

- Georg-Büchner-Preis (1923; 1933–1945 nicht vergeben)
- Dichterpreis der Stadt Braunschweig (1936; 1941ff: Wilhelm-Raabe-Preis der Stadt Braunschweig)
- Dichterpreis der Stadt München (1927)
- Ehrengabe der Bodmer-Stiftung (1923)
- Ehrengabe der Emil Bührle-Stiftung für das Schweizerische Schrifttum (1944)
- Goethe-Plakette der Stadt Frankfurt am Main (1932)
- Goethe-Preis der Stadt Frankfurt am Main (1926)
- Grillparzer-Preis (1872)
- Gutenberg-Plakette (1944)
- Johann Peter Hebel-Preis (1935)
- Heine-Preis [1] (1936)
- Immermann-Literaturpreis der Stadt Düsseldorf (1935)
- Jugendbuchpreis der Schweiz (1943)
- Gottfried Keller-Preis (1921)
- Lessing-Preis der Freien und Hansestadt Hamburg (1929)
- Literaturpreis der Stadt Bern (1939)
- Literaturpreis der Stadt Zürich (1932)
- Justus-Möser-Medaille (1944)
- Nobelpreis / Nobelpreis für Literatur (1900)
- Olympische Kunstwettbewerbe/ Literatur (1912)
- Preis der Conrad-Ferdinand-Meyer-Stiftung (1937)
- Preis der Emil-Uellenberg-Stiftung zur Förderung bergischen Schrifttums (1944)
- Preis der ›Festspielstiftung der Stadt Bern‹ (1892)
- Preise der Schweizerischen Schillerstiftung (1908)
- Preise der Stadt Wien für Dichtkunst (1924; 1932–1946 nicht vergeben)
- Westfälischer Literaturpreis (1934; 1946ff: Annette-von-Droste-Hülshoff-Preis)

1947
- Friedrich-Gerstäcker-Preis
- Heinrich Heine-Preis [2]

- Kleist-Preis [2]
- Literaturpreis der Stadt Lahr
- Literaturpreis Weimar 1947
- Lyrik-Preis des Südverlags
- Preis der Jungen

1948
- Fontane-Preis [2]
- Kunstpreis der Stadt Basel

1949
- Goethe-Preis der Stadt Berlin
- Hansischer Goethe-Preis
- Internationaler Karlspreis der Stadt Aachen
- Longfellow-Glocke
- Nationalpreis für Kunst und Literatur/DDR
- Preis der »Gruppe 47«

Abbildungsverzeichnis

Die abgebildeten Drucke, Dokumente und Gegenstände stammen, wenn nicht anders angegeben, aus den Beständen des Deutschen Literaturarchivs Marbach a.N.

Register der Preisträger

Register der Juroren

Register der Orte, Landschaften und Länder

Inhalt